国家教师资格考试指导教材

语文学科知识与教学能力

（高级中学）

主　编：柯汉琳　周小蓬
副主编：林　晖　邹寿元
参　编：马　琳　王伟鹏　左　岚　冯　薇
　　　　刘宇翔　刘琴勇　江海燕　吴　琪
　　　　苏思莹　李　婕　陈楚敏　周　文
　　　　周欣茵　周媚山　郭春曦　徐　琼
　　　　黄文秉　谢志平　温小军　粟顺阳
　　　　谭红云

图书在版编目(CIP)数据

语文学科知识与教学能力.高级中学/柯汉琳，周小蓬主编.—北京：北京大学出版社，2017.6
（国家教师资格考试指导教材）
ISBN 978-7-301-28305-9

Ⅰ.①语… Ⅱ.①柯… ②周… Ⅲ.①中学语文课－教学法－高中－中学教师－资格考试－自学参考资料 Ⅳ.①G633.302

中国版本图书馆CIP数据核字（2017）第091346号

书　　名	语文学科知识与教学能力（高级中学） YUWEN XUEKE ZHISHI YU JIAOXUE NENGLI（GAOJI ZHONGXUE）
著作责任者	柯汉琳　周小蓬　主编
责任编辑	王　莹
标准书号	ISBN 978-7-301-28305-9
出版发行	北京大学出版社
地　　址	北京市海淀区成府路205号　100871
网　　址	http://www.pup.cn　　新浪微博：@北京大学出版社
电子信箱	zyjy@pup.cn
电　　话	邮购部 62752015　发行部 62750672　编辑部 62765126
印　刷　者	北京溢漾印刷有限公司
经　销　者	新华书店
	787毫米×1092毫米　16开本　21.25印张　517千字 2017年6月第1版　2017年6月第1次印刷
定　　价	48.00元

未经许可，不得以任何方式复制或抄袭本书之部分或全部内容。
版权所有，侵权必究
举报电话：010-62752024　电子信箱：fd@pup.pku.edu.cn
图书如有印装质量问题，请与出版部联系，电话：010-62756370

出版前言

中小学教师资格考试(以下简称教师资格考试)是评价申请教师资格的人员是否具备从事教师职业所必需的教育教学基本素质和能力的考试。参加教师资格考试合格是教师职业准入的前提条件。申请幼儿园、小学、初级中学、普通高级中学、中等职业学校教师和中等职业学校实习指导教师资格的人员须分别参加相应类别的教师资格考试。教师资格考试实行全国统一考试。考试坚持育人导向、能力导向、实践导向和专业化导向,坚持科学、公平、安全、规范的原则。

教师资格考试包括笔试和面试两部分。笔试主要考查:申请人从事教师职业所应具备的教育理念、职业道德、法律法规知识、科学文化素养、阅读理解、语言表达、逻辑推理和信息处理等基本能力;教育教学、学生指导和班级管理的基本知识;拟任教学科领域的基本知识,教学设计实施评价的知识和方法,运用所学知识分析和解决教育教学实际问题的能力。

幼儿园教师资格考试笔试科目为"综合素质""保教知识与能力"两科;小学教师资格考试笔试科目为"综合素质""教育教学知识与能力"两科;初级中学、普通高级中学教师和中等职业学校文化课教师资格考试笔试科目为"综合素质""教育知识与能力""学科知识与教学能力"3科;中等职业学校专业课教师和实习指导教师资格考试笔试科目为"综合素质""教育知识与能力""专业知识与教学能力"3科。

为了配合教师资格考试在全国推广后师范院校的课程设置和教学计划的调整,方便师范院校对报名参加教师资格考试的在校学生进行有效指导和系统培训,提高教师资格考试的通过率,方便考生系统复习,提高考试成绩,北京大学出版社组织了全国数十所师范院校的教师及部分中小学、幼儿园一线教师联合编写了这套"国家教师资格考试指导教材",作为教师资格考试指导课的配套教材使用。

本系列教材充分体现了我国教师职业对综合素质和教育教学能力的要求,以现行考试大纲为编写依据,科学、系统、严谨地阐释大纲对各学段教师考核所要求的知识体系,旨在帮助考生有效备考,提高其自身教育理念、职业道德、科学文化素养以及相关教育教学能力。

本系列教材在编写中着力强调并体现以下特色:

一、教材架构性原则:教材体系清晰完整,知识严谨规范

在编写教材时注意并把握教材的基本属性,即系统性、知识性、科学性和先进性的统一,突出考试标准与考试大纲所要求的知识性和实用性,总体结构、章节布局合理,内容详略得当,繁简适宜,概念、定义、名词等准确、规范。

二、理念先进性原则：反映考试标准、考试大纲所要求的全新教育理念、教育精神、教育方向

本系列教材在观念、内容、文字上鲜明凸显考试标准、考试大纲所传达的时代性、先进性、高度性。针对考生群体学科专业知识已能够基本满足教学需要、科学文化素养已基本达到教育要求的情况，教材特别强调考生群体自身的教育理念、法律意识、组织教育教学的基本知识与能力、教学设计实施及评价的基本方法。

三、基本指导性原则：较为科学地指导考生掌握各学段教育教学的基本素养、基本原理，以及学科专业领域的基本框架、基本知识

本系列教材的重要功能之一是指导考生有效而科学地掌握、运用教师资格考试所要求的教育知识与教学能力，因此，在编写过程中贯彻大纲对于知识、能力"了解、理解、熟练、掌握、运用"等各个层级的要求，在体例设置与内容表达上突出重点，提纲挈领，避免面面俱到式的罗列与堆砌。

四、能力拓展性原则：注重对考生拓展性思维的启发与创造性能力的培养

新的考试标准、考试大纲强调教师要具备"自主发展意识和自我教育的能力"，拓展性思维与创造性能力是自主发展与自我教育的重要构成与体现，教材就此在内容的表达与形式、板块上做出了适当的设置。

五、备考实效性原则：展现便于考生实际学习、备考的学习功能

本系列教材注重把握好素质培养与应试备考之间的平衡，在内容与形式上兼顾教材的考试指导属性，以利考生理顺考试理念、要求，了解考试趋向、动态，熟悉考试内容、方法，掌握考试重点、难点，帮助考生深入学习、有效应考。

六、教材立体化原则：提供多种教学资源，最大限度满足学生学习需要

除了主教材外，我们还精心设计了形成性练习手册、网络学习课程、模拟试卷等。

总之，本系列教材作为教师资格考试指导课教材，突出地体现了权威性、系统性、先进性、实用性和指导性等特色。

本系列教材在编写过程中得到了各参编院校和参编老师的大力支持，在此一并表示感谢。

---

1. 本系列教材配有由作者提供的教学课件供教师使用，需要者请通过"教师资格考试交流群"（QQ群号：316689173，581389674，572532579）索取。

2. 关注"教师资格考试服务网"（微信公众号：jsfw-pup）公众平台，获取最新的考试资讯、权威的考纲解读、全面的考试技巧及复习方法，以及模拟试题，自测练习题等复习资料。

国家教师资格考试指导教材编委会

学术顾问

丁　钢　　华东师范大学终身教授,华东师范大学教育高等研究院院长,中国教育学会副会长
陈向明　北京大学教育学院教授,学术委员会主任,基础教育与教师教育研究中心主任

常务编委(按姓名拼音排序)

蔡　春　　首都师范大学教育学院副院长,教授
陈建华　上海师范大学教育学系主任,教授
傅建明　浙江师范大学教师教育学院教授
葛明贵　安徽师范大学教育科学学院教授
郝文武　陕西师范大学教育学院教授
何兆华　陕西学前师范学院教务处处长,教授
洪　明　　福建师范大学教育学院副院长,教授
侯怀银　山西大学教育科学学院院长,教授
胡金平　南京师范大学教育科学学院副院长,教授
李松林　四川师范大学教育科学学院副院长,教授
刘云杉　北京大学教育学院副院长,教授
龙宝新　陕西师范大学教育学院副院长
卢晓中　华南师范大学教育科学学院院长,教授
孟繁胜　东北师范大学教育学部副部长
瞿亚红　重庆师范大学教育科学学院副院长
桑青松　安徽师范大学教育科学学院教授
唐汉卫　山东师范大学教育学院院长,教授
王凤秋　哈尔滨师范大学教育科学学院副院长,教授
吴刚平　华东师范大学教育科学学院教授
肖　川　　北京师范大学教育学部教授
肖庆伟　闽南师范大学副校长,教授
杨立范　北京大学出版社副总编辑,编审
张景斌　首都师范大学教育学院副院长,教授
钟毅平　湖南师范大学教育科学学院副院长,教授
朱德全　西南大学教育学部部长,教授

编　委(按姓名拼音排序)

蔡勇强　闽南师范大学教育科学学院副院长,教授
曹　莹　　西安文理学院教育学院副院长,副教授
车广吉　东北师范大学政法学院教授
陈国良　闽南师范大学继续教育学院院长,教授

陈焕章	上海师范大学教育学院副教授
陈　鹏	福建教育学院教务处处长,副研究员
邓大河	四川幼儿师范高等专科学校副校长,副教授
邓岳敏	泉州师范学院教育科学学院副教授
冯展极	大庆师范学院外语学院副院长,教授
何　冰	吉林省国试教育咨询有限公司董事长
何华松	九江职业大学师范学院院长,教授
何善平	陕西学前师范学院学前教育系主任,教授
黄　清	闽南师范大学发展规划处处长,教授
黄　重	宁德职业技术学院人文科学系主任,副教授
鞠玉翠	华东师范大学教育科学学院教授
李宝良	大庆师范学院继续教育学院院长,教授
廖贵英	九江职业大学学前教育学院院长,教授
林　钢	北京大学出版社福建省教学服务中心主任
刘俊卿	沈阳师范大学教育科学学院教授
舒志定	湖州师范学院教师教育学院院长,教授
宋　祥	东北师范大学文学院教授
汪　明	阜阳师范学院教育科学学院院长,教授
王　葎	北京师范大学哲学与社会学学院副教授
王俏华	浙江师范大学杭州幼儿师范学院副教授
王　祥	贵州师范学院教育科学学院教授
王永胜	东北师范大学生命科学学院教授
魏继宗	延安大学教育科学学院副院长,教授
向　华	西安文理学院教育学院教授
谢先国	湖南省中小学教师发展中心科长,湖南师范大学兼职教授
闫　祯	常熟理工学院教育系主任,教授
杨秀莲	东北师范大学教师教育研究中心主任,教授
姚成龙	北京大学出版社职业教育编辑部主任,编审
余清臣	北京师范大学教育学部教育基本理论研究院副院长,副教授
虞伟庚	丽水学院教务处副处长,教授
查晓虎	安徽师范大学教育科学学院教授
张昌勋	闽江师范高等专科学校副校长,教授
张锦坤	福建师范大学教育学院院长助理,副教授
张灵聪	闽南师范大学教育科学学院院长,教授
张永明	陇南师范高等专科学校教授
郑先如	龙岩学院教育科学学院院长,教授
郑燕林	东北师范大学计算机科学与信息技术学院副院长,教授
仲丽娟	上海交通大学第二附属中学教师发展中心主任,高级教师
周兴国	安徽师范大学教育科学学院教授
朱成科	渤海大学教师发展学院副院长,教授
朱晓宏	首都师范大学教育学院教育基本理论研究所副所长,教授

目 录

第一章 语文学科知识 …………………………………………………… (1)
    第一节 汉语言文学的基本知识和应用 ………………………………… (2)
    第二节 语文教学的基本理论及灵活运用 ……………………………… (62)

第二章 语文教学设计 …………………………………………………… (84)
    第一节 语文教学设计能力的单项学习 ………………………………… (85)
    第二节 语文教学设计综合训练 ………………………………………… (133)

第三章 语文教学实施 …………………………………………………… (171)
    第一节 语文课堂教学实施技能 ………………………………………… (172)
    第二节 语文课外和研究性学习实施技能 ……………………………… (254)

第四章 语文教学评价 …………………………………………………… (277)
    第一节 语文课堂教学评价能力 ………………………………………… (278)
    第二节 语文教学的反思能力 …………………………………………… (312)

参考文献 ………………………………………………………………… (328)
后　记 …………………………………………………………………… (332)

第一章　语文学科知识

考纲内容

1. 了解中外文学发展概况。（1）中国古代文学史，（2）中国现当代文学史，（3）外国文学史。
2. 熟悉重要作家作品及其风格特征。
3. 运用文学理论引领学生个性化地解读文学作品，发展学生独立阅读的能力。
4. 能够针对不同文本的特点，运用分析文本的相关知识和策略，帮助学生提高筛选信息、解释推论、评价判断的能力。
5. 熟练掌握汉语言文字应用的基本知识，遵循高中学生语言学习规律，帮助学生理解语言难点，提高学生的语言运用能力。（1）现代汉语的基本概念和基本知识，（2）字词与标点符号，（3）句子，（4）古代汉语的基本概念和基本知识，（5）文言实词与虚词，（6）常见的文言句式和词类活用，（7）文言文阅读。
6. 具备较强的书面表达能力，熟悉写作教学的过程，能够指导学生分析写作目的、内容及要求，自主、有个性、有创意地表达。（1）写作基础知识，（2）基本文体写作指导。
7. 能够根据学生需求，适时推荐文化品位高、难易程度适当的课外读物。

考纲解读

本章需要掌握汉语言文学的基本知识和语文教学的基本理论，能在教学中灵活运用；要了解国内外文学发展概况，熟悉重要作家作品及其风格特征，运用文学理论个性化地解读文学作品，发展独立阅读的能力；学会针对不同文本的特点，运用分析文本的相关知识和策略，提高筛选信息、解释推论、评价判断的能力；熟练掌握汉语言文字应用的基本知识；熟悉写作教学的过程，能够分析写作目的、内容及要求，自主、有个性、有创意地表达；能够根据学生需求，适时推荐文化品位高、难易程度适当的课外读物。

正确理解《普通高中语文课程标准（实验）》，能够在教学中体现其倡导的基本理念，落实其规定的课程目标。熟悉现行通用高中语文教材的编写理念、结构方式、选文特点，能根据学生的学习需求使用教材；掌握阅读与写作教学的一般思路和方法，能根据教学需要选择使用；了解高中语文选修课的基本理念和模块设置，能根据实际情况选择教学内容，设计教学流程。要了解语文学科发展的历史和现状，把握语文学科发展的大致趋势；准确理解《普通高中语文课程标准（实验）》规定的课程目标、教学内容和实施建议，用以指导自己的教学。

第一节 汉语言文学的基本知识和应用

一、中国古代文学史知识

 **知识和能力点说明**

知识点：
(1) 中国古代文学的发展脉络。
(2) 中国古代文学史上的主要流派。
(3) 重要作家作品及其风格特征。

能力点：
(1) 理解重要作品的思想感情和文学价值。
(2) 归纳作品内容要点，分析作品基本特征和主要表现手法。
(3) 欣赏作品的形象，领悟作品的艺术魅力。
(4) 探究作品的历史意义和现实价值，并就相关问题提出自己的见解。

1. 中国古代文学发展概述

(1) 先秦文学。

先秦是指秦以前。我国有丰厚的文学遗产。先秦文学有口头和书面两种形态。先秦口头文学主要是指上古歌谣和神话，其中著名的有"大禹治水""夸父逐日""女娲造人""后羿射日"等。最早的书面文学始自甲骨文。先秦散文分为历史散文和诸子散文，前者有《尚书》《左传》《国语》《战国策》等；后者有《老子》《论语》《庄子》《孟子》《韩非子》《荀子》等，但最能代表这个时期文学高峰的是《诗经》和《楚辞》。

(2) 秦汉文学。

秦汉史传体散文主要代表是司马迁的《史记》和班固的《汉书》。政论散文秦朝有李斯的《谏逐客书》，西汉贾谊的《过秦论》《论积贮疏》《陈政事疏》，晁错的《论贵粟疏》，董仲舒及刘向等人的上疏。东汉后期，朝政腐败，此时期的政论散文以针砭时弊为主要特点，如王符的《潜夫论》、崔寔的《政论》及仲长统的《昌言》等。汉代乐府民歌代表作是《孔雀东南飞》。汉代文人五言诗对后世也有较大影响，著名者有《古诗十九首》。汉代文体的典型代表是赋。两汉大赋很发达，著名者有枚乘的《七发》、司马相如的《子虚赋》《上林赋》、扬雄的《羽猎赋》、班固的《两都赋》、张衡的《二京赋》等。东汉后期抒情小赋有所发展，如蔡邕的《述行赋》和赵壹的《刺世疾邪赋》等都是名作。

(3) 魏晋南北朝文学。

魏晋南北朝时期是文学的自觉时代。汉魏文人诗歌以"三曹""建安七子"及女诗人蔡琰的作品较为出名，史称"建安风骨"。正始至两晋的重要诗人，有阮籍、嵇康、左思、刘琨等人，尤其突出的是首次大量写作田园诗的东晋大诗人陶渊明。该时期出现了玄言诗和游仙诗。南北朝时期，有谢灵运、谢朓的山水诗，鲍照的拟乐府诗，以及庾信、王褒的创作较有特色。

该时期还出现了永明体和宫体诗。南北朝时期的乐府民歌也很发达,其中的代表作南朝是《西洲曲》,北朝是《木兰诗》。该时期的散文最有特点的是产生了讲究对仗、押韵及大量用典的骈文。与此同时,赋的写作也日益具有骈体化的倾向,最终出现了骈赋。该时期的小说创作比较繁荣,出现了志人小说和志怪小说。前者的代表作是刘义庆的《世说新语》,后者的代表作是干宝的《搜神记》。随着文学创作的繁荣,魏晋南北朝时期的文学批评也自觉地发展起来,出现了曹丕的《典论·论文》、陆机的《文赋》、钟嵘的《诗品》及刘勰的《文心雕龙》等专门的文艺理论著作。

（4）隋唐文学。

隋唐时代的诗歌创作极为繁荣,史称唐诗。隋及唐初著名诗人有虞世南、"初唐四杰"、沈佺期、宋之问及陈子昂等。盛唐时期的著名诗人有王维和孟浩然等,并由此开创唐诗的山水田园诗派,又有高适、岑参等人开创了边塞诗派。此外,李白和杜甫的诗歌创作标志着唐诗的最高峰。中晚唐诗人著名者有韩愈、柳宗元、孟郊、贾岛、刘禹锡、李贺、白居易、杜牧、李商隐等。该时期由白居易发起的"新乐府运动"主张关注现实,在文学史上有较大影响。唐代的散文创作最值得称道的是韩愈、柳宗元发起的"古文运动",他们的创作主张对后世的散文有深远影响。唐代的俗文学,除了唐传奇小说外,还有敦煌变文。此外,词的创作也在中晚唐民间文学的基础上发展起来,代表作有温庭筠的《菩萨蛮》。

（5）五代、两宋文学。

五代、两宋时期是我国词创作的高峰期。两宋词从风格来讲大体可分为婉约和豪放两派。婉约派的代表人物五代有李煜;北宋有柳永、晏殊、晏几道父子,秦观,周邦彦等;南宋有李清照、姜夔、吴文英等人。范仲淹的边塞词实开宋词豪放之风,此后北宋的苏轼和南宋的辛弃疾乃其集大成者;此外南宋的张元幹、张孝祥、陈亮等多有直抒胸怀豪放之作。宋诗虽不及唐,但其自有特点,如议论入诗、用典锻句等,因此在文学史上占有重要地位。北宋的重要诗人有王禹偁、林逋、梅尧臣、苏舜钦、欧阳修、王安石、苏轼等,本时期的诗坛重要流派是黄庭坚开创的江西诗派。南宋则有陈与义、杨万里、范成大、陆游和文天祥等。宋代的散文创作延续唐代古文运动并最终取得了文坛的主流地位,产生了以欧阳修、"三苏"等"唐宋八大家"为代表的古文作家。宋代在民间"说话"基础上出现了"话本"小说,直接影响了明代冯梦龙等人的创作。

辽、金、元都是少数民族建立的政权,但在文学上也有不小的成绩,主要是戏曲的创作。董解元的《西厢记诸宫调》是金代说唱文学的杰作。元代的著名杂剧作家并称"关、郑、白、马",他们分别是关汉卿,代表作《窦娥冤》;郑光祖,代表作《倩女离魂》;白朴,代表作《梧桐雨》;马致远,代表作《汉宫秋》。王实甫的《西厢记》也是元代杂剧的重要作品。高明的《琵琶记》是元代南戏的优秀作品。元人散曲创作也很兴旺,涌现出一大批优秀作品,如马致远的《天净沙·秋思》,张养浩的《山坡羊·潼关怀古》,睢景臣的《高祖还乡》等。

（6）明清文学。

明代的诗歌和散文创作多无创新但求复古,前者如"前七子"和"后七子",后者如归有光等人的唐宋派,其文学成就主要体现在小说和戏曲上。明代长篇白话小说成就骄人,四大古典小说中的三部都出在明代。它们分别是:罗贯中的《三国演义》、施耐庵的《水浒传》和吴承恩的《西游记》。另外,题为兰陵笑笑生的《金瓶梅》为世情小说的杰出作品。明代的短篇小说代表作是冯梦龙的拟话本小说集"三言"以及凌濛初的"二拍"。明代戏曲的巨著是汤显祖的《牡丹亭》。

清人的小说及戏曲创作一如明人,佳作迭出。长篇小说的代表作是《红楼梦》和《儒林外史》,短篇小说的代表作是《聊斋志异》。洪昇的《长生殿》和孔尚任的《桃花扇》是清代杰出的戏曲作品。此外,李渔的《闲情偶记》发展了戏曲理论。清代的散文特色不大,唯有以姚鼐为首的桐城派有所建树。清末及近代随着社会形势的变化出现了一些新的文学倾向,如梁启超提倡的新文体与诗界革命以及四大谴责小说等。

2. 中国古代文学主要流派

在我国古代悠久的文学史上产生了众多的流派,对文学的发展产生了深远的影响。具体如下。

(1)"建安七子"与建安风骨。

"建安七子"是对建安时期邺下文人集团中除"三曹"以外的七位诗人的合称。曹丕在其《典论·论文》中称孔融、陈琳、王粲、徐幹、阮瑀、应场、刘桢为"七子"。他们都在诗文方面有很高的成就,都为建安文学的繁荣做出了贡献。建安风骨是建安文学的时代风格特征,其具体内容是以慷慨任气、悲凉为美。建安风骨是特定时代的产物。

(2)永明体。

永明是南朝齐武帝的年号,永明体亦称"新体诗"。这种诗体要求严格四声八病之说,强调声韵格律。这种诗体的出现,纠正了晋宋以来文人诗的语言过于艰涩的弊病,对创作转向清新通畅起了一定的作用,对"近体诗"的形成产生了重大影响。永明体的代表诗人有沈约、谢朓等人。

(3)山水田园诗。

古代诗歌著名流派之一,源于东晋陶渊明及南北朝的谢灵运,以唐代王维、孟浩然为代表,以宋代杨万里、范成大为殿军。这类诗以描写自然风光、农村景物以及安逸恬淡的隐居生活见长。诗境隽永优美,风格恬静淡雅,语言清丽洗练,多用白描手法。

(4)边塞诗。

古代著名诗歌流派之一,以边疆地区军民生活和自然风光为描写对象,风格苍凉悲壮。边塞诗源于汉魏,盛于唐代。著名的边塞诗人有高适、岑参、王昌龄等。

(5)新乐府运动。

唐代诗歌革新运动,由诗人白居易、元稹、张籍、王建等所倡导,主张恢复古代的采诗制度,发扬《诗经》和汉魏乐府讽喻时事的传统,使诗歌起到"补察时政""泄导人情"的作用。强调以自创的新的乐府题目咏写时事,故名"新乐府"。所谓新乐府运动其实质就是强调诗歌创作要立足于现实。

(6)古文运动。

古文运动是指唐代中期以及宋代提倡古文、反对骈文为特点的文体改革运动,发起者为韩愈,其后柳宗元加入其中。韩愈把自己所吸收两汉文章的传统,关注时事而创作的散文称为"古文",以进一步强调"以文明道""以文载道"。古文运动的实质就是唐宋儒学复兴运动。唐宋八大家,即韩愈、柳宗元、欧阳修、王安石、曾巩、苏洵、苏轼、苏辙是其主要代表。

(7)豪放派。

宋词主要流派之一。风格苍劲豪迈，多抒发壮志凌云之情。代表作家北宋为苏轼，代表作有《念奴娇·赤壁怀古》等；南宋则为辛弃疾，代表作有《永遇乐·京口北固亭怀古》等。

(8)婉约派。

宋词主要流派之一。词作特点主要是内容上侧重儿女风情，结构深细缜密，音律婉转和谐，语言圆润清丽，有一种柔婉之美。代表词人北宋有柳永、秦观等，南宋有李清照、姜夔等。

(9)桐城派。

清代文坛最大散文流派。戴名世是桐城派奠基人，方苞为桐城派创始人，方苞、刘大櫆、姚鼐被尊为"桐城三祖"，而他们都是清代安徽桐城人，故名。桐城派理论体系完整，创作特色鲜明，作家众多，作品丰富，散布地域广，绵延时间久，影响直至近代。

3. 重要作家作品及其风格特征

(1)《诗经》。

我国最早的一部诗歌总集，收集了从西周初年至春秋中期的诗歌作品305首。《诗经》在内容上可分为风、雅、颂三部分，在表现手法上有赋、比、兴的形式，对我国文学产生了深远的影响。

(2)屈原和《离骚》。

屈原是战国末期楚国的杰出辞赋家，楚辞文体的创立者。他的代表作《离骚》是我国文学史上最长的抒情诗。《诗经》中的"国风"和《离骚》一起并称为"风骚"，成为我国古典文学的代名词。

(3)《史记》。

《史记》作者司马迁，是我国第一部纪传体通史，也是一部伟大的文学著作，鲁迅称之为"史家之绝唱，无韵之离骚"。全书分为"本纪""表""书""世家""列传"五种体例。《史记》以互见法叙事，用实录的写作精神，采用出色的细节和心理描写及个性化的语言再现了诸多的历史人物，在文学史和史学史上都具有重要影响。

(4)汉赋。

辞赋盛于汉代，故称汉赋。汉代大赋的代表作家与作品有司马相如的《子虚赋》及《上林赋》、扬雄的《羽猎赋》四篇、班固的《两都赋》、张衡的《二京赋》，其写作手法以铺叙为主，讲究辞藻的华丽多姿。东汉以后抒情小赋的创作逐渐兴起，到魏晋南北朝时期发展成骈赋。

(5)乐府诗。

乐府本是国家音乐机关，上古已有。汉代乐府有负责采集民间诗歌、组织文人创作及歌唱等功能。汉魏以后，也把乐府演唱的诗歌叫作"乐府诗"。其中的民歌部分称为"乐府民歌"。宋代郭茂倩编有《乐府诗集》，后人多从其分类。

(6)《古诗十九首》。

《古诗十九首》最早见于《文选》，编者将这些亡佚姓名的五言古诗汇集起来，冠以此名。关于它们的作者，前人认为是枚乘、王粲等人，据今人研究，这些说法都不可信。一般认为，《古诗十九首》创作于东汉顺帝末至献帝前，即140—190年之间。这些诗或抒发游子思妇，或感慨人生无常，具有很高的艺术水平，标志着文人五言诗的成熟。

(7)陶渊明诗。

陶渊明,名潜,号五柳先生,东晋诗人。陶渊明在中国文学史上的一大贡献,就是开创了诗歌新领域:文人田园诗。他的田园诗真实地描写了自己的躬耕生活及对农夫野老、素心挚友的往还。他的田园诗代表作为《饮酒》,其中表现了一种平和淡薄、与世无争的冲淡之美。

(8)《世说新语》。

《世说新语》是我国魏晋南北朝时期"志人"小说的代表,刘宋临川王刘义庆组织门客撰写。全书分"德行""言语"等36门,书成以后由刘孝标为之作注。后世通行注本有余嘉锡《世说新语笺疏》等。鲁迅先生称《世说新语》为"一部名士底教科书"。

(9)《文心雕龙》。

《文心雕龙》是我国第一部文学理论著作,作者是南朝梁代的刘勰。全书分为"原道""宗经"等50篇。该书全面探讨了文学功用、创作实践、文体特征等涉及文学创作方面的问题,在中国文学史上具有深远的影响。

(10)王维诗。

王维,唐朝著名诗人,字摩诘,号摩诘居士,世称"王右丞"。王维的代表诗作有《相思》《山居秋暝》等。王维参禅悟理,学庄信道,精通诗、书、画、音乐等,与孟浩然合称"王孟"。苏轼评价曰:"味摩诘之诗,诗中有画;观摩诘之画,画中有诗。"

(11)高适诗。

高适,唐朝著名的边塞诗人,曾任散骑常侍,故后世称高常侍。高适与岑参并称"高岑",有《高常侍集》等传世。后人又把高适、岑参、王昌龄、王之涣合称"边塞四诗人"。高适诗成就最高的边塞诗代表作如《燕歌行》《蓟门行》五首、《塞上曲》、《塞下曲》等,歌颂了战士奋勇报国、建功立业的豪情,也写出了他们从军生活的艰苦及向往和平的美好愿望,并揭露了边将的骄奢淫逸、不恤士卒和朝廷的赏罚不明、安边无策,流露出作者忧国爱民之情。

(12)李白诗。

李白,字太白,号青莲居士。唐朝诗人,有"诗仙""诗侠""酒仙""谪仙人"等称呼,被公认为是中国历史上最杰出的浪漫主义诗人。其作品天马行空,浪漫奔放,意境奇异,才华横溢;诗句如行云流水,宛若天成。代表作有《蜀道难》《行路难》《将进酒》《静夜思》《梦游天姥吟留别》等,有《李太白集》传于世。李白与杜甫合称"李杜"。

(13)杜甫诗。

杜甫,字子美,号少陵野老,一号杜陵野客、杜陵布衣,唐朝最伟大的现实主义诗人,后人称其为"诗圣"。杜甫作品集为《杜工部集》。杜甫生活在唐朝由盛转衰的历史时期,其诗多涉笔社会动荡、政治黑暗、人民疾苦。他的诗反映当时社会矛盾和人民疾苦,记录了唐代由盛转衰的历史巨变,表达了崇高的儒家仁爱精神和强烈的忧患意识,因而被誉为"诗史"。以"沉郁顿挫"四字为其主要作品风格。杜甫的诗很多是传颂千古的名篇,比如"三吏"(《石壕吏》《新安吏》和《潼关吏》)和"三别"(《新婚别》《无家别》和《垂老别》)。

(14)白居易诗。

白居易,唐朝诗人,字乐天,号香山居士。白居易是唐朝伟大的现实主义诗人。他的诗歌题材广泛,形式多样,语言平易通俗,有《白氏长庆集》传世。白居易代表诗作有《长恨歌》

《卖炭翁》《琵琶行》等。白居易与元稹共同倡导新乐府运动,世称"元白",又与刘禹锡并称"刘白"。

(15)李贺诗。

李贺,唐朝诗人,字长吉,世称李长吉、"鬼才"、"诗鬼"等,与李白、李商隐三人并称唐代"三李"。李贺的诗想象丰富奇特、语言瑰丽奇峭。代表作品有《梦天》《雁门太守行》《李凭箜篌引》《老夫采玉歌》《马诗》等。

(16)韩愈诗文。

韩愈,字退之,自称昌黎先生,世称韩昌黎或韩文公。唐朝文学家,与柳宗元共同倡导"中唐古文运动",合称"韩柳"。苏轼称赞他"文起八代之衰,道济天下之溺,忠犯人主之怒,勇夺三军之帅"。韩愈诗文均有名,作品集为《昌黎先生集》。他的古文众体兼备,其文气势雄浑,结构严谨,逻辑性强,名篇如《谏迎佛骨表》《原道》《原毁》《争臣论》《师说》《送李愿归盘谷序》《送董邵南序》《张中丞传后叙》《祭十二郎文》《柳子厚墓志铭》等。韩愈在诗歌创作上也有新的探索,所谓"以文为诗",别开生面,用韵险怪,开创了"说理诗派"的诗风,对宋诗影响很大。

(17)李商隐诗。

李商隐,字义山,号玉溪生、樊南生。晚唐著名诗人。诗作文学价值很高,他和杜牧合称"小李杜",与温庭筠合称为"温李"。有《李义山诗集》,代表作《安定城楼》《锦瑟》《夜雨寄北》等。

(18)杜牧诗文。

杜牧,字牧之,号樊川,晚唐著名诗人和散文家。与李商隐齐名,合称"小李杜"。有《樊川文集》《樊川外集》和《樊川别集》传世。诗作著名的有《江南春》《泊秦淮》《过华清宫》等。杜牧擅长文赋,其《阿房宫赋》为后世传诵。

(19)苏轼词。

苏轼,字子瞻,号东坡居士,北宋文豪,"唐宋八大家"之一。苏轼与辛弃疾并称"苏辛",词风开创了北宋豪放派。代表作有《水调歌头·中秋》《念奴娇·赤壁怀古》等。

(20)柳永词。

柳永,原名三变,后改名永,字耆卿。排行第七,又称柳七。北宋词坛婉约派代表人物,代表作《雨霖铃·寒蝉凄切》《八声甘州·对潇潇暮雨洒江天》等。

(21)陆游诗。

陆游,字务观,号放翁,南宋诗人、词人。与王安石、苏轼、黄庭坚并称"宋代四大诗人",又与杨万里、范成大、尤袤合称"南宋四家"。陆游是现留诗作最多的诗人,今存九千多首。其诗风格豪放,抒发政治抱负,反映人民疾苦,批判当时统治集团的屈辱投降,表现出渴望恢复国家统一的强烈爱国热情。《关山月》《十一月四日风雨大作》《书愤》《示儿》《游山西村》《临安春雨初霁》《冬夜读书示子聿》等篇均为后世所传诵。

(22)李清照词。

李清照,自号易安居士,南宋婉约派代表词人。早年生活安定,词作多写相思之情。金兵入侵后,词作多感慨身世飘零。词集《漱玉词》,代表作《声声慢·寻寻觅觅》《一剪梅·红藕香残玉簟秋》等。

(23)辛弃疾词。

辛弃疾,字幼安,号稼轩,南宋豪放派词人,与苏轼合称"苏辛"。强烈的爱国主义思想和战斗精神是他词的基本思想内容。辛弃疾的词艺术风格多样,而以豪放为主。词集《稼轩词》,代表作有《水调歌头·带湖吾甚爱》《摸鱼儿·更能消几番风雨》《西江月·夜行黄沙道中》等。

(24)《窦娥冤》。

《窦娥冤》是元代戏曲家关汉卿的杂剧代表作。该剧讲述了民女窦娥的冤屈故事,控诉了社会的黑暗和人民的无助,是元杂剧悲剧的典范作品。

(25)《三国演义》。

《三国演义》是中国古代长篇历史章回小说,四大名著之一,作者是元末明初的罗贯中。作品描述了自汉末黄巾起义至西晋统一百余年间的历史,刻画了众多历史人物,生动地描写了诸多战争场景。

(26)《水浒传》。

《水浒传》是中国古代四大名著之一,作者是明代的施耐庵。作品描写北宋末年宋江在水泊梁山聚众起义的故事,是我国历史上第一部以农民起义为题材的长篇小说。

(27)《西游记》。

《西游记》是中国古代四大名著之一,也是我国第一部长篇神魔小说,作者是明代的吴承恩。作品叙述了唐僧师徒四人往西天取经的故事,歌颂了以孙悟空为代表的不屈不挠的战斗精神。

(28)《金瓶梅》。

《金瓶梅》是中国第一部由文人独立创作的长篇白话世情章回小说,成书约在明朝隆庆至万历年间,作者署名兰陵笑笑生。《金瓶梅》借《水浒传》中武松杀嫂一段故事为引子,通过对代表人物西门庆及其家庭罪恶生活的描述,揭露了明代中叶社会的黑暗和腐败,具有深刻的认识价值。

(29)"三言""二拍"。

"三言""二拍"是指明代冯梦龙的《警世通言》《醒世恒言》《喻世明言》和凌濛初的《初刻拍案惊奇》《二刻拍案惊奇》五部拟话本小说集。它们内容广泛,从各个角度、不同程度地反映了当时市民阶层的生活面貌和思想感情。

(30)《牡丹亭》。

《牡丹亭》是著名昆曲作品,是明代戏曲家汤显祖的代表作。该剧取材于明代话本小说《杜丽娘慕色还魂》,讲述了柳梦梅和杜丽娘跨越生死的爱情故事。它与《西厢记》《窦娥冤》《长生殿》并称中国四大古典戏剧。

(31)《聊斋志异》。

《聊斋志异》是清代蒲松龄的文言短篇小说集。全书共有短篇小说491篇。《聊斋志异》以鬼仙题材为中心,成功地塑造了众多的艺术典型,人物形象鲜明生动,故事情节曲折离奇,结构布局严谨巧妙,文笔简练,描写细腻,堪称文言短篇小说的巅峰之作。

(32)《儒林外史》。

《儒林外史》是由清代吴敬梓创作的长篇讽刺小说。该书在寄托作者理想的同时,真实地揭示了人性被腐蚀的过程和原因,并对当时吏治的腐败、科举的弊端及礼教的虚伪等进行了深刻的批判和嘲讽,从而达到了中国古代讽刺小说的高峰。

(33)《红楼梦》。

《红楼梦》原名《石头记》,中国古典四大名著之首,清代曹雪芹创作的章回体长篇小说。一般认为前80回为曹雪芹所作,后四十回为程伟元与高鹗续作。《红楼梦》是一部具有世界影响力的现实主义小说,该书以贾、史、王、薛四大家族的兴衰为背景,以贾宝玉、林黛玉、薛宝钗的爱情婚姻故事为主线,歌颂追求光明的叛逆人物,通过叛逆者的悲剧命运预见封建社会必然走向灭亡。

案例

答题示范与讲解

1. 在我国文学史上,被称为"诗仙""诗圣""诗鬼"的唐代诗人分别是(　　)。
   A. 杜甫、李白、贾岛　　　　B. 李白、杜甫、李贺
   C. 李白、杜甫、白居易　　　D. 杜甫、李白、李商隐

【参考答案】B。

2. 说说宋词豪放派与婉约派的代表词人、作品及其风格的不同特点。

【参考答案】

宋词豪放派代表词人北宋有苏轼,代表作是《念奴娇·赤壁怀古》等;南宋有辛弃疾,代表作是《永遇乐·京口北固亭怀古》等。其风格苍劲豪迈,多抒发壮志凌云之情。

宋词婉约派代表词人北宋有柳永、秦观。柳永代表作是《雨霖铃·寒蝉凄切》《八声甘州·对潇潇暮雨洒江天》等;秦观代表作是《踏莎行·雾失楼台》《鹊桥仙·纤云弄巧》等。南宋有李清照、姜夔。李清照代表作是《声声慢·寻寻觅觅》《一剪梅·红藕香残玉簟秋》等;姜夔代表作是《踏莎行·燕燕轻盈》《点绛唇·燕雁无心》等。其风格是内容上侧重儿女风情,结构深细缜密,音律婉转和谐,语言圆润清丽,有一种柔婉之美。

二、中国现代文学史知识

知识和能力点说明

知识点:
(1)中国现代文学的发展脉络。
(2)中国现代文学主要思潮。
(3)中国现代文学重要作家作品及其风格特征。

能力点:
(1)理解重要作品的主要内容、字词句意。
(2)分析综合:归纳作品内容要点,分析作品基本特征和主要表现手法。

(3) 鉴赏评价：欣赏作品的形象，赏析作品的内涵，领悟作品的艺术魅力。

(4) 从不同角度发掘作品意义，探究作品的创作背景和作者的创作意图，并就相关问题提出自己的见解。

1. 中国现代文学发展概述

中国现代文学包括了从 1917 年到 1949 年这 30 年间中国文学的整个发展进程。"中国现代文学"不光是一个时间概念，更是中国现代化进程中区别于传统文学的新文学。中国现代文学大体分为以下三个时期。

第一时期(1917—1927)，即五四运动和第一次国内革命战争时期。1917 年的"文学革命"及稍后掀起的"新文化运动"，开启了中国文学史上的新篇章。白话文的推广、文学社团的兴起、外国文学思潮的引入、文学理论的构建都为中国现代文学的发生注入了新的活力，这一时期诞生了鲁迅、胡适、周作人、郭沫若、郁达夫等作家，为中国现代文学的诞生和发展，作了重要的奠基工作。

第二时期(1928—1937)，即第二次国内革命战争时期。这一时期由于社会历史的变化，中国现代文学主要表现在以下几个方面：一是理论上，无产阶级文学思潮推动了马克思主义文艺理论的发展；二是组织上，1930 年 3 月在上海成立了中国左翼作家联盟(简称"左联")，以"左联"为核心的无产阶级文艺思潮和"为艺术而艺术"的自由主义文艺思潮，在这一时期展开了论争；三是作品内容上，从五四运动时期对人的价值、个性解放的追求，转向了对整个社会的出路、发展的探索上，形成了个人风格、民族风格、时代风格完美结合的优秀作品。除了原有的一批作家外，这一时期活跃于文坛的还有茅盾、巴金、老舍、沈从文、丁玲、曹禺、林语堂、梁实秋等作家。

第三时期(1937—1949)，即抗日战争和解放战争时期。这一时期的文学主要围绕战争与救亡的主题，出现了全国范围的以抗日救亡为中心的文学热潮。20 世纪 40 年代的文学分为：国统区文学、解放区文学、上海"孤岛"文学和沦陷区文学。各个区域不同的政治氛围，影响了不同区域的文学发展。这一时期除了前 20 年一批老作家继续写作外，还出现了钱锺书、张天翼、萧红、路翎、何其芳、张爱玲、赵树理、孙犁等作家。

2. 中国现代文学主要流派

在中国现代文学 30 年的发展过程中，自觉或不自觉地形成了一些文学流派，下面作重点介绍。

(1) 问题小说。问题小说是五四运动启蒙的产物，一方面，五四运动在思想文化方面的推陈出新，引起了知识分子对人生问题和社会问题的思考和讨论，形成了一批"问题小说"；另一方面，挪威作家易卜生的社会问题剧的引入，也推动了"问题小说"的发展。代表作家和作品有：冰心的《斯人独憔悴》《超人》《两个家庭》、王统照的《沉思》《微笑》、庐隐的《海滨故人》等。

(2) 乡土小说。20 世纪 20 年代中期，在鲁迅乡土小说的影响下，文学研究会的一些成员成为"乡土小说"派的代表作家。"乡土小说"主要以乡镇、农村题材为主，主要描写具有鲜明地方特色和浓厚地域风俗的农村和乡镇，揭露出宗法统治下农民的愚昧、落后及心理的困苦，引发了许多知识分子对农民和农村现实的关注。代表作家和作品有：王鲁彦的《柚子》《菊英的出嫁》、彭家煌的《怂恿》、台静农的《新坟》《拜堂》、蹇先艾的《水葬》、许钦文的《疯妇》等。

（3）鸳鸯蝴蝶派。鸳鸯蝴蝶派是清末民初以娱乐和消闲为主，以才子佳人为题材的文学派别，因他们创作中常用"卅六鸳鸯同命鸟，一双蝴蝶可怜虫"而得名。鸳鸯蝴蝶派是跨越近、现代两个文学时期的文学流派，它的作品在小市民阶层中影响广泛，《礼拜六》是鸳鸯蝴蝶派的主要期刊，代表作家和作品有：徐枕亚的《玉梨魂》、吴双热的《孽冤镜》、周瘦鹃的《此恨绵绵无绝期》、李涵秋的《广陵潮》、秦瘦鸥的《秋海棠》等。

（4）新月诗派。新月诗派是现代文学史上一个重要的诗歌流派，以1927年为界，新月诗派分为前期新月诗派和后期新月诗派，因提倡格律诗，又称"格律诗派"。1927年前在北京《晨报》副刊开辟《诗镌》开始形成新月诗派。前期新月诗派提倡诗的形式格律化，并提出了"理性节制情感"的美学原则。前期新月诗派的主要诗人有：闻一多、徐志摩、朱湘、饶孟侃、林徽因、杨世恩、孙大雨、刘梦苇等。后期新月诗派以1928年创刊的《新月》新诗栏和1930年创刊的《诗刊》为主要阵地，新加入成员有陈梦家、方玮德、卞之琳等。后期新月派仍然坚持"超功利的、自我表现的、贵族化的'纯诗'的立场"[1]，但在诗的形式上较前期更为自由些。代表作家和作品有：闻一多的诗集《红烛》《死水》、徐志摩的诗集《志摩的诗》《猛虎集》《云游集》、朱湘的诗集《夏天》《草莽集》、陈梦家的《一朵野花》《都市的颂歌》、孙大雨的《自己的写照》《爱》等。

（5）早期象征诗派。早期象征诗派是20世纪20年代中期一个诗歌流派，受西方象征派诗人的影响，诗的表达上注重表现人的自我内心感觉，用"暗示"和"朦胧"烘托复杂微妙的情感世界，语言上追求"省略"和"陌生化"的效果，主张纯粹诗歌的创作。早期象征诗派的代表作家和作品有：李金发的诗集《微雨》《为幸福而歌》《食客与凶年》、穆木天的《旅心》《落花》、冯乃超的《红纱灯》《默》、王独清的《圣母像前》等。

（6）语丝派散文。语丝派散文是因1924年创刊的《语丝》杂志而得名。《语丝》是中国现代文学史上第一个以散文创作为主的文学刊物，主要发表短小犀利的杂感、社会批判、随笔，以及幽默、抒情的小品文，鲁迅、周作人、林语堂是语丝派散文的核心作家。语丝派作家，"提倡自由思想、独立判断和美的生活"[2]，鲁迅在《我和〈语丝〉的始终》里概括语丝文体的特色是"任意而谈，无所顾忌，要催促新的产生，对于有害于新的旧物，则竭力加以排击"[3]。代表作家和作品有：鲁迅的散文诗集《野草》《华盖集》《华盖集续集》《而已集》《三闲集》、周作人的《喝茶》《苦雨》《故乡的野菜》、林语堂的散文集《剪拂集》、孙伏园的《伏园游记》、孙福熙的《山野掇拾》、川岛的《月夜》等。

（7）"左翼"革命文学派。1923年早期，共产党员邓中夏等人倡导无产阶级艺术，强调文学的功利性，后期创造社和太阳社对革命文学的倡导，加之1930年成立了"左联"，使革命文学慢慢趋于壮大和成熟。在这一时期较好地发挥了文学的宣传性和社会效益。"左翼"革命文学派的代表作家和作品有：蒋光慈的《少年漂泊者》《短裤党》《咆哮了的土地》，柔石的《二月》《为奴隶的母亲》，洪灵菲的《流亡》三部曲、《在洪流中》，胡也频的《光明在我们前面》等。

（8）京派小说。20世纪30年代政治、文化中心南移后，仍有一部分作家留在京津或北

---

[1] 钱理群,温儒敏,吴福辉,等.中国现代文学三十年[M].北京：北京大学出版社,1998：276.
[2] 宾恩海.中国现代文学流派概论[M].合肥：安徽大学出版社,2007：97.
[3] 同上。

方其他城市进行创作而结成的群体,其创作特征是"关注人生,与政治保持距离,强调艺术的独立品格"。京派小说注重宽容、静穆的审美情感,追求平淡、自然的艺术风格,文字清新、隽永,抒情或讽刺色彩浓厚,小说结构上有诗化和散文化的倾向。京派小说的主要刊物有《骆驼草》《大公报·文艺副刊》《水星》《文学杂志》《现代评论》等。代表作家和作品有:沈从文的《边城》《湘行散记》《八骏图》、废名的《桥》《桃园》、师陀的《谷》《落日光》、萧乾的《蚕》《梦之谷》、李健吾《终条山的传说》、林徽因的《九十九度中》等。

（9）新感觉派小说。新感觉派小说是20世纪30年代产生于上海文坛的一个现代主义小说流派。1928年,刘呐鸥从日本回国,创办了《无轨列车》半月刊,开始了对日本新感觉主义文学的介绍,标志着中国新感觉派的形成。1932年,施蛰存主编大型文学期刊《现代》,为新感觉派小说提供了重要的发表阵地。新感觉派小说强调作家的主观感觉而不注重对客观生活的真切描写,强化人物心理分析,弱化情节描写,运用蒙太奇和意识流手法凸显对现实生活的感觉和印象。代表作家和作品有:刘呐鸥的小说集《都市风景线》、小说《流》,施蛰存的《梅雨之夕》《魔道》《巴黎大戏院》,穆时英的小说集《圣处女的感情》《公墓》《白金的女体塑像》、小说《上海的狐步舞》等。

（10）现代诗派。现代诗派是20世纪30年代中期盛行的一个诗歌流派,"现代派"得名于1932年创办的《现代》杂志,《我的记忆》这首诗成为现代派诗歌的起点。《现代》主编施蛰存发表的《又关于本刊中的诗》中概括了现代派的特点:《现代》中的诗是诗,而且是纯然的现代诗。它们是现代人在现代生活中所感受的现代的情绪,用现代的辞藻排列成的现代的诗形。现代诗派也提倡贵族化的"纯诗",注重朦胧美和意象的繁复。代表作家和作品有:戴望舒的《雨巷》《小病》、卞之琳的《断章》《墙头草》、施蛰存的《桃色的云》、何其芳的《花环》、废名的《灯》等。

（11）七月诗派。七月诗派是抗日战争时期和解放战争时期国统区最重要的诗歌流派,它被认为是自觉地与20世纪30年代新月派、现代派诗歌以对立的姿态出现的,内容题材上主要着眼于历史宏大的叙事、重大战争事件及与祖国、人民和时代的喜怒哀乐,善于讴歌生命的意义。代表作家和作品有:艾青的《向太阳》《北方》、田间的《给战斗者》、胡风的《为祖国而歌》、贺敬之的《并没有冬天》、牛汉的《彩色的生活》等,主要作品都收在胡风主编的《七月诗丛》(第一集,第二集)及《七月文丛》里。

（12）九叶诗派。九叶诗派是20世纪40年代形成的一个现代主义诗歌流派,注重理性与感性的融合,多用象征和联想,把思想、感情寄托于活泼的想象和新颖的意象中,反映现实与表现内心世界相统一,力求情感的理性化和哲理化。九叶诗派到20世纪80年代仍有重要发展,并对当代诗坛产生了重要影响。代表作家和作品有:穆旦的《被围者》《探险队》《穆旦诗集》、冯至的《十四行诗集》、辛笛的《手掌集》、陈敬容的《盈盈集》《交响集》、郑敏的《诗集：1942—1947》等。

（13）山药蛋派。山药蛋派是源起于20世纪40年代中期,以赵树理为代表的山西作家群,作品表现出浓厚的乡土气息和山西地方色彩,常常用诙谐幽默的农民口语反映农村变革现实性,创作中追求小说的平民化和大众化,塑造了许多性格鲜明的农民形象。山西盛产山药蛋,把山西作家群称为"山药蛋派",形象地概括出这一流派的地方色彩和乡土气息。代表作家和作品有:赵树理的《小二黑结婚》《李有才板话》《三里湾》、西戎的《谁害的》《宋老大进城》、孙谦的《伤疤的故事》《南山灯》、胡正的《摘南瓜》《两个巧媳妇》等。

（14）荷花淀派。荷花淀派又称白洋淀派,因孙犁1945年发表的代表作品《荷花淀》而得名。它主要展现民情风俗,反映人民对美的追求和生活的乐观主义,艺术上追求诗画风格,将哲理意味与优美清新的情思融合在一起。代表作家和作品有：孙犁的《荷花淀》《白洋淀纪事》《铁木前传》《风云初记》及当代的刘绍棠的《摆渡口》《瓜棚记》、韩映山的《作画》、从维熙的《故乡散记》《七月雨》等。

3．中国现代文学重要作家作品及其风格特征

（1）鲁迅《狂人日记》《阿Q正传》。

鲁迅是20世纪中国伟大的思想家与文学家,他的作品既关注民族问题,又关注人类共同面临的问题,是中国现代文学发展的奠基人。

《狂人日记》于1918年5月发表于《新青年》,是中国现代文学史上现代白话小说的开山之作,作者首次采用了"鲁迅"这个笔名。这是一篇日记体小说,受到俄国著名作家果戈理的同名小说的影响,包括小序和正文两部分。小序用文言文介绍小说的背景和起源,小说的主人公"我即狂人",正文由13则"狂人"的日记组成,描述他的狂态和病症。作品中的狂人实际上是一个站在时代前列的反封建礼教、家长制的"战士",是新制度的启蒙者。

《阿Q正传》是1921年创作的一篇中篇小说。小说采用章回体的形式,共九章,通过未庄的阿Q与赵老太爷、吴妈、假洋鬼子、王胡、小D等人的故事,塑造出一个落后的底层的农民形象,使他成为"国民性弱点"的典型,也成为"反省国民性弱点"的一面镜子,成为文学史上不朽的经典。

鲁迅小说的风格特征：第一,题材独特而深切,"多采自病态社会的不幸的人们中,意思是在揭出病苦,引起疗救的注意"；第二,观察和表现主人公的视角独特；第三,语言表达含蓄、节制、简约而凝练。

（2）郁达夫《沉沦》。

郁达夫是创造社的代表作家,《沉沦》是他的代表作。

《沉沦》描述了一个到日本留学的青年,因为性格上的敏感、自卑,情感上的压抑,最终造成了心理的抑郁和畸形。作品写出了现代人婚恋苦闷、精神上的失落及对国家命运的悲叹。

郁达夫小说的风格特征：第一,小说以抒情为主,情节为次；第二,注重个人的情绪流动和心理的变化；第三,作品具有感伤美和病态美,富有情绪的感染力。

（3）郭沫若《屈原》。

郭沫若是中国现代文学史上著名的诗人、剧作家,《屈原》是他历史剧的代表作品,具有悲剧美的色彩。

《屈原》创作于1942年1月,正是抗日战争的相持阶段。郭沫若说：我要把时代的愤怒复活到屈原的时代里去……借屈原的时代来象征我们当前的朝代。作者借屈原的悲剧,借古讽今。鞭挞国民党的黑暗统治,表达人民心中的愤怒,反映光明与黑暗、正义与邪恶的斗争。

郭沫若历史剧的风格特征：第一,"失事求似"的历史剧创作原则；第二,自觉追求崇高、悲壮和雄浑的悲剧审美特质；第三,多取材于战国时代；第四,剧本具有浓郁的诗意。

(4) 茅盾《子夜》。

茅盾是20世纪30年代极具代表性的作家,"茅盾"是他1927年发表第一篇小说《幻灭》时开始使用的笔名,《子夜》标志着20世纪30年代长篇小说所达到的高峰,拓展了现代小说反映生活和人的心灵的深广度。

《子夜》以1930年春夏间半封建半殖民地的旧上海为背景,以民族资本家吴荪甫为中心,描写了当时中国社会的各种矛盾和斗争,成功塑造了吴荪甫这个现代文学史上从未有过的民族资本家的典型形象,并概括了20世纪30年代中国社会的城乡、工商、军政、劳资等社会各个层面的生活图景,是一部史诗性的作品。

茅盾小说的风格特征:第一,具有革命现实主义精神,具有巨大思想深度和宏大历史内容;第二,擅于塑造典型环境中的典型人物;第三,注重小说的结构,追求宏大而严谨的布局,人物众多,情节既复杂又严密。

(5) 老舍《骆驼祥子》。

老舍是"京味小说"的代表作家,他的长篇小说标志着中国现代小说在民族化、个性化的追求上的巨大突破。

《骆驼祥子》写的是城市贫民的悲剧命运。作品描写了失去父母和田地的农民祥子,来到北平做人力车夫的坎坷、悲惨的生活,反映了旧中国城市底层人民的悲苦生活,揭示了一个破产农民如何市民化,又如何被黑暗的社会所吞噬的过程及精神毁灭的过程,具有浓烈的悲剧性。

老舍小说的风格特征:第一,注重文化批判与民族性格的关注,把现代社会变革中底层人民的命运、思想和心理表现得淋漓尽致;第二,取材具有浓郁的"京味",不仅描摹出了北京的风俗画卷,还描写出了北京文化的特质;第三,追求幽默,喜剧与悲剧、讽刺与抒情相互渗透;第四,语言上把北京市民语言和文学艺术语言自然地融合起来,并且干净利落、平易而不粗俗。

(6) 巴金《家》。

《家》写成于1931年,巴金根据《家》的情节发展线索,后面陆续写成了《春》和《秋》,并将这三部长篇合称为"激流三部曲"。

《家》以辛亥革命前后的四川成都为背景,描写了一个即将崩溃的封建大家庭的悲欢离合。小说以觉慧和鸣凤,觉新与瑞珏、梅芬,觉民与琴等几对年轻人的不同爱情遭遇为情节发展主线,全面交织而展示了高公馆的衰亡过程。

巴金小说的风格特征:第一,表现了强烈的批判性;第二,独具匠心的人物心理刻画;第三,强烈的抒情色彩。

(7) 沈从文《边城》。

沈从文是京派小说的代表作家,善于描写湘西边城的风土人情,被称作"乡土小说"别具一格的代表。

《边城》以20世纪30年代湘西边城小镇"茶峒"为背景,借船家少女翠翠的爱情悲剧,描绘了湘西边城特有的风土人情,复原了楚地的民俗、民风,表现了作家对人性美的追求和向往。

沈从文小说的风格特征:第一,小说的内容有深刻的文化意蕴和历史指向,通过独特的乡土风俗人情描写,表现纯真、优美、健康的人性美;第二,叙述自然素朴,注入诗的节奏,具有纯真的美文效果;第三,小说结构自由散漫,情景描绘如画如诗。

(8)曹禺《雷雨》。

曹禺是中国现代话剧史上的戏剧大家,他的话剧《雷雨》《日出》《原野》《北京人》《家》成为现代话剧的经典杰作。

《雷雨》是曹禺的处女作、成名作,也是现代话剧成熟的标志。《雷雨》通过一天的时间(上午到午夜两点)、两个场景(周公馆客厅和鲁家),集中展示了周、鲁两家两代人前后30年复杂纷繁的感情纠葛,控诉了时代和社会对人的命运、人的心灵和人性的摧残。

曹禺作品的风格特征:第一,在现实的表现和人性的开掘上富有想象力和创造力;第二,具有浓郁的情感色彩和强烈的抒情特征;第三,大量运用象征性意象象征现实人生。

(9)张爱玲《传奇》。

《传奇》是张爱玲第一个短篇小说集,代表了她创作的最高成就。

《传奇》里表现的大多是上海中上层家庭和抗日战争时期香港人的生活情景,张爱玲通过对婚姻关系和亲情关系的书写,表现出人性中丑陋的一面,正如她自己所说:生命是一袭华美的袍,爬满了虱子。她用华美绚烂的文字,表现了沪、港两地爱情、家庭、亲情中千疮百孔的"传奇"故事。

张爱玲小说的风格特征:第一,创作风格雅俗结合,既有古典小说的韵味,又有市井小说的手法;第二,营造了大量的"意象",如"月亮"和"镜子"等,常常用以烘托人物心理;第三,语言华美,出人意料的奇妙比喻,往往妙笔成趣,令人回味。

(10)赵树理《小二黑结婚》。

赵树理是解放区文学的代表作家,因创作《小二黑结婚》一举成名。

《小二黑结婚》讲述的是抗日战争时期,民主根据地青年队长、抗日英雄小二黑和本村姑娘小芹的爱情故事。小二黑和小芹的爱情遭到了封建恶霸势力的反对和迫害,经过一番斗争终于取得自由幸福。作品表现了进步青年追求婚姻自主,向往美好生活的心愿。

赵树理小说的风格特征:第一,小说取材于北方的农村生活,表现新旧交替时期农民思想意识的变化和新旧思想的斗争;第二,在结构上吸收了传统小说、评书的特点;第三,语言通俗生动、幽默有趣,给人以轻松之感。

 **案例**

答题示范与讲解

1. 人物形象分析:试分析《家》中的觉慧的形象。

【参考答案】

小说中觉慧虽然是封建大家庭里的一位少爷,但他受到五四运动思想的冲击,是封建礼教的叛逆者,是民主、新生力量的代表。这个人物形象具有封建旧家庭觉醒青年的两面性:一方面,他大胆反抗封建家长制,反对大哥觉新的作揖哲学,支持二哥觉民抗婚,反对封建迷信,主张婚姻和恋爱自由,积极而大胆;另一方面,他还有"幼稚"不成熟的一面,还有一些人性的弱点,在行动上往往较鲁莽又犹豫,这主要表现在他和鸣凤的爱情上。通过鸣凤死后觉慧做的梦,反映出他身上残留着封建思想的痕迹,这是他性格的弱点也是社会造成的。作者通过觉慧的梦,把这个人物塑造得真实又复杂,形象而丰满,成为《家》里最能打动青年的心的人物形象。

2. 作品分析:对《阿Q正传》里阿Q在土谷祠的梦进行解析。

【参考答案】

土谷祠的梦深刻地反映出阿Q这样一个落后农民的自私性和劣根性,作者正是通过阿Q"画出这样沉默的国民的灵魂来"。在被无数人压迫过,生存都无法满足的情况下,阿Q取得革命胜利后要做的第一件事就是报私仇,然后就是让自己变成赵太爷那样的人物,可以有权力去欺压别人,补偿自己过去想要而没有的一切。阿Q不理解什么是革命,看到革命对自己有好处便想参加,也反映出革命并没有使落后的底层民众得到精神的觉醒,革命似乎成了满足私欲的工具和口号。土谷祠的梦深入刻画了阿Q这个自私、落后的底层农民形象,使他成为"国民性弱点"的典型,也成为反省"国民性弱点"的一面镜子,成为文学史上不朽的经典。

三、中国当代文学史知识

知识和能力点说明

知识点:

(1) 中国当代文学的发展脉络。

(2) 中国当代文学主要思潮。

(3) 中国当代文学重要作家作品及其风格特征。

能力点:

(1) 理解:重要作品的主要内容和文学价值。

(2) 分析综合:分析作品的思想感情、基本特征和主要表现手法。

(3) 鉴赏评价:欣赏作品的形象,领悟作品的艺术魅力。

(4) 探究:从不同角度发掘作品意义,探讨作品的创作背景和作者的创作意图,并就相关问题提出自己的见解。

1. 中国当代文学发展概述

中国当代文学是指1949年中华人民共和国成立以后的文学。1949年7月,中华全国文学艺术工作者代表大会在北平正式召开。这次会议是中国当代文学的起点,它所确定的文艺政策和建立的文学体制,为中国当代文学奠定了重要的基础。

1949年后至1966年"文化大革命"爆发,是中国当代文学史上的第一个时期即所谓"十七年"时期。这一时期又可以划分为两个阶段。

第一阶段是1949年至1962年。在这一阶段,广大文艺工作者在新生活的感召下,纷纷深入生活,以满腔的热情,歌颂党、歌颂中华人民共和国的诞生,歌颂新的生活,创作了一批优秀的文艺作品。工农兵成为文学的主人公,描写他们新的生活,歌颂他们在战争年代豪迈的英雄精神是当时所有文学作品的共性。诗歌方面，诗歌创作是以对中华人民共和国成立这一划时代的伟大历史事件的歌颂为发端的。郭沫若的《新华颂》(1949年)、何其芳的《我们最伟大的节日》(1949年)是这一历史性的颂歌的开篇之作。诗歌进入20世纪50年代中前期，开始日渐活跃。浪漫主义的直抒胸臆和"新民歌"的豪放的诗风，成为这一阶段占主导地位的"政治抒情诗"和带有"政治抒情"倾向的诗作的主要艺术格调。众多诗人如贺敬之、郭小川等在抒情诗的创作方面都在走向艺术上的成熟。小说方面，农村题材的如赵树理的《登记》(1950年)、《三里湾》(1955年)，周立波的《山乡巨变》(1958—1960)，柳青的《创业史》(1961年)等；革命斗争题材的如杜鹏程的《保卫延安》(1954年)，吴强的《红日》(1957年)，孙犁的《风云初记》(1951—1963)，曲波的《林海雪原》(1957年)，冯德英的《苦菜花》(1958年)，罗广斌、杨益言的《红岩》(1961年)，梁斌的《红旗谱》(1958年)等；反映革命时代知识分子成长或复杂心灵历程的如杨沫的《青春之歌》(1958年)、欧阳山的《三家巷》(1959年)、宗璞的《红豆》(1957年)等；戏剧方面如老舍的《茶馆》(1958年)、田汉的《关汉卿》(1958年)、昆曲《十五贯》等，是这个时期脍炙人口的佳作。

1956年，毛泽东提出了"双百方针"之后，还产生一批干预生活、批判官僚主义的作品，如王蒙的《组织部新来的年轻人》(1956年)、刘宾雁的《在桥梁工地上》(1956年)和《本报内部消息》(1956年)等。

第一个时期第二阶段是1962年至1966年。诗歌的主要形式是政治抒情诗和叙事诗，前者从配合阶级斗争的理念出发，抒发革命豪情，后者主要通过农村、工厂等各种斗争的讲述，告诫人们阶级斗争的长期性和严峻性。小说中，最有代表性也最有影响的是浩然的《艳阳天》(1964—1966)。在戏剧与电影方面，有《红日》(1963年)、《早春二月》(1963年)等较好的作品问世。

第二个时期是1966年至1976年。1966年5月16日开始的"文化大革命"给中国当代文学事业造成极大的破坏。现代京剧《智取威虎山》《海港》，芭蕾舞剧《白毛女》和山东的《奇袭白虎团》，会同北京的现代京剧《红灯记》《沙家浜》，芭蕾舞剧《红色娘子军》，交响音乐《沙家浜》在北京举行了会演，历时37天，这八部作品被称为八个"样板戏"。

第三个时期是1976年以后。1976年10月，"文化大革命"结束。中国当代文学进入了一个崭新的时期。1977年11月刘心武的短篇小说《班主任》的发表是新时期文学发端的标志。如大潮般涌来的"伤痕文学"和"反思文学"是对"文化大革命"十年的历史的反思，集中体现了对践踏美好人性的揭露，满怀忧国忧民之情来思考人的价值失落的教训。

20世纪80年代是中国当代文学发生全面变革的阶段。80年代文学，在以"解放思想，实事求是"为旗帜的全社会兴起的思想解放运动中，文学界提出了"文学是什么"的问题，实现了"文学的回归"；粉碎"四人帮"之后，经过拨乱反正，随着真理标准的大讨论，在全国范围内兴起了思想解放运动。这次思想解放运动的一个主要关注点就在于"人的解放"问题。思想界将这种关注与对五四运动的历史反思联系起来，实现了"人的回归"。涌现了一大批优秀作品，如高晓声的《陈奂生上城》(1980年)、韩少功的《爸爸爸》(1985年)、贾平凹的《商州》系列(1983年)、莫言的《红高粱》(1986年)、邓友梅的《那五》(1982年)、刘索拉的《你别无选择》(1985年)、残雪的《山上的小屋》(1985年)、池莉的《烦恼人生》(1987年)、刘震云的《一地鸡毛》等佳作。

20世纪90年代后,中国当代文学必须面对全球化的文化语境。时代语境发生了翻天覆地的变化,如何融入全球化的文化语境中,如何建构本民族文化,成为中国当代文学欲探究之路。这一时期涌现了一大批优秀作品,如以陈忠实的《白鹿原》(1993年)、阿来的《尘埃落定》(1998年)和王蒙的"季节"系列长篇小说等为代表的反思民族历史文化的创作倾向作品;以贾平凹《废都》(1993年)为代表的带有文化保守主义色彩的创作倾向作品;以余华的《活着》(1992年)以及王安忆的《长恨歌》(1995年)为代表的,带有人生本位或人本主义色彩的创作倾向作品。

2. 中国当代文学主要流派

(1)红色文学。红色文学是指在《在延安文艺座谈会上的讲话》精神指引下创作的具有民族风格、民族气质、为工农兵喜闻乐见的文学作品。① 这些作品以革命历史题材为主题,以歌颂中国共产党的领导下的人民民主革命和社会主义建设为主要内容。它的不断倡导和广为传播,不仅为人民大众所熟悉,培育了他们独特的文学欣赏和接受趣味,而且成为支配作家创作的重要目标。比如小说有孙犁的《风云初记》、梁斌的《红旗谱》、吴强的《红日》等;诗歌有郭小川的《将军三部曲》《白雪的赞歌》、贺敬之的《回延安》等歌颂新时代新生活的短诗;还有魏巍、刘白羽、杨朔、秦牧、巴金等作家的散文,以及根据红色文学改编的电影。

(2)知青文学。新时期文学中出现的脱胎于"文化大革命"时期知识青年上山下乡运动的一批知青作家写知青生活的作品和文学现象。主题早期为青春祭,知青作为受苦受难的形象;中期为记忆重构,知青作为英雄化身的形象以及田园诗人的形象;后期为文化寻根,知青作为文化批判者的形象。代表作家与作品有梁晓声《这是一片神奇的土地》、路遥《平凡的世界》。

(3)伤痕文学。伤痕文学有着鲜明的特征和内质,具有强烈的政治批判性,尖锐的矛头集中于一个共同的主题,即十年"文化大革命"给党和国家造成的危害,给人们心灵造成的伤痛,具有浓郁的悲剧气息,充满宣泄的情绪。代表作品有刘心武的《班主任》、卢新华的《伤痕》、郑义的《枫》。

(4)反思文学。反思文学是继伤痕文学的情感宣泄与政治批判进入到历史深层的理性思考,以中篇小说为重点。社会动乱的世相图,历史反思、民族创伤和国家苦难反思,启蒙式地突出了极"左"政治路线与封建思想如何二合一地造成社会和人的深刻异化。王蒙《蝴蝶》、高晓声《陈奂生上城》,其特点是艺术表现方式更加灵活,主题深度比伤痕文学进了一大步,但其艺术形式单一,反思不彻底,缺乏自省与忏悔是其局限性。

(5)改革文学。十一届三中全会后,以描写新时期出现的社会改革以及改革引起的人物命运、人际关系、心灵纠葛为主要内容,与现实生活十分贴近,明显地具有与历史同步,回答时代问题的特点。如蒋子龙《乔厂长上任记》、张洁《沉重的翅膀》、张贤亮《龙种》。

(6)寻根文学。寻根文学是在20世纪80年代"文化热"的背景下产生的。作家们试图汲取本土的生活内容,借助西方的文学技法,表现中国的文化特色。核心观点是中国文学应建立在广泛文化开掘之中,要用文学表现民族文化,寻文化之根。代表作家及作品有韩少功《文学的"根"》、阿城《棋王》、韩少功《爸爸爸》、王安忆《小鲍庄》。

(7)先锋文学。20世纪80年代,作家根据"不断创新"的原则,打破公认的规范和传统,不断创造新的艺术形式和风格,引进被忽略的、遭禁忌的题材,向传统文化的教条和信念发

---

① 孟繁华,程光炜.中国当代文学发展史[M].北京:中国人民大学出版社,2009:119.

起挑战。先锋文学表现了新的价值立场和表达方式,扩大了小说艺术的表现力。如马原《拉萨河的女神》、余华《现实一种》、苏童《妻妾成群》《红粉》。

(8)新写实小说。在20世纪80年代中后期出现的"回归现实"的一种创作潮流。新写实小说是不满先锋小说的解构,对先锋小说的批评和反驳,以写实为主要特征,特别注重现实生活原生形态的还原,真诚直面现实、直面人生。内容上主张表现生活的本色而非本质,塑造平民而非英雄形象,采用客观的叙述态度。如池莉的"新写实三部曲":《烦恼人生》《不谈爱情》《太阳出世》,刘震云的《一地鸡毛》。

(9)朦胧诗。朦胧诗是新时期新诗潮中涌现的代表性诗歌流派,也是中国现代主义诗歌的一个潮头,因当时的评论家指责其朦胧、晦涩而得名。代表诗人有北岛、舒婷、顾城、江河、杨炼、梁小斌等,其作品表现了一代青年从狂热、迷惘走向觉醒、沉思的精神状态和心路历程,具有强烈的怀疑意识和叛逆精神,现代主义的倾向和艺术技巧很明显追求含蓄朦胧之美,体现了人性和艺术的苏醒。

3. 重要作家作品及其风格特征

(1)小说。

①《红旗谱》。

梁斌的《红旗谱》是反映中国共产党领导的国统区人民革命斗争生活的优秀长篇小说。它形象地反映了自第一次国内革命战争到抗日战争时期,我国北方农民的斗争生活,概括了整个民主革命阶段中国农民的生活和斗争,被誉为"中国农民民主革命斗争的历史教科书"。

朱老忠是作品中的主人公。这一艺术典型的成功塑造,是当代文学的重要收获。这是一个横跨新、旧两个时代,在斗争实践中找到了正确方向的农民英雄。他同我们古代一切农民英雄一样,具有一种勇猛、顽强的反抗精神,同时他更懂得斗争的形势和斗争的策略,具有韧性战斗和革命乐观主义精神;他继承我们历代农民英雄的正直无私、慷慨仗义的性格特点,具有诚挚友爱、顾全大局的高尚品质;他诚心诚意接受党的领导和教育,对党赤胆忠心,对共产主义事业坚信不疑,并为其顽强奋斗,这是朱老忠区别于其他农民英雄的本质特征。

该作品豪迈壮阔、雄浑深沉而又亲切朴实,文笔简练而不粗疏,刻画入微而不烦琐,语言朴实、生动,具有鲜明的艺术特色。

②《创业史》。

柳青的《创业史》是一部表现我国农村社会主义革命的优秀长篇小说。它深刻地反映了中华人民共和国成立初期,我国农村的各种矛盾冲突,组成了一幅广阔而丰富的生活斗争图画,并准确地把握矛盾冲突的性质和表现形式的特点,揭示其发展的趋向和前景,形象地回答了"中国农村为什么会发生社会主义革命和这场革命是怎样进行的"。此外,作品还从纵、横两个方面延伸开来,使矛盾冲突更具规模和有更为丰富的内容。

梁生宝是作品中的主人公,这是一个在中华人民共和国的土壤中成长起来的新型农民形象,他是党的忠实儿子,是党的政策在农村的积极宣传者和执行者,他大公无私、胸怀朗阔、富有牺牲精神,这是一个在20世纪50年代所能出现的理想人物。

该作品按照史诗规模的要求,构思深邃宏大,结构新颖别致,同时善于在对比中刻画人物性格,呈现出鲜明的个性特征,运用直接抒情和议论的手法,增强了作品的艺术感染力。

③《青春之歌》。

当代著名女作家杨沫的《青春之歌》是一部反映党所领导的爱国学生运动的优秀长篇小

说。它最突出的成就,是塑造了形形色色的知识分子形象,特别是成功塑造了林道静这个从个人抗争走向革命道路的知识分子的艺术典型。

林道静的成长过程,深刻地揭示了知识青年只有自觉地接受党的领导,在革命斗争的实践中不断克服自身的弱点和缺点,才有光明的前途,一个人的青春,只有与人民的前途命运融汇在一起,才能发出绚丽的光辉。

该作品通过各具个性的人物形象,通过人物活动构成较为曲折的艺术情节,通过细密的观察与细致入微的表现生活的艺术手法,将作者的创作立意完整地表现出来。

④《班主任》。

在"文化大革命"结束以后,刘心武发表了小说《班主任》。从题材的选择到主题思想的挖掘,从人物关系的新表现到自己特有的艺术风格的形成,都给小说创作作了新开拓。

在小说中,着力刻画了一组思想精神上受到严重伤害的青年一代的人物典型。像谢惠敏、宋宝琦之类的人物的出现都有着深刻的社会原因,是在一定的典型环境下形成和成长起来的。在斗争风暴里,涌现出尹老师、曹书记等一批有着可贵精神面貌的知识分子形象。面对"四人帮"的恶风浊浪,他们不屈不挠。

⑤《平凡的世界》。

路遥的《平凡的世界》为中国当代挣脱极"左"的束缚,在改革开放的转型期留下了史诗般的艺术画卷。作者把国家大事、政治形势、家族矛盾、农民生活的艰辛、新一代的感情纠葛,以及黄土高原古朴的道德风尚、生活习俗都真实而细腻地描绘了出来,构成了一幅中国20世纪70年代中期至80年代中期农村生活的全景式画卷。全书共写了近百个人物,从揽工汉到省委书记,这些人物形象鲜活地表现了那一时期的人们的思想变化。该作品以孙少安和孙少平两兄弟为中心,表现了一代青年农民奋斗的艰难经历,而人物活动的宏大背景则是改革开放初期的各种政策和整个社会人们的心态。

该作品结构严谨,作者对陕北方言的熟识与精通,又使《平凡的世界》的语言体现出了浓郁的地方色彩,词语的使用通俗、平易、简洁但却又能够真真实实地反映陕北世世代代所积淀下来的农村生活面貌。

⑥《乔厂长上任记》。

蒋子龙的《乔厂长上任记》是新时期小说创作中具有里程碑意义的优秀作品。作品最主要的成就是塑造了乔光朴这个新时期开拓者的艺术典型。乔光朴是一个有胆有识,具有永不衰竭的革命热情和勇挑重担的革命责任感的人物;他具有果断而进取的性格,以及整顿企业的雷厉风行;他又是智勇双全、富有实干精神的企业家;他也和普通人一样,有着丰富的感情世界。

该作品笔力粗犷豪放,音调高昂激越,注意展示人物精神世界的美和人物复杂的性格特征,表现出浓烈的革命浪漫主义色彩。

⑦《白鹿原》。

陈忠实的《白鹿原》,是一部渭河平原50年变迁的雄奇史诗,一轴中国农村斑斓多彩、触目惊心的长幅画卷。主人公娶六表六,神秘的序曲预示着不祥。一个家庭两代子孙,为争夺白鹿原的统治代代争斗不已,上演了一幕幕惊心动魄的活剧。作者塑造了一系列真实而又有独创意义的中国农民形象。白嘉轩是其中的第一主人公,他是几千年中国宗法封建文化所造变的一个人物典型。在他身上包含了中国文化传统全部的价值——既有正面又有负面。他既是一个刚正的男子汉、富有远见的一家之长、仁义的族长,又是一个封建文化、封建制度的身体力行者。

该作品在总体写实的基础上,糅以民间传说,既表现出关中地区的民情风俗,又有一种亦真亦幻的感染力。小说的语言朴素、平实,是高密度的大笔勾勒,具有节奏感和耐人的韵味。

厚重深邃的思想内容,复杂多变的人物性格,跌宕曲折的故事情节,绚丽多彩的风土人情,形成作品鲜明的艺术特色和令人震撼的真实感。

(2)诗歌。

①《回延安》。

《回延安》是贺敬之在中华人民共和国成立后的第一首诗作。这首诗通过诗人重回延安的抒写,生动地表现了回到延安时的激动、喜悦的心情和延安 10 年的巨大变化,热情地歌颂了在延安精神培育下中国革命蓬勃发展的大好形势,是一曲延安精神的颂歌。

该作品感情真挚浓烈、想象丰富,构思精巧,结构严谨,语言精练,形象鲜明,富有民族风格和地方色彩。

②《致橡树》。

《致橡树》为当代诗人舒婷创作于 1977 年,是"文化大革命"后最早的爱情诗。《致橡树》选取了橡树和木棉这两个外形迥异的意象,以攀缘的凌霄花、痴情的鸟儿和泉源、险峰、日光、春雨等丰富的意象作烘托,突出赞美了甘苦与共、爱在风雨同舟的"伟大"而"坚贞"的爱情观。诗人以其新颖的形象描摹,不仅表达了女性的独立观,也引申出并肯定了人与人交往中在平等自由的基础上相互同情、相互理解、相互信任的道德价值理想。

新颖的抒情意象、丰富的情感内蕴、整饬的对偶句式、精美自然的抒情语言,是作品鲜明而生动的创作特色。

③《长江三日》。

刘白羽的《长江三日》是其代表作之一,这是一篇以日记的形式写的游记性的抒情散文,作者以激越奔放的感情,雄奇炫美的笔触,通过对雄伟壮丽的长江自然景色的生动描绘,热情地赞美祖国的锦绣河山,激励人们在时代的激流中战胜困难,奋勇前进,去创造美好的新世界。

该作品充分体现了刘白羽散文创作的风格,奔放的激情、壮美的意境,详略得当的艺术结构,灵活多变、不拘一格的表现手法,笔力雄浑、铺张华丽、句式多变的语言,呈现出一种色彩斑斓的音乐美和画面美。

(3)戏剧。

①《茶馆》。

《茶馆》是老舍的代表作之一,也是一部风采独具,在国内外享有盛誉的优秀话剧作品。

《茶馆》的独特之处是,仅仅三万余字的三幕剧,却写尽了旧中国半个世纪的风云变幻。它是旧时代的葬歌,也是一面历史的镜子。作者立足于当下来观察和描写过去的生活,新旧社会形成强烈的对比。同时,作者在描写苦难、凄惨生活时,也写了人民的反抗,透露出未来的一丝光明,含蓄而明确地指出了中国应走的道路——社会主义道路。

作品使用侧面透露的表现手法,三五两笔就刻画出一个人物形象,表现手法高超,以"茶馆"这个独特的表现角度,描绘出一幅色彩斑斓的时代画卷,戏剧言语生动、犀利,富有幽默感和地方特色。

②《关汉卿》。

田汉的《关汉卿》是为了纪念元代著名戏剧家关汉卿创作活动七百周年而写的。剧本通过创作与演出《窦娥冤》的尖锐复杂斗争的描写,热情地歌颂了以关汉卿为首、以关汉卿精神为支柱的人民艺术家的战斗集体为民请愿、不畏强权、不怕牺牲的顽强奋斗精神。

关汉卿作为封建时代著名的人民艺术家,其性格最大的特点就是强烈的反抗精神和为正义而勇于献身的崇高思想境界。该作品在尖锐冲突中显示人物性格特征,戏中戏的艺术结构,富有激情和诗意的戏剧语言。

 案例

答题示范与讲解

1. 结合创作实践,谈谈新时期小说主潮的演变轨迹。

【参考答案】

(1)新时期小说的第一个潮流是"伤痕小说",揭示了"文化大革命"十年给社会、家庭、个人带来的种种悲剧,开拓了批判和启蒙之路,标志着现实主义的复归。(2)继之而起的反思小说,在揭露和批判的基础上,对历史进行更深层次的回顾与思考,标志着新时期文学迈入了现实主义的深化阶段。(3)改革小说是以社会改革为主题。社会改革的主题是新时期改革大潮的必然产物,并由事件的冲突向着反映精神世界的更深刻的变化发展,是对现实主义的拓展。(4)寻根小说超越社会政治层面,反思传统文化,重铸民族灵魂,丰富和加深了作品的文化意蕴。(5)20世纪80年代中后期先锋小说和新写实小说相继涌现,现代主义的倾向中包孕了后现代主义的因素,初步呈现出多元化的局面。

2. 简述《蔡文姬》与《关汉卿》在艺术上的共同性。

【参考答案】

田汉的《关汉卿》和郭沫若的《蔡文姬》是同时诞生于中国剧坛的历史剧代表作,二人都是主张浪漫主义的创造社作家,也都是具有浪漫气质的诗人,这两部历史剧也表现了许多相似的创作特点。

《关汉卿》和《蔡文姬》都具有浪漫主义特点,并且又都表现为理想主义。《蔡文姬》歌颂了理想人物,描绘了理想社会:政治家清正廉洁,杰出人物真诚坦白。田汉笔下的人物也具有理想主义色彩:关汉卿高大完美,是古代人民艺术家的光辉形象;朱帘秀重情义、有良知,不畏强权。《关汉卿》塑造了由民间艺术家和下层劳动人民组成的理想主义群像,歌颂了在残酷专制下勇于抗争、团结上进的英雄群体。

田汉和郭沫若创造了理想世界,也陶醉在理想之中。其作品都具有浪漫主义诗情,表现在三个方面:一是将诗入剧;二是用诗般的语言表现人物内心世界;三是运用布景、音乐、道具营造诗一般的舞台气氛,整个舞台充满诗情画意。

> 两位剧作家都重视形象塑造,并且都喜欢在尖锐的矛盾中刻画人物性格。田汉营造的矛盾主要表现为人物与环境的对立,郭沫若则将笔触伸向人物内心世界,表现性格冲突。
>
> 田汉和郭沫若看中情节结构,且十分讲究。《蔡文姬》把为曹操翻案的题旨寄托在"文姬归汉"这一载体上,运用直接和间接两种描写手法写曹操,可谓匠心独运。比较起来,田汉更注重故事情节,他采用"戏中戏"的结构手法,将关汉卿的生活浓缩在一次创作演出过程中,而且故事情节一波三折,带有传奇性、神秘性、戏剧性,《关汉卿》的戏剧意味更浓郁。

四、外国文学史知识

 **知识和能力点说明**

知识点:
(1) 外国文学的发展脉络。
(2) 外国文学主要思潮。
(3) 重要作家作品及其风格特征。

能力点:
(1) 理解:重要作品的主要内容、字词句意。
(2) 分析综合:归纳作品内容要点,分析作品基本特征和主要表现手法。
(3) 鉴赏评价:欣赏作品的形象,赏析作品的内涵,领悟作品的艺术魅力。
(4) 探究:从不同角度发掘作品意义,探讨作品的创作背景和作者的创作意图,并就相关问题提出自己的见解。

1. 外国文学发展概述

外国文学是指除中国文学以外的世界各国文学。人类文明源远流长,世界文学也绚丽多姿。早在几千年前,人类文明业已孕育出最初的文学瑰宝。在而后的岁月里,东西方众多民族均出现过杰出的文学大师和脍炙人口的文学巨著。这些优秀的作家通过其作品,呈现了对世界的审视,对所处时代的客观反映,昭示了人类成长的精神轨迹,并留给世人审美的愉悦。从古希腊、古罗马时代到 20 世纪,外国文学的发展历经了时间的洗礼,呈现了不同时代特征下的文学样貌和发展脉络。

(1) 古代文学。
欧洲古代文学包括古希腊文学和古罗马文学。
① 古希腊文学。
公元前 12 世纪至公元前 8 世纪,是古希腊从氏族社会向奴隶制社会过渡的时期,史称"荷马时代",主要成就是神话、史诗和戏剧。《荷马史诗》分为《伊利亚特》与《奥德赛》两个部分。它们是欧洲古代最伟大的两部史诗。相传是公元前 11 世纪到公元前 9 世纪的希腊诗人荷马在民间口头文学的基础上创作而成的。

古希腊戏剧有三大悲剧家,他们分别是埃斯库罗斯(史称"悲剧之父",代表作《被缚的普罗米修斯》)、索福克勒斯(代表作《俄狄浦斯王》)、欧里庇得斯(代表作《特洛伊妇女》),以及喜剧家阿里斯托芬。

古希腊文学是欧洲文学的源头。文学样式丰富,主题内容传递了生命意识和人本意识以及自由观念。文艺理论发达,开创了唯物主义和唯心主义两种思想的先河。

② 古罗马文学。

古罗马文学的发展历经了三个阶段。一是共和时期(前240—前30):古罗马文学的正式形成和发展时期。代表作家:普劳图斯和泰伦斯。二是黄金时期(前100—17):古罗马文学的辉煌时期。代表作家是奥古斯都时期的三位著名诗人:维吉尔(代表作为三部诗歌作品《牧歌》《农事诗》和《埃涅阿斯纪》);贺拉斯(著名诗人和文艺理论家,代表作《诗艺》);奥维德(代表作《变形记》)。三是白银时期(17—130):罗马文学的衰落时期。这一时期随着罗马帝国的政治、经济危机的显现,文学也相继衰落。悲剧、传记文学和散文体小说创作相对活跃,塞内卡的悲剧作品《特洛亚妇女》以及阿普列尤斯的散文体小说《金驴记》代表着这一时期的文学成就。

古罗马的文化主要是继承希腊文化逐渐发展起来的。古罗马文学是衔接古希腊文学和欧洲近代文学的桥梁,起着承前启后的作用。古罗马文学具有较强的理性精神和集体意识,表现出庄严崇高的美学特征。

(2) 中世纪文学。

中世纪文学是欧洲多种文化融合的产物,一般指中世纪初期和中期的文学,即5—15世纪的文学。

中世纪文学包括三大类型。一是英雄史诗和民间谣曲:如法国的《罗兰之歌》、西班牙的《熙德之歌》、德国的《尼伯龙根之歌》、俄罗斯的《伊戈尔远征记》。二是骑士文学:主要体裁是骑士抒情诗和骑士叙事诗。亚瑟王与他的圆桌骑士的故事是骑士叙事诗常写的题材。描写亚瑟王传奇的著名作品是《郎斯洛》。三是城市文学:讽刺叙事诗的代表作是法国的《列那狐传奇》。

总体上来看,中世纪文学主体属于社会精英文学,既有教会文学和骑士文学,也有民间的城市文学。中世纪文学在一定程度上保留了古典传统文化,与古希腊罗马文化有牵扯不断的关系。

(3) 文艺复兴时期文学。

文艺复兴是欧洲新兴资产阶级在14—17世纪初掀起的反封建、反教会的思想运动。中世纪后期的文学为文艺复兴时期文学。

文艺复兴时期不同国家的代表作家及重要作品如下。

法国文学的代表是"七星诗社"。代表作家:蒙田,代表作《随笔集》;拉伯雷,代表作《巨人传》。西班牙最早出现也是最好的一部流浪汉小说是《托梅斯河上的小拉撒路》(又名《小癞子》)。但丁是欧洲中世纪向近代资本主义过渡时期的伟大诗人,意大利文艺复兴的先驱者。长篇叙事诗《神曲》是但丁在流亡中写成的一部不朽名著。塞万提斯是欧洲文艺复兴时期西班牙的伟大作家,代表作《堂吉诃德》。莎士比亚是欧洲文艺复兴时期最伟大的戏剧家和杰出的诗人,创作了举世闻名的四大悲剧《哈姆雷特》《奥赛罗》《李尔王》和《麦克白》,四大喜剧《威尼斯商人》《无事生非》《皆大欢喜》和《第十二夜》。

文艺复兴时期文学标榜复兴古希腊、古罗马文化,反对中世纪的禁欲主义和宗教观念,倡导人道主义、科学、文化、艺术。

(4) 17世纪文学。

17世纪是一个处于变化中的世纪,各国文学呈现复杂的状况。文艺复兴时期的人文主义思想,仍有一定影响,但基本上走向衰落,风行一时的是古典主义文学、清教徒文学和巴洛克文学。

17世纪欧洲主要的文学思潮有法国的古典主义文学、英国的清教徒文学和巴洛克文学。古典主义文学主张以古希腊、古罗马为典范,以法国的发展最为完备,戏剧成就最为突出。其代表人物有莫里哀、高乃依和拉辛等。英国清教徒文学最重要代表人物是约翰·弥尔顿,其代表作品《失乐园》至今仍被认为是欧洲文学史上文人史诗的绝唱之作。巴洛克文学的代表人物是意大利的马里诺、西班牙的贡戈拉和卡尔德隆、德国的格里美尔豪森和英国的玄学派诗人约翰·多恩等。

古典主义文学为王权服务的倾向鲜明,理性至上,奉古希腊、古罗马文学为典范,在戏剧上遵守"三一律",即要求剧情限制在同一件事,发生在同一天(24小时内)和同一地点上。

清教徒文学是在清教革命中诞生的文学。它利用文学传播清教思想,宣传新兴资产阶级的价值观念,与天主教会和保守的封建王权作斗争,反映了时代的精神。

巴洛克文学在形式上追求艺术之美,在语言上精雕细琢,华丽繁复。它拓展了文学性的表现空间,也丰富了文学的表现手法。

(5) 18世纪文学。

18世纪欧洲资产阶级发动了第二次反封建、反教会的思想文化运动,即"启蒙运动"。这一时期的文学也打上了启蒙运动的烙印,被称为启蒙主义文学。

18世纪法国文学的代表作家是启蒙主义作家伏尔泰,代表作有《老实人》;卢梭的代表作是《忏悔录》。英国18世纪现实主义:有笛福的代表作《鲁滨孙漂流记》,斯威夫特的代表作《格列佛游记》。18世纪七八十年代,德国发生了一次全国性的文学运动——"狂飙突进"运动,青年时代的歌德和席勒是最主要的代表。歌德的《铁手骑士葛兹》《少年维特之烦恼》《浮士德》,席勒的《强盗》和《阴谋与爱情》是产生于这个运动中的代表作。

启蒙主义文学是18世纪欧洲文学兴起的一股思潮,它强调笛卡儿的理性精神,内容上反教权反王权,具有鲜明的哲理性和政论性。

(6) 19世纪文学。

19世纪初、中、后期分别产生了不同的文学类型。其中较具代表性的有浪漫主义文学、现实主义文学和自然主义文学。

由于19世纪文学较为丰富,现对三大流派的文学作家和作品进行简单列举。浪漫主义文学的代表作家有被称为"湖畔诗人"的华兹华斯、柯勒律治和骚塞。雪莱的作品有抒情诗《西风颂》《致云雀》。拜伦是19世纪上半叶英国最伟大的浪漫主义诗人,长篇叙事诗《唐·璜》是其代表。英国批判现实主义文学的代表作家有狄更斯,其代表作有《大卫·科波菲尔》《双城记》《雾都孤儿》。萧伯纳是英国现代杰出的现实主义戏剧家,其代表作是《华伦夫人的职业》。19世纪法国伟大的批判现实主义作家巴尔扎克,其《人间喜剧》被誉为法国社会的"百科全书",其中有著名的长篇小说《欧也妮·葛朗台》《高老头》。19世纪法国自然主义代表作家有左拉,作品有《卢贡-马卡尔家族》;短篇小说之王莫泊桑,作品有《羊脂球》《漂亮的朋友》等。

19世纪浪漫主义文学的特征是抒发对理想世界的热烈追求,语言奔放,想象瑰丽,常用夸张的手法来塑造形象。

19世纪欧美现实主义文学呈现不同的特征。英国现实主义文学描写劳资矛盾的题材较多,善于描写小人物的命运。法国现实主义文学较多揭露金钱的罪恶,另外还贯穿着科学和理性主义精神。俄国现实主义文学成就最为突出,主要揭露沙皇统治阶级的黑暗,对灵魂苦难的关注较为执着,塑造了一系列"多余人"和"小人物"形象。美国现实主义文学发展较晚,主要是揭露资本主义的罪恶,其特色是语言较为口语化,民族特性突出。

自然主义文学主张超越固有的政治和道德,对人自身进行审视,对社会进行冷静客观的、照相实录式的描写。

(7) 20世纪文学。

20世纪上半叶由于资本主义进入垄断阶段,各国国内阶级矛盾、国家和地区之间的民族矛盾日益激化,因而爆发了战争与革命。此阶段的文学焦点集中在社会现实、阶级矛盾上,具有现实主义文学的特征。

这一时期现实主义文学的代表作是苏联作家肖洛霍夫的长篇小说《静静的顿河》。后期象征主义代表作家有法国诗人瓦雷利的《海滨墓园》,还有英国诗人艾略特、奥地利诗人里尔克和爱尔兰诗人叶芝。意识流代表作家有英国的伍尔夫、法国的普鲁斯特和美国的福克纳。法国现代主义作家罗曼·罗兰,代表作有长篇小说《约翰·克利斯朵夫》。美国现代主义作家德莱塞,其代表作是长篇小说《美国悲剧》。奥地利现代主义作家小说家卡夫卡,代表作是短篇小说《判决》《变形记》,长篇小说《美国》《审判》《城堡》。《审判》是"卡夫卡式"小说形成的标志。美国作家海明威,代表作为《老人与海》《永别了,武器》《丧钟为谁而鸣》。

20世纪现实主义继承了欧洲19世纪批判现实主义的批评传统,然而又呈现出不同的特征,发展成引人注目的现代主义文学流派,注重表现人物的内心真实,着墨较多在普通人的塑造上。由于战争和革命的影响,在表现内容上,20世纪现实主义文学表现了反战和反法西斯的主题。现代主义文学在艺术上,吸纳了多种形式,意识流、变形、象征等表现手法被大量运用。

(8) 东方文学。

东方文学主要是日本和印度的文学。《源氏物语》是世界文学史上第一部长篇写实小说,作者为日本10—11世纪女作家紫式部,小说主旨在于反映贵族社会性的习俗风貌,表现最高统治层的政治面目浮沉和权力之争。《万叶集》是日本最早的诗歌总集,分为长歌、短歌、旋头歌、佛足石歌四种。印度现代文学泰斗泰戈尔,代表作有《吉檀迦利》。

2. 外国文学主要思潮

(1) 人文主义。人文主义又称人道主义或人本主义,是欧洲文艺复兴时期新兴资产阶级反封建的社会思潮,是新兴资产阶级的世界观和人生观,文艺复兴运动的指导思想。它兴起于14世纪的意大利,15—16世纪在西欧其他国家得以广泛传播。人文主义的基本内容是提倡"人道",反对"神道";基本思想核心是以人为中心。它肯定和注重人、人性,要求在各个文化领域里把人、人性从宗教神学的禁锢中解放出来。

（2）古典主义。古典主义是17世纪兴起于法国，后流传到欧洲其他各国的一种文学思潮。它在文艺理论和创作实践上以古希腊、古罗马文学为典范而被称为"古典主义"。古典主义在政治上拥护中央集权，主张国家统一，歌颂贤明君主；在思想上崇尚理性，强调人的行为应受理智和意志的支配；在艺术上侧重表现荣誉、责任观念战胜感情的过程，提倡模仿古代，遵守"三一律"。它是近代欧美文学的第二次文学思潮，是封建社会向资产阶级社会过渡时期的产物，为君主专制政体服务是其创作目的。法国的古典主义文学最具代表性。

（3）浪漫主义。产生于18世纪末，在19世纪上半叶达到繁荣时期，是西方近代文学最重要的思潮之一。在纵向上，浪漫主义文学是对文艺复兴时期人本主义理念的继承和发扬，也是对僵化的法国古典主义的有力反驳；在横向上，浪漫主义文学和随后出现的现实主义共同构成西方近代文学的两大体系，造就19世纪西方文学盛极一时的繁荣局面，对后来的现代主义和后现代主义文学产生了深远的影响。

（4）现实主义。西欧资本主义制度确立和发展时期的产物。它是欧洲19世纪30年代以后文学艺术中取代浪漫主义而占主导地位的文学思潮。现实主义文学主张去尽谎言，真实地、客观地反映现实生活和人性，具有强烈的批判精神，推崇人道主义，强调描写和创造典型环境中的典型性格。由于它强烈的批判性，也称为"批判现实主义"。

（5）现代主义。属于20世纪资本主义文化的一部分。这种文学不主张用作品去再现生活，而是提倡从人的心理感受出发，表现生活对人的压抑和扭曲。在现代主义文学作品中，人物往往是变形的，故事往往是荒诞的，主题往往是绝望的。

3．重要作家作品及其风格特征

（1）荷马史诗。

《伊利亚特》和《奥德赛》是古希腊的两大史诗，相传是由一位名叫荷马的诗人所作，故称荷马史诗。

《伊利亚特》是一部正面描写氏族战争的英雄史诗，再现了阿开亚人与小亚细亚的特洛伊人之间爆发的一场为期10年的战争故事；《奥德赛》描写的是攻城英雄奥德修斯在战争结束后回归家乡的经历，展现的是人与自然的抗争，以及对家庭的维护，赞扬的是人的勇敢、智慧和毅力。

该作品风格特征：一是结构精湛、布局完整；二是采用多种描写方法塑造鲜明的人物形象；三是语言质朴、自然，叙述明晰轻快又不失大气端庄；四是体现了现实主义与浪漫主义精神的结合。

（2）但丁《神曲》。

但丁是人文主义的先驱者，中世纪最伟大的作家，其创作反映了中世纪向文艺复兴运动过渡时期的时代特征。《神曲》是其创作最高成就的体现。

《神曲》是一部具有划时代意义的叙事长诗，是但丁一生思想和艺术探索的结晶。《神曲》分为《地狱》《炼狱》和《天堂》三个部分，描写诗人自我幻游地狱、炼狱和天堂三界的故事。《神曲》是作者从政治上、道德上探讨意大利的出路问题，给面临纷争的意大利人指出一条从黑暗走向光明的途径。

该作品风格特征：一是梦幻的神秘色彩与现实的写实手法相融合；二是构思宏伟，结构严谨;三是大量运用象征、隐喻和梦幻;四是用意大利语写作,打破了拉丁文写作的惯例;五是语言丰富、生动,情境交融,人物性格鲜明。

(3)塞万提斯《堂吉诃德》。

塞万提斯是西班牙文艺复兴时期最杰出的现实主义作家,被后人誉为"现代小说之父",其小说《堂吉诃德》代表着文艺复兴时期西班牙小说的最高成就。

《堂吉诃德》描写了穷乡绅堂吉诃德身处资本主义已经兴起的时代,却企图通过恢复骑士道来扫尽人间不平。作品揭示了这种主观幻想与西班牙社会现实的巨大落差,在肯定堂吉诃德良好愿望的同时,对其行为进行了善意的讽刺,而对造成其产生不切实际幻想的骑士小说予以了彻底的否定。

该作品风格特征:一是反映了广阔的社会生活图景,具有较强的现实性;二是人物形象生动;三是善于运用对比的描写手法;四是运用了生动、深刻的讽刺手法;五是从情节结构上看,吸取了英雄史诗、西班牙民歌、传奇小说、流浪汉小说和骑士小说的特点;六是语言贴近生活,真实、质朴、明晰,叙述中融入讥诮、幽默的成分,采用了大量的西班牙民间俗语和谚语,语言生动形象,具有丰富的寓意。

(4)莎士比亚《哈姆雷特》。

莎士比亚是欧洲文艺复兴时期的巨人,他的创作在欧洲戏剧和文学发展史上具有至关重要的地位。其代表作品有四大悲剧(《哈姆雷特》《奥赛罗》《李尔王》《麦克白》)和四大喜剧(《威尼斯商人》《仲夏夜之梦》《皆大欢喜》《第十二夜》)。

《哈姆雷特》是莎士比亚创作于1599—1602年间的一部悲剧作品。戏剧讲述了哈姆雷特的叔叔克劳迪思谋害了哈姆雷特的父亲,篡夺了王位,并娶了国王的遗孀乔特鲁德,哈姆雷特王子因此为父王向叔叔复仇的故事。哈姆雷特是一个处于人文主义理想和严峻现实矛盾中的人文主义者形象。王位被篡夺、父亲的离世、母亲的改嫁这些都使得哈姆雷特从一个快乐的王子变为一个忧郁的王子。在复仇中,他也犹豫不决,表现为一个典型的延宕行为的王子。然而,当他确定复仇后,又变得果断勇敢。他的人物形象切实展现了人文主义的理想对黑暗现实的斗争。

该作品风格特征:第一,现实主义与浪漫主义的融合;第二,情节丰富生动;第三,悲喜剧因素融合。

(5)雨果《悲惨世界》。

雨果是法国浪漫主义文学运动的领袖,著名的社会活动家和人道主义者,在诗歌、戏剧、小说、文艺理论和政论等各个方面都有惊人的建树。《悲惨世界》和《巴黎圣母院》是其代表作品。

《悲惨世界》全面展示了法国大革命时期和拿破仑时期的社会面貌,反映了"贫穷使男子潦倒,饥饿使妇女堕落,黑暗使儿童羸弱"的社会现实。该小说关注底层人民的生活百态,然而,雨果试图借人道主义的仁慈来感化统治阶级的冷漠,这显然是不切实际的。

该作品风格特征:第一,现实主义和浪漫主义的结合;第二,细致精彩的心理描写;第三,广泛运用对照艺术;第四,具有政治色彩;第五,语言特色显著,热情洋溢。

(6)巴尔扎克《高老头》。

巴尔扎克是法国现实主义文学最伟大的代表。他的《人间喜剧》以精彩的现实主义描绘技法和巨大的批评力量,将法国现实主义文学推向了制高点。《高老头》是其代表作。

《高老头》淋漓尽致地揭露了金钱对社会关系的控制作用,以及因此而产生的种种社会罪恶,揭示了贵族阶级被资产阶级所取代的历史过程。

该作品风格特征:第一,塑造了典型的人物形象"拉斯蒂涅"等;第二,环境描写真实、精致;第三,情节结构设置巧妙,线索纷繁有序;第四,运用"人物再现法"来勾勒人物形象,推动情节发展。

(7)狄更斯《大卫·科波菲尔》。

狄更斯是19世纪英国杰出的小说家,现实主义文学的代表,其创作几乎触及英国社会的各个领域,真实地展现了英国资本主义扩张时期广阔的社会愿景。在英国文学史上,其社会地位仅次于莎士比亚。《大卫·科波菲尔》是其第二创作时期的代表作品。

《大卫·科波菲尔》具有一定自传性。它展示了19世纪中叶英国的广阔画面,更多地反映了狄更斯本人希望人间充满善良、正义、人道、博爱的生活理想,因而该小说也被狄更斯自己奉为心爱的作品。

该作品风格特征:第一,表现了对资本主义社会深刻的认知;第二,在保留幽默、讽刺风格的同时,加强了现实批判倾向,体现了狄更斯本人对于现实社会的失望和对于人间充满正义的期许。

(8)托尔斯泰《复活》。

托尔斯泰是俄国最杰出的现实主义作家,他被列宁誉为"俄国革命的一面镜子",是具有"最清醒的现实主义"的"天才艺术家"。《复活》是其代表作之一。

《复活》以贵族地主聂赫留朵夫为妓女马斯洛娃申冤而四处奔走为线索,全面展示了俄国社会从城市到乡村的现实生活,揭露了沙皇专制制度的黑暗,揭示了俄国社会的各种矛盾,彻底否定了地主土地所有制。

该作品风格特征:第一,全景式反映社会生活;第二,充满批判的激情;第三,细致的心理描写;第四,巧妙的结构安排;第五,重视细节描写。

(9)莫泊桑短篇小说。

莫泊桑是19世纪后半叶法国优秀的批判现实主义作家,与契诃夫和欧·亨利并称为"世界三大短篇小说家"。他的短篇小说题材主要涉及的内容包括:普法战争,小资产阶级和公务员,农村生活,怪诞故事,爱情、婚姻和家庭生活等。其中《项链》写的是女主人公出于虚荣心,向朋友借了一条项链,结果不慎丢失项链,为了偿还这条项链,辛辛苦苦劳动10年,最后女友告诉她这是一条假项链。

该作品风格特征:第一,以小见大,以一当十;第二,逼真自然的写实方法;第三,白描的勾勒和细致的描绘相辅相成。

(10)海明威《老人与海》。

海明威是"迷惘的一代"的代表作家,20世纪30年代则以"反战"而著称;《老人与海》是其最著名的作品,标志着海明威一生创作的巅峰。

《老人与海》描绘了古巴渔民桑提亚哥前往大海钓鱼,与马林鱼、鲨鱼搏斗的故事,小说内容丰富,揭示了多重主题。一是塑造了"硬汉"桑提亚哥的人物形象,二是表现了存在主义自由选择的哲学思想,三是象征性地表现了人类得艰难处境和不可避免的悲剧性命运。

该作品风格特征:第一,简洁清新的散文文体风格;第二,含蓄、凝练的意境表达;第三,运用了比喻、象征、重复以及对比等手法。

(11)泰戈尔《吉檀迦利》。

泰戈尔是印度著名诗人、文学家、社会活动家,1913年他以《吉檀迦利》成为第一位获得诺贝尔文学奖的亚洲人。他的诗中含有深刻的宗教和哲学的见解。

《吉檀迦利》以诚挚而热烈的感情表达了希望与神合一的渴望,歌颂了神的无限的恩赐、无限的爱和无限的意志。探讨了人生理想和祖国、民族的前途,歌颂了光明与自由,饱含着浓烈的爱国主义情感。

该作品风格特征:第一,哲理性与抒情性的完美结合;第二,诗歌语言和意象朴实无华;第三,具有散文诗的韵律。

案例

答题示范与讲解

1. 试分析《哈姆雷特》中的哈姆雷特形象。

【参考答案】

首先,哈姆雷特身为王子,却接受了人文主义教育。他以人为中心去认识世界、认识人生,他才艺出众,对待朋友以诚相待,平等对待霍拉旭。

其次,他的性格呈现出发展和不断丰富的特征,他从快乐的王子变成忧郁的王子。一再在复仇行动中表现出犹豫不决的样子,表现为一个延宕的王子。

最后,当他确定复仇后,变得果断勇敢,成为一个行动的王子,在与强大的邪恶势力斗争中献出了自己的生命,不仅达到为父报仇的目的,也达到了重整社会秩序的目的。

2. 试分析海明威的冰山理论。

【参考答案】

冰山理论是海明威提出的创作原则,也是其艺术风格的总结。海明威指出:冰山在海里移动很是庄严宏伟的,这是因为它有八分之一露出水面,而有八分之七是在水面之下。"冰山理论"实际上就是要求文学创作要追求简洁、凝练和含蓄的风格。

五、古代汉语知识

知识和能力点说明

知识点:

(1)文言实词和虚词。

(2)常见的文言句式和词类活用。

能力点:

(1)掌握常见的文言实词、文言虚词、文言句式的意义和用法。

(2)能借助注释和工具书,阅读和翻译浅易的文言文,理解词语含义,读懂文章内容。

(3)在阅读实践中举一反三,诵读古代诗词和文言文,背诵一定数量的名篇。

1. 古代汉语的基本概念和基本知识

语言有口语的形式,也有书面语的形式。由于古代的口语无从寻觅,所以对于古代汉语的了解,我们现在接触到的只能是古代的书面语。古代汉语的书面语有两个系统:一是以先秦口语为基础形成的上古汉语书面语以及后代用这种书面语写成的作品,这些书面语统称为文言文。如儒家经典《诗经》《尚书》《春秋》《周礼》等,诸子作品如《论语》《墨子》《孟子》之类,以及一些史籍。二是六朝以后以北方话口语为基础进行加工的书面语,即古白话,如《水浒传》《三国演义》《红楼梦》等。古白话是研究汉语史的重要资料,但其与现代汉语的差别较小,一般没有太多的阅读障碍,而文言文是以先秦口语为基础而形成的书面语,距今年代久远,其词汇、语法与现代汉语有较大差异,因此为了增强阅读古书的能力,古代汉语的学习内容一般只限于文言文,而不包括古白话。

2. 文言实词和虚词

(1)实词。

实词是能够单独充当句子成分,意义实在,即有词汇意义和语法意义的词。在一篇文言文中,实词所占的比例大都处于绝对优势地位,掌握了实词的意义,就等于扫除了理解文章的重大障碍,因此学习并积累一定的古代词义材料,对于增进文言文阅读的能力起着非常重要的作用。从词义的角度来说,大致可以把实词分为以下几类。

一是基本词汇,这些词古今都在使用,意义没有变化,只不过由古代汉语中的单音节词变为双音节词。如"乘""从""使""望"等。

二是古今词义完全不同,或在现代汉语已经消失的词。如"牺牲""弗""惨"等。

三是意义与现代汉语相近但又有区别的词。如"劝""敌""睡"等。

对于第一类词,古今意义相同,在词汇上存在继承性,因此理解文意不会产生障碍,这为我们顺利读懂几千年前的文言文提供了有利的条件。而对于第二类和第三类词,稍不留神,理解不当,就会贻笑大方。因此,对于这两类词要系统地进行归纳和整理,掌握其规律。

第二类实词中,对于古今词义完全不同的词,在阅读文献时一定要注意。如"绸",上古汉语是"缠绕"之义。《尔雅·释义》:"素锦绸杠。"以及成语"未雨绸缪"中的"绸",义为"缠绕"。而现代"绸"指"丝绸"。而在现代汉语中已经消失的词,即古用今废词,这类词丧失交际作用,从现代词汇中消失,只保留在古代文献及字典辞书中,如"犙"是三岁牛;"牭"指四岁牛;"祠"表示春祭等。

而对于第三类古今词义有细微差异的词,更需要加以仔细辨别,逐个进行分析,一般可以从古今词义异同及一词多义入手。如"金就砺则利"(《劝学》)中的"金"指金属制品,今专指黄金。"然谋臣与爪牙之士,不可不养而择也。"(《国语·越语》)中的"爪牙"指勇猛的干将、得力的助手,今指坏人的帮凶。"能谤讥于市朝,闻寡人之耳者,受下赏。"(《战国策·齐策》)中的"谤"表示在背后公开地批评议论,今为贬义词,指恶意攻击诬陷别人。"规",古义是画圆的工具,常与画方的工具"矩"连用,意义仍为"规"和"矩",与现代汉语中后起的表示标准、法则或习惯意义不同。"劝"古义最初是"勉励""鼓励"的意义,后来才逐渐产生"劝阻""劝告"的意义。

(2) 虚词。

考试大纲中要求掌握18个常见的文言虚词：而、何、乎、乃、其、且、若、所、为、焉、也、以、因、于、与、则、者、之。这类文言虚词不能单独充当句法成分，意义抽象，但具有一定的语法意义或语法功能。与现代汉语虚词的分类相比，其差别为代词"其""之"等也归入文言虚词中，而现代汉语把代词归入宾词之中。下面从"副词、代词、介词、连词、助词"这五个方面分析以上常见的文言虚词。

① 副词。

副词的作用是修饰动词和形容词，充当状语，这是古今一致的。

度我至军中，公乃入。（《鸿门宴》）

徐公何能及君也！（《邹忌》）

但是，古汉语中的副词还能修饰名词谓语，这是同现代汉语不同的地方。如：

此则岳阳楼之大观也。（《岳阳楼记》）

吾乃梁人也。（《战国策·赵策》）

② 代词。

古代汉语也有人称代词、指示代词和疑问代词。

若毒之乎？（人称代词，你）（《捕蛇者说》）

王师北定中原日，家祭无忘告乃翁。（人称代词，你，你的）（《示儿》）

某所，而母立于兹。（人称代词，你，你的）（《项脊轩志》）

之二虫又何知？（指示代词，这）（《逍遥游》）

且焉置土石？（疑问代词，哪里）（《愚公移山》）

但古代汉语的人称代词并不完备，在先秦汉语里还没有真正的第三人称代词，其由指示代词"其""之"来承担。如：

其闻道也固先乎吾。（代第三人称，他）（《师说》）

③ 介词。

介词常同名词、代词或名词性词组构成介词结构，可以作动词或形容词的状语或补语，表示行为的时间、处所、目的、原因、方式、对象等。

武以始元六年春至京师。（表时间）（《苏武牧羊》）

得复见将军于此。（表处所）（《鸿门宴》）

天下熙熙，皆为利来。（表目的）（《货殖列传序》）

奚以知其然也。（表方式）（《逍遥游》）

业精于勤。（表原因）（《进学解》）

此中人语云："不足为外人道也。"（表对象）（《桃花源记》）

④ 连词。

连词是连接词、词组或句子的虚词。连词可以表联合关系，把同等关系的成分联合在一起。

河水清且浅。（表并列）（《迢迢牵牛星》）

其真无马邪，其真不知马也。（表选择）（《马说》）

君子博学而日参省乎己。（表递进）（《劝学》）

还可以表示偏正关系,把两个在意思上有偏有正的成分连接在一起。

向吾不为斯役,则久已病矣。(表假设)(《捕蛇者说》)

臣死且不避,卮酒安足辞!(表让步)(《鸿门宴》)

作《师说》以贻之。(表目的)(《师说》)

⑤ 助词。

结构助词,主要是用于结构成分之中,帮助表达一定的结构关系。一般用于表达偏正关系,或是用于调整句法结构,如取消句子的独立性、宾语前置的标记等。

多于南亩之农夫。(偏正关系)(《阿房宫赋》)

悍吏之来吾乡,叫嚣乎东西。(取消句子独立性)(《捕蛇者说》)

蚓无爪牙之利,筋骨之强。(定语后置的标志)(《劝学》)

语气助词,一般放在句末,表示疑问、感叹、判断等语气,或句中、句尾表示停顿。

奚以之九万里而南为?(《逍遥游》)

儿寒乎?欲食乎?(《项脊轩志》)

呜呼!灭六国者六国也,非秦也。(《过秦论》)

衬音助词,也叫音节助词,没有实际意义,只是为了凑足一个音节。

入之愈深,其进愈难。(《游褒禅山记》)

顷之,执一象笏至。(《项脊轩志》)

3. 常见的文言句式和词类活用

(1) 常见的文言句式。

① 判断句。

现代汉语的判断句一般要用判断词"是",如"他是广东人。""是"在句中起到判断的作用,又有连系主语和谓语的作用,因此也叫作系词。在古代汉语中,判断句一般是不用判断句"是",而是通过其他方式表示判断。最常见的是在谓语的后面用句尾语气词"也"帮助表示判断。如:

和氏璧,天下所共传宝也。(《史记·廉颇蔺相如列传》)

第二种常见的判断句形式是:在主语的后面加上"者"来表示停顿,谓语的后面再加上语气词"也"。这种判断句的形式更加明显,判断的意味也更强一些。

南冥者,天池也。(《庄子·逍遥游》)

陈胜者,阳城人也。(《史记·陈涉世家》)

第三种形式是:主语后面用"者"字表提顿,谓语后面没有用"也"字帮助判断,因此其判断的意味较弱。

当立者乃公子扶苏。(《史记·陈涉世家》)

第四种形式是:主语的后面没有"者"字提顿,谓语的后面也没有"也"字帮助判断,可以说其判断的意味最弱。

今臣亡国贱俘。(《陈情表》)

② 被动句。

就主语和谓语之间的关系来说,如果主语是谓语动词的受事者、被动者,那么这样的句子我们称之为被动句。

表示被动的句子有的在形式上与主动句没有区别,没有表示被动的标志,主语的被动性质只能从意义上去理解,这就是概念上或意念上表被动的句子。如:

文王拘而演《周易》。(《报任安书》)

而刘夙婴疾病。(《陈情表》)

"文王拘"是"文王被囚禁","婴疾病"是"被疾病缠绕"。

从句子结构本身来看,与主动句有明显区别标志的被动句,在古代汉语中有多种形式。

一是用"于"字的被动句,介词"于"放在谓语动词的后面,引出行为的主动者。这种句式大多去掉"于"字就变成了主动句。

先发制人,后发制于人。(《汉书·项羽传》)

二是用"为"字的被动句,介词"为"也是引出行为的主动者,只不过放在动词的前面。这种被动句同现代汉语的被字句的结构形式和作用是一样。如:

道术将为天下裂。(《庄子·天下》)

有时"为"字后面可以省略行为的主动者,直接把"为"字放在动词的前面。如:

吴广素爱人,士卒多为用者。(《史记·陈涉世家》)

此外,为了使被动的含意更加明确,除了用"为"引进行为的主动者,还用"所"字帮助表示被动,形成"为……所"式的被动句。如:

梁父即楚将项燕,为秦将王翦所戮者也。(《史记·项羽本纪》)

三是用"见"字的被动句,"见"字直接放在动词之前,不能引出行为的主动者。

秦城恐不可得,徒见欺。(《史记·廉颇蔺相如列传》)

后来出现把"见"字句和"于"字句结合起来运用的"见……于"式,用"见"字帮助表示被动,用"于"字引进行为的主动者,其被动意义更加明确。

臣诚恐见欺于王而负赵。(《史记·廉颇蔺相如列传》)

四是"被"字句。这是现代汉语表示被动的基本形式,在汉代已经开始普遍使用,最初不能引进行为的主动者,而是直接放在动词之前,直到汉末才开始能引进行为的主动者。如:

信而见疑,忠而被谤。(《史记·屈原贾生列传》)

今月十三日,臣被尚书召问。(《初收时表》)

③ 宾语前置。

古代汉语中有少数特殊的词序是现代汉语所没有的,它是先秦汉语的常规形式,因此有必要对此有所了解。

一是疑问代词作宾语前置。疑问代词"谁、孰、何、奚、安"作宾语,不管是动词的宾语,还是作介词的宾语,一般都需要前置。如:

吾谁敢怨?(《捕蛇者说》)

二是否定句中代词作宾语前置。限于带有否定副词"不、未、毋"和否定性的无定代词"莫"句子。如:

时人莫之许。(《隆中对》)

不过,这条规则在先秦时期执行得并不是很严格,有不少文献中就出现否定句中代词宾语后置的例子。

三是宾语用代词"是""之"复指。在宾语和动词之间插入代词"是"或"之"字,其作用是

复指提前的宾语,起到标志的作用,没有实际意义。如:

姜氏何厌之有?(《左传·郑伯克段于鄢》)

四是介词"以"的宾语往往可以直接前置。如:

一言以蔽之。(《论语·为政》)

④ 成分省略。

省略这种现象古今汉语都存在,但古代汉语中的省略现象比现代汉语更多、更复杂一些,大致归纳有以下几种情况。

● 主语的省略。

沛公谓张良曰:"(公)度我至军中,公乃入。"(《鸿门宴》)

● 谓语的省略。谓语一般不能省略的,但文言文中有大量省略谓语的现象。

一鼓作气,再(鼓)而衰,三(鼓)而竭。(《左传·曹刿论战》)

● 宾语的省略。

项伯乃夜驰之沛公军,私见张良,具告(之)以事。(《鸿门宴》)

● 介词的省略。

省略的介词主要有"于""以""自"等,这些介词与后面的宾语构成介宾结构,当该介宾结构作补语时,介词常常被省略。

沛公军(于)霸上,未得与项羽相见。(《鸿门宴》)

● 固定句式。

固定句式也叫固定结构、凝固结构,是由一些词凝结在一起,固定成为一种句法格式,表达一种约定俗成的语法意义。按表达语气的种类分为以下四种。

第一种:表陈述语气。有以(有……用来)、无以(没有……用来)、有所(有……的)、无所(没有……的)、比及(等到……的时候)、为……所。

第二种:表疑问语气。奈何(怎么办)、何如(怎么样)、如……何(把……怎么样)、孰与/孰若(跟……相比……)等。

第三种:表感叹语气。何其(多么)、一何(何等、多么)、何……之(怎么……这样啊)等。

第四种:表反问语气。无乃……乎(恐怕、只怕)、不亦……乎(不是……吗)、何……为(为什么……呢)等。

(2) 词类活用。

在古代汉语中,词类活用主要是有关名词、动词、形容词的问题。总的来说,这三类词的基本功能比较固定。但是,某些词按照一定的语言习惯又可以灵活运用,在句子中临时改变它的基本功能,充当别的词类,这就是词类活用。词类活用在现代汉语里也有出现,但远没有上古汉语那样普遍。

① 使动用法。

所谓使动用法,就是主语所代表的人物并不施行谓语动词所表示的动作,而是使宾语所代表的人物实行这个动作。一般可以翻译为"使宾语怎么样"。

第一,动词的使动用法。

一般情况下,活用为使动用法的动词多是不及物动词,不及物动词本不能带宾语,活用后就可以带宾语,也就是说不及物动词活用作了及物动词。如:

项伯杀人,臣活之。(《鸿门宴》)

不及物动词用为使动时,后面的宾语有时可以省略。如:

操军方连船舰,首尾相接,可烧而走也。(《资治通鉴·赤壁之战》)

"烧而走"是"烧而走之"的省略,"走之"就是"使之走",这是不及物动词用作使动时宾语省略的情况。

在古代汉语中,及物动词也可以用作使动,不过数量比较少。如:

止子路宿,杀鸡为黍而食之,见其二子焉。(《论语·微子》)

"见其二子"即"使其二子拜见","见"用作使动后,要改读为 xiàn。

第二,形容词的使动用法。

形容词作谓语,一般构成描写句,对事物的性质和状态进行描写。如:

位尊而无功,奉厚而无劳,而挟重器多也。(《战国策·触龙说赵太后》)

"尊"和"厚"为形容词作谓语,对"位"和"奉"进行描述,后面不带宾语。如果形容词谓语的后面带上了宾语,那么形容词用作动词。如果整句的意思是使宾语所代表的人或事物具有这个形容词所表示的性质和状态,那么这个形容词进一步用作使动。如:

春风又绿江南岸。(《泊船瓜洲》)

第三,名词的使动用法。

名词用作使动数量是比较少的。名词用作使动,其后面也要带上宾语,并且名词首先要用作动词,意思是使宾语所代表的人或事物成为宾语前面的这个用作谓语的名词所代表的人或事物。如:

官属请曰:"不痛绳之,恐无以禁。"(《宋史·张咏传》)

名词"绳"后带宾语"之",意思是使宾语"之"产生这个名词用作动词后所表示的动作,"使之受绳"也即"使之接受法律制裁"的意思。

② 意动用法。

意动用法是指谓语动词具有"认为宾语怎么样"或"把宾语当作什么"的意思。它与使动用法的差别为:使动用法是使宾语怎么样,是强调客观的结果;意动用法是认为宾语怎么样,是强调主观的看法。如:

君子之学也以美其身。(《荀子·劝学》)

吾妻之美我者,私我也。(《战国策·邹忌讽齐王纳谏》)

"美其身"是使动用法,"君子学习是用来使自身美好",这是客观的结果。"美我"是"以我为美"或"认为我美",是"吾妻"的主观看法,这里的"美"是意动用法。

意动用法限于形容词和名词,动词本身没有意动用法。

形容词的意动用法,是主观上认为后面的宾语具有这个谓语形容词所表示的性质和状态。如:

孔子登东山而小鲁,登泰山而小天下。(《孟子·尽心上》)

"小鲁"和"小天下"是登上高山后"认为鲁国小了""认为天下小了",客观现实情况是鲁国和天下并没有变化,这是孔子自己的主观感受。形容词的意动用法,不管宾语的实际情况是否与主观看法一致,其主要是在表明主语的主观看法和感受。

名词的意动用法,是把它后面的宾语所代表的人或事物看作这个用作意动的名词所代表的人或事物。如：

邑人奇之，稍稍宾客其父。（《伤仲永》）

③ 名词用如动词。

这里的名词用如动词，是指名词用作一般动词，其数量比名词作用使动和意动要多。如：

云青青兮欲雨。（《梦游天姥吟留别》）

名词"雨"放在能愿动词"欲"的后面，用作动词：下雨。

不仅普通名词可以用作动词，方位名词也可以。如：

樊於期乃前曰。（《战国策·荆轲刺秦王》）

副词"乃"修饰方位名词"前"，用作动词。

④ 名词用作状语。

现代汉语里一般只有时间名词才能作状语，普通名词一般是不用做状语的。但在古代汉语里，不但时间名词可以用作状语，普通名词也常常作状语。这体现了古今汉语名词在语法功能上的差异，我们需要对此有一定的了解。

普通名词作状语，表达的语法意义是十分丰富的。

● 表示动作、行为的方位或处所，多为方位名词和地点名词。如："夫以秦王之威，相如廷叱之。""廷叱之"是"在朝廷上斥责秦王"。

● 表示动作、行为的工具或依据。如："黔无驴，有好事者船载以入。"名词"船"作动词"载"的状语，表示"载"所用的工具。

● 表示对人的态度。如："齐将田忌善而客待之。"名词"客"用在"待"的前面，表示"像对待宾客一样对待它"。

● 表示比喻的修辞手法。如："苟不以盐自活，一旦蜂聚为盗，则为患深矣。""蜂聚"表示"像蜜蜂一样聚集"。

4. 文言文阅读指导

（1）注重诵读。

古人云：书读百遍，其义自见。诵读是文言文学习的第一步，也是重要的一步和进一步学习的基础。通过诵读，可以进一步把握文章的停顿节奏，培养相应的语感，理解文意。

（2）整体阅读，理清文脉。

学生如果对文章只作浅层的思考，希望能够快速找到问题的答案，但这样往往欲速则不达，效果不佳。在文言文阅读的过程中，应从整体阅读入手，大处着眼，把握主要内容，同时逐段读懂，标出体现段落重点信息的词句，并且分析段与段之间的关系，把握文章的结构关系。根据这些已知的和推知的信息，去准确地把握文章的大意。

（3）根据具体的语境联系上下文去推测实词的意义。

文言实词大都具有多义性，但只要进入具体的语境，其意义就进一步得到明确。因此，在文言文的阅读过程中，要能准确把握住实词的意义，必须注意其与周围词、句的关系，学会通过具体的语境来推知其意义。

案例

> **答题示范与讲解**
> 1. 下面句子中不是被动句的一项是（　　）。
>   A. 故内惑于郑袖,外欺于张仪　　B. 屈原至于江滨,被发行吟泽畔
>   C. 乐毅畏诛而不敢归　　　　　　D. 吴广素爱人,士卒多为用者
> 【参考答案】B。
> 【答题解析】
> 本题考查辨识被动句的能力。B选项中的"被"读"pī",同"披",披散,散开。A、C、D选项为被动句;A选项为"于"字句;C选项"诛"意为"被诛",为意念上的被动句;D选项为"为"字句。
>
> 2. 找出与其他句式不同的一项（　　）。
>   A. 此所谓战胜于朝廷　　　　　　B. 古之人不余欺也
>   C. 闻道百,以为莫己若者　　　　D. 颜回见仲尼,请行。曰："奚之？"
> 【参考答案】A。
> 【答题解析】
> 本题考查辨识判断句和宾语前置句的能力。A选项是判断句,其余是宾语前置句;B、C选项为否定句中代词宾语"余""己"前置;D选项为疑问代词"奚"前置。

六、现代汉语知识

知识和能力点说明

知识点：
(1) 词性的划分与辨别。
(2) 句子成分的类别,基本句型。

能力点：正确判断词性,划分句子成分,变换句式,修改错病句；正确、熟练、有效地运用语言文字,能识记现代汉语普通话常用字的字音,能识记并正确书写现代常用规范汉字。

1. 现代汉语的基本概念和基本知识
(1) 语言的三要素：语音(物质外壳)、词汇(建筑材料)和语法(结构规律)。
(2) 两大主要的世界语言谱系：汉藏语系(汉语)和印欧语系(英、德、法等)。
(3) 语法：是词、短语、句子等语言单位的结构规律。它的含义有两点：语法结构规律本身,即语法事实；语法学,即研究规律的科学。
(4) 四级语法单位：语素、词、短语、句子。
(5) 词性：又叫词类,是词的语法性质的分类,即词的语法分类,以词的语法功能、形态和意义为划分依据。词性可划分为实词(10类)和虚词(4类)。

(6) 短语：又叫词组，是由语法上能够搭配的词组合起来的没有句调的语言单位，介于词和句子之间。

(7) 句子成分：根据句子中词与词之间的组合关系，把句子分为不同的组成成分，即句子成分。句子成分由词或词组充当。现代汉语里一般的句子成分有六种：主语、谓语、宾语、定语、状语和补语。

(8) 根据内部结构的不同，句子可以分为单句和复句。单句可以根据不同的标准进一步分类：根据语气划分出来的叫句类，根据结构划分出来的叫句型。

(9) 现代汉语的动词谓语句中有一些特殊句式，如"把"字句、"被"字句、连谓句、兼语句、双宾句、存现句。

(10) "把"字句的基本格式：主语＋把＋介词宾语＋动词（动词短语）。

(11) "被"字句的基本格式。

① 主语＋被（叫、让、给）＋介词宾语＋动词短语（如：车胎被钉子扎破了。）

② 主语＋被（给）＋动词短语（如：花瓶给打碎了。）

③ 主语＋被（叫、让）＋介词宾语＋给＋动词短语，即"被……给……"（如：手指叫刀给划破了。）

④ 主语＋被＋介词短语＋所＋动词短语，即"被……所……"（如：我们不要被眼前的困难所吓倒。）

(12) 复句：由两个或两个以上意义上相关、结构上互不做句子成分（结构相对独立）的分句组成，即：复句＝分句＋分句。

(13) 修辞：是指对语言进行综合的艺术加工，即对语言进行修饰和整理，以求达到更好的表达效果。

(14) 修辞的基本要求：明确、准确、简练。

(15) 常用的修辞方法：比喻、比拟、借代、夸张、对偶、排比、反复、设问、反问等。

2. 语法

(1) 语法的性质。

与语音、词汇相比，语法具有更明显的抽象性（概括性）、稳固性和民族性。抽象性：语法规则是从大量的语言现象中概括出来的。稳固性：在语言三要素中，语法的变化最慢，但新的语法规则也会逐渐产生。民族性：每种语言的语法都有自己的特点，它们有同有异，既有共性又有个性。

(2) 词性分为实词和虚词。实词有 10 种：名词、动词、形容词、副词、数词、量词、代词、区别词、拟声词、叹词；虚词有 4 种：介词、连词、助词、语气词。

(3) 名词、动词、形容词的比较。

① 名词：不能受"不""很"的限制。

② 动词：能受"不"限制（不打、不开、不吃），不受"很"修饰。但表心理、能愿动词除外：很喜欢、很伤心、很讨厌、很愿意。

③ 形容词：能受"不""很"修饰，如不高、不香、很红、很白、很直。但如果形容词本身有表程度的含义除外，如不能说：很火红、很雪白、很笔直。

(4) 形容词和副词的比较。

副词：① 不能修饰名词；② 不能用肯定否定式提问，如：太不太、终于不终于等；③ 不受"很"修饰。

形容词：① 能修饰名词；② 能用肯定否定式提问，如：快不快、漂亮不漂亮等；③ 能受"很"修饰。

突然(形容词)—忽然(副词)、偶然(形容词)—偶尔(副词)、一直(形容词)——一概(副词)。

(5) 连词与介词的比较。

有的连词与介词同形，如"和、同、跟、因为、由于"，应该如何区别？

① 是否可以互换位置。(可——连词，不可——介词)因为连词连接大部分是并列关系，其前后词语地位平等，互换基本不影响意义。

② 有的连词可省略，介词不可。

③ 介词前可出现状语，连词前不可出现状语。

④ 介词可出现在句首，连词不可。如：

他跟我一起去看电影。(连词)

我跟他说过这个问题。(介词)

跟他吃饭的是谁呀？(介词)

我跟他都是南方人。(连词)

跟他相反，我是南方人。(介词)

(6) 结构助词"的、地、得"可以用来辅助判断句子成分。如：

① 定语＋的，状语＋地，得＋补语。

② 动态助词"着、了、过"表示动作的不同状态。

着：动作正在进行，状态正在持续。

了：已经完成。

过：曾经发生的动作或具有的性状。

(7) 最基本的6个语气词分别是：的、了、呢、吧、吗、啊。语气词用在句尾，表示各种语气；也可用在句中，表停顿。如：

风筝飞得真高哇！算了吧，我们改天再去郊游。

(8) 词的兼类与活用。

① 兼类。一个词如果可以归入两个或两个以上的词类，就是兼类。兼类必须具备两个条件，即读音必须完全相同和意义之间要有联系。如：

语言学是一门科学。(名词)

现代语法还有不够科学的地方。(形容词)

② 活用。活用是在特定的条件下，为了表达需要，临时改变其基本语法功能去充当其他词类的现象。如：

我们穷归穷，可"志气"了一辈子。(名词活用为动词)

(9) 短语的结构类型。短语内部词和词之间的结构关系有以下几种。

基本类型 {
　联合短语
　主谓短语
　基本动宾短语
　类型偏正短语（定中短语、状中短语）
　中补短语
}

其他类型 {
　连谓短语、兼语短语
　同位短语、方位短语
　其他量词短语（数量短语、指量短语）
　类型介词短语
　助词短语（"的"字短语、比况短语、"所"字短语）
}

（10）句子的主语是被陈述的对象，即谁、什么；谓语是陈述主语的，即是什么、干什么、怎么样；宾语表示谓语所支配或涉及的对象；定语是中心语前面的修饰语；状语是谓语中心词前面的修饰语；补语是中心词后面的补充成分。如：

<u>上了岸的</u> <u>勇士</u> <u>乘机</u> <u>俯身</u> <u>冲</u> <u>上</u> <u>山坡</u> 。
（定语）（主语）（状语）（谓语）（补语）（宾语）

（11）区分补语和宾语。

宾语是谓语支配或关涉的对象，补语是补充说明谓语动作的结果、程度、趋向、可能、状态、数量、目的等。如：

发展<u>经济</u>（宾语）——发展<u>迅速</u>（补语），听<u>明白</u>（补语）——听<u>音乐</u>（宾语）。

（12）句型是句子的结构类，是根据句子成分的配置格局分出来的类别。

句型（结构类）{
　主谓句 {
　　名词谓语句（今天端午节。）
　　动词谓语句 {
　　　"把"字句（他把箱子拿走了。）
　　　"被"字句（箱子被他拿走了。）
　　　连谓句（他抬头看看天空。）
　　　兼语句（他请小刘帮着搬家。）
　　　双宾句（我送给他一支钢笔。）
　　　存现句（对面开过来一辆出租车。）
　　}
　　形容词谓语句（这里太美了！）
　}
　非主谓句 {
　　名词性非主谓句（好甜的西瓜呀！）
　　动词性（刮风了。）
　　形容词性（太棒了！）
　　感叹句（哇！）
　　拟声词句（叮咚！）
　}
}

（13）句类是句子的语气类，是根据全句的语气、语调划分出来的类别。如：

陈述句（我们都喜欢看这部电影。）

是非问（今年是闰年吗？）

特指问（咱们什么时候出发？）

疑问句选择问(打排球,还是踢足球?)
(语气类)正反问(你会不会使用这套软件?)
祈使句(大家早点休息吧。)
感叹句(这场比赛太精彩了!)

(14) 根据分句间的意义关系,复句可以分为以下类型:并列复句、顺承复句、解说复句、选择复句、递进复句、条件复句、假设复句、因果复句、目的复句、转折复句。

① 并列复句:友谊是人生的调味品,又是人生的止痛药。
② 顺承复句:小明取了笔记本,走了。
③ 解说复句:调查有两种方法,一种是走马观花,另一种是下马观花。
④ 选择复句:或者你到广州,或者你到北京,或者你哪里都不去。
⑤ 递进复句:他认识我,甚至连我的小名都知道。
⑥ 条件复句:多读多写,作文就会有进步。
⑦ 假设复句:要是你不去,那么谁去?
⑧ 因果复句:因为今天下雨了,所以他没去球场踢球。
⑨ 目的复句:你把意见整理一下,明天好交大会讨论。
⑩ 转折复句:麻雀虽小,五脏俱全。

(15) 常见的错病句:语序不当、搭配不当、成分残缺或多余、结构混乱;表意不明、不合逻辑。

3. 修辞

(1) 修辞学要探讨的问题。选用什么语言材料,采取什么修辞方式,达到怎样的表达效果。

(2) 修辞与语境的关系。语境,又叫语言环境,一般指在语言运用中对话语有影响的情景、情况和关系等。语境一般分为上下文语境和情景语境。选择怎样的修辞方式,往往取决于特定的语言环境。只有修辞与特定语境的和谐统一,才能表达特定的思想感情,产生鲜明的修辞效果。

(3) 主要修辞手法。

① 比喻:就是打比方,是用本质不同又有相似点的事物描绘或说明道理的修辞手法,也叫"譬喻"。比喻中被比方的事物叫"本体",用来打比方的事物叫"喻体",联系两者的词语叫"喻词"。比喻分明喻、暗喻、借喻三种。如:

老鹰像箭一样冲上高空。(明喻)

敌人已经是瓮中之鳖。(暗喻)

忽如一夜春风来,千树万树梨花开。(借喻)

② 比拟:就是把一个事物当作另外一个事物来描述、说明。被比拟的事物叫"本体",用来比拟的事物叫"拟体"。比拟分为拟人和拟物两类。如:

鸟儿歌唱,花儿微笑。(拟人)

敌人溃不成军,夹着尾巴逃跑了。(拟物)

③ 借代:说话或写文章时不直接说出所要表达的人或事物,而是借用与它密切相关的人或事物来代替的修辞方法。被替代的叫"本体",替代的叫"借体"。如:

两岸青山相对出,孤帆一片日边来。
江山如此多娇,引无数英雄竞折腰。

④借喻:不出现本体,也没有喻词,直接用喻体代替本体来进行描写或说明。如:荷叶上的珍珠晶莹透亮,轻轻滚动。

借喻与借代的区别如下。

● 侧重点不同:借喻侧重本体与喻体的"相似性",借代则侧重本体与借体的"相关性",它是临时用一个名称来代替事物的本名;
● 关系不同:借喻的本体和喻体是两种本质不同的事物,借代的本体和借体之间关系密切,甚至可以是同类事物;
● 作用不同:借喻的作用着重在喻,喻中有代;借代则是着重在代,代而不喻;
● 借喻可以换成明喻,借代则不能。

⑤夸张:是为了达到某种表达效果,对事物的形象、特征、作用、程度等方面着意夸大或缩小的修辞方式。夸张分为扩大夸张、缩小夸张、超前夸张三种。如:

他种的瓜可甜了,几十里外就闻到瓜香。

⑥对偶:用字数相等、结构相同、意义对称的一对短语或句子来表达两个相对应或相近意思的修辞方式。如:

墙上芦苇,头重脚轻根底浅。山间竹笋,嘴尖皮厚腹中空。

⑦排比:把结构相同或相似、意思密切相关、语气一致的句子或句法成分排列起来,使内容和语势增强的修辞方法。如:

燕子去了,有再来的时候;杨柳枯了,有再青的时候;桃花谢了,有再开的时候……

⑧反复:根据表达需要,有意让一个句子或词语重复出现的修辞方法。可分为连续反复和间隔反复两种。如:

雪降落下来了,像柳絮一般的雪,像芦花一般的雪,像蒲公英的带绒毛的种子在风中飞,雪降落下来了。

⑨设问:为了强调某部分内容,故意先提出问题,无疑而问,自问自答。设问的作用:引人注意,启发思考;有助于层次分明,结构紧凑;可以更好地描写人物的思想活动;突出某些内容,使文章起波澜,有变化。如:

她像一只轻捷的小鸟一样飞走了。她刚一走,我就后悔了。晚上,校门口——这不明明是约会吗?万一让人看见了还讲得清楚?她怎么敢?到底有什么事呢?对了,一定是想把那张照片要回去,可是照片还在吕宏手里哩!

——张抗抗《夏》

⑩反问:用疑问的形式表达确定的意思,以加重语气的一种修辞手法。反问也是无疑而问,明知故问。反问的作用:加强语气,发人深思,激发读者感情,加深读者印象,增强语言的气势和说服力。如:

声音是不太好听,有点沙哑,有点毛毛刺刺的。可是公开教学课难道是上台表演吗?嗓子不好的人,就只能躲在树林子里读他喜欢的课文吗?京京心里难受极了。

——黄蓓佳《心声》

⑪修辞手法的常见语病:韵律配合不协调,词语选择不当,句子表意不清,修辞手法运用不当。

4. 现代汉语语音部分的基本概念和基本知识

语音是人类说话的声音，是有意义内容的语言成分的外部形式。在汉语普通话中，我们按照汉语音韵学传统的字音分析方法，把一个音节分成声、韵两段，前段为声母，后段为韵母，把贯通整个音节的音高变化称为声调。

（1）声母：位于音节前段，由辅音构成。如"高"这个音节里，辅音"g"就是它的声母。汉语中有22个辅音，其中除"ng"外，其余21个皆为声母。

在普通话里有一些音节没有辅音声母，我们习惯上叫它"零声母"，如"爱"。要注意的是，"y""w"在拼音里的主要作用是区别音节之间的界限，它们并不属于汉语普通话语音里的辅音。

（2）韵母：位于音节后段，由元音构成。如"太"这个音节里，元音"ai"就是它的韵母。汉语普通话中有39个韵母，而在音节中，有的韵母皆为元音，如"小"；有的韵母则由"元音＋辅音"构成，如"门""张"。

零声母音节中，韵母即为音节本身。如"欧"，它的韵母就是零声母后面的"ou"。

（3）声调：指的是声韵结构中具有区别意义作用的音高变化。汉语普通话中声调分为"阴平""阳平""上声""去声"四种基本调值。如"妈""麻""马""骂"。

（4）变调：有些音节的声调在语流中连着念时会有一定的变化，与单念时调值不同。这种声调的变化叫作变调。

变调的情况有以下五种。

① 上声的变调。上声的变调发生在以下三种情况。

● 在阴平、阳平、去声（即非上声）前时，调值从214变成21。如"北京"（阴平前）、"海洋"（阳平前）、"宝贝"（去声前）。

● 两个三声相连时，调值从214变成35。如"水果"（上声＋上声）。

● 在轻声前时。如果三声是在非三声本调变成的轻声前，该三声变成半三声21，如"晚上"；如果三声是在三声本调变成的轻声前，该三声变成21或者35，如"姐姐"或"小姐"。

② "一""不"的变调。

"一"念本调发生在单念、出现在词句末尾、表示序数或基数时，如"一、二、三""万一""第一次"。"一"的变调发生在以下三种情况。

● 在四声音节前变为二声，如"一共"。

● 在非四声前，变成四声，如"一边"。

● 在动词中间时读轻声，如"看一看"。

"不"念本调发生在单念、出现在词句末尾、出现在非四声音节前时，如"不！""我就不！""不说"。"不"的变调发生在以下三种情况。

● 在四声音节前变为二声，如"不是"。

● 在相同的动词中间时读轻声，如"看不看"。

● 在动补结构中时读轻声，如"舍不得"。

③ 轻声。

轻声是四声在一定条件下变成比原调又轻又短的声调变体。即在词或句子里，某些音节读得特别轻，就是轻声。一般说来，新词、科学术语中没有轻声音节，口语中的常用词才有读轻声音节的,具体看下面一些在普通话中通常读轻声的成分。
- 结构助词"的、地、得"和动态助词"了、着、过",如"我的""去过那儿"。
- 语气词,如"啊、吧、吗、哇、啦"等。
- 名词、代词的后缀,如"子、头、们"等,如"裤子"。
- 名词、代词后表方位的语素或词,如"上、下、里、边、面"等,如"楼上"。
- 动词、形容词后的趋向动词,如"来、去、起来"等,如"拿出来"。
- 叠音词、名词和动词的重叠式的后一个音节,四音节形容词生动形式的第二个音节。如"漂漂亮亮、黑不溜秋、爸爸"等。
- 重叠动词中间或动词和补语中间的"不"和"一",如"来不来""拖一拖"。
- 量词"个",如"一个"。

同时,轻声具有区别词义和区分词性的作用。如"大意"(dàyì),意思为"主要的意思",名词;"大意"(dàyi),意思为"不细心、不认真",形容词。

④ 儿化。

儿化指的是一个音节中,韵母带上卷舌色彩的一种特殊音变现象。如"花儿"这个词,其中的"儿"不是一个独立的音节,也不是音素,而只是一个表示卷舌动作的符号,我们把这种卷舌化了的韵母称为"儿化韵"。

儿化跟词汇、语法有密切关系,它具有区别词义、词性和表示感情色彩的作用。如:
- 区别词义,如"火星"和"火星儿"。
- 区分词性,如"盖"和"盖儿"。
- 表示细小、亲切或喜爱的感情色彩,如"脾气"和"(小)脾气儿";表示不重要,有时有看不起意味的感情色彩,如"爱情"和"爱情儿"。

另外,读儿化韵也有如下一些音变规律。
- 无韵尾或 u 做韵尾时,儿化发音是直接后加一个卷舌动作,韵母基本不变。
- 韵尾是 i 或 n(除 in/ün 外)时,儿化发音是韵尾 i、n 丢失,主要元音央化后做一个卷舌动作。
- 韵母是 i 或 ü 时,儿化发音要把韵腹 i 和 ü 变成韵头,后面增加央元音[ə],然后做卷舌运动。
- 韵母是-i(即舌尖前和舌尖后声后的-i)时,儿化发音要把-i 变成央元音[ə],然后做卷舌运动。
- 韵母是 in 或 ün 时,儿化发音要先失落韵尾 n,然后按照 i 和 ü 的音变规律,加上央元音[ə],再做卷舌动作。
- 韵尾是 ng 的韵母(除 ing 和 iong 外)时,儿化发音要失落韵尾 ng,但是前面的主要元音留下鼻化色彩,然后再做卷舌动作。

⑤ "啊"的音变。

"啊"作为一个句末语气词在语流中常会受前字最后一个音素的影响而发生音变,主要有以下几种情况。
- "啊"在 a、o、e、i、u、ü、ê 后面读作"ya",写作"呀",如"妈呀""我呀"等。
- "啊"在 u、ao、iao 的后面读作"wa",写作"哇",如"好哇""哭哇"等。

- "啊"在 n 后面读作"na",写作"哪",如"难哪"等。
- "啊"在 ng 后面读成"nga",写作"啊",如"忙啊"等。
- "啊"在 zhi、chi、shi、ri、er 后面读作"ra",写作"啊",如"是啊"等。
- "啊"在 zi、ci、si 后面读作"za",写作"啊",如"字啊""丝啊"等。

5. **现代汉语普通话语音部分高考主要考查点**

考查范围为"课标"中规定的 2500 个常用字和 1000 个次常用字的读音。语音题一般以客观题的形式出现,考查多音字、同音字、形近字、形声字等类型。

(1) 多音字。

同样的字中混杂不同音的字。一是多音同义字。如"剥",去掉外面的皮或者壳时读"bāo",如"剥香蕉皮";义同,但是专用于合成词或成语中时读"bō",如"剥夺"。二是多音多义字。有些同形字字义不同,词性不同,读音也不同。如"数",作为动词时,读 shǔ,意思是"查点数目";作为名词时,读 shù,意思是"数目"。

(2) 同音字。

字形不同,读音却相同。如"游弋""后羿""双翼"中的"弋""羿""翼"虽然同音,但是很容易误读为别的音。

(3) 形近字。

字形相似,读音却不同。如"拆"(chāi)和"折"(zhé),"赝"(yàn)和"膺"(yīng)。

(4) 形声字。

有些形声字不能用声旁来类推其读音。如"酗酒"(xùjiǔ)容易误读为(xiōngjiǔ)。

(5) 方言字。

在广东等方言区内,很容易因为受方言影响而读错音。如把"是"读成"四"等,把"去"读成"气"等。

6. **现代汉语汉字部分的基本概念和基本知识**

文字是记录语言的书写符号系统,是最重要的辅助性交际工具。世界上的文字基本可以分为表音文字和表意文字两大类。汉字属于表意文字,是记录汉语的书写系统,是汉族人的祖先在长期社会实践中逐渐创造出来的。

(1) 汉字形体的演变过程:甲骨文—金文—篆书—隶书—楷书。辅助字体:草书(章草、今草、狂草)和行书。

(2) 汉字的结构:可从结构单位、笔顺、造字法三个方面研究。

① 结构单位。现行汉字的结构单位有两级:一是笔画,二是部件。

笔画是构成汉字字形的最小连笔单位。传统笔画有 8 种,即点、横、竖、撇、捺、提、折、钩,又称"永"字八法。

部件,是由笔画组成的具有组配汉字功能的构字单位,一个合体字由两个或两个以上的部件构成。其组合方式如下。

- 左右组合(左右结构和左中右结构)。
- 上下组合(上下结构和上中下结构)。
- 包围组合(两面:上左、上右和左下包围,三面:上、下、左三包围,四面包围)。
- 框架组合(一层框架:巫,二层框架:噩)。

分析汉字字形结构还有一种传统的分析法,就是把许多合体字分析为两个"偏旁",偏旁就是用二分法对合体字进行一次性切分而获得的结构单位。

在日常生活中,"偏旁部首"常常连在一起说,于是有的人会认为"偏旁"和"部首"是一回事。这是一种误解,事实上"偏旁"和"部首",虽然有些联系,却是两个不同的概念。

部首:具有字形归类作用的部件,是字典中各部的首字。

古代字书的部首,指的是编字书者把偏旁相同的字归为一部,每部取其相同部分作为该部的首字,以之作为查字的依据。

现代汉字的部首,指的是字、词典中,对相同类型的偏旁或笔画的归纳和排列,以方便检字。

② 笔顺。笔顺是书写汉字时笔画的先后顺序。汉字笔顺的基本规则如下。
- 先横后竖。如:十。
- 先撇后捺。如:八。
- 从上到下。如:二、芳。
- 从左到右。如:川、汉。
- 从外到内。如:月、同。
- 从外到内后封口。如:四、国。
- 先中间后两边。如:小、水。

③ 造字法。汉字的构造方式为汉字的造字法。古代汉字有象形、指事、会意、形声四种造字法,加上假借、转注两种用字法,并称为古代汉字的"六书"。
- 象形是用线条描画实物的形象,以此来表示字义的造字方法。如:日、月。
- 指事是用象征性的符号来提示字义的造字方法。如:上、下。
- 会意是用两个或两个以上字形组合起来表示字义的造字方法。如:吠、看。
- 形声是用形符和声符组合起来分别提示字的意义和读音的造字方法。如:桐。
- 假借:假借是借用现成的同音字来充当另一个词的书写符号的方法,其实质是一字多词,即用相同的文字符号记录不同意义的同音字。如:令、长。
- 转注:意义相同或相近的字彼此互相解释。如:考、老。

7.现代汉语普通话汉字部分高考主要考查点

本考点考查的主要是辨识错别字的能力,重点考查词语(包括成语、熟语)或句子中的同音字、形近字。

汉字字形考查类型有以下几种。

(1)音义相近字。

如:词—辞、定—订、辩—辨、彩—采。

(2)音同(近)形异字。

如:灼见—卓见、声如洪钟—气势宏伟—弘扬文化、布置—部署。

(3)音形相近字。

如:焕—涣、副—幅—辐、鹜—骛、脉搏—胳膊。

(4)形近字。

如:馨—磬—罄、庀—屁、赝—膺、戳穿阴谋—勠力同心。

错因分析考查类型有以下几种。

(1)读音相同或相近。

如"粗犷"误为"粗旷"。

(2) 字形相近。

如"辐射"误为"幅射"。

(3) 意义混淆。

如"凑合"误为"凑和","针砭"误为"针贬"。

(4) 不明典故。

如:"墨守成规"误为"默守成规",不知道"墨"是指战国时的墨翟;"黄粱美梦"误为"黄梁美梦",不知道"黄粱"指的是小米。

(5) 有个别词语读音相同或相近,字形有相同部分,词义也相同或相近。

如:"满山遍野"和"漫山遍野","唾手可得"和"垂手可得","传诵"和"传颂",每组前后两词语都存在意义和用法一样的情况,如果平时不注意,就会认为后者是错别词语。

 **案例**

> **答题示范与讲解**
> 1. 修改病句题。
> 采用这种方法进行生产,虽则是受到兄弟单位的启发,但在全厂却得到了推广。
> 讲解:
> 几个分句之间没有明显转折关系,"虽则、却"都应该删去,整句可改为:"采用这种方法进行生产是受到兄弟单位启发的,这种方法已经在全厂得到了推广。"
> 2. 句子成分分析题。
> (1) 母亲那种勤劳俭朴的习惯,母爱那种宽厚仁慈的态度,至今还在我心中留有深刻的印象。
> (2) 现在,老师和全班同学都相信,他虽然落下了不少课程,但是,只要他坚持不懈奋起直追,就一定不会比别人差!
> 讲解:
> (1)(母亲那种勤劳俭朴的)习惯,(母爱那种宽厚仁慈的)态度,[至今还在我心中]
>   定语   主语   定语   态度   状语
> 留有(深刻的)印象。
> 谓语 定语   宾语
> (2) [现在],老师和全班同学[都]相信,他虽然落下了不少课程,但是,只要他坚持
>   状语   主语   谓语   宾语
> 不懈奋起直追,就一定不会比别人差!
> 3. 单项选择题。
> (1) 下列没有错别字的一句是(   )。
>   A. 按照上级布置,他们认真组织了一系列观摩课,师生们反映热烈。
>   B. 别看他们俩在一起有说有笑的,其实是貌和神离。
>   C. 我们都迫不急待地想知道,究竟是谁能赢得最后的胜利。
>   D. 这哥儿俩,一个标新立异,一个循规蹈矩,差别太大了。

【参考答案】D。

【答题解析】

A项"反映"应为"反应",B项"貌和神离"应为"貌合神离",都考查了同音义近,但词性不同的词。C项"迫不急待"应为"迫不及待"。所以答案为D。

(2)下面词语中,有两个错别字的一组是(   )。

  A. 嘉奖 誓死如归 奏效 越俎代庖
  B. 慰籍 弱不经风 整饬 历久弥新
  C. 真谛 既往不咎 小憩 举步为艰
  D. 体恤 提纲挈领 端倪 磐竹难书

【参考答案】B。

【答题解析】

B项中有两个错别字的词语为"慰籍"和"弱不经风",A项中有1个错别字的词语为"誓死如归",C项中有1个错别字的词语为"举步为艰",D项中有1个错别字的词语为"磐竹难书"。所以答案为B。

(3)下列词语加点字的读音,每队的读音完全相同的一组是(   )。

  A. 纰漏/霹雳 新鲜/纤维 相形见绌/咄咄逼人
  B. 巨擘/糟粕 疤痕/奇葩 恪守不渝/溘然长逝
  C. 陷阱/饥馑 翘首/憔悴 有恃无恐/两山对峙
  D. 贞烈/箴言 昏厥/攫取 步履蹒跚/心宽体胖

【参考答案】D。

【答题解析】

D项三组加点的字分别读为 zhēn,jué,pán;A项三组加点的字分别读为 pī,xiān,chù/duō;B项三组加点的字分别读为 bò/pò,bā/pā,kè;C项三组加点的字分别读为 jǐng/jǐn,qiáo,shì/zhì。所以答案为D。

七、文学理论知识

 **知识和能力点说明**

知识点:

(1)文学的含义与发生、发展。
(2)文学作品的类型与体裁,文学作品的层次。
(3)文学形象、意象、典型与意境论。
(4)文学接受、鉴赏与批评。

能力点:

(1)运用文学理论分析各种类型或体裁的文学作品的思想感情和艺术特征。
(2)运用文学理论分析文学形象和典型。

(3) 运用文学理论分析诗歌的意象和意境。

1. 基本原理

(1) 文学本质论。

文学本质论即什么是文学的问题。文学是文学活动的产物,文学活动是人类一种审美精神活动。所以,文学是一种通过审美精神活动,用语言塑造形象以反映生活、表达作者审美情思的艺术。

在社会结构中,文学属于基于经济基础之上的上层建筑的意识形态,但文学不同于其他意识形态,文学是一种审美的意识形态,是一种以提供审美价值为主要目的,能给人以审美愉悦并给人以真善教育的意识形态。

(2) 文学发生论。

文学发生论即文学起源论。目前有各种文学发生论,如模仿说、巫术说、宗教说、游戏说等。马克思主义文艺理论认为,从根本上看,文学起源于劳动。其原因是:① 劳动提供了文学活动的前提条件,② 劳动产生了文学活动的需要,③ 劳动构成了文学描写的主要内容,④ 劳动制约了早期文学的形式。

(3) 文学发展论。

文学随社会的发展而发展。影响文学发展的因素是多方面的、复杂的,社会经济、社会思潮、社会心理、社会审美风尚、文艺制度与政策等都影响着文学的发展,但经济基础是根本的影响因素。

经济基础对文学发展的影响不是直接的,因为文学作为一种意识形态,是更高地悬浮于空中的上层建筑。所以,文学的繁荣发展与经济的繁荣发展存在着不平衡现象。

(4) 文学作品类型论。

文学作品类型即文学作品种类,西方传统理论一般将其划分为叙事文学、抒情文学和戏剧文学三种。我国目前较流行的是划分为现实型文学、理想型文学和象征型文学三种。

现实型文学是一种侧重以写实的方式再现客观现实的文学形态。其基本特征是:再现性和逼真性。

理想型文学是一种侧重以直接抒情的方式表现主观理想的文学形态。其基本特征是:表现性和虚幻性。

象征型文学是一种侧重以暗示的方式寄寓审美意蕴的文学形态。其基本特征是:暗示性和朦胧性。

(5) 文学作品体裁论。

文学作品的体裁一般划分为诗歌、小说、散文和戏剧文学四种。

诗歌是一种富于韵律和音乐性的,可以吟唱的,分行分节,凝练集中反映生活、抒情言志的文学样式。可以根据其表现手法的不同划分为叙事诗和抒情诗两种。其基本特征是:凝练性(高度概括集中地反映生活)、跳跃性、音乐性和语法结构特殊。

小说是一种以叙述故事塑造人物形象为主的散文体的文学体裁。可以根据其篇幅长度划分为长篇小说、中篇小说和短篇小说三种。其基本特征是:叙述事件的完整性、刻画人物的细致性和展示环境的具体性。

散文是一种叙事、抒情、说理相结合,表达各种社会人生见解,形式自由,语言散体化的文学体裁。可以根据其表现手法的不同划分为抒情散文、叙事散文和议论散文三种。其基本特征是：题材的广泛性多样性、结构的自由性灵活性和真情实感与情文并茂。

戏剧文学指剧本，是一种由作品中人物通过自己的语言和行动创造形象反映生活的文学体裁。可以根据其题材和表现手法的不同，划分为悲剧、喜剧和悲喜剧（正剧）三种。其基本特征是：反映生活的浓缩性（集中性）、戏剧冲突的尖锐性和人物语言的动作化、个性化、口语化。

（6）文学作品文本层次论。

文学作品文本是指作家运用文学语言创造出来的体现一定审美内容和意义的一套话语系统，可以分为以下三个层次。

① 文学言语层面（话语层，表层）：是指由言语的有机组合构成的文学作品的物质外壳。

② 文学形象层面（意象层，中层）：是指由言语所承载的生活信息（人物、情节、环境等）组合而成的艺术世界，是具体、生动地凝结着作家审美情思的生活图画。

③ 文学意蕴层面（深层）：是指作品形象所显示或暗示的世态人情的深层意义如历史内容、哲学意味、审美意蕴等。

（7）意象、典型与意境论。

意象是赋予某种意义的物象。文学意象是体现着某种审美情思的形象，与"文学形象""艺术形象"基本通用。文学作品就是一个意象世界。

典型和意境是文学的理想形态。

文学作品是通过创造文学形象反映生活、表现情思的，文学形象主要是人物形象。典型指的是富于特征和艺术魅力的人物形象（或性格），是一种人物形象的理想"范型"。

意境是中国诗歌理论的一个重要范畴，指诗歌乃至一切艺术所创造的一种情景交融、虚实相生的意象系统及其诱发的想象空间。意境是高水平的精神境界和艺术境界的统一。意境的特征是：情景交融、虚实相生和韵味无穷。

（8）文学创作论。

文学创作是一种艺术生产，是作家在生活感受基础上创造出具体文学作品的精神性审美活动。文学创作是主体和客体相统一的活动，主体是社会化的具体作家，客体是经过作家体验过的具体的社会生活。社会生活是文学创作的唯一源泉。

文学创作的过程一般包括三个阶段：创作准备阶段、艺术构思阶段和艺术表现阶段（也称艺术传达或物化阶段）。准备阶段主要是积累生活素材、艺术发现和形成创作动机的过程；构思阶段是对已感知、体验的生活素材进一步思索、提炼，形成中心主题，确定创作意向，在此基础上建构观念形象的思维过程。艺术表现阶段是作家借助文学语言把构思中形成的观念意象转化为客观存在的艺术形象的过程。

（9）文学风格论。

文学风格是指作家创作个性在其一系列文学作品中表现出来的一贯性的独特艺术特色。

文学风格一般说的是作品风格，即由文学作品的艺术整体所体现出来的独特而成熟的创作特色。作品风格一般表现在选材、主题、创造的形象系列、塑造形象的方法、情感表达的方式、体裁、语言等的独特性。

作品风格是作家创作个性即作家风格的体现。所谓作家风格,就是一个作家在他一系列作品中表现出来的一贯大致相同的创作个性和特色。所以作品风格通常被誉为作家的徽记或指纹。

优秀、成熟的文学作品才有风格,风格是作家创作成熟的标志。

(10) 文学接受论。

文学接受即读者对文学作品的阅读、欣赏。近代以来,在文学成为一种特殊商品之后,人们对文学作品的阅读、欣赏也被称为文学消费。

文学消费具有一般商品消费的特点,又具有审美属性,即有物质消费和精神消费的二重性;文学接受则是精神文化范围内的活动。就是说,文学接受作为一种审美交流活动,同时也是认识活动和文化价值阐释活动。文学欣赏就是这样是一种精神活动。

文学欣赏的过程一般包括三个阶段:① 通过语言阅读,对文学作品的形象展开想象性感知、再现(一定程度的还原)和再创造;② 进而对作品形象和意蕴做出审美判断,从情感判断到理性顿悟,逐步深化认识,并往往融入自己的生活体验,对作品产生强烈的情感反应,推向高潮,甚至产生共鸣;③ 反复回味。

(11) 文学批评论。

文学批评是对文学作品、作家及其他一切文学现象做出一种以理性判断为主导的理性认识与审美认识相统一的文学评价活动。

文学批评必须依据一定的批评标准。文学批评的标准就是人们用以评价文学作品社会价值、审美价值的高低和创作成败的依据与准则,包括思想标准和艺术标准。思想标准是衡量和评价作品思想性优劣高低的尺度。思想性的内涵包括作品题材、主题或形象、意蕴体现的社会、政治、道德、哲学、宗教等意识形态观点及其精神力量。艺术标准是衡量和评价作品艺术性优劣高低的尺度。艺术性的内涵包括作品文体构成的完美性、形象创造的鲜明性、意蕴表现的深刻性等。

 案例

> **答题示范与讲解**
> 1. 请分析杜甫诗歌《江汉》中的意象与意境。
>
> 江　汉
> 〔唐〕杜甫
>
> 江汉思归客,乾坤一腐儒。
> 片云天共远,永夜月同孤。
> 落日心犹壮,秋风病欲苏。
> 古来存老马,不必取长途。
>
> 讲解:
> 这是杜甫晚年客滞江汉时所写的一首五律诗。大历三年(768年)正月,杜甫自夔州

出峡,流落江陵、公安等地。此时他已年近花甲,北归无望,生计窘艰,内心悲苦。尽管如此,诗人匡世济国之心未已。

杜甫当时的心情在诗中借所营造的意象得到了深沉的表达。所谓意象指的是诗人赋以一定意义和情感的情景交融的物象,是寄寓诗人思想感情的艺术形象。此诗开头两句叙写诗人客滞江汉的窘境之后,接着在第二、三联中连用了"片云""孤月""落日""秋风"几个意象。远浮天边的"片云"象征着漂泊无依,悬挂于空中的"孤月"象征着清冷孤单。此两个意象非常形象地象征了诗人沦落天涯、漂泊孤单的处境,寄寓了诗人"思归"的愿望和无限辛酸悲苦的心情。"落日""秋风"两个意象象征人生晚景,和"片云""孤月"一样蕴含着一种人生的悲凉感。但诗人承接着"落日""秋风"两个意象又写出了"心犹壮""病欲苏",表现了一种"烈士暮年,壮心不已"的乐观旷达、积极入世的精神状态。

全诗营造的意象,注入了诗人浓浓的情思,诗人寄情于景,景中有情,情景相融,物我同一,创造了一种深邃的诗歌意境。所谓意境,指的是诗歌通过情景交融的意象所诱发的深远的想象空间和高水平的艺术境界与精神境界的统一。《江汉》一诗用凝练的笔触,既抒发了诗人因政治上遭到打击迫害、沦落天涯的悲凉情感,又表现了诗人不因逆境而改变自己匡国利民的态度。读者通过诗歌意象的诱发,可以想象出一位"烈士暮年,壮心不已"的入世精神的诗人形象。这就是《江汉》所创造的艺术意境。《江汉》一诗因其栩栩如生的艺术形象和深邃的艺术意境而具有强烈的艺术感染力。

2. 请分析《北京人》中人物对话与性格的关系。

曾思懿:(提出正事)媳妇听说袁先生不几天就要走了,不知道愫妹妹的婚事爹觉得——

曾皓:(摇头,轻蔑地)这个人,我看——

(江泰早猜中曾皓的心思,异常不满地由鼻孔"哼"了一声。)

曾皓:(回头望江泰一眼,气愤地立刻对那正要走开的愫方)好,愫方,你先别走。趁你在这儿,我们大家谈谈。

愫方:我要给姨父煎药去。

江泰:(善意地嘲讽)咳,我的愫小姐,这药您还没有煎够?(迭连快说)坐下,坐下,坐下,坐下。

愫方又勉强坐下。

曾皓:愫方,你觉得怎么样?

愫方低声不语。

曾皓:愫方,你自己觉得怎么样?不要想到我,你应该替你自己想,我这个当姨父的,恐怕也照拂不了你几天了,不过照我看,袁先生这个人哪——

曾思懿:(连忙)是呀,愫妹妹,你要多想想,不要屡次辜负姨父的好意,以后真是耽误了自己——

曾皓:(也抢着说)思懿,你让她自己想想。这是她一辈子的事情,答应不答应都在她自己,(假笑)我们最好只做个参谋。愫方,你自己说,你以为如何?

江泰：（忍不住）这有什么问题？袁先生并不是个可怕的怪物！他是研究人类学的学者，第一人好，第二有学问，第三有进款，这，这是自然——

曾皓：（带着那种"少安毋躁"的神色）不，不，你让她自己考虑。（转对愫方，焦急地）愫方，你要知道，我就有你这么一个姨侄女，我一直把你当我的亲女儿一样看，不肯嫁的女儿，我不是也一样养么？——

曾思懿：（抢说）就是啊，我的愫妹妹，嫁不了的女儿也不是——

文清再也忍不下去，只好拔起脚就向书斋走——

曾思懿：（斜睨着文清）咦，走什么？走什么？

文清不顾，由书斋小门下。

曾皓：文清怎么了？

曾思懿：（冷笑）大概他也是想给爹煎药呢！（回头对愫方又万分亲热地）愫妹妹，你放心，大家提这件事也是为着你想。你就在曾家住一辈子谁也不能说半句闲话。（阴毒地）嫁不出去的女儿不也是一样得养么？何况愫妹妹你父母不在，家里原底就没有一个亲人——

　　…………

讲解：

　　戏剧艺术主要通过剧中人物的对话来推动情节、引起冲突、塑造人物形象。因此，戏剧对人物对话的要求也非常高，比如，要求语言高度个性化，具有动作性等特征。曹禺的《北京人》上述片段中人物的对话在表现人物的个性及其关系方面就非常精彩。

　　这一天，一家人在客厅，大媳妇曾思懿突然挑起愫方婚事的话题，其实是为了尽快让愫方离开曾家，不让自己的丈夫文清有接近愫方的空间。老爷子曾皓极为自私，为了姨侄女愫方能继续留在他身边照顾他，他是最不愿意让愫方出嫁的，所以也最不愿意提起愫方的婚事。但既然提出来了，他又不能反对，还要表现出也有所关心，所以不得不说："趁你在这儿，我们大家谈谈。"他了解愫方是个循规蹈矩又腼腆的弱女子，故意要她留下，目的是让她自己来制止这场讨论，而愫方却说"我要给姨父煎药去"，潜台词是：我不想讨论这件事。曾皓的女婿江泰一直不满曾皓的自私，他同情愫方，所以接着愫方的话善意地嘲讽说："这药您还没有煎够？"潜台词是："你这样为了照顾姨丈而断送自己的青春的日子难道还没煎够？"可谓一针见血。曾皓听出江泰的潜台词，便对愫方说："不要想到我，你应该替你自己想，我这个当姨父的，恐怕也照拂不了你几天了。"表面关心愫方，其实潜台词是："你应该替我想，你照顾我这个当姨父的，恐怕也照拂不了几天了，何必急着出嫁！"真是自私到极点。"你要知道，我就有你这么一个姨侄女，我一直把你当我的亲女儿一样看，不肯嫁的女儿，我不是也一样养么？"潜台词是："你也不必出嫁，留在我身边，我养你，不也很好吗？"曾思懿正要借题发挥以嘲讽丈夫文清，文清拔起脚就向书斋走。曾皓问："文清怎么了？"曾思懿冷笑说："大概他也是想给爹煎药呢！"话中有话，潜台词是："他是要跟表妹（愫方）在一起嘛！"再一次嘲弄丈夫。然后又装出亲热的样子对愫方说："大家提这件事也是为着你想。你就在曾家住一辈子谁也不能说半句闲话。"亲热背后是刻薄，其潜台词是："你如果在曾家住一辈子，谁都会说你闲话的。"

从这段对话中可以看出,剧中人各有自己的心思,各有各的性格:曾皓极端自私,曾思懿心怀鬼胎,他们之间明争暗斗,反话正说,自私、阴毒而虚伪;愫方心地善良而懦弱;江泰疾恶如仇,心直口快;文清面对这样的妻子心中有苦但无可奈何。这就是对话所表现出来的人物性格及其微妙的关系。①

八、写作基础知识

知识和能力点说明

知识点:
(1) 作文要素。
(2) 写作过程与写作技巧。
(3) 基本文体写作方法。

能力点:
(1) 具备较强的书面表达能力,熟悉写作的过程和方法、技巧。
(2) 能够指导学生自主、创新、有个性地书面表达。
(3) 能够指导学生掌握常用文体的写作。

1. 写作基础知识

写作,是运用语言文字符号,反映客观事物、表达思想感情、传递知识信息的创造性脑力劳动过程。仅从写作活动来考查,具有如下一些显著特征:目的性、创新性、综合性、实践性。

写作活动的意义从表层上探讨,是一种表情达意、交流信息的行为。因此,写作不仅仅存在于文学创作领域,还广泛出现于应用写作领域(包括公文写作、经济写作、广告写作、军事写作、法律写作、科技写作、商务写作等)。

2. 作文要素

文章的构成要素,一是内容,二是形式。内容主要由主题和材料构成,形式主要有结构和语言。因此,作文的要素主要包括:主题、材料、结构、语言。

(1) 主题:是作者通过文章的全部材料和所有形式表达出来的基本思想,是文章思想内容的核心。主题是文章的灵魂。一篇文章质量的高低、价值的大小是由主题决定的。主题是文章的统帅。一篇文章材料如何取舍、结构怎样安排,需要根据主题来确定。

(2) 材料:是作者为了某一写作目的,从生活中搜集、摄取并写入文章的一系列事实和理论。材料是形成观点的基础,材料是表现主题的支柱。没有材料,作者本领再大也无法写作。

---

① 本文段选自《文道》2014 年第 3 期柯汉琳主持的《走近名篇》栏目,倪海燕文《潜台词的语言魅力——曹禺〈北京人〉片段赏析》。

(3) 结构：是文章部分与部分、部分与整体之间的内在联系和外部形式的统一。结构是文章的"骨架"，是谋篇布局的手段，是运用材料反映主题的方法。主题要解决言之有理，材料解决言之有物，结构解决言之有序。

(4) 语言：是写作的工具。离开了语言，再好的主题、材料和结构都无法表达。"工欲善其事，必先利其器"，必须熟练地掌握语言这一工具，并认真锤炼语言，才能把我们的经验、思想、感情完美地表达出来，写出好的文章来。

3. 写作过程

任何一篇文章或作品的诞生都需要经由"物"到"意"，再由"意"到"文"的双重转化，写作过程实质上是完成"物—意—文"的双重转化。因此一篇文章的写作需要经历以下三个阶段。

第一阶段：认知——观察和调查，搜集材料。

社会生活是写作的唯一源泉。要写作，首先必须对社会、对人生、对自然进行观察、调查，直接取得写作的材料。

写作中的观察，从认识论的角度说，就是有意识、有目的地观察自然或社会现象的过程。写作观察的特征是：第一，它有观察主体和观察客体两个侧面；第二，它是以视觉分析器官为主的多种分析器官的综合活动；第三，它是有目的、有意识进行的；第四，它渗透着思维。

调查指的是人们有目的有计划地收集材料、认识事物的活动。"调查"往往和"研究"联系在一起。调查研究应遵循的原则是：有的放矢，实事求是。所谓有的放矢，就是要有明确的调查目的，做到"心中有数"；所谓实事求是，就是根据事实得出结论。

第二阶段：构思——确立主题，选用材料，谋篇布局。

当我们准备写文章，就进入了构思阶段。构思阶段首先要解决的就是确立主题，其要求如下。

(1) 正确、鲜明。正确，是指所确立的主题反映了自然的本质和规律，反映了生活的本质和主流，符合自然和社会的发展规律。鲜明，是指所确立的主题能旗帜鲜明地表示爱什么，憎什么；赞成什么，反对什么。

(2) 集中、单纯。主题应该集中，单纯明确，不蔓不枝，重点突出，围绕一个中心把问题说深说透。

(3) 深刻、新颖。深刻是指所确立的主题能反映生活的本质及内部规律，能揭示事物所包含的深刻的思想意义。新颖是指所确立的主题是作者的新认识、新感受，能给人以新的启示。

要写好文章，就要精心选材，不能抓到什么材料就用什么材料。一般来说选材的依据如下。

(1) 围绕写作意图选择材料。要有明确的目的，选择突出主题的材料。在选取材料的过程中，要舍弃那些和主题无关或者关系不大的材料，而选取充分表现主题的材料。

(2) 选择真实、准确的材料。材料真实、准确与否，直接影响到文章的质量。只有选择真实、准确的材料，才能得出正确的结论。选用材料要准确，最好的办法就是不要满足于手中的第二手材料，而更多的要用第一手材料。即使是用第二手材料，也必须进行考证、核对，做到原文落实，出处准确，同时还要区别材料的局部真实和整体真实。

（3）选择有代表性的典型材料。典型材料，指的就是具有代表性的材料。选取典型材料作文，可以节省笔墨，使文章短小而精悍、有力。怎样的材料才算是"具有代表性的材料"呢？概括来讲有两点：一是这个材料能表现、突出主题；二是这个材料能代表其他的材料——选取其他任何材料而不选这个材料不行。

（4）选择新颖、生动的材料。韩愈说过，写文章要"惟陈言之务去"。如果一篇文章中的材料都是一些陈词滥调，读来势必乏味。在选材时特别要注意那些新颖的、带有时代气息的材料。当然，强调选择新颖的材料，并不等于说旧材料、老材料完全不能用。巧妙地选用旧材料、老材料，推陈出新，赋以新意，同样可以表现深刻、新颖的思想，给人以新的感受和启发。

布局是构成篇章的蓝图，精心布局是写好文章的关键。布局历来与谋篇和结构是同义语。布局谋篇的目的，是为了表现文章的内容。要把内容表现得好、表现得巧，一般应遵循以下原则。

（1）正确反映客观事物的发展规律和内在联系。文章在反映客观事物时必须遵循客观事物所固有的规律，按照事物的进程有层次、有条理地加以说明和阐述。例如，客观事物有其发生、发展和结局的变化过程，一些记叙类的文体便依据这一逻辑形成了开端、发展、高潮、结局的结构状态。任何问题，总有起因、矛盾冲突和冲突解决这样的完整过程，议论说理类的文章便依据这一情况，形成了提出问题、分析问题和解决问题的结构形式。

（2）为表现主题服务。主题是文章的灵魂和主宰。写作时，组织和安排材料，诸如怎样划分层次段落、怎样过渡照应、怎样开头和结尾等，必须根据主题的需要。

（3）适应文体的特点和要求。由于反映客观事物的方式方法不同，人们把文章划分为不同的体裁，各种文体在长期的写作实践中都形成了自己的结构规律和特点。在架构文章时，一定要考虑各种文体的不同特点。

（4）不拘"死法"，善于创新。客观事物是千姿百态的，反映客观事物的内容不可能也不应该只有一种形式。内容变了，形式亦应随之变化，才能写出异彩纷呈的文章。

第三阶段：成文——起草和修改。

起草俗称写初稿。作为动笔写作的第一步，起草是作者用书面语言将构思的成果物化为文章的一个过程。

起草一般应遵循以下几个原则。

（1）提纲挈领。所谓"挈领而顿，百毛皆顺"。起草时，最好是能提炼出一两句提纲挈领的话，或一两句精彩的话语，三言两语彰显问题的核心，让整篇文章的起草围绕这个中心。

（2）段落集中。起草时以段为单位行文。段落完整，是全文贯通的基础。这就要求一是段意要尽可能单一而不杂乱；二是注意段意的完整性，避免残缺；三是段落长短要适度、均衡。

（3）文气贯通。在起草的过程中，尽量让一个章节、一个部分在相对集中的时间内完成，这样写出的文章才能思路顺畅、文气贯通，才能使文章成为一个紧密连接的整体。

修改文章是人们对客观事物认识过程的再现和确定，而客观事物的发展是千变万化的，人们不可能一次就把它认识清楚，也不可能一下子就把它准确地反映出来。所以，文章草成,难免存在着思想内容和要表现的事物之间的差距、语言和思想内容之间的差距。这即是古人所说的"意不称物"和"言不逮意"。要消除这些文病,就必须有严谨的治学精神,对文章进行不厌其烦地修改。

修改的范围主要有以下几点。

(1)审视标题。检查题目涵盖的范围是否明确,文字是否有概括力,标题与正文是否吻合。如果有副标题,还要看正题和副题搭配是否合理。

(2)修改主旨。检查主题是否正确深刻、集中鲜明;是否有新的角度。

(3)增删材料。看使用的材料是否有说服力,材料的安排和论证是否有逻辑性。

(4)调整结构。看层次和段落的顺序是否合理,段落是否单一完整;整体与部分、部分与部分之间衔接是否自然严密;详略安排是否得当等。

(5)推敲语言。检查用词是否妥帖,每个句子是否正确地表达了内容;删去可有可无的字、词、句,使文章简洁、明了;调整或增补文字,使文意更加清楚、畅达。

4.基本文体写作指导

(1)记叙文写作指导。

记叙文,是以叙述为主要表达方式,以写人物的经历和事物发展变化为主要内容的一种文体。

写记叙文时要做到以下几点。

① 交代明白。

叙事一般包括时间、地点、人物、事件、原因、结果六个要素。写记叙文时要交代清楚事情发生的地点、时间;要把事情的经过、因果写明白。

② 线索清楚。

虽然观察的角度、记叙的方式可以不同,但每一篇文章都应当有一条关联材料、统贯全篇的中心线索,否则文章就会松散。

③ 人称一致。

无论用第一人称"我"记叙,还是用第三人称"他"记叙,都要通篇一贯,一般不宜随意转换,否则容易造成混乱。

④ 结构清晰。

记叙文的结构主要有时间顺序、空间顺序和时空交叉的顺序。按顺序行文,就能把事件写得清楚明白。

⑤ 详略得当。

详略得当,则重点突出。一是依据文章的题目,确定写作的重点;二是依据文章的主题,确立详略;三是依据文章的内容,分清主次。

⑥ 波澜起伏。

为文叙事,要曲折多姿,引人入胜,讲究起伏。伏笔、悬念、抑扬等写作技巧都能增加叙事的波澜。

(2)议论文写作指导。

议论文是一种议论说理的文章。它以抽象的思维形式,通过运用概念、判断、推理等逻辑形式来论证和阐明客观事物的道理,它要从大量的具体材料中引出普遍的结论,使人领悟、懂得某个道理。议论文写作,要求做到论点明确、论据充分、论证严密。

① 论点鲜明。

议论文的论点是指作者在文章中所表明的主张、见解或观点,它是议论文的核心内容,是议论文的纲。议论文对论点的要求是:正确、鲜明、新颖。确立正确、鲜明、新颖的论点是一篇议论文成功的关键。能否确立一个正确、鲜明、新颖的论点,从根本上说是自身的思想修养和识见胆魄问题,但也可以在方法上找到操作的途径。

② 论据充分。

写议论文,既可以从正面举例,又需要用反面论据。既要有个别的具体的论据,又要有一般的社会性的例子。既可以用事实做论据,也应该从理论上来证明。即可以从今天的角度来找论据,也可以到古代历史中去发掘论据。论据即可以是中国的,也可以是外国的;既可以是人类的,也可以是自然界的。关键是要开阔思路。论据不是越多越好,写到文章上去的论据必须是真实的、典型的、代表不同层面的。

③ 论证严密。

议论文的论证可以这样安排层次。层次安排有以下三种。

一是横向展开。亦称总提并列分论式。也就是先提出总论点,然后在总论点之下,分成几个方面(分论点)去论述阐明总论点。

二纵向深入。亦称逐层深入法,层层剥笋法,也就是要求将与论题有关的几个方面,作纵向安排,由浅入深、由近及远、由表及里、由此及彼、层层推进,逐步深入地探讨问题的实质与根源。

三是纵横交错。这是一种比较复杂的议论结构,它是将上面讲到的两种结构形式结合在一起,形成一种有横有纵、有并列有深化的论证结构。

④ 组织论证。

常见的论证方法有以下两类。

一是逻辑推理的方法。逻辑推理是指从一个或几个判断推出另一个判断的思维形式。常见的逻辑推理形式有三种:演绎推理、归纳推理和类比推理。就议论文来说,也可以称为三种论证方法:演绎法、归纳法和类比法。演绎法是从一般到个别、从宏观到微观的论证方法。归纳法与演绎法相反,是通过个别、特殊到一般,从微观到宏观的论证方法。类比法是根据两个对象在某种属性上相同或相似推出结论的论证方法。

二是例证与反证的方法。例证法就是举例证明,是一种正面论证方法。例证的关键在于选择和运用个别的具有典型意义的事例来论证某一论点。反证法就是从反面假设入手,论证假设的荒谬无理,从而间接证明假设的对立面,即正面所立的论点的正确性。从手法上来说,反证法有两种:直接指出反面假设的错误和间接归纳出反面假设的荒谬性。

(3) 说明文写作指导。

说明文是实用性和应用性最强的一种文体,常见的各类科学知识介绍、科学小品、产品使用说明、展览馆解说词、书籍出版预告、广告宣传等,基本运用说明手段,都属于说明文范围。

写说明文应做到以下几点。

① 抓住事物的特点。

说明文的目的是为了让读者对所写的事物有具体而清晰的了解和认识,从而把握事物的特征。所以写说明文,首先必须抓住事物的特点,并把它说准确、说明白。

② 安排好文章结构。

说明文结构主要有总分式结构和并列式结构两种。

总分式结构,要反映说明对象整体与部分、全面与局部、概括与具体、"属"与"种"的关系。"总"是指总括说明某对象的整体,综合的性质、特征或某事物的一个大类;"分"是指从几个方面、部分或分支,分别进行说明。在具体安排上呈现为三种情况:一是先总说,后分说的"总分"式;二是先总说,后分说,再总说的"总分总"式;三是先分说,后总说的"分总"式。

并列式结构,要反映说明对象各要素、各部分之间的并行关系。在说明时,层次之间构成一种并列关系。并列关系各层次之间相对独立,各有侧重;但又密切联系,互相补充,浑然一体。

③ 掌握几种说明方法。

常用的说明方法有以下几种。

第一,概括方法。概括方法是在较为完全意义上对事物做出的简明扼要的说明,主要有概述和下定义两种。概述是对事物的基本方面或主要特点作概述介绍,下定义是明确概念内涵的一种逻辑方法。

第二,分析方法。分析方法主要有分类说明和举例说明等具体方法。分类说明主要包括根据事物性质分类和根据事物形态、构造分类两种。举例说明就是列举具体实例的方法。

第三,比较方法。比较方法主要有两种:一是同类事物相比,如"太平洋的面积差不多等于其他三个大洋的总和,比最小的北冰洋大十四倍";二是不同类事物相比,如将太平洋与陆地相比,"把七个大洲都放在太平洋中还占不满"。

第四,形象化方法。这是一种打比方、用比拟等的文学方法,形象生动,给人印象深刻,又回味无穷。

④ 语言力求简洁。

一般来说,说明文的内容的科学性和专业性都比较强,总是要涉及某一领域特有的专业知识和专用术语概念,而一般读者并不是这一领域的专门家,因此,在说明文的语言表达上,除了一些专业范围很明确的文章外,通常都要求简明。具体来说,说明文的语言要求确切、简洁、通俗。

 **案例**

答题示范与讲解

(一)填空题

常见的表达方式有叙事、描写、议论、_____。

【参考答案】抒情、说明。

(二)判断题

"我的父亲从一个屋角走到另一个屋角,不停地挥着手比画着。"此句的描写方法是(　　)。

A. 肖像描写　　　　B. 行动描写　　　　C. 语言描写　　　　D. 心理描写

【参考答案】B。

(三)简答题

选材的基本原则是什么？

【参考答案】

围绕写作意图选择材料。选择真实、准确的材料，选择有代表性的典型材料，选择新颖、生动的材料。

(四)论述题

简述写作的基本意义。

【参考答案】

写作活动的意义从表层上探讨，是一种表情达意、交流信息的行为。因此，写作不仅仅存在于文学创作领域，还广泛出现于应用写作领域(包括公文写作、经济写作、广告写作、军事写作、法律写作、科技写作、英语写作等)。而写作活动的深层意义，则是一种探寻生命存在的形式和途径。写作行为的本质意义就在于寻求人类生命本体和精神存在的依托、"家园"和"故土"。

(五)写作题

1. 命题作文。

人生如茶。

提示：写作的重点是要找出茶与人生的关系，需要展开联想，可以从茶的特点去联想，亦可以从茶的种类去联想等，需要自出机杼，方能有新意。

2. 材料作文。

阅读下面的材料，根据材料作文。

《断章》(卞之琳)：你站在桥上看风景/看风景的人在楼上看你/明月装饰了你的窗子/你装饰了别人的梦。

提示：全面理解材料，但可以从一个侧面、一个角度构思作文。自主确定立意，确定文体，确定标题；不要脱离材料内容或其含意范围作文。

3. 话题作文。

阅读下面一段文字，按要求作文。

一个经历过社会炎凉的企业家说："人的尊严靠财富。"一个经历过冤案折磨的老年人说："人的尊严靠法制。"一个经历过艰辛研究的学者说："人的尊严靠知识。"一个经历过几十年探索的哲人说："人的尊严靠思想。"

看来，不同经历的人，对"尊严"各有各的理解。你是如何理解"尊严"的？请以"尊严"为话题写一篇文章。

提示：可以写经历体验、感受、看法和信念，也可以编写故事、寓言等。

4. 记叙文写作。

秋天的回忆。

提示：一句话，一个人，一点回忆，一个场景等，都可以成为作文的题材，只要你曾经经历过,有真挚的情感。有了想法,就会使一个原本平凡的事件变得不同寻常,甚至几个本来毫不相干的人物、事情,也将产生联系。可参考史铁生《秋天的怀念》。要讲究新意,突出详略。

5. 议论文写作。

宽恕别人,就是解放自己。

提示:不一定要论述宽恕的必要性、重要性等,例如,可以紧紧围绕着"选择",反反复复地说出"选择宽恕"的好处和"选择仇恨"的恶果。通过一次次的对比论证,让人接受"选择宽恕,抛弃仇恨"的观点。

6. 说明文写作。

鲁迅全集介绍。

提示:说明文可以按照历史的顺序,对几种版本的《鲁迅全集》进行介绍,并用举例子的方法,重点对新版本《鲁迅全集》进行介绍说明,给读者一个清楚的印象,唤起读者阅读《鲁迅全集》的兴趣。

第二节 语文教学的基本理论及灵活运用

一、基本理念及课程目标解读

【考点】正确理解"课标",能够在教学中体现其倡导的基本理念,落实其规定的课程目标。

知识和能力点说明

1. 课程的基本理念

(1) 全面提高学生的语文素养,充分发挥语文课程的育人功能。

我们应着力提高学生语文素养,实施"人文性与工具性统一"的教育,使学生形成奋发向上的人生态度,实现全面育人功能。

(2) 注重语文应用、审美与探究能力的培养,促进学生均衡而有个性地发展。

在实施语文课程时,我们要着重培养学生的应用、审美、探究能力,从而使学生均衡发展,成为有个性的人才。

(3) 遵循共同基础与多样选择相统一的原则,构建开放而有序的语文课程。

根据语文课程的目标、性质、功能和学生发展需要,我们要既重视共同基础,又为个性化发展提供空间;既重视课程的开放性,又强调结构的有序性。①

---

① 周小蓬.《普通高中语文课程标准》实践导读[M].北京:北京大学出版社,2011:31.

2. 课程的整体目标

通过必修和选修课程的学习,以下五个方面学生应获得发展。

积累与整合:积累知识,融汇整合语文素养各要素。

感受与鉴赏:通过阅读,感受作品艺术性,发展学生鉴赏力。

思考与领悟:注重思考、合作探究,完成自我理解、自我反思。

应用与拓展:运用得体的语言,拓展语言运用的综合性、交际性。

发现与创新:通过听说读写培养学生的能力,发现、创新运用语言文字的方法。

(1)必修课程目标。

① 阅读与鉴赏:点拨阅读与自由阅读相结合,使用多种阅读方法体会不同文体,培养学生阅读鉴赏能力。

② 表达与交流:写作与口语交际相配合,书面、口头表达和综合性表达结合,培养学生表达能力及语言修养。

(2)选修课程目标。

① 诗歌与散文:以诵读强化积累,培养对作品的鉴赏力。

② 小说与戏剧:借朗诵、表演等方式,引导学生恰当评价作品。

③ 新闻与传记:引导学生关注社会,规划人生,培养社会责任感。

④ 语言文字应用:引导学生阅读文学著作,关注、生活中的应用,鼓励学生创新。

⑤ 文化论著研读:通过研读文化论著,拓宽视野、培养学生独立探究、主动获取知识的能力和习惯。

 案例

案例示范和点拨

(一)案例示范

案例一:《项链》课堂实录[①]

沈江峰

师:大家认为玛蒂尔德除了有很强的虚荣心之外,还有其他个性特点吗?

生1:她偿还债务时,刚毅正直(师插:她敢于直面惨淡的人生),说出真相,表现她的诚实。

生2:她吃苦耐劳,为还债做了许多苦活。

师:所以她性格中还有值得肯定的东西。本单元我们了解不少小说人物,他们的性格有的发生变化,有的没有。我们今天学习的这篇小说,主人公性格在情节发展中有没有变化?

生3:我认为基本没有变,经历了十年,她有时还想起舞会上美丽的自己,说明她虚荣心没变。

---

① 朱昌元.名师课堂教学实录[M].杭州:浙江教育出版社,2005:277—282.

生4：我认为变了，十年前她梦想奢华的生活，从没想过劳动；后来她懂得穷人的艰难，对她是个了不起的转变。

生5：我觉得有变也有不变。当初她虚荣心很强，想过奢华的生活，后来偿还债务，她回到现实，说明她变了。但她回想过去又是虚荣，说明她没变。

师：不管同学们发表的是什么观点，只要以小说内容为依据，能自圆其说就好。结论并不重要，我们只是借助讨论来加深认识。无论读什么，都要独立思考不盲从。项链是她人生的锁链，是虚荣的代价。它告诫世人，要不断跟自身弱点斗争，否则代价惨重。

案例二：必修课程案例及选修课程案例

（1）必修课程案例：《祝福》课例。

【教学思路说明】

第一，提前布置任务，学生自编自演《祝福》。

第二，部分学生表演，全体学生评价，理解表演者对人物语言、动作等的把握。

第三，设计问题，讨论祥林嫂悲惨命运的根源。

（2）选修课程案例：漫步唐诗，沐浴馨香。

操作方式：小组（4人）参加活动（手抄报比赛、朗诵比赛、知识竞赛）并把成绩计入学分评定。

活动形式
手抄报比赛： 第一，"我读唐诗"之"走进……"，可举某位诗人的小传、代表诗作或分析某一主题的诗。 第二，"我读唐诗"之趣味唐诗，列举诗人诗作的小故事或趣味诗作等。 第三，"我写古诗"之原创诗作，组员自创诗歌并互评。
朗诵比赛： 学生朗诵古诗，形式鼓励多样化，可配乐、创设情境、穿插感悟等。
知识竞赛： 每组4人参赛，课内知识占70%（《唐诗宋词元散曲选读》），课外知识占30%。 出题内容：走进诗家、咬诗嚼字、诗中节日、诗句接龙等。

（二）点拨

案例一的点拨。

（1）提高学生的语文素养，发挥育人功能。案例中的教师能引导学生观察文章细节，剖析人物性格，立体、多角度地理解人物形象，培养学生奋发向上的态度。

（2）应用、审美与探究能力的培养。让学生把握文章语言，赏析女主人公复杂的性格。此外，倡导课堂开放，指引学生从多方面、深入探究，独立思考。

（3）构建开放而有序的语文课程。在教学中，教师能做到鼓励学生多元思考，大胆发言。问题始终围绕教学目标，通过自由探讨加深学生认识，课堂开放有序。

案例二的点拨。

(1) 必修课程：《祝福》课例分析。

① 将研究性学习引入课堂。既引起学生的好奇心，又调动学习兴趣。

② 创设氛围。让学生形塑之于外、情动之于中，更好领悟课文精髓。

(2) 选修课程案例：漫步唐诗，沐浴馨香分析。

粤教版高中语文选修课程中的《唐诗宋词元散曲选读》，此处选取"唐诗"进行分析。注重对培养学生学习兴趣和探究能力，建构知识体系。

学习唐诗重在自主探究。学生结合实践探究，运用艺术形式，开阔视野、培养合作、创新精神，达到课程目标。

二、教材编写理念、结构方式及选文特点解读

【考点】熟悉现行通用高中语文教材的编写理念、结构方式、选文特点，能根据学生的学习需求使用教材。

 知识和能力点说明

1. 贯彻落实"课标"理念，密切关注学生发展

高中语文教材的编写要贯彻国家课程改革的精神，落实"课标"的要求，全面达到高中语文教育的各项目标；要坚持"以学生发展为本"，为学生的终身学习和继续发展奠定基础。

2. 运用现代教育理论，掌握科学学习规律

高中语文教材编写应以教育科学理论为指导，充分体现时代特点和符合实际；要适应和符合高中学生身心发展以及语文能力的提升。

3. 高中语文教材的结构方式（以人教版为例）

人教版语文必修教材共为5册，每一册分别对应"课标"的5个教学内容模块，每一册分为以下4个部分：

(1) 阅读鉴赏：精读课文和略读课文。

(2) 表达交流：写作与口语交际。

(3) 梳理探究：语文专题活动。

(4) 名著导读：介绍两部中外文学名家名著。

4. 高中语文教材的选文特点

"课标"规定："教科书选文要具有时代性和典范性，富于文化内涵，文质兼美，丰富多彩，难易适度，能激发学生的学习兴趣，开阔学生的知识眼界。"

(1) 具有时代性和典范性。

教科书选文要反映当代社会的生活，同时要创造性解读传统文本。

(2) 文化内涵丰富，文质兼美。

教科书选文要保证语文教学人文性的深度与广度,培养学生的人文精神。

(3) 题材多样,激发学生的学习兴趣。

教科书要多方取材,培养学生运用语言的能力,激发学生的学习兴趣。

5. 树立正确的教材使用观

教材,是教师为了达到教育学生的目的,在教学中利用的一切材料。随着新课程改革的推进,为实现真正意义上的"用"教材而非"教"教材,我们在教学过程中应以学生为本,尊重学生的主体地位。

6. 结合多种教学策略进行使用

高中语文教材整体具有开放性、弹性,课程目标与内容多样,因此要根据学生的实际情况,灵活运用恰当的教学思想和教学手段,将多种教学策略相结合。

 案例

案例示范和点拨

(一) 案例示范

案例一:人教版《语文·必修3》(高中)教材基本结构

板块	内容	目的
阅读鉴赏	1. 中外小说	人物与环境
	2. 唐代诗歌	感受与共鸣
	3. 古代议论性散文	质疑解难
	4. 科普文章	启迪与想象
表达交流	1. 多思善想	立论的角度
	2. 学会宽容	选择和使用论据
	3. 善待生命	论证
	4. 爱的奉献	议论中的记叙
梳理探究	1. 交际语言运用	积累与探究
	2. 文学作品解读	
	3. 自我评价	
名著导读	《红楼梦》《高老头》	

案例二:《烛之武退秦师》教学设计(节选)

教学过程

1. 激发兴趣,引入新课

师:请大家回忆初中课文《曹刿论战》的作者和体例。

生1:选自《左传》,作者左丘明,体例为编年体。

师:《左传》是对哪部历史著作的注解?在记事上有什么特点?

生2:《左传》是对《春秋》的注解,主要特征为叙事翔实,人物形象鲜明。

师:今天所学的课文是《烛之武退秦师》,也取自《左传》,请同学们找出本文学习目标,了解烛之武如何在国家危难时刻退走秦国军队。

2. 指导阅读，寻找学习目标
(1) 自习本文重点文学常识。
(2) 找出重点实词、虚词以及词类活用。
3. 检查、指导
(1) 教师检查画线。虚词以"于"为代表，实词以"贰"为代表。
(2) 复述本文大意。
(二) 点拨
案例一的点拨。
(1) 以学生发展为本，全面提高学生的语文素养：此教材注重培养学生的探究能力，突出语文课程的基础性和工具性特点，充分锻炼学生的听说读写及自我评价的能力，使学生能正确、熟练、有效地运用语言文字，全面提高语文素养。
(2) 掌握科学学习规律，切合学生学习实际：学生在高中阶段的首次接触议论文阅读和写作。表达交流板块的4个部分立足基础，由浅入深，符合初步接触议论文写作的学生学习实际。
案例二的点拨。
(1) 树立正确的教材使用观：从教学设计中可以看出，教师从学生的实际出发，分析教材，活用教材，形成了具体可行的教学过程。
(2) 结合多种教学策略进行使用：在教学设计的第一部分，教师运用先行组织者教学策略，以学过的课文导入新课，激发学生学习兴趣；第二部分，运用画线识记重点；第三部分，运用复述梳理全文思路。由此可见，教师综合运用了多种教学策略完成教学目标。

三、阅读与写作教学的一般思路与方法

【考点】掌握阅读与写作教学的一般思路和方法，能根据教学需要选择使用。

知识和能力点说明

1. 阅读概念与意义
(1) 阅读的概念：通常意义上的阅读，作为一种书面的理解与交流形式，它与写作、听话、说话一起，构成言语交际的整体而作用于人们的生活、工作和学习。
(2) 阅读的意义：阅读是我们认识世界的最基本的方式，可以提高理解事物和认识世界的能力，有助于建立语言积累，形成良好的语感，获得言语文字信息加工处理能力。
2. 阅读教学过程
(1) 预习（感知阶段）。
教师布置预习，学生按要求自读、感知课文。
(2) 教读（理解阶段）。

教师引导学生精读课文,深入研究课文,包括课文的思想内容、结构特点、言语形式和写作技巧等。

(3)复习与练习(巩固与运用、创新阶段)。

复习是教师采取多种形式,强化或巩固学生对所学知识的理解与记忆。练习是学生通过多种形式完成对知识的迁移和重建,促进知识向能力转化。

3. 阅读形式

(1)朗读。

朗读是由言语器官发出声来,最后由大脑从声音符号中释出意义来的一种阅读方式。

(2)默读。

默读即不出声地读,主要依靠眼睛对文字材料的感知并经过思维活动所进行的阅读。

(3)精读。

精读是指字斟句酌,边读边深入理解、思考的一种阅读方法。

(4)略读。

略读是指有目的、有重点、有取舍的一种阅读方式。

(5)速读。

速读即快速阅读,每小时的读速高于3.5万字。

4. 写作概念与意义

(1)写作的概念:写作是运用语言文字反映客观事物、表达思想感情、传递知识信息的创造性脑力劳动过程。

(2)写作的意义:提高学生的语言表达能力,使学生在写作过程中受到思想、品德、意志、审美、情操和习惯态度的教育。

5. 写作教学过程

(1)命题。

教师确定学生训练的作文题,是写作教学的最初环节,具有定向的意义。

(2)指导。

使学生明确作文的目的要求;指导他们审题、立意、选材、构思。

(3)批改。

作文批改包括批和改两个方面。批就是对学生的作文进行评论和说明,改就是对作文的有关部分作必要的增补、删减、调整和修正。

(4)讲评。

讲评就是对学生作文中的优缺点和普遍存在的问题进行分析、归纳,它是作文教学的总结和提高。

6. 写作技巧

写作方法属于艺术表现方法,常见的有以下几种。

(1)写作结构:首尾呼应、卒章显志、承上启下、铺垫悬念、点面结合等。

(2)表达艺术:联想、想象、抑扬结合、动静结合、情景交融、衬托对比、借古讽今、虚实相生、托物寓意、咏物抒情、比喻象征等。

(3)表达方式:常见的有叙述、描写、抒情、议论和说明。

7. 阅读与写作能力

(1) 识记能力。

认读汉语拼音与汉字,使用工具书认识汉字,并积累名句名篇、文学常识和文化知识。

(2) 理解能力。

运用其原有知识解释和建构所读文章的意思,对读物从形式到内容全方面理解。

(3) 分析综合能力。

分析能力就是分析文章的体裁、结构特点和思想内容等;综合能力就是综合文章各类信息,学会现实迁移。

(4) 鉴赏评价能力。

鉴别读物内容的是与非、精华与糟粕,欣赏读物的写作技巧与语言特色。

 **案例**

案例示范和点拨

(一) 案例示范

案例一:《荷塘月色》教学设计(节选)

师:刚才几位同学读了自己的赏析。我们来归纳一下,主要有三个方面。

(1) 巧妙运用修辞手法,描写生动传神。

● 叶子出水很高,像亭亭的舞女的裙。

师(点拨):比喻重在本体和喻体的相似性,这里把荷叶比作舞女的裙,写出了荷叶什么特点?

生:舒展。

● 层层的叶子中间,零星地点缀着些白花,有袅娜地开着的,有羞涩地打着朵儿的;正如一粒粒的明珠,又如碧天里的星星,又如刚出浴的美人。

师(点拨):荷香本是嗅觉形象,作者却把它比喻成"远处高楼上渺茫的歌声",使其转化为听觉形象,这种把一种感觉形象转化为另一种感觉形象的写法,在修辞学上称为通感。运用通感手法的好处是,多种感觉同时使用,使得描写对象更具体、形象、生动。

(2) 词语运用精当,表现力强。

月光如流水一般,静静地泻在这一片叶子和花上。

师(点拨):如果把"泻"字换成"照"字,好吗?

生:不好。

师:为什么?

生:"泻"有动感,以动写静,显得更生动。

师:对。这里以流水喻月光,用动感极强的动词"泻"加以点化,将月光写活,写出月辉照耀、如倾如诉的景象;又与"静静地"相配合,写月光既像流水一般地倾泻,又悄无声息,写出了环境氛围的幽静。

(3) 叠音词的使用恰当。

亭亭,层层,粒粒。

师(点拨):这些词有什么表达效果?

生:舒缓节奏,有韵律美。

师:对,不但传神地描摹出眼前之景,增强语意,又使文气舒展,音韵和谐。

案例二:话题作文开头的方法教案(节选)

重点方法例解与演练

例1:它曾是千年前的儒学大师发自肺腑的呐喊,它曾在钩心斗角、尔虞我诈中变得不名一钱……它,就是诚信。

思考:本文采用的是什么开头方法?

明确:这种开头是"排比入题"法,如果在文章的开头用整齐划一的句式或一连串的比喻、反问、拟人句,就可以增强感染力。

注意:(1)分句间的逻辑层次,(2)要紧扣题旨。

【演练】以"遭遇挫折"为话题,运用"排比入题"法写个开头。

【他山之石】当你遇上挫折,你会怎么办?或许,你会选择逃避,找个避风的港湾;或许,你会选择哭泣,用泪水清洗伤心欲绝的心灵;或许,你会选择求救……

例2:古语云,索物于暗室者,莫良于火;索道于当世者,莫良于诚。曾子杀猪为一"信"字,孔明接受"托孤"为一"诚"字;因为有了"诚信"二字,百年的老店得以顾客盈门,刘邦的约法三章得以千年传为美谈。

思考:本文采用的是什么开头方法?

明确:这种开头是"引用入题"法。引用名言警句、古诗词等作为文章的开头,可以营造一种文化氛围,唤起阅读情趣,丰富文章的文化底蕴。

注意:引用要准确、得体、切勿张冠李戴。

【赏析】以"人生"为话题,运用"引用入题"法的开头:演员们说,人生如戏;喜欢做梦的人说,人生如梦;我说,人生就是一场挑战。

(二)点拨

案例一的点拨。

(1)阅读教学有助于学生形成良好的语感,获得言语文字信息加工处理能力。案例中,老师对句子所用的修辞和词语进行分析,使学生在理性思考中对语言文字进行感悟。这个过程中,老师引导学生推敲、揣摩,使学生对语言文字有正确、丰富的了解。

(2)教师的引导和示范是整个教学环节的关键,直接影响着文本细读教学的整体效果。案例中,教师以《荷塘月色》的文本为核心,抓住文本句子所体现的修辞手法,通过理论和实际相结合的方法,慢慢引导学生亲近文本、品味语言,体会其艺术表现力。

(3)阅读的技巧和术语的及时总结和归纳,有利于学生知识系统性的形成。分析相关句子时,老师从修辞手法和词语特色两大角度进行分析,可提高学生语言鉴赏能力;在分析后及时总结归纳,可提高学生的学习效率,将分散、孤立的知识点系统化。

案例二的点拨。

(1)写作教学有利于培养学生举一反三的思维习惯以及创造性思维。案例中的写作教学主要是通过对话题作文开头的分享,进行总结其中的写作技巧,老师要求学生在阅读相关例子后进行模仿创作,这样有利于举一反三。

(2)通过举例进行引导和启发的写作教学。案例中分析"引用入题"法时,老师通过引用例子为学生介绍这种方法,具有简洁明白、唤起阅读兴趣等作用。老师的教案设计富有变化,"演练"和"赏析"相互转换,为学生提供多种参考。

(3)及时总结写作技巧。案例中的教案为学生提供了"排比入题""引用入题"等话题作文的开头技巧,及时总结相关的术语和作用,有利于使学生对该写作技巧的印象更加深刻,有利于学生对该知识点系统化。

四、"课标"理解及教学指导

【考点】"课标"规定的课程目标、教学内容和实施建议,用以指导自己的教学。

知识和能力点说明

1. "课标"规定的课程目标

学生通过高中语文必修课程和选修课程的学习后,应该在以下五个方面获得发展。

(1)积累与整合。

使学生能围绕所选目标加强语文积累,注重梳理,根据自己的特点形成富有个性的语文学习方式。了解学习方法的多样性,掌握学习语文的基本方法,能根据需要,采用适当的方法解决问题。通过对语文知识、能力、学习方法和情感、态度、价值观等方面要素的融汇整合,切实提高语文素养。

(2)感受与鉴赏。

引导学生阅读优秀作品,品味语言,感受其思想、艺术魅力,发展想象力和审美力。具有良好的现代汉语语感,提高对古诗文语言的感受力。在阅读中,激发热爱自然、生活的感情;感受艺术和科学中的美,提升审美境界。通过阅读和鉴赏,深化热爱祖国语文的感情,体会中华文化的博大精深,提高道德修养。

(3)思考与领悟。

使学生能够根据学习目标,选读经典名著和其他优秀读物,与文本展开对话。通过阅读和思考,领悟其丰富内涵,探讨人生价值和时代精神,以树立积极向上的人生理想,增强为民族振兴而努力的使命感和社会责任感。养成独立思考、质疑探究的习惯,发展思维的严密性、深刻性和批判性,乐于进行交流和思想碰撞。

(4)应用与拓展。

使学生能在生活和其他学习领域中,正确、熟练、有效地运用祖国语言文字。在语文应用中开阔视野,初步认识自己学习语文的潜能和倾向,根据需要,在自己喜爱的领域有所发展。增强文化意识,重视文化传承,尊重理解多元文化,关注当代文化生活,学习对文化现象的剖析,积极参与先进文化的传播和交流。注重跨领域学习,拓展语文学习范围,通过广泛的实践,提高语文综合应用能力。

(5) 发现与创新。

引导学生观察语言、文学和中外文化现象,学习从小事和过程中发现问题,培养探究意识和发现问题的敏感性。对未知世界怀有强烈的兴趣和激情,敢于探异求新,走进新的学习领域,追求思维创新。学习多角度多层次地阅读,对优秀作品常读常新,获得新发现。学习用历史眼光和现代观念审视古代作品的内容和思想倾向,提出自己的看法。在探究活动中勇于提出自己的见解,尊重他人的成果,不断提高探究能力,逐步养成严谨求实的学风。

2."课标"规定的教学内容

(1) 必修课程。

① 阅读与鉴赏。

- 充实精神生活,完善自我人格。
- 发展独立阅读的能力。
- 注重个性化的阅读,发展想象能力、思辨能力和批判能力。
- 能运用多种阅读方法阅读多种文本。
- 能用普通话流畅地朗读,恰当地表达文本的思想感情和阅读感受。
- 学习鉴赏中外文学作品,有自己的情感体验和思考。
- 了解各种文学体裁的基本特征及主要表现手法和作品的背景材料。
- 体会中国古代优秀作品中的文化和精神价值。
- 阅读浅易文言文,了解常见的文言实词、文言虚词、文言句式的意义或用法,诵读和背诵一定数量的名篇。
- 培养广泛的阅读兴趣,扩大阅读视野。
- 注重合作学习,与他人交流阅读心得,展示读书成果。
- 学会灵活使用常用语文工具书和多种媒体搜集和处理信息。

② 表达与交流。

- 学习观察生活,形成自己的感悟。
- 能理性地陈述自己的观点,表达真情实感。
- 书面表达思路清晰、结构合理、感情真实、富于创造。
- 写作上力求个性和创意,学会积累素材,有感而发。
- 学习综合运用多种表达方式,推敲、锤炼语言,表达准确、鲜明、生动。学会独立修改自己的文章。
- 在口语交际中自信大方、文明灵活。
- 学会恰当的表达,借助语调和语气、表情和手势,增强口语交际的效果。
- 学会演讲、辩论和朗诵。

(2) 选修课程。

① 诗歌与散文。

- 培养鉴赏诗歌和散文作品的浓厚兴趣,丰富情感。
- 理解作品的思想内涵,对作品进行领悟和评价。
- 读懂浅显的古代诗文,背诵一定数量的名篇;学习诗词格律基础知识,了解古代文化常识。
- 学习鉴赏诗歌、散文的基本方法。

- 尝试诗歌、散文的创作,展示成果,交流体会。

② 小说与戏剧。
- 培养阅读各类小说、戏剧作品的兴趣。
- 理解作品表现出来的价值判断和审美取向,做出恰当的评价。
- 学习鉴赏小说、戏剧的基本方法;学写小说、戏剧评论。
- 朗诵小说或表演剧本的精彩片段,品味语言,领会其内涵和人物特征。
- 尝试对感兴趣的古今中外小说、戏剧进行比较研究或专题研究。
- 尝试创作小说、剧本,相互交流。

③ 新闻与传记。
- 关心国内外大事及社会生活,学会捕捉基本信息,做出自己的评判。
- 阅读新闻、通讯(包括特写、报告文学等)作品,了解其功用、要素和特点。
- 尝试新闻、通讯的写作。
- 阅读人物传记、回忆录等作品,把握基本事实,形成一定的思考和判断。
- 尝试人物传记的写作。

④ 语言文字应用。
- 在学习和运用的过程中提高语言文字应用能力。
- 读懂与自己学识程度相当的著作,运用多种方式展开交流和讨论。
- 阅读应用文,把握主要内容和关键信息。按照有关格式和要求,写作应用文。
- 根据交际的需要,提出话题,敏捷应对。
- 尝试对语言文字运用中的现象和问题做出解释;学会辨析和纠正语言文字应用中的错误。
- 观察语言文字运用中的新现象,思考发展中的新问题,在应用过程中有所创新。
- 拓展运用语言文字交流的途径,学会用现代信息技术辅助交流。

⑤ 文化论著研读。
- 选读古今中外文化论著,关注当代文化生活,开展文化专题研讨。
- 借助有关资料,排除阅读中遇到的障碍。对重点章节进行探究学习,把握论著的主要观点和基本倾向。
- 学习运用科学的思想方法发现问题、分析问题和解决问题。
- 学习对当代社会生活中的问题和中外文化现象做出分析和解释,参与先进文化的传播和交流。

3. "课标"实施建议

(1) 教学建议。

高中语文应在义务教育基础上全面发挥语文课程的功能,促进学生素质的整体提高。作为学习活动的组织者和引导者,教师应积极倡导自主、合作、探究的学习方式,提高组织教学和引导学生学习的质量;不断提高自身水平,实现教学相长。在语文教学过程中,教师应在完成课程目标的基础上,根据必修课和选修课的特点发挥积极性与创造性,做到拓展与提高。

(2) 评价建议。

评价应以课程目标为基准,面向全体学生,充分发挥诊断、激励和发展的功能。评价应提倡主体多元化,注意必修课、选修课的联系与区别,根据情况综合采用不同的方式。必修课程的评价应以"阅读与鉴赏""表达与交流"这两方面为主,而选修课程的评价要关注诗歌与散文、小说与戏剧、新闻与传记、语言文字应用、文化论著研读这五方面。

(3) 教科书编写建议。

教科书编写要以马克思主义、教育科学理论为指导,适应高中生身心发展的特点,符合语文能力形成和发展的规律,突出课程特点,便于指导他们自学。教科书选文要具有时代性和典范性,文质兼美,丰富多样,难易适度;体例和呈现方式应灵活多样,避免模式化。教科书还应具备开放性,重视现代信息技术的运用。

(4) 课程资源的利用与开发。

高中语文课程要满足多样化和选择性的需要,必须增强课程资源意识。各学校应该认真分析本地和本校的资源特点,充分利用已有资源,积极开发潜在资源。学校还应积极创造条件,给学生创设语文实践的环境,注意校际资源的互补与共享。教师应高度重视课程资源的利用与开发,充分发挥自身潜力,参与必修课程和选修课程的建设,创造性地开展各类活动,增强学生在各种场合学语文、用语文的意识,多方面提高语文素养。

案例

案例示范和点拨

(一) 案例示范

《思考问题的"路数"》教学实录(节选)①

王栋生

师:从我写完这几个字开始到现在,已经10秒钟过去了。你们想到的是"这篇文章应当写什么样的'启示'",对吗?

生:对。

师:我还知道你们在想什么,你们打算阐述的观点是"要持之以恒""有志者事竟成"……

生:对。

师:也就是说,全班同学无一例外都想到了这一点?

(学生笑)

师:那这个题目太没有价值了。按这样的思路去写,有可能千篇一律。作文要有创新,要有自己的独立思考。想到"滴水石穿"这个成语的时候,凡是有正常思维的人,脑海中都会出现"滴水石穿"的画面。因为这是个经常使用的短语,它所包含的意义几乎是常识性的。而我们基本都懂常识性语言所包蕴的多种含义。

师:题目是"启示"。既然是"启示",会不会只有一种?每个同学都再想想,还可以有什么"启示"?

---

① 资源来源:www.doc88.com/p-1347546985284.html

生:"锲而不舍""贵在坚持"。

师:这与前面说的"要持之以恒""有志者事竟成"不还是一个意思呀?

(学生笑)

师:想象一下"滴水石穿"的画面,你能否从中获得其他的启示?我把问题再换个方式:"滴水石穿"还需要哪些条件?

生:需要水和石头。

(省略部分对话)

生:太慢了。

师:什么"太慢了"?声音大一些,要把话说得让全班都听见。

生:"滴水石穿"勇气可嘉,但是效率太低了,水滴石穿要几千年甚至几万年的时间。

师:说对了。我们通常所说的"滴水石穿"是一个漫长的过程,需要几千年、几万年,甚至更长的时间。在当今社会,无论是生产实践还是科技革新,都强调高速度;社会生活也需要快节奏,要努力提高效率……

(二)点拨

(1)写作是运用语言文字进行书面表达和交流的重要方式,是认识世界、认识自我、进行创造性表述的过程。强调"有个性""有创意""自主写作""多想多写",这既是新课标实施建议的目标,又是着眼于学生的终身发展而提出的要求。提倡写作的个性化,就要做到把学生当作写作的主体,做到培养学生的自我意识和独立个性的人格。在本案例中,教师要为学生创设良好的实践环境,充分关注学生写作态度的主动性、写作需求的多样性、写作心理的独特性,尊重学生发表个人的见解,鼓励学生批判质疑,发表不同看法。

(2)写作与口语交际是"表达与交流"的主要形式,写作更是语文课程的重中之重,新课标对于写作的教学强调要着重培养学生的观察能力、想象能力和表达能力,重视发展学生的思维能力和发展创造性思维。案例中的写作课是新课标这一要求的好注脚,老师通过对话式的教育引导学生逐步突破传统思维惯式,先从学生思考角度出发,提出自己的意见,并通过"滴水石穿"画面以及条件的提示步步引导、鼓励学生多角度深入思考。老师与学生的对话是平等的,这样的对话成功引导学生真正动脑思考,说出真话,写出真情,使文章思想更有深度、风格更具个性。

五、选修课基本理念及模块设置解读

【考点】了解高中语文选修课的基本理念和模块设置,能根据实际情况选择教学内容,设计教学流程。

知识和能力点说明

1. 高中语文选修课的基本理念

（1）语言知识。

语言知识是指语音、文字、词汇、语法、修辞、标点符号等，是语文知识的基本层级。语言知识作为基本知识层级要求学生能够正确掌握一些新课标要求掌握的内容，如课本生字词的读音、意义的掌握运用；也要求学生掌握一些特殊的语法、修辞、标点符号在不同文体、文章中的使用。

（2）文学知识。

文学知识是指对各种文学体裁如诗歌、散文、小说、戏剧相关知识，是指在语言知识上的高一级知识要求。应让学生熟悉每一种文学体裁的基本知识，进行区分，并能在综合学习之后，结合各种文学知识的特点，读懂与自己学识程度相当的著作。

（3）文章知识。

文章知识是指记叙文、议论文、说明文、应用文等相关文章知识，是在语言、文学基础上进一步细化的高一级语文知识要求。倡导学生在基本掌握各类语言、文学知识以后，能够进一步辨识各类文章的特征。掌握不同文章知识运用的具体情境以及与此产生的相应效果，并初步掌握各类文章的撰写技巧。

（4）文化知识。

文化知识是指古代、现代、中国、外国的各类文化知识，是语文知识中的高级层级。需要学生以一种文学发展史的眼光看待语文知识在不同时期、不同地域的发展。需要一定的知识文化背景和极大的知识储备。要求教师在讲解时充当开阔学生视野的指导者以及本身具有良好的文化素养。

（5）识记能力。

识记能力是指识别和记忆的能力，是语文能力的基本层级。识记作为基本层级，要求能够指明或写出需要辨认或记住新课标要求的内容，包括语音、字形、作家作品及文学体裁、文化和文学常识和名言名句等。

（6）理解能力。

理解能力是指领会并作简单的解释，是在识记的基础上高一级的能力层级。在识记的基础上，运用识记的知识材料对原意进行领悟和解释。对于材料，要能够懂得其句子的含义、领悟其内容并能进行信息筛选和直接、简单地解释。理解的部分主要是文言文阅读和现代阅读中的字词语句。

（7）分析综合能力。

分析综合能力是指分解剖析和归纳整理，是在识记和理解的基础上进一步提高了的能力层级。分析是把整体按一定的属性分为若干部分，综合是把分散的知识提出要点后聚合成整体。分析主要是对文言文和现代文阅读的整体认识，例如，文言文的内容分析。而综合整理主要是要点归纳、作者观点分析概括，现代文的内容分析、写作特点分析以及段落大意、内容要点、中心思想等。

(8) 鉴赏评价能力。

鉴赏评价能力是指对阅读材料的鉴别、赏析和评说,是以识记、理解和分析综合为基础,在阅读方面发展了的能力层级。鉴赏评价能力是高中语文阅读能力中主要应用的一个层级,要求学生能够对阅读材料的内容进行鉴别、评价,对表达技巧进行赏析,对作者观点进行判断。

(9) 表达应用能力。

表达应用能力是指对语文知识和能力的运用,是以识记、理解和分析综合为基础,在表达能力方面发展了的能力层级。对于此能力的运用,倡导学生能够准确、生动、形象地表达出自己对于文学作品本身以及文学作品背后的深刻意义和见解。

(10) 探究能力。

探究能力是指探讨疑点、难点,有所发现和创新,是在识记、理解、分析综合、鉴赏评价的基础上发展了的能力层级。倡导学生在综合水平提高的基础上创新地培养探究能力,探究自己对于各类文学作品的兴趣,探究自己内心的感情世界,以便更好地养成健康、高尚的审美情趣,提高文学修养。

2. 高中语文选修课的模块设置

教师重在锻炼学生阅读和欣赏诗歌散文作品的能力,例如,加强诗文朗读和运用多媒体手段进行教学。在教学的过程中要多举行阅读鉴赏实践活动,不追求统一答案,而是在教学中激发学生的想象力,鼓励学生创造性思考,对作品进行个性化的解读。

3. 小说与戏剧

小说与戏剧与"诗歌与散文"的教学内容大致相同,教学内容的重点不在于传授系统的文学史知识或鉴赏理论,而应该通过举办类似戏剧表演、观摩戏剧演出、组织剧本欣赏交流会等丰富多样的具体活动,提高学生的鉴赏能力和鉴赏水平。

4. 新闻与传记

教师指导学生阅读经典的新闻采访,使学生把握这些采访的主要内容和社会影响,并且向学生介绍采编流程,在这个过程中培养捕捉新闻的能力。同时,可以开展新闻撰写教学,锻炼学生搜集和运用材料的能力。

5. 语言文字应用

语言文字应用的教学内容分为两个部分:一是向学生推荐和介绍语言文字类著作,让学生提高运用语言文字的自觉性,引导学生在日常生活中观察和思考语言文字的应用现象,提高思维能力;二是指导学生阅读规范的应用文,学习应用文文体写作,了解应用文的用途,学习应用文的术语、格式和语言风格。

6. 文化论著选读

文化论著选读的教学内容可以分为书面教学和实践教学两个部分。书面教学,即教师应当指导学生阅读论著、调查和梳理相关材料,从而提高分析文化现象的能力,学习探究问题的方法。而实践教学,应在书面教学之后,引导学生将生活中社会上的文化现象与学习的理论知识结合起来,并进行考察和分析,最后形成结论,并通过各种途径(如口头、视频、图片和交流会)展示成果,培养学生的探究意识和探究能力。

案例

案例示范和点拨

（一）案例示范

案例一：赏读《春夜宴从弟桃花园序》（节选）

教学目标

(1) 疏通文义，理解关键字词。

(2) 理解文中流露出来的热爱生活、热爱生命的豪情逸兴。

(3) 比较阅读同类"宴序"文章，理解本序与古人作的"宴序"一类文章的不同之处，领悟李白飘逸潇洒、豪情纵情的诗意。

教学重点

通过文章理解，体会文中流露出来的热爱生活、热爱生命的豪情逸兴。

教学难点

通过比较同类文章，领悟李白独特的文情诗意。

教学过程

第一，介绍诗人李白。

第二，解题。

第三，理清文章思路。

(1) 第一部分（从"夫天地者"到"序天伦之乐事"）说明了此次春夜宴游桃花园的缘由。

(2) 第二部分（从"群季俊秀"到结尾）集中叙述了宴游桃花园之乐。

第四，精析全文。

"况阳春召我以烟景，大块假我以文章"，这两句话是传诵千古的名句，同学们能分析这两句话的精妙之处吗？

李白只用几个字就体现了春景的特色："阳"字就把春天形象化，使人身上感到一阵温暖，眼前呈现一片红艳；"烟景"一词将春天由于地气上升，花、柳、山、水，以及其他所有自然景物阳气蒸腾的奇特景象概括出来；"文章"一词则概括了春日花繁叶茂，自然界多姿多彩的美丽风光。这两句还把审美客体拟人化。那"阳春"是有情的，它用美丽的"烟景"召唤"我"，那"大块"也是有情的，它把绚烂的"文章"献给"我"，既然如此，作为审美主体的"我"又岂能无情？这样主客体融合无间。

将本文与王羲之的《兰亭集序》进行比较：魏晋时期人与唐朝人两者的生命观和精神气质的异同之处在哪里？尝试体会李白开朗乐观的性格，对自然、对友情、对生活的珍爱和纵笔挥洒的才气。

《兰亭集序》和《春夜宴从弟桃花园序》同是记叙春日宴饮之乐，同是欣赏客观的自然风光，同是抒发自己的内心感受，但由于时代环境及作家个人身份、年龄的差异，在感情格调上是有所不同的。

王羲之感慨的是当时过境迁之后，游赏之乐便成了陈迹，欢乐和生命总是短暂的，必然"终期于尽",所以发出了"岂不痛哉""悲夫"的慨叹。而李白则有一种豁达、乐观的精神,他认为正因为人生短暂,才应珍视生命、爱惜光阴、"秉烛夜游"。他觉得美景是春天对自己的恩赐,他感到能和兄弟们一同咏歌、高谈、观花、赏月并举杯畅饮,乃是最大的乐趣!王羲之的《兰亭集序》低沉清幽,李白的《春夜宴从弟桃花园序》高亢明朗,情调自是不同。

案例二:赏读《李清照词二首》(节选)

教学目标

通过专题总结,让学生对词人李清照的一生有清晰认识,从而对她的所有诗词有非常准确的解读。

教学过程

(1)诵读《鹧鸪天·暗淡轻黄体性柔》和《永遇乐·落日熔金》。

(2)下发当代散文家梁衡《乱世中的女神》全文,快速通读。

① 在了解李清照生平的基础上,回顾《声声慢》。请学生从生平遭遇的角度分析她的创作心绪。

② 指导学生从生平看作者写作特色,找出分水岭。

③ 指导学生分析这两首词的意境和写作手法,引导他们自己说出来。

案例三:《语不惊人死不休——选词和炼句》教学过程设计(节选)

多媒体展示

游园不值

叶绍翁

应怜屐齿印苍苔,小扣柴扉久不开。

满园春色关不住,一枝红杏出墙来。

教师:大家知道吗?在他之前南宋大诗人陆游也写过这样的诗句。

多媒体展示

马上作

陆 游

平桥小陌雨初收,淡日穿云翠蔼浮。

杨柳不遮春色断,一枝红杏出墙来。

教师:诗句"一枝红杏出墙来"在原作里一点都不出名,到了"抄袭"的作品里反而出名了,这是为什么呢?大家能说出其中的原因吗?

小结:教师可以对两首诗的意境作适当的分析。

教师明确:与诗歌的整个意境密切相关。可见,炼句不能脱离语境,好的句子能够有力地表现语境的意义。

案例四:《行而有礼》教学设计(节选)

教学过程

(1)检查背诵已学的《论语》语段。

(2)学习新课。

① 借助工具书和课文注释,初步理解《行而有礼》的内容。

②交流预习心得。
③落实重点文言字词和句式,解决预习中遗留的翻译问题。
④文化探究。

A. 阅读课文,列出本文提到的古代礼节,看看今天的哪些礼节是从古代继承下来的。

B.《论语·述而》中孔子说:"丘也幸,苟有过,人必知之。"对我们有什么启发?

C. 怎样理解评价"父为子隐,子为父隐"。

(二)点拨

案例一

(1)作为选修教材中的重点篇目,对学生的识记能力也作一定的要求。

(2)教学目标具体,明确知识、能力达成要求,有利于教学过程的设计;情感目标与知识目标结合较好,既体现了对学生的情感态度价值观的培养,又符合语文教学的特点。

(3)关注学生的文学知识掌握,对文学体裁的辨别加以引导。丰富学生的文章知识,了解"序"这一文体,有利于学生今后对同类文体的辨别。

(4)对文章作者生平成就进行简要介绍,丰富学生的课外知识,拓宽学生的知识面,同时也便于引导学生进行课外阅读选择。

(5)分析文章关键字句,有助于提高学生的语言知识水平,关注重点字词的翻译,提高学生的鉴赏评价水平,促进学生对各种修辞手法的掌握与运用。

(6)分析文章的用典情况,可增加学生的文化知识。

(7)两个发现性思维问题,要求学生进行探究性学习,使学生在思考解答疑问的过程中,锻炼了表达应用能力。

案例二

该案例是以学生实践探索为主的专题式讨论教学,它不是课堂中的一个随意性的局部环节,而是需要较周密的计划与准备,在实践中需要一节甚至几节课来完成。在专题式教学中教师应是学习活动的组织者和引导者,让学生自己多阅读、多讨论,形式丰富一些以引起学生的兴趣。

案例三

单纯靠死记硬背是不能让学生真正掌握语文能力的,本案例尝试将过去的语言知识当作例子,让学生在讨论的过程中"炼句",有利于学生梳理已学的语言知识,并领悟经典语言句子的语境之重要,应该说是一种有效的教学方法。

案例四

该案例的教学过程既突出了文本研读,又注重了对文化内涵的探究,对于拓展学生的文化视野和思维空间起到重要作用。虽然从大范畴来说,文化论著研读也属于阅读教学,但它更注重文本文化的内涵,是对学生日常识记能力的检查,同时对学生的鉴赏评价能力提出了更高层面的要求。

六、语文学科发展历史、现状及趋势

【考点】了解语文学科发展的历史和现状,把握语文学科发展的大致趋势。

 **知识和能力点说明**

1. 语文学科发展历史和现状

语文课程是一门学习语言文字运用的综合性、实践性课程。义务教育阶段的语文课程,应使学生初步学会运用祖国语言文字进行交流沟通,吸收古今中外优秀文化,提高思想文化修养,促进自身精神成长。我国语文课程教学的发展,经历了古代、近现代、当代三个发展阶段。工具性与人文性的统一,是语文课程的基本特点。

(1)早期语文。

在中国古代,语文教育与政治、历史、哲学等教育融为一体,基本上是经学和科举的附庸,是统治者用以选拔人才巩固自己统治地位的工具。我国现代中小学各门课程的开设,均始于清朝末年废科举、兴学堂的教育制度改革。1902年8月15日,清政府颁布了由管学大臣张百熙制拟定的《钦定学堂章程》,规定在中小学课堂中开设的语文教育科课程有"习字""读经""作文""读古文词",从学科内容来看,已经展露出后世语文课程的雏形。遗憾的是,后来因种种原因未被实施,成了一纸空文。

(2)独立设科至今。

语文学科独立设科时间在学界是存在争议的,争议主要为1902年、1904年之争。持1902年观点的人将《钦定学堂章程》当作独立设科的标志,但由于它没有实行,所以大多数学者并不接受这一观点;持1904年的派别将"癸卯学制"颁布之期1904年1月13日视为语文学科独立设科之日。

自语文学科独立设科以来,已有百年历史,而这百年来学界对"语文"学科的学科名称和课程性质一直存在不同意见,经过一个世纪的争论、发展,人们逐渐接近语文学科的本质。

2001年,《全日制义务教育语文课程标准(实验稿)》正式颁布,新一轮的语文课程改革正式启动。2003年,"课标"的颁布,将课程改革推向一个新高潮。新课程赋予语文以不少新的内涵,一个适合21世纪信息时代需要的新的语文课程体系,已着手构建并有待进一步的发展。

2. 语文学科发展的趋势

随着我国基础教育课程改革的深入,人们对语文这门学科的重要性和科学性的认识日益加深,再加上现代化技术的大力支持,语文学科将会取得更大的发展。

(1)语文学科与信息技术的结合。

把信息技术与语文学科课程整合,通过把信息技术融入语文的课堂教学过程中,营造全新的一种教学环境,进而有效实现一种既可以发挥教师的主导作用,又可以充分彰显学生主体地位,并能真正做到以"自主、探究、合作"为主要特征的教和学的全新方式。由此,可以将学生的积极性、主动性、创新性充分发挥出来,让传统的单靠教师讲的课堂教学形式发生彻底的革新,从而进一步让学生的实践能力和创造精神的培养落到实处。

(2)新课标对语文学科的影响及近几年课程标准的对比。

对比2001年版和2011年版的语文课程标准,在语文课程性质方面,实验稿提出"语文是最重要的交际工具,是人类文化的重要组成部分"。2011年版新课标改为"语言文字是人类最重要的交际工具和信心载体,是人类文化的重要组成部分",并把这句话放在前言导语部分。2011年版新课标还强调语文课程是"综合性、实践性"课程,强调"综合性"是语文课程包含更为丰富的内容,以全面提升学生的语文素养为核心目标。强调"实践性"是指让学生更多参与到教学活动中,充分理解祖国语言的魅力。

本章知识结构

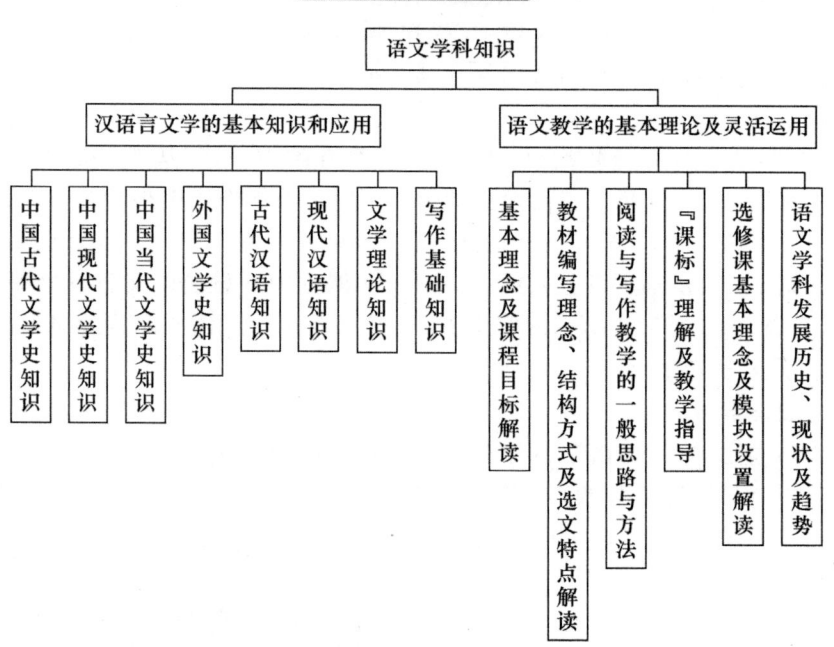

本章小结

(一)本章主要内容

本章内容包括两大部分。

第一部分是汉语言文学的基本知识和应用,涉及中国古代文学史知识、中国现代文学史知识、中国当代文学史知识、外国文学史知识、古代汉语知识、现代汉语知识、文学理论知识、写作基础知识。

第二部分是语文教学的基本理论及灵活运用,涉及基本理念及课程目标解读,教材编写理念、结构方式及选文特点解读,阅读与写作教学的一般思路与方法,"课标"理解及教学指导,选修课基本理念及模块设置解读,语文学科发展历史、现状及趋势。

(二) 本章重点、难点

1. 重点

(1) 中外文学史上的主要文学流派和重要作家作品。

(2) 运用文学基本理论阅读、鉴赏和分析具体的文学作品,特别是某一诗歌、小说、散文、戏剧作品的思想感情和艺术表现。

(3) 古代汉语常见句式、常见实词和虚词知识,文言文阅读与翻译,现代汉语的语法、修辞和现代语言的表达等知识。

(4) 现代汉语写作能力,特别是常用文体记叙文、议论文、说明文的写作技巧和方法。

(5) "课标"的基本概念、教科书编写理念与结构、阅读与写作教学、理解及教学指导。

2. 难点

(1) 文学作品的鉴赏和理论分析能力。

(2) 文言文翻译能力、现代文体写作的逻辑思维和语言规范能力。

(三) 学习时要注意的问题

(1) 本章讲解的内容主要是学科的基本理论和知识,主要要求记忆和理解。这些理论和知识要靠长期积累,并在实际运用中不断熟悉和牢记。

(2) 本章内容也涉及部分实操技能,如作品分析、文言文翻译、常用现代文体写作等,必须坚持理论与实践相结合,通过实践提高这些技能,建议与后面各章的学习结合起来。

(3) 提倡采用研究性学习方法,提高探究能力,在学习中有所创新。

考试指南

本章涉及汉语言文学的基本知识和应用,及语文教学的基本理论及灵活运用两方面,备考时侧重为理解。

在第一节汉语言文学的基本知识中,中外文学史及主要文学流派和重要作家作品、古今汉语基本知识、文学原理基本知识、写作基本知识和"课标"的基本概念等属于记忆性知识,应试者要在理解的基础上加以记忆。本节实操技能部分,要求能熟练运用文学理论进行文学作品分析,能熟练掌握古汉语知识进行文言文翻译,能熟练掌握一般写作方法和技巧进行常用现代文体的写作。实操技能部分是重点,应试者要重点掌握。

第二节是对新课标主要内容的解读和说明,包括对"课标"的基本概念、教科书编写理念与结构、阅读与写作教学、理解及教学指导等的解读和说明。新课标是深化语文教育改革的依据,应试者对本节涉及的内容必须熟悉和理解。

第二章　语文教学设计

考纲内容

1. 能够根据语文学科特点及高中学生的认知特征,分析学生在语文学习方面的个体差异。
2. 能够根据所选教学内容和学生已有知识水平,分析学生的学习需求。
3. 能够根据学生的学习需求和已有知识水平,诊断并确定学生的学习起点。
4. 能够根据学生的学习起点,明确教学内容与学生已有知识之间的关系。
5. 能够把握所选教学内容及其特点,准确分析教学任务,确定教学内容的相互关系和呈现顺序。
6. 能够根据"课标"规定的课程目标,所选教学内容及学生语文学习特点,确定教学目标、教学重点和教学难点。
7. 能够设计合理的教学流程,选择恰当的教学方法,突出与教学重点、难点相关的教学环节。
8. 了解语文教学资源的多样性,能根据所选教学内容合理开发、选择和利用教学资源。
9. 能够设计多样化的课外活动(如读书报告会、书评交流会),引导学生分享阅读乐趣,交流阅读成果,共同提高阅读和写作能力。
10. 了解编制教学方案的基本规范与要求,能在规定时间内完成教学方案。

考纲解读

语文教学设计也就是通常说的备课,是语文教学活动的前提和基础。该考点考查考生的综合运用能力,具体是理解语文课程目标,结合教学对象、教学内容与条件,运用语文学科知识和教学知识的能力。考核的重点包括以下方面。

1. 分析教学对象,选择教学内容。

能够根据高中语文教学的特点,对高中学生的知识水平、认知能力以及学习心理进行一般性分析,恰当把握学生不同的语文学习需求和学习能力;能根据高中生的知识结构以及发展趋向,诊断并确定学生的学习起点。

能够根据高中语文课程目标,对教材的单元和课文进行得当的分析,从而选择和确定适合高中生认知特征、知识水平及学习需求的内容。

2. 确定教学目标、重点和难点。

能够根据"课标"规定的课程目标,在分析学生、分析教材的基础上,根据教学内容的特点、学生个体差异,从知识与能力、过程与方法、情感态度与价值观三个方面综合考虑,确定教学目标、教学重点和教学难点;能准确表述教学目标。

3. 设计学习活动,选择教学策略。

能够结合教学目标,策划学习活动,选择恰当的教学策略,设计多样的学习活动,引导学生积极参与学习过程,激发和帮助学生进行学习,落实重点,突破难点。

4. 合理利用教学资源。

了解语文教学资源的多样性,能根据所选教学内容合理开发、选择和利用教学资源。

5. 合理整合教学过程。

能够把握所选教学内容及其特点,准确分析教学任务,确定教学内容的相互关系和呈现顺序。能够设计合理的教学流程,选择恰当的教学方法,突出与教学重点、难点相关的教学环节。

6. 规范设计教学流程。

了解编制教学方案的基本规范与要求,能在规定时间内完成教学方案。

7. 设计不同语文活动。

能够设计多样化的课外活动(如读书报告会、书评交流会),引导学生分享阅读乐趣,交流阅读成果,共同提高阅读和写作能力。

第一节 语文教学设计能力的单项学习

一、分析教学对象,选择教学内容

【考点】(1) 能够根据所选教学内容和学生已有知识水平,分析学生的学习需求;能够根据学生的学习需求和已有知识水平,诊断并确定学生的学习起点;能够根据学生的学习起点,明确教学内容与学生已有知识之间的关系。(2) 能依据"课标"规定的课程目标,针对高中学生的认知特征、知识水平及学习需求选择合适的教学内容。

 知识和能力点说明

【知识卡片】

★ 分析教学对象与教学内容是教师应该具备的基本能力,是教学设计的基础。
★ 分析教学对象是对学生的心理发展水平,语文知识掌握情况等的分析。
★ 分析教学内容主要是对教材从总体到具体的分析和把握。
★ 教学内容的选择要符合教学对象的特点。

教学对象和教学内容的分析是进行教学设计的前提和基础,直接影响和决定着教学设计的具体内容,只有全面、深入、细致地掌握学生特点,才能从实际情况出发确定教学内容,进行有针对性的教学工作。要有效进行教学设计,就必须"熟悉"学生和"吃透"教材,这是教师进行教学必备的基本功。

本知识点要求考生能结合教育学、心理学知识,合理分析学生的知识基础、学习和心理特点以及发展需要,并找到它们与教学内容的关联;然后能结合"课标"中的相关课程目标,对语文教学内容进行分析,准确把握教学内容。

考核的内容包括三个方面。第一,分析和研究学生的技能。也就是要分析教学对象。能够从多方面去分析和了解学生,诊断并确定学生的学习起点。第二,研究教材的技能。熟练掌握教材的总体结构和具体内容。第三,能依据课程目标明确教学内容与学生已有知识之间的关系,针对学生的特点选择恰当的教学内容。这是要求能确定恰当的教学目标。

1. 分析教学对象

分析教学对象主要是指分析和研究学生,分析的内容包括分析学生的心理发展特点、分析学生语文学习基本情况、分析学生语文学习环境等。通过分析相关的情况,掌握学生的特点,寻求利于学生发展的最佳路径,为确定教学内容和教学目标提供依据。

(1) 分析学生的心理发展特点。

分析学生的心理发展特点是了解学生的基础,这不是简单的解剖高中学生的心理发展状况,还必须结合学生语文学习的目的、情感动机、兴趣爱好程度等因素进行分析。通过掌握学生相应的心理发展特点,了解他们在语文学习中的各种心态,在心理发展水平的基础上去把握学生的最近的发展区,激活他们学习的热情和智慧,转变他们不当的偏好,采取适合学生,并且被学生愉悦接受的教学方式和教学内容。

相比初中学生,高中生对待事物的目的更明确,持久性也明显发展,概括性也增强,具有自主能力而不过分依赖老师,不喜欢被压制,能够比较自觉地进行自我评价。因此教师进行教学时要明确学习目的和任务,培养学生学习的浓厚兴趣,教师切莫压制学生的个性,教学内容应以学生为主体,以学生的自主学习、合作探究为目的来安排。

高中生的识记方法主要是理解性识记,更多地借助思维的力量,在理解相关内容的意义和本质的基础上识记,而且识记数量远远超过初中学生。例如,高中语文的文言文学习,教师就不能简单地要求学生机械背诵,而应该引导学生通过作者的生活和写作背景、注释等材料理解文本,从而达到理解性识记的效果。

高中生的情感发展具有两极性色彩,可能斗志昂扬,也可能低落消沉,内心经常体现出半成熟半幼稚的矛盾特点。虽然高中生各方面的发展接近成人状态,但是教师依然不能够用对待成人的方式来对待他们,在课堂教学中要尽量增加学生的情感体验活动,引导他们向积极的方向发展。

(2) 分析学生的语文学习基本情况。

了解学生语文学习基本情况,是确定学生的学习起点和能力的基础。

分析学生语文学习的基本情况,主要是了解学生对语文基础知识的掌握情况、听说读写能力的水平层次、对语文课哪些内容感兴趣、哪些内容难以掌握、课外阅读积累的情况、课外语文活动等。

学生已有的知识水平是学习新知识的前提，教师对学生已有知识的把握在很大程度上决定了教学的成效。不同学生的认知结构在数量和质量上存在着差异，所以教师必须在教学开始前对学生语文学习的基本情况进行诊断，了解学生对教学目标的掌握程度，辨别学生需要帮助的程度。根据诊断性评价的结果，为学生提供预期性知识，使教学适合学生的需要和背景，达到更好的效果。

例如，在教高一课文《项脊轩志》时，可以这样分析：

经过初中三年文言文的学习，学生在文言字词语句、语法方面都有一定的积累；并具有一定的语文素养和审美情操，能够品味课文中的优美文字；学生对所处的生活、社会有一定的观察能力，能对世事变迁的事态有一定的理解和共鸣。但是本文出现的字词仍有难度，语法现象在之前的学习中也很少出现，而且作者对幼年丧母和中年丧妻的情感表达较含蓄，这些内容对于高一学生而言仍有一定的困难。

上述案例中，教师在学生学习新知识和新技能之前，对学生所掌握的原有知识技能进行分析，这样在教学安排中才能根据学生的起点得当地安排教学内容。同样，如要面对高二的学生进行教学，就要具体了解他们高一的语文学习内容与基础。

因此，语文教师在开始进行教学设计时，必须先对学生的学习基本情况具体了解。确保教学内容的选择和安排符合学生的起点能力。可以通过阅读教材、教学测试等渠道进行了解。

(3) 分析学生的语文学习环境。

分析语文学习环境就是要了解学生所处的班级、学校、家庭和社会中的语文学习环境。

语文是母语，实践机会无处不在、无时不有，学生的生活环境直接影响着他们的语言学习；语文又是一门工具性与人文性相结合的学科，通过语文教学应让学生在生活中能够应用语文，并且通过语文的学习能够感受人文情怀，心灵得到熏陶，情感得到升华。因此只有充分了解学生语文学习的环境，才能在教学内容的选择与安排上以更贴近学生生活环境的材料为主，让学生更好地理解学习内容，感受文本的内在情感与文化因素。

比如，教《故都的秋》一文，如果面对的是南方的学生，那就要注意学生生活环境与课文之间的距离，结合生活引导学生体会到北国的秋天的特点；如果只是简单解释文章内容，学生是很难有感悟的。只有让学生先结合环境，分享身边秋天的特点，体会对秋天的感受和感悟，然后教师再循序渐进引领学生去感受北国不同的秋天，看看作者是怎么表达他所看见的秋天，从而带领学生去逐步体会文章表达的思想感情、分析文章写作结构等。因此教学内容的安排切忌远离学生所处的环境。

2. 分析语文教材

语文教材是语文教学的凭借和依据，要选择、确定教学内容，首先要熟悉和深入分析语文教材。这是成功进行语文课堂教学内容设计的基本前提，也是完成教学任务的保证。

语文教材的分析，宏观上包括对学生阶段性语文学习内容的了解、对整套语文教材的总体把握，微观上则是指对教学内容所在的单元乃至一篇课文的具体分析和把握。

(1) 分析高中语文教材的总体结构。

要准确把握教材，就要研究教材总体结构，也就是要了解高中阶段全套语文教材。

通读全套教材，同时阅读编辑说明，能对全套教材的内容结构和编排体系有大致了解。

然后要熟悉当册教材，也就是本学期需要使用的一册教材。对于当册教材需要深入细致地分析，对各单元的构成、具体内容、重难点安排、各类课文的比例等内容的安排及相互关系做深入研究。

最后要对该册教材各单元内部之间的前后联系情况进行分析。看看同一单元内容是如何由浅入深、由简到繁的安排，之间有何规律。一篇课文和一个单元之间又有什么关系，一个单元的内容在一册教材里又有什么特点，在分析的时候都要考虑，做到前后联系。

例如，准备进行《人是一根能思想的苇草》（人教版）一课的教学设计，就要先了解这是《语文·必修4》（高中）第三单元的第三组课文《短文三篇》中的第二篇，前一篇是蒙田的《热爱生命》，后一篇是富尔格姆的《信条》，三篇都是略读课文；这一单元还有精读课文《拿来主义》《父母与孩子之间的爱》和略读课文《语言生活的历史进程》。认真阅读单元提示，可以了解该单元课文都是有思想深度的文章，编者希望学生在学习里"能感受到这种思想冲击的力量"，提出"从文章结构入手，沿着作者的思路，看作者怎样提出问题、分析问题和解决问题，怎样把观点与材料紧密结合起来"。

全面了解同一单元的相关内容，对进一步深入分析课文，准确把握教学内容、明确教学目标有重要帮助。

（2）分析高中语文教材的具体内容。

分析教材，关键在于紧扣文本，通过通读、精读、细读等环节，准确掌握课文的重点和特点。

研究语文教材的具体内容，可以详细到一篇课文、一个训练技能、一个知识点的研究。因为高中语文教材的编排是以选文为主，这里重点讲解关于课文的分析研究。

要深入分析教材、准确把握教材重点，教师首先要能够无障碍顺利读通课文，包括语言上的读通、结构脉络的梳理等，材料包含的观点要读懂。

其次要做到熟悉，包括教学要点、教学内容的熟悉，课文背景、写作意图等相关背景知识的熟悉，教学任务、教学目标的熟悉。

最后是把课文吃透，弄清楚课文内部之间的联系，比如语言与内容、结构与思路、材料与观点之间关系。

【例 2-1】

《谈中国诗》教材分析[①]

《谈中国诗》是人教版《语文·必修5》（高中）第三单元第三课，第三单元是全套五册书中唯一的文艺评论和随笔单元。这是学生经过了小学、初中和高一阶段的语文学习，阅读了一定数量的文学作品，获得了一些文学常识的基础上，安排这个单元的。应该说，到这个阶段，学生在专业知识和艺术体验上，已经有所准备，是能够学好这个单元的。这个单元的三篇课文，或探讨艺术表现的语言形式，或评论某种审美现象，都能持之有故，自成一家之言。

《谈中国诗》的作者是钱锺书，又一位大师级人物。《谈中国诗》是一篇略读课文，有别于

---

① 资料来源：张艳秋.《谈中国诗》教学设计. http://www.pep.com.cn/gzyw/jsjx/tbjxzy/kbjc/jxsj/bx5/201501/t20150106_1227706.htm

精读课文,略读课文教学要以学生自己的阅读、感悟为主,教师可以就其中的一些重点难点问题做一些必要的提示;《谈中国诗》是一篇文化散文或者文化随笔,它是由演讲稿节译而成;作者在中外诗歌的比较中,分析中国诗的特征——从诗的发展顺序来说,中国诗与外国诗刚好相反;中国诗篇幅短小;中国诗富于暗示性;中国诗"笔力轻淡,词气安和"。但从总体说,"中国诗并没有特别'中国'的地方"。《谈中国诗》的教学要兼顾教学目标和单元目标,又要考虑文本的特色。

该教材分析既有宏观上对课文所在的单元在整册教材乃至五册必修教材中的位置的分析,也有微观的课文所在的单元特点的分析,更有具体课文特点及其对教学影响的分析,很好地体现了教材分析的思路和方法。

3. 选择语文教学内容

语文教学内容的选择要能有效促进学生语文素养的提高。选择时应根据学生实际情况,兼顾单元目标、课文的特点。

语文教学内容不等同于语文教材的内容。一篇课文,可以有很多内容,如课文字词、重点语句、结构脉络、主旨、情感、艺术手法、写作特色等;每个内容还可以有不同层次的要求,基础要求如"了解""理解"等,高层次的要求如"掌握""运用""鉴赏"等。

选择语文教学内容,可以把单元目标作为共性内容,具体课文特点作为个性内容去确定。

教学内容的选择与确定要有利于教学目标的实现,并且要能够把握重点内容,对教学难点有所预料。

选择语文教学内容时,重点考虑的就是,针对具体情境中的这一班学生乃至这一组、这一个学生,"实际上教什么",可以使学生更好地掌握既定的课程知识、更有效地达成既定的课程目标,提高语文能力。语文教学内容的确定既包括在教学中对现成教材内容的沿用,也包括教师对教材内容的处理、加工、改编乃至增删、更换等系列"重构"[①]。

因此语文教师要在熟悉语文教材的前提下,能依据"课标"规定的课程目标,针对高中学生的认知特征、知识水平及学习需求来选择具体的教学内容。

【例 2-2】

《荷塘月色》一课,在不同版本教材中所处的位置不同,就可以有不同的教学内容选择。

方案一:

人教版《语文·必修 2》(高中)

【教学重点】

(1) 理解散文的主要内容,探讨、理解作者复杂的思想感情。

(2) 体味散文的比喻、叠字、通感、恰当的动词运用。

【教学内容选择】

(1) 整体感知课文,掌握课文大意。

(2) 运用多媒体手段创设情境,体会文章写景状物的优美画面。

(3) 品味文章,揣摩作者准确生动、富有韵味的语言,学习作者运用语言的技巧,体会作

---

① 王荣生.语文科课程论基础[M].上海:教育出版社,2003:300.

者的思想感情。

方案二：

粤教版《语文·必修1》（高中）

【教学重点】

（1）月下荷塘的景物构成及整体意境的解构与分析。

（2）对作者写景抒情所运用的语言表达及写作手法的认知和学习。

【教学内容选择】

（1）释题，作者及作品背景介绍。

（2）作者夜游荷塘所见所闻以及相对应的情感脉络、作者情感背后的深层内涵。

（3）作者写景抒情所运用的语言表达及写作手法的分析和学习。

根据不同的课程目标可选择教学内容。

高中语文课程目标和内容主要分为阅读与鉴赏、表达与交流两个方面。

阅读与鉴赏教学是教师组织学生通过阅读活动，感知、理解和鉴赏书面语言的过程，是"课标"所列的必修课程之一。教学内容选择上要侧重感知、理解、鉴赏与应用。

表达与交流方面的内容也是"课标"所列的必修课程之一。表达与交流主要的内容，一是写作，二是口语交际。

"课标"对于写作的教学建议是"教师应鼓励学生积极参与生活，体验人生，关注社会热点，激发写作欲望。引导学生表达真情实感，不说假话、空话、套话，避免为文造情"。

写作教学是由命题、指导、批改和评讲四个步骤组成，根据"课标"的要求，写作教学要能激发学生兴趣，让学生有所感悟，最终是能够让学生有欲望写作，会通过写作表达交流。因此命题应从学生生活实际出发，有目的，有激发学生的兴奋点，让学生有所写。教师命题后即不能撒手不管学生自由发挥，也不能一手包办代替学生的思维，需要宏观分析，甚至进行个别的答疑辅导。批改是评讲的前提，批改的方式灵活多样，可以师师批改、师生批改、生生互改等，切忌大批大改，应基于学生的水平，突出一两个侧重点，让学生每次有所得。评讲是对学生写作实践进行全面的反思和总结，是学生之间、师生之间思想交流的时刻。评讲内容可以是针对某个问题的专题评讲，也可以是综合评价，还可以是树立模范的佳文评讲等。

"课标"中对于口语交际的教学建议是"应重视指导学生在各种交际实践中提高口语交际能力，选择他们感兴趣的、贴近生活的交际话题，采用灵活的形式组织口语交际教学，而不必过多传授口语交际知识"。因此在口语交际教学中要根据本班学生的实际情况确定训练目的，制造合适的生活场景，通过倾听、口语表达训练实现学生的口语交际能力。

【例2-3】

《心音共鸣 写触动心灵的人和事》[人教版《语文·必修1》（高中）]

第一步：情景导入。讲述地震中父与子的感人事件。引发学生与作者产生共鸣而感动。

第二步：文本解读。让学生彼此讨论交流并发言此刻心中想说的话。教师适时点评。

第三步：由事入理，谈谈生活中让你感动的事情，教师由此引出怎样写触动自己心灵的人和事，指导学生筛选教材中的信息。

第四步：合作探究。学生集体讨论，好文章要写出真情实感。

第五步:能力练习,教师给出话题描写体现生活中让你感动的"爱"。

第六步:写完后,分组交流点评。

该教学内容能够从学生生活入手,引导学生表达真情实感,能够根据课标要求通过教师点评方式让学生自由表达思想感情。

 案例

一、案例示范和点拨

(一)案例示范

《雨巷》[人教版《语文·必修1》(高中)]

案例	点评
一、学生分析 　　高一学生具备初步阅读能力,可以通过预习领会课文内容,把握文章大意。该班学生自觉性偏弱,缺乏良好学习习惯,这些学生智力不差,关键在于情商,在于学习动机以及学习方法。如果能激发学生学习语文的兴趣,引导他们掌握语文学习方法,让他们从中领会到学习的快乐及成就,他们将能够投入课堂中。	了解学生的语文学习情况,确定学生的学习起点和能力基础,有利于教学活动的有效安排,避免语文知识的重复或者遗漏。
二、教材分析 　　《雨巷》选自人教版《语文·必修1》(高中)第一单元,这个单元主要学习现代新诗。高一学生处在人生观、价值观形成的重要时期,用诗歌的美感染陶冶他们,有助于他们热爱生活,培养乐观积极的态度。《雨巷》有着极其浓重的象征意义,人生处处有"雨巷",诗人在黑暗孤独中从未放弃对光明的向往,由此可以在教会学生语文知识的同时培养他们语文实践应用能力,引导他们勇往直前寻找人生出路,让青春之树结出灿烂饱满的果实。此外,《雨巷》这篇课文抽象,只有将学生引入其情景中才能让学生更好地进行学习。	根据课文所在单元的文体安排,分析文章内容,结合学生的发展特点,有利于实现语文知识应用和文化熏陶的目的。导入引出课文内容,激发学生进一步学习的兴趣。
三、教学内容选择 　　导入。 　　"愿我在最后的时间,将来的时候看见你,愿我在垂死的时候用我的虚弱的手把握着你。"(作者戴望舒的告白词)从这句话大家可以看出诗人对爱情有着浪漫而美好的追求,爱情是生活的一部分,由此可以联想诗人对生活的向往是何其唯美。今天我们一起学习戴望舒的《雨巷》,一起感受他的多样情怀。 　　(1)朗读课文,整体感知。 　　学习目标:全文写了什么内容?表达了怎样的感情?有何特点? 　　(2)师生共同学习与文章相关的知识。 　　(3)精读,鉴赏课文,突破重难点。 　　(4)总结,生活中大家都会遇到"雨巷",当我们迷茫时要想起戴望舒的追求精神,笑对人生起伏。	根据阅读与鉴赏的内容特点以问题带入,确定学生的学习目标,有利于整体感知。 师生一起学习,教师既能够点拨,又不压抑学生的学习个性,能够很好地实现自主、合作、探究的学习精神。 从通读到精读的过程有利于对文章的理解与鉴赏。

（二）点拨

该案例能够具体分析高中学生的发展特点及本班学生的学习特点，掌握学生的学习起点以及问题的关键，以培养学生学习的兴趣为主，教学安排上重在引导，既不压抑学生又能实现学生的自主探究的学习精神。

在教材分析上，能够根据文本所在单元的文本特点结合学生的发展，紧扣文本，通过通读、精读等环节，准确掌握课文的重点和特点。

在教学内容的选择上，阅读与鉴赏教学是教师组织学生通过阅读活动，感知、理解和鉴赏书面语言的过程，该案例在教学内容的选择上能够侧重感知、理解、鉴赏与应用。

二、答题示范与讲解

（一）单项选择题

1. 以下对高二学生特点的分析不正确的一项是（　　）。

   A. 高二学生，思想处于向成熟期的过渡，逻辑思维更强了，抽象思维的能力进入到一个较高的程度。
   B. 高二学生相对成熟，学习态度上也会主动，因此在口语交际活动方面，参与度也必定较高。
   C. 高二学生观察力发展方面，目的更明确，持久性增强，精确性提高，概括性更强，这些是思维和感知协同发展的结果。
   D. 良好的意志品质，对学生的语文学习有明显的促进作用，高二学生也不例外。

【参考答案】B。

【答题解析】

本题考查分析教学对象的能力，分析教学对象包括其思维及心理特点、语文学习特点等，其中 A、C、D 对高二学生的思维发展、学习品质进行分析，特点把握准确。B 选项结合学生心理特点与口语交际活动进行分析，未注意到高二学生虽然相对成熟，但自尊心更强，性格特征更明显，这些影响都使他们在主动性方面容易有两极分化。

2. 以下是某位教师对人教版《语文·必修1》（高中）第二课《再别康桥》的分析，其中不恰当的一项是（　　）。

   A. 《再别康桥》是我国现代著名的浪漫主义诗人徐志摩最重要的代表作，抒写了诗人对康桥的无限眷恋之情。
   B. 学习这首诗，让学生体会到诗歌优美的意境，品味其中蕴含着的丰富情感，对陶冶学生情操、拓展思维、丰富文字素养大有好处。
   C. 高中一年级的学生往往对那种纯粹的、原始的、本真的情感体会较为肤浅，对诗歌的情感难以理解。
   D. 《再别康桥》所抒发的离愁别绪是人类共同的情感经历，通过诵读容易将学生带入诗境，唤醒他们的感情，从而引起强烈的共鸣。

【参考答案】C。

【答题解析】

本题考查分析教学对象及教学内容的能力。其中 A、B、D 分别从课文内容、特点及对学生的影响进行了具体而得当的分析,另外还可以对课文所在的单元特点进行分析。而 C 项是对学生的分析,但判断过于简单,也未能准确把握高一学生对诗歌的感受力。

3. 在选择语文教学内容时,不属于主要依据的一项是(　　)。

　　A. 学生平时运用的方言　　　　B. 教材的版本
　　C. 学生初中的语文学习内容　　D. 属于必修还是选修内容

【参考答案】B。

【答题解析】

本题考查对选择教学内容的依据和方法的掌握。选择教学内容要根据教学对象的特点和教学内容的特点,选项 A、C 分别是学生的语言学习环境和语文知识基础,是教学内容选择的重要依据;选项 D 是教学内容选择的重要出发点。B 选项所提及的教材版本并不直接影响教学内容的选择。

(二)教学设计题

请结合以下材料进行学情分析和教材分析。

设计的教学内容为:表达交流;写作教学《直面挫折,学习描写》[人教版《语文·必修 2》(高中)];面向城市中学学习水平为中上层次的高一学生。

【答题解析】

学情分析:教学对象定位为城市中学学习水平为中上层次的高一学生。描写这种表达方式,主要让学生在阅读中学习。学生在阅读课文上,已学习过课文中运用描写手法的高妙之处,例如,《荷塘月色》的景物描写,《金岳霖先生》的人物描写,《小狗包弟》的细节描写等。虽然学生在初中已经学习过描写的表达方式,但学生对于描写这一概念尚未明确,仍常出现为描写而描写的情况。写作指导时必须使学生明确,描写一定要为刻画人物性格和表现作品主题思想服务。强调描写的准确、平实、简洁。

教材分析:第二册的写作教材,除第四单元是关于学习虚构的内容以外,其他三个单元都是学习表达方式的。议论是高中生学习的重点,放在第三、第四册集中训练。叙述和说明从小学高年级起就已经训练,因此本册不再涉及说明,记叙也只训练难点——记叙的角度。而描写、抒情过去没有专门训练过,是本册教材的训练重点。

本单元写作训练的重点是学习描写。关于描写的训练可以多角度,而本单元侧重点为:描写要有明确的目的,要为表现人物的思想性格和作品的主题思想服务;描写要抓住特点——"画眼睛";描写要生动形象,往往要带有感情。这些内容对学生写作有直接作用,也便于学生掌握。

描写要抓住事物特点。"画眼睛"是形象的说法,是指写人要写出人的心灵,写事要写出事件的本质,写景要写出人对景的感悟和景的个性。描写要生动形象,这是描写的特点决定的,也是描写有别于叙述的地方。所谓生动形象,无非是使描写对象有形、有声、有色地再现在读者面前,让读者如见其人、如临其境、如闻其声。此外,描写要根据对象特点决定描写方法,描写时往往要带有一定的情感,描写有白描与细描等。

话题的分析:"直面挫折"是这次作文的话题。写"直面挫折",不限于用描写,甚至可以不用描写,例如,用议论。把"直面挫折"和"学习描写"结合在一起,只是为了叙述方便,以"直面挫折"的话题为例,来说明学习描写。这样便于贯彻"课标""人文性与工具性的统一"的指导思想。"话题探讨"对学生的要求要适度。从教材说,只是诱导、指点学生去自主探讨这个话题。提出问题,提供材料,起开阔思路、活跃思维的作用。学生能探讨到什么程度,就探讨到什么程度。

(三)案例分析题

请结合教学对象及内容分析的要求,分析以下案例的教学内容选择是否得当。

《拣麦穗》教学设计[粤教版《语文·必修1》(高中)]

学情分析

(1)本设计是面向一线城市城镇高中学生。

高一年级的学生心理发育比较成熟,人生观和价值观基本形成,对于作者所处的环境有一定的认识,但对于人性的把握还处于比较懵懂的时期。

(2)学生知识基础一般。

经过初中三年的学习,对比喻、拟人等修辞手法有一定的了解,能把握一定的句式形式,基本能读出文章人物的感情倾向。

具有较深入的遣词造句能力,以及较为全面的词语积累。能够品味和应用课文中的优美文字。具有仔细观察事物以及欣赏事物内在美的能力,但对麦穗的了解不多,对一些小细节可能有所忽略。

(3)时常关注社会现象,开始思考人生,对社会、现实、人生等问题思考的深度和广度有所提高;可以感受课文中蕴含的自然纯朴的情感,以及对人性美的憧憬。

教材分析

《拣麦穗》是一篇优美的抒情散文。本课文是粤教版《语文·必修1》(高中)第三单元的一篇课文。本单元的课文都是散文类的文章,课文有《荷塘月色》《霞》《我与地坛》等写景、叙事、感悟类的散文,风格各异。本课是一篇回忆童年生活的散文,讲述了一个憨直、淳朴的小女孩和卖灶糖老汉之间感人至深的故事,反映了人世间淳朴的人性美,同时也体现了童年生活的丰富多彩。

教学重点

(1)理解文中关键语句的深刻含意,体会作者的思想感情,以及对农村妇女命运的感伤。

(2)品味作者在对话描写、行为描写及含意丰富的语句中流露出淡淡伤感的散文语言。

教学内容(两课时)

(1)查工具书,学习生字词。

(2)收集资料,了解作者和文章背景。

(3) 整体感知文章内容,梳理文章结构;讨论并归纳各部分内容。
(4) 朗读感悟,思考讨论问题:
① 怎样理解"我"的梦想——嫁给一个卖灶糖的老汉?
② 老汉真是为了要娶"我"吗?怎样理解老汉对我的爱?
③ "烟荷包"在文中寄托了作者怎样的思想情感?为什么作者常常想找到那个像猪肚子一样的烟荷包?
④ "我"与其他拣麦穗的姑娘们有什么相同点与不同点?作者写姑娘们拣麦穗有什么作用呢?
(5) 文章关于"梦想""爱"的主旨理解。
(6) 文章语言品味。
(7) 象征手法探究。
(8) 分析课文叙述从容、意境优美、寓意含蓄的艺术特点。

【答题解析】
该案例对学生的分析很具体,既明确了学生语文学习的环境,又分析了学生语文学习的知识基础和心理特点,还注意这些特点对学习本课的影响。教材分析能关注到课文所在单元的点及与其他课文的共性,为选择教学内容及进行教学设计提供了较充分的准备。

二、确定语文教学目标、重点与难点

【考点】能根据教学内容的特点、学生个体差异确定教学目标、教学重点和教学难点,能准确表述教学目标。

知识和能力点说明

【知识卡片】
★ 教学目标、教学重点和难点的确定是教学设计中最核心的环节。
★ 教学目标是学生学习后达成的状态。
★ 教学重点是教学内容中最有利于学生语文素养提高的部分。
★ 教学难点是相对学生而言最困难的。

教学目标的确定是语文教学过程最重要的环节。
教学目标是教师在理解与熟悉学生的情况下,结合"课标"中的要求及目标,分析教学内容后确定的,是进行教学设计的基础,也是指导教学实施的核心指标,同时与教学评价也密切相关。

语文教学目标是教师预期学生达到的状态。

教学目标是对语文教学活动的行为结果的具体而明确的预期,通过教学目标,语文教师预期学生在学习后的认知、技能以及情感态度价值观等方面的变化或状态。语文教学目标的设计,首先要以"课标"中的目标为指南,其次要以教学内容作为基础及媒介,在确定目标及重点、难点时,要注意将"课标"中的目标与内容结合起来,最终指向促进学生的语文知识、技能及素养的提高和发展。

语文教学目标有课堂教学目标和单元教学目标,再总体构成语文课程教学目标。

一方面,课程教学的总目标宏观控制与指导课堂教学目标;另一方面,课程总目标与课堂教学目标之间又不是简单的整体与局部的关系,而是在课程总目标之下,每一节语文课的教学目标可以有自由度,会通过叠加、综合或者变化,最终达成积淀或发展。

语文教学目标的确定是本章的学习重点。

该知识点是复习本章时的重点,侧重于概念的理解和在实际教学设计过程的运用,考核的重点也在运用,主要通过单项选择题、教学设计题、案例分析来考查。

1. 语文教学目标确定的依据

(1)确定教学目标的依据包括语文课程目标、教学对象的特点以及教学内容的选择。

语文课程目标是教学目标确定的理论依据,具体可以从"课标"中找到相应的内容;教学依据则包含了学生的具体情况和语文教学内容的具体情况。

在确定语文教学目标前,要先明确"课标"与教学内容、教学对象的联系。

在确定教学目标前,教师要在熟悉学生情况的前提下,对学生的语文知识基础与学习特点进行分析,把握学生语文学习的"最近发展区";在深入分析教学内容后,选择适合学生学习、有利于学生语文素养发展的内容;然后结合"课标",明确教学目标确定的依据,寻找"课标"与前两者的关联,为最终确定教学目标寻求理论依据。

【例 2-4】

《故都的秋》[人教版《语文·必修 2》(高中)]

学生情况简要分析:高中的学生对散文已经具备了一定的感知和分析能力,能够通过阅读加上联系自身实际来把握文章的整体脉络;文章内容是关于老北京的秋,因北京是祖国的首都,学生通过各种途径已对其有所了解。同时,高中学生的心思更加细腻,对审美和鉴赏有了较浓的兴趣,也乐于探究、合作。但学生的能力主要还停留在初读和泛读上,思维能力和审美能力仍在形成之中,感悟、鉴赏能力还有待加强。

教学内容简要分析:《故都之秋》是中国现代作家郁达夫于 1934 年创作的写景状物散文名篇,艺术构思精巧独特,语言优美隽永,表达了作者对自然、人生的丰富感受和深刻思考。通过想象,能更好体会作品所描述的美景,感受作者抒写的精神境界。

"课标"对应的目标有:①

"积累·整合"方面,要求"能围绕所选择的目标加强语文积累"。

"感受·鉴赏"方面,"阅读优秀作品,品味语言,感受其思想、艺术,发展想象力和审美

---

① 中华人民共和国教育部制定.普通高中语文课程标准(实验)[S].北京:人民教育出版社,2003:6—7.

力;在阅读中体味大自然和人生的多姿多彩,激发珍爱自然、热爱生活的感情"。

"思考·领悟"方面,"通过阅读和思考,领悟其丰富内涵,探讨人生价值和时代精神,以利于逐步形成自己的思想、行为准则"。

"发展·创新"方面,"注意观察语言""学习多角度多层次地阅读,对优秀作品能够常读常新,获得新的体验和发现"。

对上述四个方面进行整体考察,可发现,学习《故都的秋》一文,对于发展高中学生的语言感受与积累、领悟生活与提高审美能力等很有帮助,而且是与"课标"的目标相对应的。这既是对教学内容的进一步确定,又能更好地区分重点内容与非重点内容,为确定教学目标提供充分的理据。

(2) 语文教学目标的内容。

语文教学目标有学段目标、单元目标与课堂教学目标。考核以确定课堂教学目标为主。

语文课堂教学目标内容主要是指三个维度的内容,具体包括语文的知识和技能、语文学习的方法、语文教学内容的独有特征,如情感、文化、价值观等。

确定语文教学目标的内容,要正确理解三个维度对语文教学目标确定的作用。

高中语文课程是在坚持《全日制义务教育语文课程标准(实验稿)》提出的基本理念基础上,从"知识与技能""过程与方法""情感态度与价值观"三个维度出发设计课程目标的,是确定语文教学目标内容的重要参考。

但是,三个维度涉及认知领域、技能领域和情意领域,是一个宏观的体系,是从整体上对语文教学的指导,不能把三个维度与具体的课堂教学目标等同起来,而且在具体的语文教学过程,不可能每一节课都能实现三个维度的目标,只能有所侧重,在确定语文教学目标时,要结合语文学科自身的特点,根据不同的教学内容,从三个维度出发,确定能提高学生语文素养的具体目标。仍以《故都的秋》为例。

【例 2-5】

语文知识和技能目标可以有:

① 了解郁达夫的思想和创作风格;

② 学习文章是怎样扣住"清""静""悲凉"来写故都的秋;

③ 联系文中所写的五幅秋景图,品味诗一般的语言和意境,了解文章情景交融的写作特点从而掌握散文的"形散而神不散"的特点;

④ 体会并掌握一定的散文鉴赏方法:圈点批注,品析、想象美景法;

⑤ 学习散文写景抒情、"一切景语皆情语"的特点;

⑥ 学习本文"雅俗相融"的语言风格,体会散文中"物我合一"的艺术境界。

情感态度价值观目标可以有:

① 领悟作者的内心深处的悲凉,并感受作者对故都的眷恋的真挚情感;

② 体会郁达夫对"故都秋景"的独特审美体验;

③ 体会作者对故都的秋的赞美之情以及文中流露的悲凉、伤感之音;

④ 领悟作者在文中流露的主观情感,培养学生健康的审美情感,提高学生鉴赏美的能力。

分析各目标与学生实际情况的对应。

以上内容均从三个维度的视野提出,均可以作为教学目标,但不可能在每一节课中均完成,而是要根据学生的情况以及教师对教学内容的选择而有所取舍。选择教学目标的内容时,要注意符合学生的认识水平和特点,突显教学内容的特点。如"体会郁达夫对故都秋景的独特审美体验"这一目标,对于基础相对薄弱的学生,就定得太高了;又如"学习散文写景抒情、'一切景语皆情语'的特点",提及的既是本篇课文的特点,但又是写景散文共有的特点,在选取这点作为教学目标时,就要注意表述得更具体:理解本文"主观情"与"客观景"的自然融合,学习散文"一切景语皆情语"的特点。

2. 语文教学目标的确定与表述

(1) 教学目标的确定,要具体明确。

语文教学目标是语文教学整体设计的定向指标,具有指导与选择教学策略、教学实施的功能,也是评价教学是否有效的重要参照点,因此必须具体、清晰。

教学目标不是具体方法、实施过程,而是终点,是学生学习之后的状态,因此教学目标必须将达到度描述出来。像"熟悉课文""梳理结构""整体感知"等这些描述,其实只是教学过程的一些具体步骤,而不是目标,教学目标应明确最终学生的达成度是什么,如"背诵课文""理解……情感""学习……写作方法",这样才是清晰的。

另外,这里的"具体"也指达成度的内容要具体,"理解作者情感"这种描述就太笼统了,"理解作者对故都的眷恋的真挚情感"才算是明确具体。

(2) 教学目标要完整而有层次。

语文教学目标表述必须是完整而确定的,既要包含知识与技能、过程与方法、情感态度与价值观三个维度中的局部内容,又要层次分明、结构合理,能互相形成整体。

教学目标是对学生通过教学所要达到状态的提前确认,因此要兼顾整个教学过程的整体,一方面指出能影响学生学习结果所规定的限制或范围,另一方面也要描述出学生达到教学目标的最低衡量依据或学习成就的最低水准。

如《再别康桥》的教学目标:

① 理解诗歌独特的意象,领悟徐志摩与母校的深厚情感。
② 分析欣赏诗歌的"音乐美""建筑美""绘画美",了解新月诗派的"三美"主张。
③ 初步学习从诗歌的意象及形式等方面赏析现代诗歌的方法。

在注重目标完整的同时,还要注意教学目标排列的层次性。以上目标从"理解"到"分析",再到"运用",就体现了目标由易到难、由知识学习到技能训练的过程。

(3) 教学目标要得当而有弹性。

教学目标必须根据实际情况来确定,要符合学生程度、教师特点以及教学条件,过高或过低的教学目标都会影响其达成度,既降低了课堂教学的有效性,又不利于师生的积极性。

语文教学目标的明确并不意味着不能调整变化,而仍应有空间,教学目标要适应学生的多层次需要,应该能根据教学过程的具体情况而及时调整。

根据学生的具体情况不同,可以确定不同的教学目标。还是以《故都的秋》为例。

【例2-6】

学生程度较好,中上层次,目标可以这样确定:

① 习作者扣住"清""静""悲凉"来写故都的秋的写景手法;

② 掌握一定的散文鉴赏方法:圈点批注,品析、想象美景法;

③ 品味诗一般的语言,理解本文"情"与"景"的自然融合,培养学生的文学鉴赏能力;

④ 体会作者在山河破碎、内外交困的现实背景下,赞美自然风物的真情以及内心的忧思及落寞,体会作者深沉的爱国之情。

学生程度一般,中等层次,目标应该有所不同:

① 深入体会故都秋"清""静""悲凉"的特点,初步把握写景抒情的艺术手法;

② 联系文中所写的五幅秋景图,品味诗一般的语言和意境,提高语言鉴赏能力;

③ 初步掌握以情驭景、以景显情的写作方法;

④ 感受作者对故都的眷恋的真挚情感。

3. 教学重点、难点的确定

教学重点应是教学目标中的内容。

教学重点是教学设计的重点,也是教学实施最突显的内容,教学重点与教学目标的关系是相当密切的。

教学重点是教学过程要重点解决的问题,就是从教学目标中选择最重要的,对于学生提高学习语文知识、掌握语文技能、发展情感最有效的一两点。教学难点是从学生的认知水平角度而言,对实现教学目标过程有所障碍或难以解决的问题。教学重点与难点有时会重合,有时也会不一致。

教学的重点侧重于从教学目标与内容的角度来确定,因此一定是教学目标中的某一点;选择时可根据课文自身的特点以及课文各部分之间的内在联系,明确课文的教学重点。

教学重点是相对于教学内容而言的。重点不宜过多,通常是一节课确定一个重点,最多两个重点。

难点是相对于学生而言的。难点的确定则要对学生有所了解,如果教学重点对于学生较难理解和掌握,那教学重点也就是教学难点;如果教学过程中的有些内容和学生的生活、年龄不相符,影响学生理解,那这些内容就是难点。再以上述《再别康桥》的教学目标为例。

【例2-7】

① 理解诗歌独特的意象,领悟徐志摩与母校的深厚情感。

② 分析欣赏诗歌的"音乐美""建筑美""绘画美",了解新月诗派的"三美"主张。

③ 初步学习从诗歌的意象及形式等方面赏析现代诗歌的方法。

重点应为第一、第二点,难点应是第二点。第三点对于学生而言也比较困难,但能以此为目标,可推知学生学习程度较好,而且这一点定为"初步",则难度也不算太高。

案例

一、案例示范和点拨

（一）案例示范

《项脊轩志》[粤教版《语文·必修2》(高中)]

案例	点评
一、教学内容分析 　　《项脊轩志》是明代散文家归有光的著名作品，是一篇抒情性很强的散文佳作。文章以"志"的文体写成，这是通过记叙事物，抒发感情的一种文体；本文通过对百年老屋的几度兴废的叙述，抒发其对祖母、母亲、妻子的思念之情以及对家庭变迁的感慨，作者在写景叙事中，把"喜"和"悲"的感情抒发得委婉动人，感人至深。学习本文，对学生学习记叙和抒情结合的写作方法有很大的帮助。 　　课文情感波澜潜藏在文章的今昔对比中：所叙述描写的都是生活记忆，是从不得志、孤独落寞的今天去回望，这样暗中形成了今昔对比，展示了如泣如诉的亲情，蕴藏着今不如昔的人生悲怀，具有巨大的情感冲击力。带领学生披文入情，可让学生感受作品中深刻的情感，结合现实生活的体验体悟日常生活中的亲情，充实自己的内心世界，获得精神的成长。 二、学生分析 　　拟面向的学生是经济不发达地区的一所省一级高中学校的高一(8)班。班上同学的语文平均成绩为中等水平，理解和鉴赏能力、自学能力、自主思考能力都有待提高。高一的学生刚刚从初三的被动学习向自主学习的转变，多少会有点不习惯。所以，首先让他们适应这一方面的转变，再引导他们学会自主学习。 　　再者，班上的学生对文言文的喜爱程度是较低的，因此不能单一地灌输知识，而要改变观念，要以学生为主体，激发他们对文言文学习的兴趣，共同探讨和研究课文所传达的思想。最后，高一年级的学生都会有新环境的适应问题，学习方法不当、学习目标不明、人际交往敏感、与家长的代沟问题，还有学习的自信心不足，对自我评价不完整等问题，因此要对其进行适当的引导。 三、教学目标 　　(1)理解课文中的"当""洞""凡""过""竟""比""殆"等实词，并归纳积累"而""之""以""于"等虚词的义项。 　　(2)掌握课文中的判断句、介词结构后置、省略句等文言句式。 　　(3)尝试采用自主学习的方式。学习文中的以动衬静、借景抒情、以喜写悲、今昔对比等写作特色。 　　(4)体会文中"悲""喜"的感情基调。体会作者在日常生活琐事的记叙中所蕴含的浓浓亲情，感受亲情，理解作者对家道衰落的伤感和对故居亲人的眷恋。 四、教学重点 　　(1)积累及整理"而""之""以""于"等虚词的义项，判断句、状语后置句等文言特殊句式。 　　(2)理解作者对家道衰落的伤感和对故居亲人的眷恋；掌握本文通过抓典型细节叙述生活琐事来追忆亲人的写作技巧。 五、教学难点 　　(1)尝试自主学习的方式。 　　(2)理解感悟作者在叙事中通过细节描写营造出来的抒情氛围。	具体分析了作品的文体特点及内容特点，明确这些内容对学生语文能力提高的作用。 深入分析课文的写作特点，为确定教学目标及重点提供了参考。 明确学生层次、知识水平及学习特点，对确定教学目标及重点、难点非常重要。 教学目标具体，明确知识、能力达成要求，有利于教学过程的设计；情感目标与知识目标结合较好，既体现了对学生的情感态度价值观的培养，又符合语文教学的特点。 在教学目标中选择重要的内容作为重点，也符合学生知识水平，较恰当。

（二）点拨

本教学设计在确定教学目标、重点、难点前，对相关教学内容能结合教材、文本特点深入分析，对学生的情况也能在充分了解的基础上多角度分析，指出其认知水平及学习特点，这些都给目标确定提供了充分的依据。

教学目标的内容能兼顾三个维度，有语文知识与能力的落实，有学习方式的渗透，也有情感、审美等方面的培养；同时目标的选择与确定符合学生的情况，也突显了教学内容的特点。

教学的重点选择了总体目标中知识能力点的落实及情感的感悟，既保证了学生对重点知识与能力的梳理和有效掌握，又关照了学生情感态度培养。所确定的重点是实现教学总目标的关键。

教学难点的选择也注意从学生角度出发，确定为"自主学习方式"的尝试和文本的较含蓄的写作手法上。教学中突破这样的难点既有利于促进学生的自主学习，也对落实重点大有帮助。

二、答题示范与讲解

（一）单项选择题

1. 确定语文教学目标的要素，以下选项中不包括（　　）。

   A. 《普通高中语文课程标准（实验）》　　B. 学生的情况

   C. 教学内容的特点　　D. 教学媒体

【参考答案】D。

【答题解析】

本题考查的知识点是：理解和掌握根据课程目标、教学内容及学生语文学习特点，确定语文教学目标和重点。A、B、C 三项都是属于确定教学目标时要考虑的重要的内容，D 项是教学设计与实施需要考虑的。

2. 一位老师在设计课文《祝福》的教学目标，拟定了以下几点，根据教学目标确定的要求，以下四项中不当的一项是（　　）。

   A. 学习本文综合运用肖像描写、动作描写、语言描写等塑造人物的方法

   B. 掌握文中的基本字词，了解小说的基本内容，掌握小说的基本要素

   C. 准确把握祥林嫂的形象特征，理解造成人物悲剧的社会根源，从而认识封建礼教的吃人本质

   D. 分析春天及迎春祝福对反衬祥林嫂悲惨遭遇的作用，体会环境描写与人物命运的必然联系

【参考答案】B。

【答题解析】

本题考查的知识点是：能根据教学内容的特点确定教学目标、能准确表述教学目标。四个选项都属于教学目标的内容，但 B 选项太笼统，不符合教学目标要"具体"的要求。

3. 面向语文基础较好的学生,设计《人是一根能思想的苇草》的教学时,以下(　　)是难点。

　　A. 理解文章内容,把握文章主旨"人因有思想而伟大"的内涵

　　B. 通过交流讨论,结合自己的生活体验,理解课文中富有哲理的语句

　　C. 学习本文将理性的思考与真挚的感情相结合的手法,尝试读写结合,仿写情理相融的片段或格言

　　D. 能结合自身的感悟表达自己对生命价值的理解,树立积极健康的人生观

【参考答案】C。

【答题解析】

本题考查的知识点是:能根据学生个体差异确定教学重点和教学难点。因题干指出是面向基础较好的学生,A、B两项属于阅读教学中的基本内容,相对而言,不难落实;D是情感目标,弹性较大,也不难;C属于技能的运用,层次较高,难度较大。

(二)教学设计题

(1)题目:为下面的课文设计教学目标与重点、难点。

登　高

杜　甫

风急天高猿啸哀,渚清沙白鸟飞回。

无边落木萧萧下,不尽长江滚滚来。

万里悲秋常作客,百年多病独登台。

艰难苦恨繁霜鬓,潦倒新停浊酒杯。

(2)答题。

文本简析

《登高》选自人教版《语文·必修3》(高中),本单元是诗歌单元。本诗教学要紧扣教学目标和单元目标。第五课节选的是杜甫在夔州所写的三首诗,而《登高》处于尾篇,可将三首诗作纵向比较阅读。《登高》是诗人抒发长年漂泊、老病孤愁的感情之作,学习这首诗要善于把握情景交融的关系及诗人悲欢愤激之情,并同当时战乱的时局联系在一起,深入感知诗中意境。启发学生创造性想象,再现秋江广阔图景和抒情主人公形象。通过再创意境,理解这首诗的思想感情和艺术特色。主要遵循读诗、品诗、悟诗这一基本框架。①

学生简析

学生在学习杜甫的两首诗后,加之初中的学习,对杜甫就有了更多认识;学习本诗,可组织学生能进一步理解杜甫诗歌风格,关注本诗与之前所学诗的联系与区别。

---

　　① 人民教育出版社网:http://www.pep.com.cn/gzyw/jszx/tbjxzy/kbjc/jxsj/bx3/201410/t20141029_1221771.htm

教学目标

① 结合课文注释,掌握重点字词并能够理解诗句基本意义。

② 把握诗歌情感基调,感知抑扬顿挫的律诗中所沉淀的深沉情感,背诵诗歌。

③ 初步赏析诗歌情景交融的艺术特色以及沉郁顿挫的诗歌风格,培养诗歌审美情趣。

教学重点和难点

把握诗歌情感基调,感知抑扬顿挫的律诗中所沉淀的深沉情感。

(3) 解题分析。

本题是综合考查,对应的考点是"能根据教学内容的特点、学生个体差异确定教学目标、教学重点和教学难点"。

该设计能按照教学目标、重点、难点设计的要求完成,教学对象和内容分析简要、准确,目标设置恰当,重点明确。

(三) 案例分析题

(1) 案例:《鸿门宴》教学设计[人教版《语文·必修 2》(高中)]。

教材分析

本文是人教版《语文·必修 2》(高中)第三单元的第三篇课文,选自《史记·项羽本纪》,课文较长,而文言知识相对于第一篇《烛之武退秦师》较少,所以文言知识与结构、人物分析各占一半时间。对于高一学生来说,他们在初中学过《史记·陈涉世家》,对《史记》有一定了解,应注意引导学生回忆。

学生分析

教学对象是高一学生,此教学设计针对中等层次学校的学生,其特点如下。

① 学生学习习惯:预习情况不是很好,对文言文学习没有掌握有效的方法。

② 心理特征:对于项羽、刘邦以及霸王别姬的故事比较感兴趣。

③ 知识结构:对文言知识有一定了解,对《史记》有一定感知,但是没有形成系统。

教学目标

① 了解司马迁和《史记》的基本情况。

② 掌握课文中词类活用、成分省略,疑问句中代词宾语前置等古汉语规律,掌握"举""谢""为""斗""因"等古汉语兼词。

③ 能准确概括文章的故事情节,结合故事情节分析项羽、刘邦的性格特征;认识刘邦胜、项羽败的原因及其历史影响。

④ 初步学习本文把人物放在激烈的矛盾斗争中的刻画方式。

重点:

① 掌握词类活用、成分省略,疑问句中代词宾语前置等古汉语规律。

② 结合故事情节分析项羽、刘邦的性格特点;认识刘邦胜、项羽败的原因及其历史影响。

难点:掌握古汉语词类活用、特殊句式的判断和疑问句中代词宾语前置的语言规律。

（2）分析。

该案例能够结合学生情况、教学内容，较恰当地确定教学目标、教学重点及难点。案例中对学生情况的分析较具体，既关注到学生的年级、层次，也注意到学生的知识基础及学习特点，这对教学目标的确定有重要的参考意义；分析教学内容时能注意到课文与前后知识的关联，但总体还比较简单，应该对教材的语言特点和人物刻画方法进行适当提炼，结合"课标"的要求和目标，为教学目标的确定提供依据。

三、语文教学资源的选择与利用

【考点】了解语文教学资源的多样性，能根据所选教学内容合理开发、选择和利用教学资源。

 知识和能力点说明

【知识卡片】

★ 语文课程资源是语文课程教学的必要前提。
★ 强化资源意识，树立语文课程资源观十分重要。
★ 语文课程资源包括课堂教学资源和课外学习资源。
★ 语文课程资源的开发与利用是密切联系、不可分割的。

语文课程资源也称教学资源，包括了课堂教学资源和课外学习资源，是语文教学设计的重要内容，也是语文教学实施的重要条件。

本知识点主要考核两个方面的内容：第一，了解语文课程资源的分类与作用，多方面了解课程资源在语文教学中的作用；第二，能根据教学需要，选择开发恰当的课程资源。

考核侧重于知识点的识记、理解和在实际教学设计过程的运用，主要通过单项选择题、教学设计题、案例分析来考查。

1. 语文课程资源的概念与分类

语文课程资源是语文课程设计、实施和评价等过程中可以利用的一切资源的总和。

从课程资源空间分布的角度，可以把语文课程资源分为校内课程资源和校外课程资源。

首先要明确课程资源的概念，课程资源有广义和狭义之分。广义的课程资源是指有利于实现课程目标的各种因素，狭义的课程资源仅指形成课程与教学的直接因素来源。

"可以将课程资源视为课程设计、实施和评价等整个课程教学过程中可以利用的一切人力、物力以及自然资源的总和，包括教材、教师、学生、家长以及学校、家庭和社区中所有利于实现课程目标，促进教师专业成长和学生有个性的全面发展的各种资源。"要注意的是，"只有那些进入课程，与教学活动联系起来的资源，才是现实的课程资源"[①]。

---

① 教育部基础教育司，教育部师范教育司.普通高中新课程研修手册·课程资源的开发与利用[M].北京：高等教育出版社，2004：4.

语文课程资源,也就是与语文教学活动密切联系的各种因素的总和。它包括语文教学实施的内容,也包括语文课程与教学发生的条件。

"课标"中对语文课程资源有明确的说明。

(1) 高中语文课程要满足多样化和选择性的需要,必须增强课程资源意识,重视课程资源的利用和开发。各地区都蕴藏着自然、社会、人文等方面的语文课程资源,应积极利用和开发。

(2) 语文课程资源包括课堂教学资源和课外学习资源,例如,教科书、教学挂图、工具书、其他图书、报刊、电影、电视、广播、网络、报告会、演讲会、辩论会、研讨会、戏剧表演、图书馆、博物馆、纪念馆、展览馆、布告栏、报廊、各种标牌广告等。自然风光、文物古迹、风俗民情,国内外的重要事件,学生的家庭生活,以及日常生活话题等也都可以成为语文课程的资源。

(3) 各地区、各学校的课程资源是有差别的,各学校应该认真分析本地和本校的资源特点,充分利用已有的资源,积极开发潜在的资源。

(4) 学校应积极创造条件,……还应当争取社会各方面的支持,与社区建立稳定的联系,给学生创设语文实践的环境,开展多种形式的语文学习活动。

(5) 学校在充分利用已有资源、逐步推动语文课程资源生成的同时,也应该注意学校之间资源的互补与共享。

根据语文课程资源的内涵,可以按照课程资源空间分布的不同,把语文课程资源分为校内课程资源和校外课程资源。

2. 语文课内资源的选择与利用

语文课内资源包括学生资源、教师资源和语文教材资源。

(1) 学生资源。

学生是学习活动的中心,是一个蕴藏着丰富课程资源的群体。在了解学生资源的同时,也应该懂得如何去运用。

具体地说,学生资源表现在如下几个方面:

① 学生的基本情况(包括学生人口学的基本统计,即是人数、年龄、性别等);

② 家庭背景(居住环境,父母就业状况、经济收入、文化程度、婚姻状况等);

③ 学生的生理、心理、智力发展状况,个性特征,道德水准、价值观念等的养成;

④ 感情表达与社交方式,包括对同学、教师、对社会的态度,思维习惯,以往的学习方式、学习态度、学习成绩,以及对未来的设想打算等。

我们说学生是重要的课程资源时,意味着对学生的关注,以及对学生内在潜力的挖掘。我们应该深入地去研究学生,发现学生更多的内在的课程资源,情感、智力、心理、态度、经验、知识能力等,把这些资源有效开发和利用起来,对课程教学的实施将起到根本性的促进作用。

(2) 教师资源。

语文教师是课程的编制者、实施者与评价者,是一个丰富的课程资源库。

教师作为重要的课程资源,既包括教师的专业素养,如教育态度、教育观念、知识水平和专业技能,还包括专业素养以外的人格素养,如性格特征、行为方式、品德意志、情感类型,其至兴趣爱好、文体特长等。这些都是丰富的课程资源,都应在语文课程教学中充分地开发和利用。

语文教师资源的开发,可在两个层面上进行:一个层面是学校或社会通过各种方式多样途径对教师进行激励,如提高教师待遇,激发教师进取的积极性,通过提供教师进修的机会促使教师不断进行专业发展等;另一个层面就是教师要不断自我学习,通过自我教育促进专业发展。

(3)语文教材资源。

语文教材是运用最广泛的课程资源,我们深入了解它的意义和作用才能更好地利用它。

语文教材是语文课程教学的最基本的课程资源,它天然地担负着承载语文课程主要内容的任务。与其他资源相比较,语文教材相对成熟而规范,它经过许多人的精心编排,在课程中有着特殊的地位与独特的功能,起着承载主要教学内容的作用。因此,用好教材仍然是教学设计中最重要的环节。

对语文教材的开发和利用就是要充分挖掘它、利用它,使它发挥出最大的作用。当教材中的某些内容被忽视或冷落时,这些内容就处于潜在的课程资源状态,只有当它们被重视、被开发、被利用时,才能真正地体现语文课程的整体内容。

导学系统、作业系统是重要的语文教材资源,应重视和充分利用。

语文教材有四大系统,范文系统、导学系统、作业系统和知识系统。范文系统也就是课文,而其他的三个系统则通常被忽略,要注意充分开发与利用,在语文教学设计中,导学系统和作业系统起着重要作用。

(4)导学系统的利用。

导学系统也叫助读系统,包括编辑说明、单元要求、课文前的提示、注释及一些材料等,其目的在于引导、辅助学生更好地学习新知识,掌握新技能。

得当地选择与利用导学系统,也能帮助教师更准确地拟定教学目标。

【例 2-8】

《宇宙的边疆》[人教版《语文·必修 3》(高中)第四单元,科普文章]单元导语:

优秀的科普作品不但传播科学知识,弘扬科学精神,还能激发探求未知世界的兴趣。阅读这些作品,要重视科学精神的培养,关注科学探索的过程,感受科学家在探求真理中所表现的人格魅力。

科学追求真实、和谐与完美,我们在阅读科普文章时,也要注意审美鉴赏,感受科学思维及其语言表达的特殊美感。

进行教学设计时,要认真阅读及参考单元导语,理解其中提出的本单元共同的重点:"科学精神的培养""感受科学思维及其语言表达的特殊美感",在拟定本课教学目标时,要将这两点纳入其中。

有教师根据单元提示这样设定教学目标:①

① 掌握解说词的文体特点;

---

① 杜向红.《宇宙的边疆》教学设计. http://www.pep.com.cn/gzyw/jszx/tbjxzy/kbjc/jxsj/bx3/201106/t20110621_1050673.htm

② 学会从发现真理的过程中有意识地感悟生命；
③ 形成谦虚而又不自卑的品格,培养勇于探索,用于发现真理的品质。

(5) 作业系统的利用。

作业系统是语文教材的重要组成部分,课后练习题和训练是其中的主要内容,往往体现了这一课的教学要求。若将每一册的课后练习综合整理出来,实际上就充分体现了"课标"的具体要求。从各篇课文来看,课后练习题一般包括两个方面的内容：一是提示阅读教学的重难点,二是突出基本功训练的重难点。教学中,如果能抓好课后练习题的教学,就可以达到既不加重学生的负担,又能提高教学质量的目的。

【例 2-9】

不同版本教材中《蜀道难》部分练习题比较。

● 人教版[《语文·必修3》(高中)第5课]。

(1) 朗诵并背诵这首诗,说说全诗为什么反复咏叹"蜀道之难,难于上青天"。这句话对诗意的转折和抒情的变化有什么作用?

(2) 这是一首乐府诗,句式以七言为主,杂以其他长短句,参差错落,如行云流水,一气贯注。试给下列诗句划分节奏,并体会不同句式的表达效果。

● 粤教版[《语文·必修3》(高中)第15课]。

(1) 朗诵课文,体会诗中句子的长短与所表现的情感的关系。

(2) 诗中三次咏叹"蜀道之难,难于上青天",每一次的含义有什么变化? 其作用是什么?

同一篇诗歌,在不同的版本中,练习题也不同,这是语文教材编者意图的直接体现,也是教学设计侧重点不同的重要依据之一。

【例 2-10】

《乡愁》课后练习题。

① 下列对诗歌含义分析有误的一项是(　　)。
   A. 这首诗是一首政治诗,强烈要求两岸统一
   B. 诗中表达的思念之情超越了意识形态,表达的是人类固有的美好情感
   C. 诗中的邮票船票坟墓海峡,都有意象,不是几种纯然的客观事物
   D. 全诗只有四节,却跨越了无数的岁月,笼罩了现实世界的氛围

② 下面对《乡愁》一诗的理解和分析,正确的一项是(　　)。
   A. 全诗以时间为序,以感情为线索,把对母亲、妻子的爱熔铸在对祖国的爱中,表达了作者渴望祖国统一的殷切的期望
   B. 作品以时间为序,以感情为线索,把对祖国的爱熔铸在对母亲、妻子的爱中,表达了作者渴望祖国统一的深切愿望
   C. 作品以时间为序,以感情为线索,把对故乡的爱熔铸在对母亲、妻子的爱中,表达了作者渴求回到祖国怀抱的深切愿望
   D. 作品以时间为序,以感情为线索,把对母亲、妻子的爱熔铸在对故乡的爱中,表达了作者渴求回到祖国怀抱的殷切期望

③ 摘录诗中表示时间顺序的词语,说说诗歌是怎样层层深入地抒发爱国之情的?

④乡愁是一种抽象的情绪,诗人采用了哪些具体意象,将它变为具体可感的?
⑤诗歌中所选取的一组意象间是并列还是递进关系?请简要说明。

练习的①②题是帮助学生从整体理解诗歌主旨的,③④题是从诗歌的意象运用引导学生领悟诗歌的艺术手法,⑤题则是深入探究诗歌情感抒写的处理。五道习题指导学生以"总—分—总"的思路阅读和鉴赏诗歌。

学习完一篇课文后,充分利用课后练习题,一来可以帮学生梳理课文知识,二来可以巩固学生的知识。分析练习题时,可以尝试从编者意图、训练点等角度进行分析。

课后练习具有一定的指导教学的作用,所以在设计课后练习的时候,也应重视语文的熏陶感染作用和教学内容的价值取向,尊重学生在学习过程中的独特体验。应该能借练习推动学生在语文实践中学语文,有效掌握运用语言文字的规律,强调语感的培养。

3. 语文课外资源的开发

语文课外资源包括自然资源、社会资源等。

(1) 自然资源。

自然资源包括自然风光、文物古迹等,是语文学习极佳的资源。古今中外的诗文中,均有大量对自然的描绘赞颂的内容,结合自然资源,能让学生更直观、更感性地学习语文,也更好地感受生活,促进语文学习的生活化。

(2) 社会资源。

社会资源主要包括家庭资源、社区教育资源等。在传统观念中,家庭、社区是纯粹的生活空间。其实,家庭和社区都是语文教育延伸的主要阵地。

语文是母语课程,生活资源、实践机会处处皆有,让语文学习突破课堂和学校,从家庭走进社区,是语文课程资源开发和利用的十分重要的一步。社区资源包括图书馆、博物馆、少年宫、俱乐部、科技活动站、夏令营、实习班等固定的场所,也包括社区周围可变的或隐性的内容,如当地的乡土文化、历史风貌、历史遗迹、居民的生活状态、自然环境,甚至社会关系中的特殊教育资源等,特别是地方文化对于学生学习语文知识、了解和传承传统文化极为有利。由此可见,社区确实蕴含着十分丰富的可利用的语文课程资源。走进社区、依托社区、服务社区,开发和利用好社区资源是语文课程资源开发和利用的一条可持续发展的道路。

社区资源与家庭资源也有交叉重叠的部分。家庭资源包括家庭所在社区环境、家庭生活质量、家长素质以及家庭对教育的期望与支持度等。其中,家长是课外资源中的重要的人力资源。语文课程的实施应该尽量争取家长的配合、支持与帮助。家长的正确参与会使语文课程的实施变得更加便利。

【例 2-11】

来自生活的感悟课题。

某学校旁边有一个敬老院,敬老院里面多数是孤独的老人家。教师先让学生参观敬老院,与老人家们进行互动交流,然后根据感想写一篇800字以上的作文,题目自拟。

从案例可以看出,该教师十分重视利用社区资源,让学生在社会实践中交流,整个感悟性学习是从生活环境中的"敬老院"出发,这样一来,学生的文章都是以事实为基础,源于其对生活经验的实践、交流、思考的过程,体现了学生个人对生活、对人生的体会。

4. 媒体资源的综合利用

综合利用媒体资源,能更好地把课内外资源整合起来。信息化时代,媒体资源是语文教学不可缺少的因素。

媒体资源是从课程资源的功能特点角度来划分的类别,它既可以是课内资源,如教学媒体的运用;也可以是课外资源,如书报杂志、广播、电视、电影、互联网等。

大众传媒具有强大的信息处理传播能力,与教育联系密切。随着信息化、网络化时代的到来,媒体资源在教育中的作用和地位日益彰显。特别是网络资源,以其强大的信息存储功能、丰富的多媒体资源优势,成为语文教育强有力的支持者。从课外媒体资源中选择富有教育价值和意义的课程资源,把它们引入语文教学中来,就是当今语文课程重要的源头活水。

媒体资源的丰富性为课程资源的开发和利用提供了广阔的空间,同时对教师与学生对资源信息的搜索、辨别、筛选、处理等能力也提出了新的要求。为此,师生必须加强信息能力的养成,才能更好地开发与利用日益丰富的媒体资源。

【例 2-12】

苏轼《赤壁赋》。

教学目标

(1) 把握作者的情感变化,学习本文景、情、理交融的写法。

(2) 感悟作者豁达乐观的精神,培养学生直面挫折的能力。

教学重点

把握全文感情线索,了解景、情、理结合的特点。

教学难点

理解作者直面痛苦后的达观。

突破方法:(1) 朗读与分析结合,突破重点;(2) 比较与探讨结合,突破难点。

教学过程

【导入新课】

(多媒体平台展示)在中国诗人中,李白太高,瑶台仙阁高不可攀;陶渊明太远,桃花源里忽隐忽现;杜甫较近,却显太实而缺空灵。比较起来我更喜欢苏轼,他的诗,随手拈来如飞天袖间散落的花朵,气韵生动,神思逸飞。有豪迈酣畅的"老夫聊发少年狂",也有缠绵多情的"十年生死两茫茫";有慷慨纵横的"大江东去,浪淘尽、千古风流人物"的,也有冷静直观的"不识庐山真面目";有旷达洒脱的"一蓑烟雨任平生",也有"若把西湖比西子"的浪漫细腻……

苏轼在文学上是个旷世奇才,然而因为太优秀、太耿直,他在仕途上却很不得意,一生屡遭贬谪。1080年,苏轼便遭遇了北宋历史上著名的文字狱——"乌台诗案"。出狱后,他被贬往偏僻、荒凉的黄州。

(网络资源展示)余秋雨先生有一篇散文叫《苏东坡突围》,这篇文章主要讲述苏轼因"乌台诗案"被贬黄州后的凄苦的生活经历和心路历程。作者认为这段炼狱般的经历让苏轼脱胎换骨真正走向了成熟——"与许多大家一样,成熟于一场灾难之后,成熟于灭寂后的再生,成熟于穷乡僻壤,成熟于几乎没有人在他身边的时刻"。因此,在文末余秋雨写道(投影以下文字):"成熟是一种明亮而不刺眼的光辉,一种圆润而不腻耳的音响,一种不再需要对别人察言观色的从容,一种终于停止向周围申诉求告的大气,一种不理会哄闹的微笑,一种洗刷了偏激的淡漠,一种无须声张的厚实,一种并不陡峭的高度。勃郁的豪情发过了酵,尖利的山风收住了劲,湍急的细流汇成了湖,结果——引导千古杰作的前奏已经鸣响,一道神秘的天光射向黄州,《念奴娇·赤壁怀古》和前后《赤壁赋》马上就要产生。"

今天,让我们大家一起,走进《赤壁赋》,走进苏轼的心灵世界,与苏轼进行一场超越时空的对话。

【整体感知】
(教学媒体运用)学生听配乐朗诵课文,边听边思考:
(1)《赤壁赋》在语言方面有什么特点?(洒脱、深邃、抑扬顿挫)
(2)文中作者的感情有什么变化?(情感是先乐后悲,由转悲为喜)
师板书:情乐—悲—喜。

案例中教师在导入环节先是利用了多媒体平台、网络资源,通过不同诗人风格的比较、引用余秋雨在散文中对苏轼的评述,激发了学生的兴趣;然后运用了教学媒体播放朗诵帮助学生整体感知全文。

多媒体的特点是图文声并茂,能向学生提供形象生动的动感画面,悦耳动听的音乐背景,能把学生带进宽松愉悦的学习环境,从而为课堂教学营造一种浓厚的学习氛围,以此拨动学生的心弦,荡起思维的火花,使学生以最佳状态投入学习。网络资源信息量大,丰富了教学的渠道和内容。可见得当地综合运用媒体资源,能更好地调动学生情感,激发其学习动机,有利于拓展学生的思维和眼界。

案例

一、案例示范和点拨
(一)案例示范

《故都的秋》教学设计[人教版《语文·必修 2》(高中)]

案例	点评
一、教学目标 (1)进一步体会散文"形散而神不散"的特点。 (2)学习以情驭景,以景显情的表现手法。 二、教学重点、难点 领会并学习以情驭景,以景显情的表现手法。 三、教学用具 多媒体课件。 四、教学方法 以启发式教学原则为指导,综合运用朗读法、提问法和讨论法。 五、教学课时 1课时 六、教学过程 (一)导入课文 中国的古诗文里,有很多颂赞秋的文字。我们一起来回忆一下。	在教学用具方面采用了多媒体资源。多媒体资源既可以是课内资源,也可以是课外资源,大大丰富了课堂内容。 导入是语文教材资源的其中一部分,包括编辑说明、单元要求、课文前的提示、注释及一些材料等。此处的有关秋的诗句导入便是教材资源的一种表现方式。

续表

案例	点评
（指名背诵有关秋的诗句。） 　　停车坐爱枫林晚，霜叶红于二月花。　　——杜牧《山行》 　　无边落木萧萧下，不尽长江滚滚来。万里悲秋常作客，百年多病独登台。　　——杜甫《登高》 　　浔阳江头夜送客，枫叶荻花秋瑟瑟。　　——白居易《琵琶行》 　　落霞与孤鹜齐飞，秋水共长天一色。　　——王勃《滕王阁序》 　　空山新雨后，天气晚来秋。　　——王维《山居秋暝》 　　红藕香残玉簟秋，轻解罗裳，独上兰舟。　　——李清照《一剪梅》 　　而今识尽愁滋味，欲说还休。欲说还休，却道天凉好个秋！ 　　——辛弃疾《丑奴儿》 　　这些诗句有的昂扬，有的悲凉，有的清新，有的沉郁。这和作者的个性、情趣和生活经历是分不开的。那么，郁达夫眼里的秋又会是怎样的呢？今天我们就来学习他的一篇著名的散文——《故都的秋》。让我们循着作者细腻的笔触去细细品味一下故都的秋味。 （二）介绍作者 （三）研习课文 （1）解读课题，明确主题。 ① 提问："故都"指何处？明确："故都"是指北平。 ② 默读课题，体会其中包蕴的情感。（明确：课文的题目饱含着作者对北平深深的眷恋之情。） ③ 提问：作者深深眷恋着的故都的秋具有哪些特点？作者是运用什么手段来表现的？ 　　明确：具有"清、静、悲凉"的特点。作者通过写景来表现。 　　讲解：这是一篇通过写景来抒发情感的散文。"情"和"景"的关系是本文的教学重点。 （2）感知课文，分析文章写景及"形散而神不散"的特点。 ① 思考：文中作者选用了北平特有的哪些秋景来写？抓住了景物的哪些特点来写？ ② 初步感知课文，分工朗读。 　　要求：读准字音，读清句读，努力读出清、静、悲凉的味道来。其他同学边听边思考两个问题。 　　方法：采用学生单人朗读、齐读和教师范读的方法。示范读"秋槐"段。 ③ 质疑释疑，引导学生理解课文写景的特点和手法。 　　A. 作者选用了哪些独特的秋景？请用五个字概括，以"秋"字打头。 　　B. 作者抓住了五种景物的哪些特点？体现作者何种感情？（讨论） 　　C. 这五种景物彼此有什么顺序可寻？体现了散文的哪一个重要的特点？ 　　D. 作者为什么不写火辣辣的香山红叶或游人如织的颐和园，而挑选了五种清、静、悲凉的景物来写呢？"情"与"景"构成了怎样的关系？ 　　E. 作者当时为什么会产生这样的心情？有没有深层的社会原因？（见预习提示，读！）	课堂上处主要地位的是教师资源和学生资源。用提问的方式解读课文，能充分发挥教师资源和学生资源的作用。 教学资源分课内资源和课外资源。在学习了课内知识后，教师适当补充课外知识，能更好地拓展学生的视野，丰富学生的想象力。

案例	点评
结合背景资料明确：黑暗的现实导致了郁达夫思想苦闷,于是他隐居杭州,隐逸山林。在这期间,他提倡写"静如止水似的遁世文学",清、静、悲凉成了作者所追求的一种境界。 　　F. 这种追求是否意味着消极和颓废？朗读第十二段,找出关键句。 　　明确：不。文中歌颂了秋果旺盛的生命力,可以证明作者并非消极颓废。 　　讲解：这段话说明到秋天产生深沉、幽远、严厉、萧索的感触是人类共有的心理,所以并不消极。 　　G. 南北之秋的对比：作者的目的是写北国之秋,为什么还写南国之秋？ （四）总结 　　文章选了了五种秋景,紧扣"清、静、悲凉"来表现北国的秋味,体现了形散而神不散的特点。作者之所以选择这五种清、静、悲凉的景物来写,是受了他苦闷、落寞、悲凉的心情影响,在景物的描写中又处处体现了作者的情感。"情"与"景"构成了"以情驭景、以景显情"的关系。"形"与"神""景"与"情"的关系,就是我们这篇课文所要完成的两个教学目标。 （五）知识迁移 　　品完了北国的秋味,我们来尝尝北国的春味是如何的。 　　快速阅读短文并完成文后问题： 　　春与秋,本来是在什么地方都属可爱的时节,但在北平,却与别地方也有点儿两样。北国的春,来得较迟,所以时间也比较短。西北风停后,积雪渐渐地消了,赶牲口的车夫身上,看不见那件光板老羊皮的大袄的时候,你就预备着游春的服饰和金钱；因为春来也无信,春去也无踪,眼睛一眨,在北平市内,春光就快得同飞马似的溜过。屋内的炉子,刚拆去不久,说不定你马上得去叫盖凉棚的才行。 　　而北方春天的最值得记忆的痕迹,是城乡内外的那一层新绿,<u>同洪水似的新绿</u>。北京城,本来就是一个只见树木不见屋顶的绿色的都会,一踏出九城的门户；四面的黄土坡上,更是杂树丛生的森林地了；在日光里颤抖着的嫩绿的波浪,油光光,亮晶晶,若是神经系统不十分健全的人,骤然间深入到这一个淡绿色的海洋涛浪里去一看,包管你要张不开眼睛…… 　　（1）第一段中说北平的春天"与别地方也有点儿两样"主要是指（　　）。 　　　　A. 春来得迟　B. 春去无踪　C. 春来无信　D. 春光短暂 　　（2）第二段极写北平之春的绿色,其中"同洪水似的新绿"写出了北国春绿的什么特点？对此理解确切的一项是（　　）。 　　　　A. 绿意很浓　B. 来势迅猛　C. 无边无际　D. 时间短暂 （六）布置作业 　　以《广州的冬》为题写一篇800字的散文。要求： 　　（1）仔细观察景物,抓住景物的特点来写。 　　（2）以景显情,以情驭景。	适当添加练习题,既能帮学生梳理课文知识；又能巩固学生知识。 作业是语文教材资源的重要组成部分。课后练习具有一定的指导教学的作用。

（二）点拨

　　该案例能够结合课文需要,较恰当地利用了课内资源和课外资源以及一些特殊资源。

案例中对《故都的秋》一文使用的课内资源包括以下几种。学生资源：它分析了学生学情及其过去学习积累下的知识，提出了一系列问题引导学生。教师资源：它为此课文进行了一个很好的导入。教材资源：案例中不仅仅使用了导读，教师还进一步开发教学资源，增加了拓展阅读、附加了练习题帮助学生巩固。

案例中还使用了课外资源，联系生活，把文章中的秋延伸到我们日常生活中来比较。案例中的"知识迁移"把北国的秋延伸到北国的春，拓展了学生的联想力。

二、答题示范讲解

（一）单项选择题

1. 课程资源包括（　　）。
   A. 媒体资源、家庭资源　　　　B. 课内资源、课外资源
   C. 课内资源、学生资源　　　　D. 学生资源、教师资源

【参考答案】B。

【答题解析】

课程资源主要分为课内资源和课外资源。课内资源包括学生资源、教师资源、教材资源；课外资源包括媒体资源、社区教育资源、家庭资源。

2. 课内资源包括（　　）。
   A. 媒体资源、家庭资源　　　　B. 社区教育资源、教师资源
   C. 学生资源、教材资源　　　　D. 教师资源、媒体资源

【参考答案】C。

【答题解析】

课内资源包括学生资源、教师资源、教材资源。

3. 课外资源包括（　　）。
   A. 媒体资源、家庭资源、教师资源
   B. 教师资源、学生资源、教材资源
   C. 学生资源、家庭资源、媒体资源
   D. 媒体资源、家庭资源、社区教育资源

【参考答案】D。

【答题解析】

课外资源包括媒体资源、社区教育资源、家庭资源。

（二）案例分析题

(1) 题目：结合语文教学资源开发与利用的要求和方法，分析以下案例。

《等待戈多》课前活动设计[粤教版《语文·必修5》(高中)]

教学目标

(1) 知识目标：理解"流浪汉"的典型性和"戈多"的寓意，多元解读本剧的主题。

(2) 能力目标：探究人类的"等待情结"，引导学生积极等待，乐观生活。

(3) 情感目标：以表达与交流为依托，调和高中年学生在升学压力下的心理需求，形成健康向上的人生观。

(4) 情感目标：渗透比较文学"沟通对话、尊重宽容、互补共建"的学科思想。

教学重点、难点

(1) 理解"流浪汉"的典型性和"戈多"的寓意，多元解读本剧的主题。

(2) 探究人类的"等待情结"，引导学生积极等待，乐观生活。

教学设想

用比较文学的理念积极开发语文课程资源。

(1) 了解西方现代派文学产生的背景，认识荒诞派戏剧的创作规律以及本剧在西方现代派文学中的显著地位。

(2) 培养学生对西方现代文学流派的客观的评价观，提高研究性学习能力。

(3) 培养学生运用比较文学的学科思想阅读鉴赏作品的意识与能力。

教学手段

PPT 文件辅助教学。

教学时数

两课时。

课前准备

(1) 向学生提供相关的学习材料。

① 上传剧本全文及中央戏剧学院排演的话剧《等待戈多》到班级资源库。

② 印发诗歌《等待戈多》；庄子的寓言《抱柱之信》及张远山改编的独幕剧。

③ 印发《西方现代派文学产生的背景举隅》及萨谬尔·贝克特的生平简介等资料。

(2) 布置预习作业。

① 了解"现代主义文学"流派及其产生背景，掌握其"反传统"和"非理性"的重要特征。

② 了解荒诞派戏剧的特点，讨论"荒诞"与"理性"的关系：是对立还是统一？

③ 浏览《等待戈多》剧本全文，观赏话剧《等待戈多》。

④ 诵读印发的诗歌《等待戈多》，了解《等待戈多》戏剧演出的轰动效应及戏剧寓意。

⑤ 熟悉节选内容，标注出富于表现力的词句，并通过扩展课题形式概述节选部分的剧情。

⑥ 思考"戈多"的寓意，流浪汉的"等待"的意义。

(2) 分析。

该案例有较好的语文教学资源开发与利用意识，并能结合教学内容进行资源调配，以更好地实现教学目标。

该教师能在确定教学目标、重点、难点的基础上，结合学生的实际情况，从知识和能力、过程和方法、情感态度和价值观三个维度关注学生的发展，以比较文学的理念进行教学资源的开发。作为课前活动的环节设计，教师调动了大量课外文学资源、活动资源、社区资源等，为学生的学习提供了充分的准备，帮助学生消除现代派文学的陌生感和距离感，有利于学生有效阅读，有利于教学目标的实现。

但资源的开发、利用并非越多越好,作为一篇课文的课前活动,该设计任务偏重,难度偏大。

讲解:

该案例分析答题规范、完整,分析具体到位,既明确了案例的优点,也指出其不足,属于较好的示范答题。

四、选择与策划语文教学活动

【考点】恰当选择教学策略,设计多样的语文阅读和写作学习活动,引导学生积极参与学习过程、体会分享。

知识和能力点说明

【知识卡片】

★ 了解教学策略的定义、特征以及几种主要的课堂教学策略。
★ 了解语文教学方法的定义、特点和分类。
★ 区别教学策略与教学方法。
★ 学会选择正确的教学策略与教学方法,将两者相结合,设计正确的学习活动。
★ 在设计学习活动时,需积极地将学生引导到学习过程中,体现以学生为主体的特点。

选择与策划教学活动,是实现教学目标的重要途径。在对教材进行详细分析的情况下,运用一定的教学策略与教学方法,设计恰当的教学活动,以帮助学生更好地学习语文知识、形成语文能力,实现课程目标。

● 教学策略是达成教学目的、完成教学任务的具体过程。

选择正确的教学策略、设计学习活动,是进行语文教学设计的重要环节。

选择的教学策略与教学方法,要根据对教材做出的正确分析并结合学生水平,同时将多种教学策略与教学方法相互结合与整合,设计学习活动。

● 积极引导学生参与学习过程。

在实施学习活动时,尽量引导学生主动地参与到学习过程中来,让学生在学习过程中更主动地获取知识,体现以学生为主体的特点。

该知识点侧重于知识的综合理解和在实际教学设计过程的运用,考核的重点在于综合运用相关知识来选择得当的教学策略,主要通过单项选择题、教学设计题、案例分析来考查。

1. 教学策略的选择与运用

(1) 教学策略的定义和特征。

教学策略是为了达成教学目的、完成教学任务，在对教学活动清晰认识的基础上对教学活动进行调节和控制的一系列执行过程。①

教学策略包含教学活动的元认知过程、教学活动的调控过程和教学方法的执行过程，是一系列有计划的动态过程，具有不同的层次和水平。

教学活动的元认知过程是指教师对教学过程中的因素、教学进程的反思与认知。教学活动的调控过程是指教师根据教学进程及其变化，对教学活动进行调节和反馈。教学方法的执行过程是指教师在教学过程中采取师生互动的方式、方法与手段来展开的过程。

在制定、选择和运用一定的教学策略时，为了保证教学过程的有序进行，教师需要着眼于整个教学过程，在兼顾教学目的、教学任务、教学内容、学生的情况以及已有教学资源的情况等因素的基础上，灵活地采取不同的措施。

例如：为了让学生更能了解《哈姆雷特》这部戏剧中人物的思想感情，采用对话策略中的讨论策略，设立问题，让学生分组讨论并得出结果。

教学策略具有指向性、可操作性、整体综合性、调控性、灵活性和层次性的特征。

① 指向性。

教学策略的目的就是为了解决实际中的教学问题，从而达到既定的教学目标，收到预期的教学效果。因此教学策略要有明确的指向性。例如：采用练习法对课文中的重点字词进行解释，以达到让学生熟记字词的教学目标。

② 可操作性。

教学策略的可操作性是指完成每一教学目标所使用的教学策略都必须有相应的方法、技术和具体实施程序，从而使其转化成教师与学生之间的具体行动。

例如：教《奥斯维辛没有什么新闻》一课，围绕作者为什么要用"奥斯维辛没有什么新闻"作为标题，教师采用对话策略中的讨论策略，让学生分组并开展讨论。

③ 整体综合性。

教学策略中的教学活动元认知过程、教学活动的调控过程和教学方法的执行过程是一个关联的整体，每一个过程都应依照其他两个过程做出相应的变化。例如：在给学生讲授《再别康桥》前，先播放一段带有朗诵的视频，采用情景教学法进行导入，以引起学生的兴趣。

④ 调控性。

教学策略的调控性表现在教学活动中的元认知过程。元认知的实质是人对自身认知活动的自觉意识和自觉调节（出处）。在该过程中，教师对教学过程中的因素和教学进程进行反思，选择解决问题的恰当方法并同时进行教学监控，从中取得反馈信息并对其进行分析，及时调控自己的认知过程，维持和修正解决问题的方法和手段。例如：某老师在教授《荷塘月色》时，为了让学生了解荷塘月色的景色，用多媒体展示了大量的图片，但是发现展示图片太多了，让学生眼花缭乱，达不到教学效果，于是决定以后展示图片时只采用展示个别图片的方法。

---

① 全国十二所重点师范大学联合编写.教育学基础[M].北京：教育科学出版社，2002：197.

⑤ 灵活性。

同一个教学策略可以解决不同的问题，不同的教学策略也可以解决相同的问题。例如：可以采用讲话策略向学生讲授课文背景知识，也可以采用讲话策略向学生讲授作者的思想感情。

又如，讲授《我有一个梦想》一文，要解答作者为什么采用排比句式表达自己的梦想的时候，可以采用对话策略中的问答策略对学生进行提问，也可以采用对话策略中的讨论策略让学生分组进行讨论。

⑥ 层次性。

不同的教学层次决定了不同的达到教学目的的手段和方法，那么就有不同的教学策略。不同的教学策略具有不同的适用条件、适用范围和功能，不可以相互替代。例如：对话策略中的讨论策略适用于小学阶段的高年级学生以及中学阶段的学生，因为小学阶段的低年级学生的思维还不够成熟，不能对问题做出批判，所以选择讨论策略时应考虑到学生的层次。

（2）教学策略类别。

① 讲话策略。

讲述行为是指教师以口头语言向学生呈现和说明知识，并使学生理解知识的行为。

讲话策略是单向性的，不要求学生有对应的互动行为。使用讲话策略时，教师可以充分发挥主导性，自主地控制教学时间，由浅入深地高效率地向学生传递信息。

讲话策略对教师的语言表达能力与组织听讲能力有较高的要求，使用该策略时学生处于被动状态，其主体地位难以保证，不能培养学生独立创新的能力，如果课堂气氛沉闷，会对学生的个体发展产生不利。

讲话策略的表现形式由讲述所用时间和繁简程度不同来划分，主要分为正式讲述和非正式讲述两种。正式讲述占一节课的绝大部分或全部时间，高中的教学常采用这种讲述策略；而非正式讲述通常只持续 5 到 10 分钟，适用于小学和中学低年级。

从讲述内容的性质差异划分，讲话策略分为诠释性讲述、描述性讲述和说明原因性讲述。诠释性讲述用于介绍概念或者是术语的含义。描述性讲述用于说明一个过程、结构或一系列步骤。说明原因性讲述用于说明做某事件的原因或某事件发生的原因。

运用讲述策略时建议不要在过短的时间内呈现太多的新知识，同时讲述时间不要太长，所讲述的内容要有组织性与逻辑性，并需在了解学生原有知识基础上作讲述。例如：采用讲话策略中的讲授法向学生讲授《老人与海》的背景知识。

② 对话策略。

对话策略是指在课堂教学中师生、生生之间的互动交流，并通过这种交流和沟通达到掌握知识和技能、提高和培养各种能力的目标。

对话策略具有以学生为主体，体现学生的主体性，诱发学生参与到教学过程中的特点。

对话策略有利于学生学习结果的迁移和培养学生的能力，并能活跃课堂气氛。同时，在对话过程中提供的联系和反馈有利于教师针对教学实际情况做出行为调整，而且也有利于学生巩固知识。

对话策略有两种基本形式：一种为问答策略，指师生之间的互动；另外一种为讨论策略，指生生之间的互动。

其中,问答策略也叫提问策略。根据师生在问答活动中的参与程度和支配权力的不同,可分为问答法和"对话式"回答。

问答策略中教师几乎控制着问答的过程和方向,学生不可以提问。"对话式"回答中,教师提出问题,学生表达自己的意见,老师在学生的观点意见的基础上再提出问题,学生也可以向教师提出质疑或就某一问题相互探讨,学生在这个过程中有较多的支配机会。

讨论策略是一种互动交流方式,在于通过交流对某一问题形成较为一致的理解和判断。讨论策略具有培养学生批判性思维、解决问题和人际交流技巧等能力的优点,但同时又有难以控制过程、费时较多以及难以预料讨论结果等缺点。例如,学生在理解《孔雀东南飞》的主旨、情感后,讨论:"有人认为焦仲卿性格软弱,你同意吗?"

③ 指导策略。

语文教学中常用的指导策略有练习指导策略、阅读指导策略和活动指导策略。这里着重说一下活动指导策略。

活动指导策略的功能包括两方面:一是指导学生自主学习活动,二是提供活动所需的基本条件。

活动指导策略有几种表现形式,按照学习类型划分,可分为体验学习指导、探索学习指导和解决问题学习指导三种形式;按照学生自主活动的组织形式划分,可分为个别活动指导、小组活动指导和班级活动指导;按照从教师对学生的指导的作用形式划分,可分为显著性的直接指导和隐性的间接指导。例如:以《流行文化推动人文精神发展》为辩题,指导学生组织一次辩论活动。

指导的内容包括:辩论赛的组织、辩论的方法和技巧、辩论的评价等。

(3) 教学策略的选择与运用。

选择教学策略,需要依据相关的要素,包括:具体教学目标与任务、教学内容的特点、学生的实际情况、教师本身素养以及教学时间和效率的要求。在应用教学策略时应树立正确的教学指导思想和整体观点,以学生的自主主动学习为主。例如:在选择教学策略制定《林黛玉进贾府》的教学设计时,应该:

① 先列出该篇文章的教学目标与任务,分析教学内容的特点;

② 根据学生的层次,结合教师自身对该篇文章的了解,选择适合传授给学生的知识内容;

③ 将应分配的教学时间安排好;

④ 选择相应的教学策略:如采用对话策略让学生理解文本、采用指导策略帮助学生分析人物形象和主旨等。选择策略时需体现学生的主体地位。

2. 学习活动的设计

学习活动是指教师综合分析教材内容和学生水平与层次后,根据一定的教学策略与运用相关的教学方法来设计的学习活动。

恰当的活动设计能让学生更好地参与到语文学习中。

设计学习活动的目的是使学生最大限度地理解并掌握所学知识和基本技能。学习活动分为个体活动和合作活动。

(1) 个体活动。

① 朗读。

朗读是语文学习过程中的重要活动,是欣赏作品、学习范文不可缺少的一种语文学习方法。

朗读就是出声地读,是通过读出词语和句子的声音把诉诸视觉的文字语言转化为诉诸听觉的有声语言。其好处在于增强对语言的感受能力,从而加深对文章思想感情的体味理解,同时可以促进记忆,积累语言材料,形成语感,提高口头和书面的表达能力。

朗读是学习活动中的个体活动,学生自由朗读可以应用于各种类型文章的学习。

使用朗读法能让学生更好地了解作者的真正感情,因此选择进行个体学习活动时可以多多采取这种方法,让学生体会文章思想。

② 阅读。

阅读能力包括认读能力、理解能力、鉴赏评价能力和活用能力。高中生语文活动的重点是鉴赏评价能力和活用能力的运用。

个体活动中的阅读活动是培养学生的阅读能力的重要途径,具体包括认读能力、理解能力、鉴赏评价能力和活用能力。

高中阶段阅读重点关注认读质量的提高和理解深度的促进,培养的重点是鉴赏评价能力和活用能力。

认读能力是阅读的基础,指感知、辨识阅读材料的文字符号的能力。

理解能力是阅读的核心,指的是读者运用自己的知识和经验,通过想象、联想、分析、综合、比较、归纳等一系列思维活动认识读物字里行间所蕴含的深刻意思,概括出文本的形式特征。

鉴赏评价能力是指对阅读材料的思想内容、表现形式、风格特点等进行鉴别和评价的能力。鉴赏评价是在理解文章形式及其内容的基础上,进一步对文章进行整体的或分别的评价与欣赏。

活用能力是指读者把经过认读、理解、鉴赏评价而储存起来的各种知识,根据需要灵活地提取使用、拓宽掘深、举一反三的能力。也就是说,把从阅读中得来的知识用于后来的阅读实践活动,或者丰富新知识和理解新读物。

【例 2-13】

《声声慢》[人教版《语文·必修 4》(高中)]教学活动策划

(1)"整体感知"环节设置如下活动。

活动 1:学生自由吟诵全词。

要求:整体感受全词;结合注释,找出疑难字词、难点。

活动 2:学生阅读后质疑,老师引导互相释疑。最后老师小结本词的意境及诵读的要点。

(2)引导学生进行"鉴赏"时设置的活动如下。

活动 1:学生自由读,找出自己欣赏的词、语句,说一说。

活动 2:学生谈感受。

小结:全词的艺术手法及成就,展示画面,老师旁述。

以上的语文学习活动包括了朗读、阅读,"整体感知"过程的阅读更多的是认读、理解,"鉴赏"环节的阅读则偏向评价能力和活动能力的运用。

阅读技能包括朗读、默读、精读、略读和速读。

个体活动中的阅读活动还指训练阅读技能,包括朗读、默读、精读、略读和速读。

默读是相对于朗读而言的,是指不出声地阅读。它通过视觉接受文字符号后,直接反射给大脑,可以立即进行译码、理解,所以默读又称为"直接阅读"。默读时感知文字符号要正确,注意字音、字形、词语的搭配、句子的排列,同时讲究一定的速度,训练用眼睛扫视,把整句、整行的文字符号做整体识别;还要学会抓重点,善于辨别哪些是重点词、句、段,并且学会在阅读时思考,根据文章的内容向自己提出问题并解决问题。

精读与略读是从理解程度上来分的,精读对文章的阅读理解要求高,略读对文章的阅读理解要求较低。

精读是逐字逐句深入钻研、咬文嚼字的一种阅读。精读要求根据一定的目的,对阅读材料的内容、结构、语言、表达方式等认真揣摩,包括对注释、序、跋、标点、图表、附录也要认真研究,以达到对阅读材料内涵的深刻理解。

略读是指粗知文本大意的一种阅读,是一种相对于精读而言的阅读方式。

速读是指在有限的时间里,迅速抓住阅读要点和中心,或按要求捕捉读物中某一内容的一种阅读方式。现今时代的文字信息激增,快速阅读并快速获取信息成为一种十分重要的能力,快速阅读也是提高工作效率的方法。例如:上述《声声慢》一课的学生学习活动中,自由吟诵属于略读,而"鉴赏"过程则是需要精读。

③ 写作。

写作活动的方式多种多样,要根据学习内容等具体情况来选择恰当的方式,包括课内写作活动和课外写作活动。

从训练形式来分,写作活动包括课内作文与课外作文两种类型。课内作文包括命题作文和材料作文。课外作文就是自由作文。

课内作文中的命题作文,是指由教师出题,学生写作文。这是一种传统的写作训练方式,训练意图和训练目标明确,能有计划、严格地训练学生的写作能力。

材料作文,是给学生提供一定形式和内容的材料,让学生根据这些材料按要求进行写作。给材料作文包括图像材料作文和文字材料作文,均可以从记叙、议论等不同表达方式来训练学生的写作能力。教学中常见的是材料作文方式,即让学生对提供的材料进行描述或评述,或是对提供的影视或文字写观后感,或评论文章;这有利于培养学生的观察、分析、联想、想象以及语言表达等多种能力。

材料作文训练包括仿写、缩写、扩写、续写和读后感、评论等,每一种训练类型都培养了学生某一方面的能力。如仿写能培养学生的创造性思维;缩写有助于培养学生的阅读理解能力,同时提高学生的分析概括能力;扩写有利于开阔学生的思路和培养联想、想象能力;续写可以激发学生写作的兴趣并培养学生的想象力和创造力;读后感或评论则能够很好地培养学生的阅读理解能力、逻辑思维能力和语言表达能力。

自由作文,这是最符合写作本源意义的训练方式,因为这种作文训练方式对学生的限制较少,学生可以较为自主地进行写作。这种方式可以调动学生写作的积极性,对发挥学生创作个性起到较好的效果。例如：教师在教完《荷塘月色》后,让学生在课内仿写一段景物描写,尝试运用比喻、拟人等修辞。这是课内写作活动,属于文字材料的写作训练。

(2) 合作活动。

① 讨论。

讨论是指在教师指导下,由学生之间的交流与师生之间的交流共同组成,以实现教学目标的方法。讨论初始可由教师提出问题,也可由学生口头或书面提出。讨论的方式灵活多样,包括同桌讨论、四人小组讨论、小组讨论、全班讨论等多种组织形式。

在学习活动中开展讨论,前提必须是学生对文本较为熟悉,并有一定的知识和独立思考过程。

高中语文的学习过程中,面对学习重点、难点和疑点时,可以多开展讨论活动,调动学生思维及参与的积极性,从而达到有效促进教学重点的明确、教学内容的深化与知识延展的效果。在讨论的过程中,教师应鼓励学生各抒己见,勇于表达自己的见解。讨论的最后阶段,教师应对小组的讨论意见进行综合总结。

② 交流。

交流是学生根据教材某一观点或教师提出的问题表达自己的意见。

交流与讨论的不同之处在于：交流没有固定的方式,可以是同桌之间的交流,也可以是多人之间的交流,交流的重点在于表述自己的观点和看法,对内容的理解和认识,以及从中培养学生向别人表达自己观点的能力。所以,交流这项学习活动不需要学生在完成交流后得出结论。例如：前面所提到的《声声慢》的学习,学生的质疑、释疑过程属于讨论活动,鉴赏过程属于交流活动。

3. 课堂教学活动策划

教学活动的策划,要以更好地实现教学目标为出发点。

不同的教学内容,应根据需要把不同的教学活动和学习活动灵活组合起来,形成整体教学方案。

(1) 阅读与鉴赏。

阅读与鉴赏方面的教学内容,分类为论述类文本、实用类文本、文学类文本,而文言文单列。

① 论述类文本的教学活动策划。

论述类文本包括记叙文、评论、随感和杂文等文体,其教学活动策划需要组合运用多种教学方法才能达到教学目标,这些教学方法包括讲授法、情景教学法、导读法、讨论法、朗读法和问答法等。

● 文章的引入部分通常采用讲授法或者是情景教学法。

向学生介绍文章和作者背景资料时一般采用讲授法。讲授法是指教师使用简明、准确和生动的口头语言系统地向学生传授知识、发展学生智力的方法。

讲授法是语文教学中最基本的教学方法之一,受教学策略中的讲话策略支配。其优点是适用于班级教学,让教师在教学过程中发挥主导作用和示范作用,但学生处于被动状态,主动性无法发挥。运用讲授法的时候要注意抓住要点,充满热情并熟练巧妙地传递知识。在讲授的过程中可以引入故事、话题或提问来最大限度地提高学生学习的兴趣。例如：在课堂导入的环节中,老师使用讲授法向学生讲授《蜀道难》的创作背景与作者李白的简介。

如果想最大限度地吸引学生的兴趣,可以采用情景教学法。

情景教学法是指为了使学生更好地理解所学知识,达到教学目标,教师利用生活中的图片、音乐、电影、场景、多媒体等方法,创设与教学内容相关的教学情境,使学生在具体生动的场景与氛围中进行观察、体验、思考与学习的教学方法。

情景教学法充分利用了语文教学资源,运用了现代多媒体等科学化手段,突破了课堂的时空局限,将与学习内容相关的中外古今的社会生活、语言现象、自然景观和人物形象等具体直观地呈现于学生面前。情景教学法的创设课文情景的手段多种多样,将语言描绘与现代多媒体技术结合,使语文课堂变得更为生动。例如:播放一段《红楼梦》的电视剧,作为《林黛玉进贾府》这篇课文的导入。

● 在讲述课文的正文部分时,分别可以采用导读法、讨论法、朗读法和问答法进行教学。

导读法是指以学生自读为中心,以教师的主导为条件,师生相互作用的阅读方法。

导读法受指导策略中的阅读策略支配,以培养学生的自读能力为主要培养目的。其优点是肯定了学生的主体地位,培养自学能力,调动了学生的主动性、积极性和创造性,同时明确界定教师在教学过程中的主导作用。导读法要导在关键处,突出重点,化解难点,启发思维和诱发想象,调动学生的主动性、积极性和创造性,丰富课堂。

导读法一般在讲授新课时使用以帮助学生理解课文内容与脉络,其基本步骤为:教师提出问题与要求——→学生朗读或默读获得课文的初步印象——→学生借助工具书——→(在教师的点拨下)学生分析和质疑课文从而深入理解课文文本——→回答教师出的问题并完成相应练习。

例如:为什么说奥斯维辛没有什么新闻?请带着这个问题阅读《奥斯维辛没有什么新闻》这篇课文。然后教师引导学生思考、释疑。

在教学过程中需要对某一问题进行探讨的时候,可以采用讨论法。

讨论法是指在教师的指导下由生生之间和师生之间的交流共同组成,用以实现教学目标和获取知识的方法。讨论法受对话策略中的讨论策略支配。

讨论法的优点是有利于学生参与教学过程,从根本上改变了以教师为主的课堂教学结构并有利于促进学生的口头语言发展能力、灵活运用知识分析问题和解决问题的能力,从而培养学生的创造性思维能力、评判能力和论辩能力。它的缺点是受制于学生的经验水平和能力发展以及容易出现讨论流于形式或者脱离主题的情况。需要注意的是要选择具有一定的鉴赏意义和评价意义的主题,在讨论过程中,教师需及时点拨,如果发现偏离论题时,应及时引导。例如:《雷雨》教学中,分小组讨论:当周朴园与鲁侍萍相遇时两人的内心感情有什么变化?为什么会有这种变化?

在遇到带有优美段落的课文时,在教学过程中可以采用朗读法。

朗读法是指让学生在初步领会课文的基础上,反复朗读课文以加深理解、强化积累的教学方法。

朗读形式有多种,如范读、诵读、领读、单读、齐读、配乐朗读和分角色朗读等。它的特点是朗读法可以让学生注重语音、音色、语气、语调、句调、重音、停延、节奏等因素从而使学生的朗读能力得到强化与提高,同时让学生深入体会作品的情感、思想与主题。运用朗读法时,教师应指导学生在反复朗读课文的过程中推敲其含义,学会领悟作者的思想感情,加深学生对课文的理解。例如:在学习马丁·路德·金的《我有一个梦想》的时候,组织全班学生大声地朗读描写梦想的那一部分,感受作者的思想感情。

复习课采用问答法,更有效地帮助学生加深对所学知识的记忆。

问答法又称为提问法或谈话法,是采取师生互相问答形式为主的课堂教学活动方法。问答法受对话策略中的问答策略支配。

问答法是启发学生思维、激发学生学习主动性、提高学生分析、鉴赏、表达能力的有效方法之一。它的优点在于能让学生表达自己的看法,形成自己的思想;可以活跃学生思维以及培养学生独立思考和积极探求的良好学习习惯;同时能训练学生的口语表达能力。问答法还有利于教师及时获得反馈信息。需要注意的是所提问题要简明、精炼,具有逻辑性,同时要根据教学对象的年龄特点、心理状况和知识基础等情况来选择难易适度的问题并且要根据教学目的和教学重点来设计问题。在提问题时,必须面对全班同学,让每个同学都有机会回答。例如:在复习课时,让学生回答《别了,不列颠尼亚》中的标题、导语、主体、背景和结尾分别是什么。

② 实用类文本的教学活动策划。

实用类文本如议论文、提要、自荐书、读书报告、会议纪要的教学通常采用讲授法与练习法相结合的方式。

一般先采用讲授法向学生讲授将要学习的文本,然后采用练习法要求学生进行写作以巩固所学习的文本。例如:先用讲授法向学生讲授读书报告的格式和写作要求,然后采用练习法要求学生在暑期完成《巴黎圣母院》阅读后写一篇读书报告。

③ 文学类文本的教学活动策划。

文学类文本包括诗歌、小说等,在进行文学类文本的教学活动策划时,经常使用的教学方法为情景教学法。情景教学法最能让学生最大限度地置身于文学作品的意境中,领会作者真正想表达的思想感情。例如:《哈姆雷特》教学活动策划:

A. 先播放一段视频给学生观赏;

B. 请学生就该段视频表达意见和感受;

C. 将学生分组,再分小组上台表演,让学生通过说台词以及表演的场景充分感受作者编写文本时的思想感情。

④ 文言文的教学活动策划。

文言文教学要特别强调朗读。

文言文的教学活动策划采用的教学方法有讲授法、诵读法、比较法、归类法、串讲法和练习法等。文言文的教学活动策划,要注意组织字、词、句的认读和翻译训练。

字、词、句的认读包括认清字形,读准字音,理解词义,掌握文言词汇,分析句子,掌握句式。

翻译训练包括口译和笔译。翻译的要求是信、达、雅,也就是要翻译的内容忠实原文,流畅通顺,文笔优美。翻译的方法包括补充原文省略的成分,删除某些不能译出的虚词,按现代汉语语法规则对词序进行调整,同时保留原文的某些词语,如人名、地名、称谓等专有名词,更换古今词形、词义不同的词,以准确流畅地用现代语言表达对文言的理解。例如:采用串讲法将《劝学》的文章大意向学生讲一遍,让学生明白文中字、词和句的解释以及全文的意思,让学生对文章大意有一个清晰的了解。

(2) 表达与交流。

① 写作教学的策划。

高中写作教学的目标注重学生写作兴趣等非智力因素的培养,同时注重写真情实感,强调学生自己的独特体验,发展学生思维。进行写作教学时需注重写作的应用性和实用性特点,要重视写作过程中学生之间的合作交流。

写作教学的基本过程为命题、指导、批改与讲评。

命题时要做到带有开放性,要联系学生的实际,这样才能发挥学生的个性,让学生写出真情实感,写出真切的生活体验。

指导过程中,需从审题、立意、构思、选材和修改这几方面指导学生。

批改环节,要注意针对性,尽可能将训练重点与批改相联系同时要根据不同的学生做到"因材施批"。批的时候要注意批和改的关系,尽量做到多批少改。还有就是处理好鼓励和批评的关系,针对不同学生的写作水平,循序渐进,不可急于求成,要将严格要求和鼓励表扬相结合,实事求是。批改的主体可以多元化,多元化是指由教师、学生、家长共同参与学生作文的批改,起到相互交流、相互促进和共同提高的作用。

讲评环节中,评讲的方式可以是多种多样的,包括综合讲评,典型讲评,专题讲评和对比讲评。

综合讲评是对全班学生的本次作文做概括而全面的评讲,指出共同的优缺点,选读分析有关文章,并分层次进行表扬。典型讲评就是选取几篇有代表性的学生作文,对照本次作文训练目标,由教师或学生进行分析讨论评价。专题讲评就是抓住本次写作训练中普遍存在的问题作为专题来讲述。对比讲评就是运用比较的方法,将两篇或两篇以上的作文进行对比,使学生深刻地认识到该怎么写。

【例 2-14】

写作教学指导策划。

训练内容:借鉴《济南的冬天》,写某地的夏天。要写出地域特点和个人感受。题目自拟。

A. 向学生展示《济南的冬天》的景物描写。

B. 指导学生分析范文。

指导:景物描写首先要抓住景物本身的特点。不仅要区别物种,还要注意地域和时令的不同。《济南的冬天》写出了由地理纬度、地势、周围环境等因素决定的济南特有的景色,作者在比较了不同地方的冬天以后,发现了济南的冬天特有的美。景物描写还要注意突出感情特点,因为景物会因主观色彩而异,这种主观色彩跟观景人的修养、心境和审美情趣有关,同样的景物在不同人眼里会有不同的反映。

课文的第一段,作者首先运用对比手法描写济南的冬天,通过与北平、伦敦和北中国的比较,突出济南的冬天拥有"没有风声""响晴"和"温晴"这几个特点。然后在第二和第三自然段用拟人和比喻的手法细致地描写了冬天的济南的温和和迷人的美丽景色。

C. 指导写作过程。

写作的过程为审题、立意、构思、选材和修改。

● 审题要点。

借鉴《济南的冬天》写某地的夏天,要写出地域特点和个人感受。这个题目的意思表达了所写的夏天必须要有地方特色并且带有自己对这个夏天的亲身感受,抓住"地域特点"和"个人感受"这两个关键词,这两方面是否有恰当的描写是这篇文章是否成功的关键点。

● 立意关键。

立意就是确定文章的主题。通过审题,已经明白该题目的关键词是"地域特点"与"个人感受",因此在立意这一环节,需确定写哪里的夏天以及写这样的夏天表达了自己怎样的感受来满足"地域特点"与"个人感受"这两个关键词。

● 构思选材方法。

在构思这个环节需要将文章的初步框架理出来,初步考虑文章的顺序和条理,也就是列提纲。选材要根据立意和构思中所定下的内容,选择适合的材料来表现文章主题。在选材料的时候要注意围绕观点与主旨选择典型的有意义的材料。

● 修改要求。

在完成文章初稿后对文章进行一次修改,修改必须从检查所选材料是否切题、语言是否生动、表达是否准确、思路是否清晰这几个方面进行。修改是重新审视文章的一个过程。

② 口语交际教学的策划。

A. 明确高中口语交际教学的目标。

"课标"中口语交际的目标为:增强人际交往能力,在口语交际中树立自信,尊重他人,说话文明,仪态大方,善于倾听。注意口语的特点,能根据不同的交际场合和交际目的恰当地进行表达。学会演讲,做到观点鲜明,材料充分、生动,有说服力和感染力,力求有个性和风度。

B. 口语交际教学的内容和类型。

高中口语交际教学需教会学生口语交际的态度与习惯和口语交际的能力包括耐心专注地倾听和自信负责地表达。口语交际的能力包括倾听能力、表达能力和应对能力。

口语交际教学的类型分为独白型口语交际教学、对话型口语交际教学和表演型口语交际教学。

独白型口语交际是指一人或一方在交流现场进行言语表达,而听众与说话者没有直接的言语交流,一般通过表情、气氛回应。对话型口语交际是由两人或多人参与的、双向或多向的、以口语为载体的信息交流活动,也是生活中使用最广泛、最简便的言语交往形式,包括问答、电话交谈、待客、访谈等。表演型口语交际是一种兼具独白型和对话型特点的、以语文综合实践活动为主要特征的口语交际类型,如表演童话剧、表演课本剧、当众演讲等。

C. 口语交际教学的途径。

口语交际教学需要循序渐进地安排各学段的教学重点,同时要创造性地使用教材以及选择适当的教学方法。口语交际教学也可以通过阅读和写作教学培养口语交际能力,具体包括:结合诵读进行口语交际训练、结合复述课文进行口语交际训练、结合提问讨论进行口语交际训练、结合民主评议进行口语交际训练、结合填补空白进行口语交际训练和结合口头作文进行口语交际。同时也可以通过学校、社会、家庭等生活中的实践培养口语交际能力。

【例2-14】

学习《就任北京大学校长之演说》后,设计口语演讲课,题目为《我要竞选班长》。

一、情景导入

结合《就任北京大学校长之演说》,激发学生尝试演讲的热情。

二、复习演讲词的特点

(1)内容要有针对性。注意听众的身份,研究听众的愿望,讲大家最关心和迫切需要解决的问题。

(2)中心要突出。因为听众是听,所以演说词要便于听众理清演说的思路,抓住演说的中心,理解演说的思想。

(3)要富于感情。这是与听众直接交流的一种方式,要做到感情真挚,能打动听众的心灵,引起共鸣。

三、指导学生做好演讲前准备

(1)分析题目。题目为《我要竞选班长》,演说的目的是让听众投自己一票,劝说听众相信自己。因此演说词的内容应该以选自己为班长的理由为主。

(2)打腹稿,列提纲。整篇文章的提纲应该条理清晰,中心点明确,论点突出,论据充分。

(3)熟悉讲稿及演练。将大部分内容和过渡句记下来,然后在上台前尝试读一遍再脱稿说一遍。

四、组织演讲活动

五、评价演讲效果,提升演讲能力

案例

一、案例示范和点拨

(一)案例示范

《小狗包弟》[人教版《语文·必修1》(高中)]

案例	点评
一、教学目标 (1)梳理情节结构,掌握通过文眼来了解文章主旨的方法。 (2)品味文本,学习拈取生活中的小事,以小见大的写作手法。 (3)合作探究,理解及领悟作者强烈的思想感情,认识"文化大革命"给人带来的巨大的身心伤害,感悟作者敢讲真话、严于剖析自己的精神,正确认识作者抛弃小狗包弟的行为。 二、教学重点 (1)学习文章以小见大的构思技巧。 (2)领悟作家强烈的思想和感情,培养学生的反省忏悔意识。 三、教学方法 讲授法、导读法、问答法、讨论法。	教学目标明确具体,既有阅读方法、写作手法的学习,又有情感、主旨领悟,兼顾了知识、方法和情感价值观三个维度。 采用不同的教学方法,最大限度地调动学生学习文章的热情。 采用了讲授法讲解背景知识,简要明了。

续表

案例	点评
四、教学过程 （1）导入：叙述作者和文章的背景知识。 （2）抓住文章线索（用导读法引导学生阅读文章找出线索）。 ① 教师引导：《小狗包弟》是一个凄婉的故事，请快速阅读，看情节是怎样围绕小狗包弟展开的。 ② 学生浏览文本，归纳情节（开端—发展—结局） 板书： 引子（艺术家与狗的故事） ↓ 开端（包弟来历） ↓ 发展（在家七年，与包弟相处很好） ↓ 结局（痛别包弟） 明确：文章的第一自然段写了一个艺术家与狗的故事，具有引起下文的作用，所以称为楔子（戏曲或小说开头的引子，具有引起下文的作用）。 （3）分析文眼，探究文章的主旨。 ① 阅读"楔子"部分，思考：除了引起下文之外，这一部分内容有没有其他的作用？ ② 作家通过别人的故事引到自己的故事，那包弟是如何出现，又是如何与作家一家人相处的呢？请大家快速阅读"开端"和"发展"两个部分。思考： A. 作家在介绍包弟的来历和描写人与狗之间的相处时，突出了包弟的什么特点？ B. 作家为何要突出小狗包弟的这些特点？ ③ 阅读"结局"这部分。思考： A. 小狗包弟成为包袱的原因是什么？ B. 小狗包弟作为礼物却无法送出，为什么？ ④ 楔子部分的故事有什么异同。引导： 相同点：都是写人与狗之间的故事。 不同点：前一个故事写狗的忠诚，后一个故事写人的背弃。 通过对比说明了作家自责的必然性和忏悔的必要性。 （4）学生讨论，理解作者的情感变化及其意义。 ① 小组讨论作者的情感发生的变化，然后完成填空。 填写横线上表示情感的形容词：伤感（艺术家与狗的故事）——欢快（与包弟亲密接触）——忧虑（不知如何安排包弟）——轻松（送走包弟）——沉重（送走之后心不得安）——歉意（至今心不得安）。 ② 讨论以下两个问题。 A. 对于作家为了自保，而放弃小狗包弟的行为，我们该如何看？ B. 巴金的忏悔有什么意义？ （5）课堂小结。 本文故事虽小，意义却很深广。让学生学会记住这位老人并学习这位老人严于解剖自己灵魂的勇气，铸造一种坦诚真实的人格。 （6）作业：尝试细致描写自己或身边的人所养的自己喜欢的动物，写出其特点和为什么喜欢它。	 简要线索式的板书，让学生对文章的脉络有清晰的理解。 采用问答法引导学生探究，有利于引导学生理解文章的主旨。 问题设计有层次，逐步加深学生对文章的理解。 结合内容和文章写作手法探究，引导学生进一步领悟文章主旨。 运用讨论法激发学生自主、合作、探究。

（二）点拨

本文是人教版《语文·必修1》（高中）第三单元中的一篇记事散文。作者巴金通过描写和小狗相处之中产生了深厚的感情，但是在那个年代却出于种种原因到最后也没有能力保护小狗，而最终失去了小狗。在失去小狗后的日子中，一直带着自责的态度对待自己，一直对小狗怀有深深的歉意，从中表现了巴金勇于面对自己，剖析自己的高尚的人格以及在那个特殊的年代"人人难自保"的社会现象。

该教学设计中，首先运用讲授法向学生讲述那个文章的背景知识和作者的简介，让学生理清文章的思路，对文章的脉络有一个清晰的概念；接着用问答法和讨论法让学生再次理解作者的感情变化，从而理解好文章的主旨。整体上教学策略的选择、学生活动的开展都能围绕教学目标，符合学生的认知特点和学习心理，能取得预期的效果。略显不足的是，对促进学生"掌握通过文眼来了解文章主旨的方法"的活动仍不够，教学目标1的达成度不足；另外，在感情理解部分，可以通过朗读加强学生对文本的感受和感悟，这样讨论的效果会更好。

二、答题示范与讲解

（一）单项选择题

1. 在诗词鉴赏中，能调动学生学习动机，让学生有效地体会意境的最佳方法是（　　）。

    A. 听音频，跟读，学生再自行朗诵

    B. 学生堂上背诵诗文，老师提问

    C. 老师朗读，让学生感受其意境

    D. 播放带有诗词字幕的视频，让学生感受其气氛，再分小组朗读，选出读得最好的一位，上讲台跟着画面朗读诗词

【参考答案】D。

【答题解析】

A项利用音频设备帮助学生理解鉴赏诗词，但是未最大限度地发挥情景教学法的特点。B项属于传统的背诵提问方法，不能活跃课堂气氛，对帮助学生记忆没有很大帮助。C项属于朗读法，但是只是老师做范读，学生感受不了诗词的意境。D项属于情景教学法与朗读法相结合，既运用了情景法中多媒体的优势帮助学生创造意境，理解诗词内容，也运用了朗读法让学生亲自朗读亲身感受其气场。

2. 要让学生掌握鉴赏戏剧的方法，以下哪种方法效果最好？（　　）

    A. 老师直接向学生讲授。

    B. 老师设问题，学生阅读，然后老师提问题。

    C. 分小组讨论戏剧内容。

    D. 分小组分角色饰演其中一个片段，尝试让学生了解戏剧人物的心理过程。

【参考答案】D。

【答题解析】

A项属于讲授法,其缺点是学生处于被动地位,戏剧鉴赏不能只读理论和概念,这样学生是领会不了作者的思想感情的。B项属于导读法,学生带着老师提出的问题阅读有利于理解戏剧,但是只是理解书本内容,未能融入角色。C项分组讨论也是鉴赏戏剧的一种方法,但是只是讨论同样未能融入角色,真正理解人物的思想感情。D项让学生饰演其中角色,融入角色有助于学生学会揣摩人物的内心情感,更好地理解人物的思想感情。

3. 学习文言文《劝学》的第一课时,哪种方法能帮助学生尽快理清文章大意?(　　)

  A. 讨论法　　　　B. 讲授法　　　　C. 串讲法　　　　D. 练习法

【参考答案】C。

【答题解析】

A项不适合在第一课时使用,因为讨论法的使用需要在学生熟悉课文的情况下运用才能达到预期效果。B项讲授法适合用于向学生讲述文章或作者背景知识时使用,但不能很好地帮助学生理清文章大意。C项串讲法是由老师结合注释解释文章的字词和句子,然后将全篇文章的大意翻译出来,让学生明白文章的主旨,有利于学生理清文章的大意,所以选C。D项练习法适合用于学习文章之后,巩固所学知识时使用,不适合在第一课时帮助学生理清文章大意时使用。

(二)教学设计题

(1)题目。

为《寡人之于国也》[人教版《语文·必修3》(高中)]选择恰当的教学策略、设计学习活动。

(2)答题。

《寡人之于国也》[人教版《语文·必修3》(高中)]

一、教学目标

(1)掌握本文涉及的古汉语知识。

(2)背诵课文,领会孟子辩词的思想性、逻辑性,感受文章的语言魅力。

(3)了解"仁政"思想,认识孟子思想的现代意义。

(4)从孟子的言行之中体会中国传统文化的内涵。

二、教学重难点

(1)分析孟子对治国得失的哲学思辨。(也是难点)

(2)领会孟子辩词的思想性、逻辑性,感受文章的语言魅力。

三、教学内容和教学活动设计

(1)了解孟子及其"仁政"思想——情景教学法、讲授法。

(2)理解文章大意,理清文章思路——诵读法、点拨法。

(3)重点字词以及语法知识的归纳——串讲法。

(4)领会孟子辩词的思想性、逻辑性——点拨法、讨论法。

四、教学过程

(1)采用情景教学法、讲授法导入。

① 播放一段关于《寡人之于国也》的视频,吸引学生注意,引出今天将要学习的文章。

② 向学生介绍文章的背景、孟子的生平以及思想简介。

(2)运用诵读法整体感知课文。

① 教师范读全文,学生注意听字音、在课本上标注。

② 学生齐读全文,要求读准字音。

③ 教师纠正、强调易读错字音。

④ 学生再自由诵读全文,初步感知大意。

(3)采用串讲法疏通字词,理解文意。

① 老师将文章串讲一遍,将字、词、句结合注释翻译一遍,帮助学生理解文意。

② 结合课文注释明确的重难点字词以及语法。

(4)与学生共同理清文章思路。

① 采用问答法指出连接全文层次的三个关键句。

A. 寡人之民不加多,何也？B. 则无望民之多于邻国也。C. 斯天下之民至焉。

② 采用导读法引导学生对文章层次进行划分。

第一部分：梁惠王提出"民不加多"的疑问。

第二部分：孟子分析"民不加多"的原因。

第三部分：阐述了孟子"仁政"的具体内容——使民加多的根本措施。

(5)采用讨论法师生共同分析课文内容,体会孟子文章的行文特色并领会孟子的"仁政"思想。

① 行文特色。

A. 谈问题先把主旨藏起来,从侧面、反面、外围入手,逐渐引向本题。

B. 表面看来,文章散漫无纪,但实际上逻辑清晰,段落分明。

C. 善于用贴切的比喻和有力的铺排,考究用词,讲求句式。

② 孟子的"仁政"思想。

A. 保民,使民无衣食之患；B. 教民,用儒家的思想教育人民。

五、讨论拓展

思考：孟子关于治国的言论,对我们现代社会的发展有何启示？

六、课堂小结,布置作业

① 小结：千年前的孟子的政治言论在今天仍然适用,我们应学习其思想精华及思维方式,锻炼自己的思维,并与实际生活中的为人处事相结合。

② 作业：背诵全文。

③ 答题分析。

仁政思想和行文特色是孟子《寡人之于国也》的特点,也是学习的重点。该教学设计能够综合运用多种教学方法,开展多种学生活动,循序渐进地引导学生学习孟子的仁政思想与行文特点。一开始运用情景教学法中的播放视频吸引学生对这篇古文的注意,然后运用讲授法、诵读法、串讲法、点拨法、讨论法相结合的方式让学生理清文章意思,符合教学要求,有利于实现教学目标。但后半部分的朗读显得不足。

(三)案例分析题

(1)题目。

请结合教学活动策划的要求和方法,对以下案例中的教学活动运用进行分析。

《记念刘和珍君》(第一课时)[人教版《语文·必修1》(高中)]

【教学目标】

(1)了解作品的有关背景,深入理解作者强烈的悲愤之情(悼念烈士,痛恨反动政府)。

(2)把握本文的线索,学习本文叙述、抒情、议论相结合的写作方法。

(3)揣摩文中重要语句的含义,准确理解意义深刻的语句、片断的含义,体会文章朴实、深沉、含蓄的语言风格。

(4)领会本文的思想内容,学习刘和珍等爱国青年渴求真理、勇于斗争、对祖国有高度责任感等优秀品质。

【教学重点】

(1)揣摩文中重要语句的含义,准确理解意义深刻的语句、片断的含义,深入理解作者强烈的悲愤之情(悼念烈士,痛恨反动政府)。

(2)学习文章记叙、抒情、议论相结合的表现手法。

【教学难点】

理解本文的语言特点,学习作者的语言表达。

【教学方法】

(1)讲授法。

(2)导读法。

(3)讨论法。

【教学过程】

(1)(讲授法)导入新课:向学生讲授文章、作家和文章主角刘和珍的背景知识。

(2)(练习法)检查预习。

① 注音:噩(è)耗,羽翼(yì),屠戮(lù),浸渍(zì),菲(fěi)薄。

② 释词:A. 寥落:稀少。B. 深味:深深地体会。C. 广有羽翼:到处有帮凶。D. 长歌当哭:用文章来代替哭泣。E. 微薄:依稀、淡薄。F. 桀骜:形容性情倔强。

(3)(导读法)引导学生理解文意,梳理文章思路,初步归纳主题。

① 概括事件,理解文章:给课文每一部分拟一个小标题。

A. 写作缘起,记念死者。

B. 唤醒庸人,牢记血债。

C. 刘和珍概况。

D. 刘和珍遇害。

E. 刘和珍遇害经过。

F. "三一八"惨案的教训。

G. "三一八"惨案的意义。

② 合并归纳,梳理结构。

表明写作缘由的是第一、第二部分;追忆烈士和惨案真相的是第三、第四、第五部分;总结教训和意义的是第六、第七部分。

③ 设疑思考,提炼线索。

提示:悲痛—愤怒—理智的思考。

(4)(讨论法)分组讨论:作者为什么从追悼会写起而不是以时间为序从惨案写起?

从标题开始,结合纪念类文章的特点提示学生以下几点。

① 文章的第一、第二部分从追悼会写起,自然地交代写作用意:一是"将此作为后死者的菲薄的祭品,奉献于逝者的灵前",即为死者;二是提醒人们不要忘却烈士,即为生者。

② 文章的第三、第四、第五部分提及了对纪念对象往事的回忆。内容有二:女师大风潮中的刘和珍,"三一八"惨案中的刘和珍。

③ 纪念类文章的叙事是为抒情与议论奠定基础。本文的第六和第七部分着重从历史的高度总结刘和珍等烈士死难的意义:一是人们不会忘记烈士,二是显示中国女子勇毅精神不死。这是文章的第六、第七部分所表达的内容。

小结(明确结论):文章紧扣"记念刘和珍"这一中心,将记叙、议论和抒情自然地融合在一起。

(5)(讨论法)讨论以下问题,深入理解作者感情。

文章第一、第二部分两次写"我也早觉得有写一点东西的必要了",如何理解?作者为什么一再强调?

提示:第一,"必要"说的是悼念遇害者刘和珍,奉献作者最大的哀痛和尊敬,控诉段政府的暴行,痛斥走狗文人的阴险论调。第二,"必要"在于唤醒"庸人",使人们牢记这笔血债。两次强调"必要",突出了写作动机,旗帜鲜明地表达了作者的爱憎。这部分是按照由爱到憎的逻辑顺序来安排内容的。

(6)小结本课要点。

本文属于记事类的文章,歌颂了爱国青年勇于斗争、对祖国有高度责任感的优秀品质,我们身为学生应该向其学习。同时通过学习本文,学会如何把握记事文的思路,学会从整体把握文意,理清文章的整体思路和局部思路。

(7)布置作业:描写一位你尊敬的人,结合议论写出你为什么尊敬他/她。

(2)答题。

本设计运用讲授法、导读法和讨论法三种方式相结合帮助学生理清文章的思路,清楚每部分所要表达的内容。同时,在帮助学生把握文章思路的同时,很好地一步一步地了描述了作者是怎样将叙述、抒情、议论相结合的。

(3) 答题分析。

案例分析题的答题思路应为"总—分—总",首先要明确该案例的活动设计是否符合要求,然后具体分析重要环节中教学方法选择及教学活动设计的得与失,最后再次总评该案例的优缺点。

上述答题能从总体上评价分析,但欠具体。应适当提取个别教学环节具体分析,例如:"在作者思想感情理解方面,该设计运用了分组讨论的方法,既充分调动了学生的积极性,又保证了对文章理解的开放性,让学生在讨论环节深入思考、充分交流,较好地实现了教学目标。"也可以具体指出案例的不足,如指出:"该案例在语言特点感受与品味方面的活动设计尚显不足。"

第二节 语文教学设计综合训练

一、语文课型设计

【考点】能根据"课标"对课程目标的基本要求,结合学生的个体差异性和不同文体特征,选择与之相适应的语文课型。

 知识和能力点说明

【知识卡片】

★ 语文课型的概念。
★ 语文课型的主要分类。
★ 语文课型的选择。

1. 语文课型的概念

课型,又称为课堂教学的类型,是指根据一定课程目标、教学内容、教学对象,运用一定教学模式进行具体教学的课堂教学形式。

该知识点复习时的重点,除了基本概念,更需要理解在实际课堂教学中的运用和实施,考核的重点也是在于实际的运用,主要通过教学设计、案例分析来考查。

2. 语文课型的主要分类

依据不同的标准,语文教学课型有不同的划分。

(1) 从教学目的来划分,主要有分析课、单元指导课、专题课等。

(2) 从老师教的角度来划分,主要有讲解课、评讲课、谈话课等。

(3) 从学生活动的形态来划分,主要有"传递—接受式"课型、"自学—指导教学"课型、

"情境—陶冶式"课型、"引导—发现式"课型等。

（4）从教学内容的角度来划分，主要有阅读课、写作课、口语交际课等。

3. 语文课型的选择

在实际教学过程中，要根据课程目标、文体自身特点，以及学生知识水平和学习需要来选择合适的课型。

课型的选择一般有三个主要依据：课程目标、课程内容、学生学情。

（1）课型的选择首先要依据课程目标。

课程目标又有必修课程与选修课程之别，必修课程目标主要是要求学生学会独立自主的学习，培养良好的阅读兴趣和习惯，提高人际交往能力，能在生活中多角度地去感受和思考自然、社会及人生的问题。选修课程的目标则是倾向于对学生审美情趣和文学修养的培养，认识和了解古今中外文学著作，引导学生去关心祖国，关注社会大事，并能学以致用将课堂上所学的文化知识与现实生活相结合。

如"课标"对"感受·鉴赏"作了如下要求："在阅读中，体味大自然和人生的多姿多彩，激发热爱生活、珍爱自然的感情；感受艺术和科学中的美，提升审美境界。通过阅读与鉴赏，深化热爱祖国语文的感情，体会中华文化的博大精深、源远流长，陶冶性情，追求高尚情趣，提高道德修养。"[1]这需要培养学生的理解、分析和欣赏能力，教师通过激发学生对新事物的兴趣来导入新课，并引导学生逐步深入文本，感悟和领会文本所要传达的思想感情，引导学生关注和热爱生活，教会学生表露真情实感。依据这一点，便可以针对《荷塘月色》[人教版《语文·必修2》(高中)]一文从情感陶冶方面进行课型选择。

这篇课文的教学目标就是为了让学生学会鉴赏抒情散文，体味大自然的多姿多彩，延展到对生活以及人生的感悟，陶冶性情。重难点是要让学生学会如何走进作者内心，如何品评一篇文章，并理解作者感情。

通过学生的默读让学生进入作品，感知作者的心态，并试着引导学生从多方位解读作者的情感，理解"这几天心情颇不安静""这一片天地好像是我的；我也像超出了平常的自己，到了另一个世界"这些抒情的句子。这就需要学生通过对作者的写作背景以及对作者写作风格的了解，去解读作者的内心，从而提升对作品情感赏析的能力，教会学生热爱大自然，热爱生活。

（2）课型的选择还要依据课程内容。

课程内容是各类经验的整合体，包括教师传授的间接经验和学生自学所得的直接经验，其中直接经验是由学生在间接经验的基础上通过实践所获得的经验。课型的选择很大程度上依赖于课程内容的本质。课程内容在很大程度上决定着教师该教什么，学生该学到什么。因为课程内容并不局限于教材或者书本上的知识，更多的是要求学生能将书本中学到的知识运用到相应的实践中去。如学习书本中的语言技巧，那就在生活中去尝试和运用这种技巧。所以，课型的选择还要依据课程内容来定。

【例 2-15】

以《我与地坛》[苏教版《语文·必修2》(高中)]的课型选择为例。

---

[1] 中华人民共和国教育部制定. 普通高中语文课程标准（实验）[S]. 北京：人民教育出版社，2011：6—7.

史铁生写的《我与地坛》一文情真意切,充满了强烈的生命意识。这样一篇课文很适合由学生自己去理解和体味,要求学生学会体验作者内心世界的痛苦,理解母爱的伟大。

教学的重难点:理解作者、母亲以及地坛之间的联系;理解作者对生命的认识,对亲情的感悟;理解作者笔下的荒芜但并不衰败的地坛。从而达到让学生们真爱生命,热爱生活,珍惜亲情的目的。

具体过程:让学生默读全篇文章,初步体会作者的情怀,并自拟小标题概述各部分要点;明确教学内容,穿插重难点引导学生走进作者的内心世界,触发学生对生命历程的理解和对伟大母爱的体会。

(3) 课型的选择更要依据学生学情。

教育是引导和帮助学生学会自主,学会独立,学会发现和解决问题,学会与人沟通与交流,并得到各方面能力的提升,从而获得全面发展的过程。但是学生是一个个鲜活的个体,洋溢着个性的气息,且每个学生的社会背景及学习经历各不相同,学习水平也不尽相同,故而要保证语文课堂教学的顺利进行,课型选择与学生实际学情相结合是必不可少的。学生是学习的主体,是教师教学的灵感之源,所以,教师要了解学生的实际情况,将教学与学生学情紧紧结合在一起。高中学生身心发展渐趋成熟,已具有一定的阅读表达能力和知识文化积累,促进他们探究能力的发展应成为高中语文课程的重要任务。应在继续提高学生观察、感受、分析、判断能力的同时,重点关注学生思考问题的深度和广度。[1]

案例

一、案例示范和点拨
(一)案例示范

《足不出户知天下》[粤教版《语文·必修3》(高中)]

案例	点评
教学文本分析: 这篇课文与本单元的另一篇课文《奇妙的超低温世界》类似,都属于科技小品文,都是旨在抓住读者对超出常识或者想象的奇妙现象的好奇心,激发读者的求知欲,把抽象的事理向读者说明得浅显易懂、生动形象。 文章取自微软公司董事长比尔·盖茨所著的《未来之路》。因为在1995年的时候,人们对信息高速公路的设想很不看好,更有人直接否定了这一设想,故作者在此书中陈述了这一缘由。创新是伟大而又艰辛的,因为要打破墨守成规这一根深蒂固的思维,跳出权威桎梏对常人来说是非常艰难的一件事。本文作者对信息高速公路前景的设想与展望,充分地发挥了想象力与创造力。全文紧扣提出说明的中心:信息高速公路这一构想与设计会给人们的生活带来便利,是始终为人服务的,不会减少人们用于社交的时间。	根据教学内容与实践分析,确定适当的课堂类型设计课型方案。

---

[1] 中华人民共和国教育部制定.普通高中语文课程标准(实验)[S].北京:人民教育出版社,2011:2—3.

案例	续表 点评
课程目标分析： 　　新课标要求学生养成自主、合作、探究的学习方式，这也意味创造力的培养是不可或缺的，本文作者的大胆设想正是体现了创新精神。通过学习这一课文，应培养学生一定的创新思维。 　　作者的表述风趣而又幽默，态度积极而又乐观，无形中就化解了人们对信息高速公路的种种疑虑。作者这种对信息高速公路前景展望的积极肯定态度大大地加深了文章的说服力与感染力。那么，是什么让作者有如此坚定的态度相信这一伟大展望是可以实现的？这都是学生们要去思考的。作者说："我想要一所能采纳不断变化的尖端技术的房子，但其风格应是平易近人的，应当毫不含糊地显示出技术只是仆从而非主人。"	根据课程目标、课程内容确定教学的重难点，选择最适合学生的课堂教学类型，达到教学目标的要求，同时也完成了对学生知识的启发与巩固。
引领学生们结合课文内容，谈谈作者想要建造的房子为什么可以说"技术只是仆从而不是主人"。让学生充分发挥想象，顺着作者的这一思路设想在这样一座房子里到底会有怎样的高科技出现，生活是怎样的一番场景。现在看来，实现信息高速公路已不再是神话了，因为它已基本实现了为亿万人民带来的不可替代的便利了。只是还需要更进一步的去完善这一蓝图。所以，对信息高速公路的这一展望不仅是作者的所想，更是需要我们去完善与革新，需要我们这一代不断地去创新与尝试。 　　结合生活实际，组织学生讨论当前信息化下的生活的优劣。网络不仅是可供人类娱乐，但更是可为人类社会的发展产生巨大的影响。引导学生们正视网络信息化，正确地使用电子信息产品，并将其运用到学习和生活实践中去。充实学生的价值观与人生观，端正其学习态度。 学情分析： 　　拟面向的学生是广州市一所高级中学高二（×）班。这个班里的学生的语文平均成绩是为中上水平，且因为学习目标已基本明确，所以理解能力、自学能力、人际交往能力都较强，且求知欲望也较高。根据这一特点，可以确定在这个班上适合采用"自学—指导教学"和"引导—发现式"这两种课型。这两种课型在不同程度上都起到了发挥学生的自主学习能力的作用。但就这篇课文的教学来说，结合课程内容与学生的语文学习水平来看，"引导—发现式"更为恰当，因为，这可以培养学生的问题意识。教师教给学生发现问题的方式或角度，引导学生发现文章中作者是如何根据问题提出解疑方案的。并为了进一步开拓和发展他们的探究性和发散性思维，发动学生们展开想象，结合当前信息化发展的趋势，预测下一个十年的发展场景，并开展交流谈论会，让学生当堂课进行设想与总结。 　　且因为地处珠三角地区的繁华地段，学生们面对的都是高速运转的信息化生活，如何更好地面对和适应这种生活方式是学生们必学的生活道理。这也是一种经验的积累，是课本与课外生活结合的产物。未来是美好的，但是要如何去实现这一美好，离不开我们的努力与创造。信息化时代下的孩子们都是快乐与烦恼的矛盾体，因为他们脚下的路不再是千篇一律的，而是需要他们走出有独特性的路。所以，这一课教给他们的不但是书本知识，更多的是教给了他们要有积极乐观的学习态度和生活观念，激发他们要有不断进取，不断探索的求知动机。 　　课后教师要进行总结，根据课堂实践操作确定课堂类型，教学内容、教学目标、学生学情等这些都是重点考虑因素，哪种类型课程适合哪种课型，怎样的班级进度适合采用哪种课型进行授课，都需要教师在课后进行总结，跟进。	寻找切入点，结合课文组织、引导学生发挥想象，帮助设想作者的未来高科技房子内的设置与故事，让课堂不再枯燥无味，而是充满学生的奇思妙想。 明确教学对象，熟悉教学目标、教学内容、教学重难点等，为课型的选择提供更恰切的条件。 根据科技小品文的特点，在授课前要充分考虑到当前的社会环境、教学环境、写作背景，以及学生的学识背景等要素。根据这些要素可选取"自学—指导教学"和"引导—发现式"这两种课型授课是比较适合的。 课后需要总结，教师根据自身的经验与实践所得，规划好恰当的课型，帮助学生更快更好地学习。

续表

案例	点评
依据以上,可建立以下教学目标以及教学重难点。 知识目标: (1)理解作者文章所述的信息高速公路的真正含义。 (2)明确信息化的发展对当前社会的影响与存在价值。 能力目标: (1)理解和肯定本文作者对科技认可与看重的态度。 (2)培养和加强自学和探究能力,树立自信心,敢于发挥自己的想象力,敢于打破成规,走向真理。 情感目标: 联系生活,结合实际,美好未来的创建是离不开我们学生的努力的,所以,要学习本文作者那样对生活与未来要有积极乐观的态度,要有理性的头脑去思考问题,解决问题。 教学重点: 理解本文作者对"技术只是仆从而不是主人"的表述,并构思作者所述的"尖端技术的房子"是为何物。 教学难点: 启发学生们将科技运用到生活实践中,提高他们自动学习和实践能力。	教学目标的确定与新课标紧密结合,在课型的选择与设计上也遵从了与课程目标、课程内容和学生学情相结合的依据。 教学的重点和难点充分分析学生个体与整体的性质,将教材交给学生去掌握与拓展,激发他们的求知欲望,进一步提倡"自主、合作、探究"的学习方式,这也是符合新课标要求的。

(二)点拨

通过案例分析可知,教学目标的确定紧紧扣住了三个维度,注重学生对知识的掌握与巩固,有助于提高学生的自学与自主能力,激发探究意识,并在情感和价值观等方面也起到了正视和强化作用。这些都体现了对学生的关注与重视,都是围绕着教学目标而展开的。

教学重难点的选择都是根据班内学生学习水平来定的,选择了"引导—发现式"这一课型就是根据新课标提倡"自主、合作、探究"的学习方式这个目标确立的。这样既要求学生对旧知识与新知识进行整合与巩固,提高自主与合作学习的能力,又鼓励学生培养创新意识和实践能力。这一课型不但对学生的要求高,对老师的要求更为严格。所以,教师在这一课时上更是要花费很大的心力去经营,才能创造出更适合学生自主学习的氛围,这也体现了对学生的重视和对教师教学能力的考验。

二、答题示范与讲解

(一)单项选择题

1. 某教师想采用"引导—发现式"这一课型来讲授《林黛玉进贾府》一课。在课堂上,有学生发现了某一章节内多次出现了"笑"字,就问:"贾母的笑与黛玉的忙赔笑见礼中的笑其实并不一样,对吧?"针对这种情况,教师哪种处理方式更能鼓励学生深入探究课文?(   )

A. 不理会这个学生,直接忽略所提出的问题,回归到自己的教案中去。
B. 简单地肯定了这个学生所提的问题,两者的笑的确不同。
C. 肯定了这个学生所提的问题,并建议其课后再跟同学谈论。
D. 肯定了这个学生所提的问题,并让其就这两者笑的不同,说说自己的发现与看法。

【参考答案】D。

【答题解析】

让学生深入理解课文,就要调动起学生的积极主动性,让学生学会思考,学会结合课文背景及前后关系,并且要重视和鼓励学生主动提出问题,勇敢发言,故 D 为正确答案。A 项明显是对学生的不重视;B 项虽肯定了学生的这种行为,但对所提疑惑并未做到解惑;C 项是将问题直接抛回给了学生;D 项肯定了学生的这种行为,并启发性地引导学生说出自己的看法,可鼓励学生深入探究课文。

2. 在一次作文练习课上,教师给学生们出了个题目"雨",但因为学生们平日都缺乏观察,导致关键时刻无人提笔写,这时,窗外下起了一场蒙蒙细雨,学生开始陆续抬头张望窗外,你认为老师这时候的哪种做法更能激发学生的写作灵感?(　　)

　　A. 提示学生只可在课室内观察雨,不得议论、喧哗。

　　B. 警告学生写作要静心,不要四处张望,容易分心。

　　C. 在不影响其他班级的情况下,组织学生自由观察雨。

　　D. 不制止,任由学生在课堂内随性而发。

【参考答案】C。

【答题解析】

激发学生写作灵感其实就是需要教师正确地引导和启发学生,要学会观察生活,学会利用机会体验和感受生活,才能写出真情实感,这也符合"情境—陶冶式"的课堂教学类型的要求,故 C 为正确答案。A 项虽然对学生这种观察行为给予了肯定,但是并未让学生真正接触生活去写作;B 项明显没有给学生以观察和体验生活的机会,不能起到激发灵感的作用;C 项很好地运用了时机适时地给学生上了一节很人性化的作文课,让学生学会观察生活,用真情实感去写作;D 项虽然也是没有抑制学生这种行为,但没有起到指导和启发的作用。

(二)教学设计题

(1)题目。

为下面的课文设计课型。

师　说①

古之学者必有师。师者,所以传道授业解惑也。人非生而知之者,孰能无惑?惑而不从师,其为惑也,终不解矣。生乎吾前,其闻道也固先乎吾,吾从而师之;生乎吾后,其闻道也亦先乎吾,吾从而师之。吾师道也,夫庸知其年之先后生于吾乎?是故无贵无贱,无长无少,道之所存,师之所存也。

嗟乎!师道之不传也久矣!欲人之无惑也难矣!古之圣人,其出人也远矣,犹且从师而问焉;今之众人,其下圣人也亦远矣,而耻学于师。是故圣益圣,愚益愚。圣人之所以为圣,愚人之所以为愚,其皆出于此乎?爱其子,择师而教之;于其身也,则耻师焉,惑矣。彼童子之师,授之书而习其句读者,非吾所谓传其道解其惑者也。句读之不知,惑之不

---

① 人教版《语文·必修 3》(高中)。

解,或师焉,或不焉,小学而大遗,吾未见其明也。巫医乐师百工之人,不耻相师。士大夫之族,曰师曰弟子云者,则群聚而笑之。问之,则曰:"彼与彼年相若也,道相似也。位卑则足羞,官盛则近谀。"呜呼!师道之不复,可知矣。巫医乐师百工之人,君子不齿,今其智乃反不能及,其可怪也欤!

圣人无常师。孔子师郯子、苌弘、师襄、老聃。郯子之徒,其贤不及孔子。孔子曰:三人行,则必有我师。是故弟子不必不如师,师不必贤于弟子,闻道有先后,术业有专攻,如是而已。

李氏子蟠,年十七,好古文,六艺经传皆通习之,不拘于时,学于余。余嘉其能行古道,作《师说》以贻之。

(2) 答题。

【文本分析】

《师说》这篇课文的教学目标重在理解韩愈所提出的中心思想及尊师重道的观点,掌握本文实词和虚词的用法及意义,认识通假字,并培养学生学习古文的兴趣,陶冶情操。

因为是古文,文章采用的是正反对比论证法,所以这成了本次的教学重点和难点,故而,为了能让学生学好这篇文章,掌握好这些实词、虚词的正确用法和意义,也为了培养学生尊师重道的优良品德,教师采用讲授法更能帮助学生达到这些目标,完成学习任务,获得知识。

教师可结合学生之前学过的韩愈写的《马说》来讲授这篇课文,试比较两者的不同与相同之处。带动学生复习旧知识,激发他们的学习动机,进而再顺着这个思路引入新课讲授新知识,帮助学生对所学的内容由感知到理解,达到领会,然后再组织学生做练习,巩固所学的内容,最后检查学生的学习效果。

【学情分析】

学生在学习了韩愈这篇文章后,能够独立理解并翻译出全文含义,较准确地复述本篇课文的中心思想,掌握重点实词、虚词的用法及意义,掌握断句技巧及朗读技巧。

(3) 答题分析。

本题对应的考点是"能根据课堂教学的基本类型的特点和学生个体差异性,来确定和选择相对应的课堂教学类型,并能达到教学目标中学生要在学习中获得认知、技能以及情感态度价值观等方面的提升的要求"。

该设计能按照语文课堂教学类型的要求及选择依据完成教学目标,并能培养教师对学生个体差异及学习特点的把握技能,提高学生的学习效率。

(三) 案例分析题

(1) 案例。

《背影》的课型。

文本分析:本文是由我国著名作家朱自清先生所写,作者追忆8年前离家时候父子在浦口分别时的场景。当时中国正处在军阀割据的水深火热之中,世态炎凉,但就在这样的环境之下,作者以写父亲"背影"来表现了父子俩的深厚亲情。

学生分析:

教学对象是高二学生,此案例设计针对的是中等层次学校的学生,其特点如下。

①学生学习习惯：预习情况良好，有较好的学习方式。
②心理特征：自主性强，但合作交流意识有所欠缺。
③知识结构：对散文结构有了一定的了解，并对作家朱自清的背景也有较为深刻的理解与认识，但对知识的扩展能力还有待提高。

基于以上，确定如下教学目标。
①学习作者刻画人物形象及环境描写的写作技巧。
②了解文章的中心思想，理解文章表现的父子情深的感情基调。
③联系生活，传承中华民族的优良传统，提高道德修养。

教学重点和难点：
①掌握作者抓住"背影"这一人物特征，展现人物形象的写法。
②让学生进行小组合作讨论，交流思想，分析文章结构，把握中心。

（2）分析。

该案例要求教师结合学生的个性化差异包括学生的自学能力差异这一特性，选择恰当的教学类型进行教学，帮助学生找到合适自己的阅读方式，提高学生的自学能力，从而完成教学目标。

案例中，针对特定的学生群体具体情况具体分析，既照顾到了学生的学习情况，也符合三个维度的教学目标。学生在教师的指导下进行自学，并与同学交流思想，共同合作探究文章中心，达到了知识与技能的提升，也获得了情感与价值观的体验。

二、语文教学流程的设计

【考点】能够设计合理的教学流程，选择恰当的教学方法，并有条不紊地组织教学。

知识和能力点说明

【知识卡片】

★教学流程设计基本要素。
★设计教学流程的基本环节。
★语文教学流程的主要类型。

教学流程指的是教学活动纵向推进的主要进程，即教学活动从开始上课到下课所历经的主要阶段。

1. 设计教学流程时要考虑学生、教师、教学内容等基本要素

要点：设计教学流程是围绕学生、教师、教学内容这三要素进行设计的。

首先，学生在教学流程中是最基本的要素。学生有学习的积极性、主动性，有他们自己的理解知识的方式，学生在教学活动中是一个主体性的存在。因此，在设计教学流程时要考

虑学生这一要素。

其次,在设计教学流程时要考虑教师在教学活动中角色地位。教师由原来的绝对中心的地位逐渐转变为学生学习的指导者、合作者、帮助者。设计教学流程应该注重教师的引导性作用。

最后,教学内容是教师和学生所指向的教学客体,是经过筛选后的具有积极意义的内容,是带有一定价值取向的能够促进学生发展的各类知识。

学生、教师、教学内容这三要素不是孤立存在的,与教学流程的方方面面发生联系,各要素之间也相互影响。

2. 设计教学流程的基本环节

要点:设计教学流程时要注重教学环节之间环环相扣。

(1) 明确教学目标。

教师可以创设情境,在情境中将教学目标和任务明确地表现出来,学生置身情境中去猜测、设想教师的教学目标,从而明确教师的目标指向。

(2) 激发学习动机。

激发学生的学习动机是获得良好教学效果的关键,教师提出学习要求或给予适当的鼓励可以激发学生的学习兴趣和求知欲望。

(3) 感知教学材料。

教学活动开始后,学生开始感知教学材料,教师可以展示模拟的案例、使用直观的教具、生动地描绘将教学材料更加形象化,调动学生已有的知识经验去感知要学习的内容。

(4) 理解教学材料。

学生在获得感性知识的基础上去理解材料要展开积极的思维活动,教师可以引导学生自主探索,教给思维方法,培养思维能力去提高对教学材料的理性认识。

(5) 巩固知识经验。

学习是会遗忘的,只有巩固所学的知识才能真正地学习到东西。教师要教给学生记忆的方法帮助其巩固所学的知识经验。

(6) 运用知识经验。

设计教学流程时应注重知识的运用,主要形式有:练习作业、实验、实习,还可与生产劳动、社会实践等活动联系起来。

(7) 测评教学效果。

为了检测学生的学习效果,教师可以通过提问、检查书面作业、测验来检验学生的学习所得,还应该引导学生学会自我检查、测量与评价,促进学生自觉的学习,增强学习的能力,获得更好的学习效果。

3. 语文教学流程的类型

(1) 单元的教学流程。

要点:单元的教学是从教学的整体目标出发,以若干篇言语内容(主题)或言语形式有一定联系的课文为一个教学单位的一种教学结构组织形式。

单元的教学,具体地讲,就是将若干篇言语内容(主题)或言语形式有一定联系的课文所组成的教学单位作为一个整体,按照阅读教学的整体要求进行综合设计与系统实施。

单元的教学是系统科学在语文教学中的具体运用。一般来说,单元阅读教学流程可以分为以下四个阶段。

① 明确教学目标阶段。

不同阅读单元的教学侧重点存在一定的差异。有的侧重对言语内容的深刻理解和体验,有的侧重对言语形式的领会与借鉴,有的侧重对阅读方法与策略的掌握与运用。教师要研究教材,全面把握本单元课文的特点,明确本单元的重点和难点,在此基础上,制定具体的教学目标。

② 师生共同研读阶段。

对课文内容和形式的研读,是单元教学的关键环节。在同一单元内,师生共同研读,有利于对具有共同点的文章举一反三、融会贯通。传统语文教学以"讲课文"作为主要甚至唯一的教学表现形态,主张教师把课文讲深、讲透,让学生明白。学生的语文课堂中的主体性被削弱。基于这一问题,在师生共同研读阶段,应淡化教师一味地"教"的角色,突出教师引导的功能,主要是围绕所制定的单元教学目标,理清教学内容、明确教学方法和学习方式等。

③ 应用阶段。

如果说师生共同研读阶段可归属为叶圣陶所主张的精读的话,应用阶段可归为他所主张的略读阶段。

所谓精读,在叶圣陶看来,指的是"详细诵读研摩,是学生学习语文语文能力养成与提高的过程,从中得到种种经验,故教师指导也必须纤屑不遗,发挥净尽"[①]。所谓略读,即可以作如下理解:略字,一半是就教师的指导而言,还是要指导,但只需提纲挈领,不必纤屑不遗。一半是就学生的功夫而言,还是要像精读一样仔细咀嚼,但是精读出于努力钻研,从困勉达到解悟,略读却已熟能生巧,不需多用心力,自会随机肆应。

因此,本阶段主要是完成从知识到能力的有效迁移,即让学生运用前面所掌握的阅读知识和方法来阅读本单元的其余课文。在这一阶段中,教师还可适时将学生的阅读范围从课内扩大到课外。

④ 总结阶段。

这个阶段主要是对本单元的新学的知识、能力和方法等进行梳理、总结、归纳和概括等,帮助学生建构自己的知识体系,为学生能力的进一步迁移作准备。除此之外,还要对本单元的教学目标的落实情况进行综合评价,获取反馈信息,以便进一步改进教学。

(2)单篇课文教学流程。

要点:一篇课文的阅读教学流程,往往都应该遵循"自读——教读——应用"这一教学的基本进程。

① 自读阶段。

此阶段的主要任务是让学生感知全文,扫除生字和生词障碍,初步了解课文大意,理清文章的脉络等。教师可根据课堂的教学目标、教学重难点,结合学生的实际,结合课文的助读系统和练习系统,提出明确的自读要求。自读可以在课前以预习的方式进行,也可在课内

---

① 曹明海,潘庆玉.语文教育思想论[M].青岛:青岛海洋大学出版社.2002:61.

进行。为了避免自读流于形式和为了减轻学生的学业负担,应尽量将自读引入课堂。

② 教读阶段。

教读阶段是阅读教学的核心环节。这是在上述自读阶段对全文整体进行把握的基础上深入课文的局部进行深入把握。教师在这一阶段应充分调动学生的学习兴趣,发挥其主体性,采用教师讲授、师生对话、学生小组合作等各种形式去完成对课文内容与形式的理解、鉴赏和评价,实现阅读能力的提升。

③ 应用阶段。

应用阶段是阅读教学的目的所在,其主要任务不仅包括对前两个阶段所学内容进行小结和复习,完成课文练习,还包括将前面所学应用到课外阅读之中。

(3) 单课时的教学流程。

要点:单课时的语文教学可表征为导入阶段——主体阶段——收束阶段。

① 导入阶段。

课堂导入,在语文阅读教学中又被通称为导语。导语是课堂教学的开场白,是教师在正式上课之前,有目的、有计划、有设计地用来导入新课的课堂教学环节。常用的导入方法主要有:释题导入,介绍作者或时代背景导入,新旧知识联系导入,文章的风格或价值导入,故事式导入,谜语、诗词或对联导入,问题导入,情境导入等。但不管是何种形式的导入,在主观上一般以下两个方面为目的:一为调动学生情感的积极因素,激发学生的学习兴趣;二为激起学生的问题意识,并促进学生对文本的阅读。导入应注意:A. 精心设计导语,使其符合教学的需要的特征、学生的年龄特征和基本学情;B. 内容要精要,语言要推敲;C. 时间要控制好,不宜太长,一般不宜超过 5 分钟。

② 主体阶段。

对新课的教学是这一阶段的主要内容。教师应根据教学目标,结合课文的主要特征和学情,努力开发出合适的教学内容,或者涉及言语内容方面,或者涉及言语形式方面,或者涉及阅读方法和策略方面,并运用有效的教学策略和学习方式,或者是教师讲授,或者是提问,或者是师生对话,或者是自主学习,或者是小组合作等,去实现预定的教学目标。但是不管怎样,抓住教学重点难点,精心设计和组织,达到教学高潮,实现教学难点、突破教学难点,是这一阶段的主要任务。这一阶段应注意教师的引导和学生的主体相结合。教师的引导不等于教师的主宰,不等于教师包揽一切。学生主体不等于不要教师恰当的引导,不等于否认教师的作用。

③ 收束阶段。

这个阶段主要是对本节课的内容进行回顾和总结,可以由教师来完成,也可以由学生来小结。对课堂进行收束的目的在于进一步帮助学生消化所学知识,强化教学重点和难点;理清学生学习的思路,获得学生学习的反馈信息。收束的主要方法有:画龙点睛法、首尾回应法、比较拓展法、借题发挥法、巧妙牵引法等。收束要注意语言精练,干脆利落,紧扣教学重点和难点,不枝不蔓,方式应简便和灵活,另外要注意按时下课,不要拖堂。

一、案例示范和点拨

（一）案例示范

《项链》教学流程设计[粤教版《语文·必修3》(高中)]

案例	点评
一、教学目标 知识与能力：了解作家作品及作品产生的时代背景，引导从多元角度审视作家写作意图，训练读、写、思、辩的能力。 过程与方法：由真实的问题引领，读写结合，平台互动交流提升对作品的再认识，注重课堂生成的呈现方式，并通过课后读写延伸拓展，探索经典作品典型形象的时代评价。 情感态度与价值观：结合文本，感受作家对笔下人物的感情，探讨经典作品的价值。 二、教学环境与准备 易教智慧课堂、教师白板、学生用平板电脑人手一台。学生课前完成学案。 三、教学流程设计 (1) 导入。 师：赫尔曼·黑塞说过：阅读文学名著是获得教养的途径之一。我们读诗词，以养我浩然之气；我们读史书，以知国家之兴替；我们读小说，而晓人情世故。我们读经典就是读学做人的文章，让我们从问题入手对《项链》这篇小说一探究竟。 (2) 问题引领。 分小组交流，汇总同学们学案中最集中的、通过思考讨论难以达成共识的问题，进行相互解答。 学生问题： A. 为何不买假的还给佛来思节夫人？ B. 她的悲剧是个人原因还是社会原因？ C. 是否注定要向命运屈服，放弃幻想？ D. 后来怎样了？——让我们一起来设想一下她三年后怎样了。 (3) 读写聚焦。 提交学生学案中的续写作业，互相点评。 作业要求：玛蒂尔德得知真相之后的三年，她会过着怎样的生活呢？合理想象，请补写一个玛蒂尔德的日常生活场景，然后根据你作品的内容主题选择 A—E(A.归于平淡，B.走向堕落，C.变得消沉，D.开始奋发，E.其他)当中的同类项，归类后提交，再选择相同主题内容的同学作品进行交流互评，给写得好的同学点赞。学生交流的答案是丰富多样的，且都是根据作品中的提示做出的合理想象。教师根据学生评价的情况，课堂点评优质作品，并对场景描写的要点进行评点，以及对出彩的句子圈点讲评。 (4) 思考提升。 ① 讨论交流，提升对作品的认识。教师提问并作启发引导。 A. 莫泊桑为什么不把结尾写出来？ ——留白，引发读者思考和再创作。 B. 莫泊桑对玛蒂尔德持怎样的态度？ ——惜之、叹之、怒之、爱之，感情复杂。	用排比的句式导入，增强了气势，语言精练，以至于导入的时间不会过长，促进学生较快地进入学习的状态。 分小组合作交流，进入单课时教学流程的主体阶段，以学生为主体，以学生的问题为引领，以学生的课堂生成为教学内容，此时教师的引导可以帮助学生进入深层次地思考与交流。 读写结合，巩固了所学的知识，又将学到的小说的表现手法运用了起来，这是对所学知识的再运用。教师在此处对学生续写作业的点评是对学生的回应，也是为了测评上一课时的教学效果。这仍然是第二课时教学流程中的主体阶段。

续表

案例	点评
C. 我们怎么看待"虚荣心"？ ——不同时代、不同读者、不同社会都会有，可以转化。 D.《项链》这篇经典小说的价值是什么？ ——作者没有给出明确的价值判断，旨在引发思考，映照社会、人性，启迪人的智慧，影响心灵。 ② 引入资料，进行比较与思辨。中国台湾作家龙应台说过："文学——白杨树的湖中倒影，它提醒我们现实世界之外，水中还有一个千变万化的倒影同样真实。"那么文学作品中的典型人物，历经时间的磨砺，也能映照出每个时代小人物内心世界的真实。 （5）延伸拓展。 请选择性阅读并作业： A. 读《在莫泊桑葬礼上的演说》（〔法〕左拉）、《包法利夫人》（〔法〕福楼拜） B. 随手摘录，写一篇读后感。①	让学生讨论与交流，是这个教学流程设计的亮点。把学生视为学习的主体，尊重学生的主体感受，但不是任其天马行空，教师对教学问题的明确很好地规避了学生思维过于发散，也帮助学生理清了学习的思路，总结归纳本课学习的主要内容。 此处已进入教学流程的收束阶段，通过引入资料，扩大学生思维的广度，明白每一个文学作品的价值与意义。这是一种巧妙的牵引，进一步地让学生加深对文本内容的认识。

（二）点拨

该教学流程的设计充分考虑了学生的主体性，对教学内容的安排合理得当。教师作为教学活动的引导者带领学生一步步地解决问题，理解文本的潜在意义。教学流程是个持续的过程，教师在设计时要注意安排好教学内容的衔接，过渡自然，各个环节须是环环相扣的。学生是学习的主体，设计每个环节要考虑学生的实际情况，调动学生学习的主动性，尊重学生的感受。教师是教学活动的引导者，设计时要多考虑几种教学方案，以更好地促进教学活动的顺利进行。

二、答题示范与讲解

（一）单项选择题

1. 一位教师在《双桅船》的导入设计中，设计了播放与此课的教学情境相符的音频与图片，教师设计此环节的目的是（　　）。

　　A. 调节课堂气氛　　　　　　　　B. 控制课堂秩序
　　C. 营造学习气氛　　　　　　　　D. 激发学生学习动机

【参考答案】D。

【答题解析】

此题考查的是教学流程设计环节中的第二个环节：激发学生学习动机，以帮助学生更好地进入学习状态。

2. 一位教师在讲授《鸿门宴》时，通过讲述成语"项庄舞剑，意在沛公"的故事导入新课，这属于哪一种课前导入方式？（　　）

　　A. 直接导入　　B. 故事导入　　C. 悬念导入　　D. 质疑导入

---

① 沈瑞红.《项链》（第二课时）教学设计[J]. 中国信息技术教育. 2015(3).

【参考答案】B。
【答题解析】
在教学过程中,教师可以通过讲寓言、故事、典故或传说等导入新课,激发学生兴趣,启迪学生思维。

(二)教学设计题
(1)题目。
为下面的课文设计一个基本的教学流程。

沁园春·长沙
毛泽东

独立寒秋,湘江北去,橘子洲头。看万山红遍,层林尽染;漫江碧透,百舸争流。鹰击长空,鱼翔浅底,万类霜天竞自由。怅寥廓,问苍茫大地,谁主沉浮? 携来百侣曾游,忆往昔峥嵘岁月稠。恰同学少年,风华正茂;书生意气,挥斥方遒。指点江山,激扬文字,粪土当年万户侯。曾记否,到中流击水,浪遏飞舟!

说明:此词为粤教版《语文·必修2》(高中)第二单元第一篇课文《毛泽东词两首》中的第一首,另一首诗是《忆秦娥·娄山关》。

(2)答题。
① 整体感知,初步了解课文。

针对《沁园春·长沙》这首词,我们要让学生对课文进行整体感知,让他们在有准备的情况下再对课文进行深层次的了解。在学习这首词时,需要对这首词的写作背景作一定的介绍,让学生通过了解写作背景来把握这首词的感情基调。老师可以通过多媒体的方式将这首词的朗诵录音放给学生听。

② 抓住课文形式,正确引导学生。

这一环节要求学生对《沁园春·长沙》的结构进行分析阅读,并让学生讨论本课结构上的特色。在这一环节以两个问题作为引导。

问题一:请同学们找出上下阕的引领词。

问题二:这首词上下两阕,分别写了哪些内容?它们之间有什么关系?

③ 情感渗入,培养学生的文学素养。

问题一:你觉得"独立寒秋,湘江北去,橘子洲头"这句话的正常语序应是什么?为什么作者用"独立"而不用"站立"?

问题二:九月的长沙,天气只能算有些寒意,作者为什么要写"寒秋"?

当我们在教学这首词时,就应该注重感情的渗入,让学生在学习这首词的时候也能深刻地感受作者的感情。

④ 比较升华,拓展知识面。

试比较毛泽东的"独立寒秋"与柳宗元的"独钓寒江"。孤独是诗人最普遍的特征,如果说李白"独坐敬亭山"而闲适,柳宗元"独钓寒江雪"而隐逸,晏殊"独上高楼,望尽天涯路"而超脱,那么词人"独立"橘子洲头,又要表达怎样的情思呢?

通过比较教学,学生的思维才会得到更加深入的拓展,学生才会将知识学得更加灵活,而且通过比较教学,学生也容易回忆起以前学过的知识,这样的教学才算是真正有意义的教学。

(3) 小结课文。

毛泽东创作这首词时,正当而立之年,正是这青年时代树立的雄心壮志和百折不挠、乐观奋进的精神气概成就了一代伟人。希望在座的每一位同学在今后的人生旅途中,都能自觉地磨炼意志,塑造完善的人格,书写壮丽的诗篇。①

解题分析:

本题是综合考查,对应的考点是"教学流程设计时要考虑教师、学生、教学内容这三个基本要素来设计教学流程"。

该设计能根据教师、学生的不同特点,以及教学内容属于诗歌这一文体的特殊性,过程清晰,设计合理。

(三) 案例分析题

(1) 案例。

《虞美人》教学设计②

一、辅助环节

(1) 创设情境,板书课题。

法国作家缪塞尔说:最美丽的诗歌是最绝望的诗歌,有些不朽的篇章是纯粹的眼泪。

(2) 出示本节课学习目标(大屏幕)。

① 仔细阅读全词,品味意境,体会作者"愁"的深层含义。

② 有感情地吟咏、诵读古典诗歌,感受古典诗歌的音乐美。

③ 总结运用诗歌关键字词鉴赏诗词的方法。

(3) 出示自学指导。

认真阅读教材第 47 页,回忆以往积累的诗歌知识,完成以下内容,10 分钟后进行检测。

① 了解作者的生平和为人。

② "春花秋月何时了?"原是代表美好事物的"春花秋月",作者为什么希望它早点结束呢?(联系诗歌写作手法。)

③ "往事知多少"作者会想起哪些往事呢?(联系作者以前身份。)

④ "雕栏玉砌应犹在""应"如何理解?反映了作者什么样的心理活动?(联系作者现在处境。)

⑤ "只是朱颜改"中的"朱颜"的含义指哪些?(联系作者写作背景。)

---

① 丁杰.沁园春·长沙教学设计探讨[J].语文教学通讯,2013(6).
② 粤教版《语文·必修3》(高中)。

⑥"问君能有几多愁?"是他问还是自问?为什么?
⑦找到本词的词眼并分析。(运用品位意境的方法:明意象—抠字眼—联经历—析手法。)

(教师简介作者生平及为人,然后给学生下发自学指导提纲。让学生依据自学指导提纲自主看书,完成提纲中所要求解决的问题,学生看书期间教师巡视,对提出疑问的学生做提示性回答,不做过多讲解,保证每位同学高效自学。)

二、先学环节

第一步:学生看书自学。

第二步:检测自学效果。

(课堂练习用题签和大屏幕同步出示,学生讨论、回答,巩固强化。)

(一)不定项选择题

(1)"往事知多少"作者会想起的往事是指(　　)。
  A. 锦衣玉食,后宫佳丽陪伴的生活　　　　B. 尊严和自由
  C. 生存的安全感等　　　　　　　　　　　D. 国破家亡

(2)"只是朱颜改"中的"朱颜"的含义指(　　)。
  A. 后宫佳丽的容颜　　　　　　　　　　　B. 词人自己的容颜
  C. 国家的容颜　　　　　　　　　　　　　D. "雕栏玉砌"中的红颜色
  E. 大自然的颜色

(二)问答题

(1)本词的词眼是什么?

(2)分析作者情感的具体含义。

(3)作者是怎么来表达情感的?

三、后教环节

(课堂练习用题签和大屏幕同步出示,学生讨论、回答,巩固强化。)

(1)引导学生更正并讨论。

(2)教师点拨、拓展。

四、当堂训练环节

比较阅读。

相见欢
〔南唐〕李煜

林花谢了春红,太匆匆,无奈朝来寒雨晚来风。　胭脂泪,相留醉,几时重?自是人生长恨水长东!

浪淘沙
〔南唐〕李煜

帘外雨潺潺,春意阑珊,罗衾不耐五更寒。梦里不知身是客,一晌贪欢。　独自莫凭栏,无限江山,别时容易见时难。流水落花春去也,天上人间。

五、课堂小结环节

教师小结：生活是一面镜子,你对他笑,他就对你笑,你对他哭,他就对你哭。①

(2)分析。

该案例能根据古典诗词的文体特点设计教学,吟咏诗词,移情入境,让学生感受诗词的音乐美、语言美。该案例通过法国作家缪塞尔的一句名言导入,创设情境,激发了学生的学习动机,也为下面教学的展开奠定了《虞美人》惆怅的感情基调。在"辅助环节"中"出示本节课学习目标"是属于教学流程设计中的"明确学习目标环节","出示自学指导"则让学生在自学中"感知教学材料"和"理解教学材料"。"先学环节"又以学生自学课文的背景知识和文本内容并通过选择题、问答题等检验学生的自学效果,帮助学生"巩固知识经验"。此设计既尊重了学生学习的主体性,又帮助学生巩固自学的知识。随后的"后教环节"和"当堂训练环节",则进一步帮助学生了巩固知识。通过比较阅读,让学生学会运用所学的诗词知识去解读同类的诗歌内容,拓展了学习的深度和广度,这属于教学流程设计的"运用知识环节"。总的来说,此教学流程设计环环相扣、合理巧妙,符合语文教学规律和原则。

三、编写语文教学方案

【考点】了解编制教学方案的基本规范与要求,能在规定时间内完成教学方案。

 知识和能力点说明

【知识卡片】

★ 语文教学方案的类型。
★ 编写语文教学方案的意义。
★ 语文教学方案的基本要素。
★ 不同类型文本教学方案的编写。

1. 语文教学方案的类型

语文教学方案是语文教学设计具体化、书面化的成果,是教师备课的综合记录,也是教师开展课堂教学的主要依据,简称为"语文教案"。根据教案设计的繁简程度,语文教案大致可以分为详细教案、简明教案和微型教案三种。② 根据教案的呈现形式,可分为文本式教案和表格式教案两种。根据教案的内容,可分为阅读教学教案、写作教学教案、口语交际教学教案等。

---

① 高福才,李煜《虞美人》教学设计[J].新课程:教育学术,2012(2).
② 刘永康.语文教育学[M].北京:高等教育出版社,2005:237.

2. 编写语文教学方案的意义

编写语文教学方案是一名语文教师应该具备的基本功,也是完成语文教学设计中最重要的一部分。编写语文教学方案不仅能为语文教学活动提供依据,提高教师教学水平,同时还有助于开展教学研究,提高教学研究能力。因为编写语文教学方案是一个将研究教学对象、教材、教学内容、教学目标、教学资源及教学方法等因素综合分析整理的过程,最终形成一份有效指导语文教学的文本。所以,在编写语文教案的过程中,考生需要根据教学对象与教学内容的分析、教学目标和教学重难点的确立选择恰当的教学方法,合理开发教学资源,策划相应的教学流程。

3. 语文教学方案的要素

语文教学方案一般包含以下基本要素:课题、教材分析、教学对象分析、教学目标、教学重点及难点、课时安排、教学方法、教学过程、板书设计、教学后记。

理解基本要素,把握陈述要点。

(1)课题。

课题即课文题目。

(2)教材分析。

教材分析主要包括以下几个要点:单元结构分析,课文分析,教材中助读系统、练习系统和知识系统分析。

(3)教学对象分析。

教学对象又称"学习者",在学校教育中特指学生,对学生的分析是设计教学时必须要考虑的因素。对教学对象的分析主要包括对学习者学习态度的分析、起始能力的分析和学习风格的分析。如《雨霖铃》一课的教学对象分析:

① 大部分学生喜欢阅读诗词作品,因为诗词语言的优美,情感的丰富很能吸引人,不喜欢的较少。但无论哪种对大部分学生来说,具体说说它美在何处,为什么这样写,都是一些难题,更不能很好地把握。

② 学生在初中和高一已学过诗词,已初步掌握诗词的一般性鉴赏方法。

③ 柳永是个著名的词作家,早已为学生们熟知。他的作品很多,但平时学生接触得不多,不知其风格如何,故而有很强的好奇心理。

学生"喜欢阅读诗词作品""对柳永诗词的风格有很强的好奇心理"是对学习者学习态度的分析。"学生熟知柳永是个词作家但对其作品风格不了解""初步掌握诗词的一般性鉴赏方法"是对学生起始能力的分析。

(4)教学目标。

教学目标,即通过本课的教学,期望学生在知识与能力、过程与方法和情感态度方面达到的结果。教学目标的陈述应包括行为主体、行为条件、行为动词和表现程度四个基本要素。其中,行为主体是学生,可以省略;行为动词尽量是可测量、可评价、可理解的。如《荷塘月色》的教学目标:学生(行为主体)在朗诵与默读课文的基础上(行为条件),能依据课文的自然顺序列出(行为动词)作者抒发的主要感情,其中应有"幻想超脱现实""沉醉美好之中""无法超脱现实"(表现程度)。

(5) 教学重点及难点。

教学重点是教学过程要重点解决的问题，教学难点是学生理解有困难、需要教师点拨的内容。

(6) 课时安排。

(7) 教学方法。

本课题教学所用的主要方法，如"讲读法""讨论法"等，教学方法注重引导学生自学，启发学生的思维。

(8) 教学过程。

教学过程主要是解说教学的基本阶段和步骤，一般包括导入新课、讲授新课、巩固新课、总结新课、布置作业五个环节。但并非所有的教学都是这五个环节，考生在编写教案时可以参考选用，不可一味生搬硬套。

(9) 板书设计。

板书设计是教学内容的纲要化和图表化，力求结构鲜明、重点突出、形象直观。如《荷塘月色》的板书设计：

出门：交代独游荷塘缘起

小径踱步：抒写月下独处感受

以漫步为线索伫立观赏：描写荷塘月色

联想：江南采莲风俗

进门：与开头相呼应

该板书设计紧紧围绕教学内容的"理结构—追踪思路，悟旨趣—体会情感"来设计，以大纲的方式呈现，突出了《荷塘月色》以漫步为线索，叙述跟随踱步、伫立、观赏和归来而变，充分反映了作者巧妙的艺术构思和布局。

(10) 教学后记。

教学后记是指教师对教学的实施情况进行自我评议和总结。教学后记应包含教师对教学效果的评价和检测、对教学过程的反思与总结等。写教学后记能帮助教师不断总结经验，提高教学水平和教学效果，从而形成个人独特的教学风格，是教师成长的重要途径。

4. 编写语文教学方案的基本要求

语文教学方案的编写应符合科学性、创新性和实用性。

(1) 科学性。

所谓科学性，是指语文教案能够反映语文学科内在的特点和规律，展现语文教学过程的系统性和目标指向性，有助于学生准确地获得知识、培养学生的阅读技能和思维能力、陶冶情操，提高学生的文化品位与审美情趣，促进其语文素养的提高。

(2) 创新性。

语文教案不是语文知识的简单汇集，也不是教学参考资料的大汇总，而是能够体现教师个人才智和创造力的成果，是具有独创性的。因此，教师应在精心钻研教材的基础上，对多种教学参考资料进行筛选，借鉴吸收同行的经验，根据所在学校和班级的教学环境、学生的具体情况，并结合自己已具有的学科专业知识、教育学和心理学知识以及教育教学经验，独立思考，巧妙构思一份具有自己教学风格的教案。

(3) 实用性。

教案是用于解决"教什么"和"怎么教""学什么"和"怎么学"的问题,它应该有具体的操作步骤,能够在实际教学中指导教学实践。在编写语文教案时,应从教学的实际需要出发。教学目标的设立要依据"课标"、教材特点以及学生的实际情况而定,陈述教学目标的时候要具体明确、详略得当。根据教学目标的陈述撰写合理的教学步骤,教学重点突出,环节紧扣。

5. 语文教学方案的呈现形式

(1) 文字记述式。

文字记述式是语文教学方案的基本呈现形式,也是最常用的一种呈现形式。具体如【例2-16】。

【例2-16】

《××××》教学设计

【教材分析】

【教学对象分析】

【教学目标】

【教学重点、难点】

【教学方法】

【课时安排】

【教学过程】

【板书设计】

【教学反思】

(2) 表格式。

表格式教学方案是一种提纲式教案,用文字注记说明教学设计,具体如下:

课题					
科目		教学对象		提供者	
课时					
一、教学对象分析					
二、教学目标(知识、技能、情感态度、价值观)					
三、教学重难点					
四、教学方法					
五、教学环境及资源准备					
六、教学过程					
教学过程	教师活动		学生活动		设计意图及资源准备
(一)导入新课					
(二)讲授新课					
(三)巩固新课					
(四)总结新课					
板书设计					
七、作业设计					
八、反思和总结					

6. 阅读教学方案的编写

阅读教学除了遵循语文教学的一般规律,服从语文教学的总目标之外,还应重视各类文本的特点。

阅读教学一直是语文教学的重头戏,在语文教学中所占的比例从来都是最大的。在高中语文阅读教学中,主要以实用文类、文学类、文言文类文本教学为主。阅读教学除了遵循语文教学的一般规律，服从语文教学的总目标之外，还应重视各类文本的特点。以下将结合各类文本的基本特征来谈谈教学方案的编写。

(1) 实用文类。

实用文主要是指现代记叙文、说明文、议论文等现实社会普遍使用的文章。实用文阅读教学的主要任务就是正确阅读现代的实用文，培养学生的正确读写现代实用文的能力。其中，记叙文教学设计的重点是引导学生把握中心思想、弄清记叙要素、理清顺序线索、理解表达方式、学习记叙语言。① 说明文教学设计的重点应注意引导学生分析事物的特征、研究说明方法、理清说明顺序、体会语言特色。议论文教学设计的重点是引导学生把握论点、论据、论证这三个要素，同时还要研究结构方式，掌握语言特点。

【例 2-17】

以《景泰蓝的制作》[鲁教版《语文·必修 1》(高中)、苏教版《语文·必修 5》(高中)] 为例。②

一、教学对象分析

教学的对象是刚进入高一的新生，他们在初中时曾接触过说明文。了解到说明文主要抓住说明对象的特征，按照适当的顺序，运用说明方法进行说明。本文恰是这样一篇较为典范的传统说明文，学生学起来难度不大。

二、教学目标

(1) 学习本文按照景泰蓝制作的先后顺序，介绍说明事物详略得当的方法。

(2) 掌握本文综合运用多种说明方法说明事物特征的写法。

(3) 体会景泰蓝的做工与艺术之美，感悟字里行间表露的作者对景泰蓝这种艺术品真诚的赞美和对中国文化由衷的自豪。

三、教学过程

(一) 导入

(1) 情境导入：用多媒体投放景泰蓝的图片，让学生初步直观地了解景泰蓝。

(2) 提问：什么叫景泰蓝？

(3) 提问：在生活中有哪些景泰蓝的制品？

(二) 品读

(1) 多媒体播放景泰蓝的图片，学生描绘图中的景泰蓝，要求语言生动形象，表达出自己的第一印象。

(2) 分组活动，登录介绍景泰蓝的网站，让学生浏览页面，感受景泰蓝工艺的精美。同学间互相讲述景泰蓝的制作过程。

(3) 听课文录音，整体感知文章。

(4) 学生带着以下几个问题再读课文。

① 景泰蓝的制作分为几道工序？概括出来。

② 在各道工序的说明中，作者运用了哪些说明方法？详略是如何安排的？

---

① 刘永康.语文教育学[M].北京：高等教育出版社，2005：120.
② 史建筑.走进名师课堂——高中语文[M].济南：山东人民出版社，2008：190—194.

(三) 合作探究

小组代表模拟制作工人的身份介绍景泰蓝具体的制作过程,可采用工厂中流水线的形式,每一个小组介绍一道工序。

示例:概括掐丝过程。

(1) 讨论总结。

(2) 观看"景泰蓝的制作"视频,加深印象。

(四) 难点探究

(1) 详略的安排。在景泰蓝的制作工程中,作者为什么详写掐丝、点蓝两道工序,而略写其他工序呢?

(2) 准确使用术语。在介绍各道工序的时候,作者还运用"掐丝""点蓝""烧蓝""打磨"等术语。这些术语的使用都是必要的和准确的吗?

(五) 扩展迁移

快速阅读《八卦风筝》,边读边用笔整理制作风筝的工序或步骤。分析这篇文章在说明时主要运用了什么说明方法。

四、作业布置

就你知道的某一种手工艺品或某种生活用品的制作过程,仿照《景泰蓝的制作》写一篇说明文。

《景泰蓝的制作》是一篇典范的说明文,其说明顺序清晰,说明方法便于理解,说明语言准确严密,非常适合学生自主学习,合作探究。说明文的教学必须抓住事物的本质特征,《景泰蓝的制作》的标题就说明本文的说明对象是一个动态的过程,景泰蓝制作时既有较高的科技含量又有较高的艺术性,该教学方案在目标中设立了"体会景泰蓝的做工与艺术之美"一项,在教学过程中"品读"与"探究"环节都注重引导学生把握景泰蓝的制作过程。不同的说明对象有不同的说明特征,该教学方案就紧紧抓住说明对象的特征设计教学目标和教学环节,注重引导学生研究说明文的结构,理解作者根据景泰蓝的制作工序安排说明的详略之处。值得学习的是,该教学方案还根据说明文的实用性特征,让学生在学习本文之后进行知识的迁移,在扩展迁移环节让学生分析《八卦风筝》一文主要运用的说明方法,布置作业巩固知识运用知识,将课内知识与学生的日常生活结合,开拓课外积累。

(2) 文学类。

文学阅读教学的目的在于引导学生了解人类丰富的社会生活和情感世界,发展语言能力,激活多种思维,但重点还是培养学生的文学鉴赏能力。文学阅读教学设计主要从四个方面入手:对形象作感受与思考、对形象的接受与创造、发散与聚敛相结合、提供适当的背景知识。[1]

【例2-18】

文学阅读教学设计以《罗密欧与朱丽叶》[苏教版《语文·必修5》(高中)]为例。[2]

---

[1] 刘永康.语文教育学[M].北京:高等教育出版社,2005:97—99.
[2] 史建筑.走进名师课堂——高中语文[M].济南:山东人民出版社,2008:166—169.

一、教学对象分析

学生对全剧缺乏了解,对莎剧这种抒情性语言风格感到陌生;缺乏对时代背景的了解,很难理解剧作的社会意义,感受不到强烈的悲剧意味。

二、教学目标

(1) 了解全剧剧情和莎士比亚。

(2) 仔细揣摩人物语言的个性化、动作性特征,体会人物的内心情感。

(3) 引导学生认识封建制度、封建思想的罪恶,树立正确的爱情观。

三、教学方法

讨论法、角色扮演法。

四、教学过程

(1) 激情导入。

尘世中的多数人都希望天下有情人终成眷属,幸福地过一辈子,但是,回过头来,总发现是悲剧成就爱情的居多。也许是因为,悲剧能够更加深刻地诠释了爱情的缘故,爱情才变得那么曲折幽怨、动人心魄。

浏览古今中外的爱情故事,会发现有一种双双殉情的悲剧,令人痛彻肺腑、哀婉欲绝。譬如,刘兰芝和焦仲卿,梁山伯与祝英台,还有罗密欧与朱丽叶。怀着悲剧爱情带给我们的惆怅,让我们走进英国著名戏剧大家莎士比亚的《罗密欧与朱丽叶》。

(2) 整体感知。

(3) 复述课文节选部分前的主要情节。

(4) 节选部分(第五幕第三场)主要出现了哪几个人物?他们是什么身份?关系是怎样的?

(5) 用简洁的语言概述节选部分内容。

(6) 品味鉴赏。

问题1:当罗密欧再次回到维罗那时,他心爱的朱丽叶已长眠在冰冷的墓穴中,此时的罗密欧是怎样的心情呢?

问题2:罗密欧原本就是这样一个蛮横粗暴的人吗?

问题3:因爱情而失去情感控制的罗密欧老说一些矛盾的话,该如何理解?

问题4:文中写朱丽叶的有几处?她的感情变化有什么特点?

(7) 真情扮演。

① 推选演员。

② 有表情朗诵有关台词。

男朗诵:① 罗密欧对鲍尔泽的台词,② 罗密欧对帕里斯的台词,③ 罗密欧大段内心独白。

女朗诵:① 朱丽叶对劳伦斯的台词,② 朱丽叶内心独白。

朗诵结束,让学生评价,指出不足,讨论完善,教师相机指导,直到有所提升。

(8) 课堂讨论。

一对生死相恋的人,一朵含苞初放的爱情之花就这样凋零了,到底是什么原因造成了这场悲剧呢?

五、教学后记(略)

《罗密欧与朱丽叶》是莎士比亚早期的一部具有反封建意识的爱情悲剧,以上教案设计根据学生情况分析和文本定位,制定了明确的教学目标,教学目标(1)符合文学阅读教学"提供适当的知识背景"的原则,教学目标(2)符合"对形象作感受与思考"的原则。教学流程的环节紧紧围绕教学目标展开,不仅为学生阅读节选部分提供背景性资源支持,帮助学生从整体的角度关照文本的局部,还通过概述课文内容使学生理清全剧故事梗概,为分析人物性格做好铺垫。在品味鉴赏环节,通过情节的高潮部分来剖析两位主人公的主导性格,通过品位语言走进罗密欧和朱丽叶的情感世界,打通了学生与人物形象之间的隔阂,使学生透彻把握人物的心思、情感,正确认识和理解人物形象,体验人物情感。真情扮演环节让学生进入角色情景,是对文学作品形象的接受与创造,进一步加深学生的体验。最后的讨论环节深挖悲剧的深层社会原因,引导学生透过现象看本质,增加学生思维的深度,扩展学生思维的广度,正是"发散与聚敛相结合"。

(3)文言文类。

文言文阅读教学对于弘扬和培育民族精神具有重要的意义。"课标"对文言文教学提出了以下要求:从具体要求上讲,能借助注释和工具书,理解词句含义,读懂文章内容。了解并梳理常见的文言实词、文言虚词、文言句式的意义或用法。能背诵一定数量的名篇。[①] 从整体意义上来讲,学生通过学习中国古代优秀作品,体会并汲取其中蕴含的民族精神,学会从历史和现代的角度审视评价文言作品,为形成一定的传统文化底蕴奠定基础。以此为导向,文言文教学设计应当注意以下四点:引导学生探究文言文的思想内容、引导学生探究文言文的语言、加强对文言文的诵读指导、在文言文阅读教学中培养学生的批判意识。

【例 2-19】

以《兰亭集序》[人教版《语文·必修 2》(高中)]教学环节设计为例。

环节一:自主解题

师:这节课我们共同来学习古典文学名篇——王羲之的《兰亭集序》。请同学们就课题和作者,提出自己的问题,并请其他同学积极回答提出的问题。

环节二:分层自读

(1)分层自读。脱离注释,自读全文;结合注释,诵读全文;读准字音,读清句读。

(2)读出表达方式的变化。第一节的描述性语言,引导学生尽量读出情趣和景趣;第二节、第三节议论抒情性语言,引导学生尽量读出情趣和理趣。

(3)读出情绪的跌宕变化。引导学生读第一节,围绕"乐"等关键词,读出生机、闲适、欣喜和豪迈。引导学生读第二节,围绕"痛"等关键词,读出矛盾、深思、伤感和无奈。

环节三:景象描述

学生描述示例。

(1)语句:是日也,天朗气清,惠风和畅。

描述:今天的天空格外高远、空旷,平时游来游去的云朵,怕打扰我们的盛会,现在不知飘到何处去了,只有暖融融的太阳均匀地洒着光辉。轻风拂面,柔柔的、软软的,风里还夹杂着山花和竹林的清香。让我们暂且无忧无虑地享受大自然带来的福祉吧。

---

① 中华人民共和国教育部制定.普通高中语文课程标准(实验)[S].北京:人民教育出版社,2003:8.

学习小组内部交流后,将有代表性的文段推荐出来,在班内交流,师生就以下几个方面共同点评:① 基调氛围,② 回扣文本,③ 艺术加工,④ 语言表达。

环节四:勾画点评

学生自读全文,勾画出意味深长或遣用精妙的词句语段,并作点评。

环节五:观点表述

(1) 学生以书面形式,依据文本,总括作者的人生观、生死观。
(2) 教师引导学生交流生命箴言,口述自己对人生和生命的看法。

环节六:语句积累

教师要求学生积累以下词句,字词会读、会写、会用;名句能够默写;并背诵《兰亭集序》全文。

词语:崇山峻岭、畅叙幽情、游目骋怀、放浪形骸、情随事迁、世殊事异。
名句:群贤毕至,少长咸集。天朗气清,惠风和畅。仰观宇宙之大,俯察品类之盛。

环节七:鉴赏链接

王羲之《兰亭诗》,冯承素《〈兰亭集序〉摹本》。
刘长春《宣纸上的话题》,赵丽宏《死之印象》。

该教学设计结合学科个性、文本特点和学生实际,引导学生在活动中学习文本,在活动中提高语文能力和素养,进而在活动中获得全面发展。教学环节一意在整体感知和启发,让学生有目标地阅读课文,教学环节二从文本内容和主体阅读规律出发,对"读"提出了较高的要求。教学环节三和教学环节四让学生自主学习,对文本语言进行品味并加以点评。教学环节四是一个相对开放的教学环节,引导学生探究思想内容,对接作者的观点,构建学生的理解体系,在"情感、态度、价值观"这一维度上有所收获。

7. 作文教学教案的编写

作文教学是中学语文教学的重要组成部分,学生语文素养如何,是作文可以衡量的重要尺度,因此作文教学在中学语文中起着举足轻重的作用,作文教学教案的编写需要参照许多资料,内容客观多样,科学实用。

依据写作指导课和作文评价课的特点编写作文教学方案。

作文教学方案编写包括作文写作指导课教案和作文评价课教案的编写。作文写作指导课是指导学生如何写作文,就需要语文教师在课堂上的指导,通过教师的科学指导,有效地培养学生的写作兴趣与写作水平,作文评价课是对学生整体作文水平的概括后的又一次指导,对学生作文再次写作,语言组织能力提升方面有着重要的意义。

(1) 作文写作指导课。

【例 2-20】

2012 年湖北高考作文。

语文课堂上,老师在讲到杜甫的《春望》,"烽火连三月,家书抵万金"时,不无感慨地说:"可惜啊,我们现在已经很难见到家书了,书信这种形式恐怕要消失了。"

学生甲说:"没有啊,我上大学的表哥就经常给我写信,我觉得这种交流方式是不可代替的。"

学生乙说:"信息技术这么发达,打电话、发短信、写邮件更便捷了,谁还用笔写信啊!"

学生丙说:"即使不用笔写信,也不能说书信消失了,只不过是书信的形式变了。"

学生丁说:"要是这样的话,改变的又何止书信?社会发展了,科技进步了,很多东西在悄然改变。"

根据对以上材料的了解,任选一个角度,题目自拟,写一篇文章。

根据以上材料可设计以下关于作文写作指导课的教案。

(一)教学对象分析

作为高中学生,通过在初中阶段语言知识的学习和积累,到高中阶段其语言能力已经大大提高并逐渐走向成熟。然而在语文作文写作当中仍然存在着各种各样的问题和不足之处,例如,思路不清晰,结构不完整,用词不精准,语言表达不流畅等诸多问题,这些问题影响了学生作文写作的质量,作为语文教师,应当在作文指导课上给学生正确的、有效的作文指导,从而提升学生的作文写作的技能。

高中阶段的学生在作文写作水平上参差不齐,习作的质量更是差别很大。有些学生有一定的写作功底,能够对自己操作的文章脉络有较好的把握,从而写出比较流畅的文章,如实地呈现所写的客观事实以及可以清晰地表达自己的所感所想;一部分学生是能够完成老师布置的写作任务,在表达自己的思想和描述事件材料的时候,不能从量度上把握文章的鲜明性,突出主旨,因此这类学生的写作技能有待提升;还有一部分学生是不能够完成课堂上老师布置的写作任务,不能够用定量的文字组织材料和阐述观点,更谈不上作文写作思想的流露和表达。基于以上呈现的事实,对不同层次的学生,应该给他们在作文教学中进行有效的指导和科学地培养他们的写作能力。

(二)教学目标

(1)高中阶段语文教学的作文指导在学生语言能力的培养方面起着举足轻重的作用,教师上完作文指导课后,学生作文写作成效要有所提高。

(2)教师应该要求学生完成写作任务,在文章的构思方面让学生根据自己的思维方式去寻找立题的新颖点,在2012年湖北高考作文写作这一块,作为教师应该激发学生的创造性,要求学生合理地设计好文章的写作框架,内容构造,要求文章成品中遣词造句恰当准确。

(三)教学重点及难点

基于高中阶段不同学生和不同的写作水平,以及其在课堂上的吸收课程质量的大小程度的不尽相同,作文指导课时,教师需要让学生掌握写作的基本方法,以至于怎样组织材料,规划文章结构,如何下笔;再有就是作文写作的难点,如何让学生在有限的时间内顺利完成写作,达到该学龄段的基本写作要求,以至于达到高考的作文写作水准。

(四)教学方法

不同学生具有不同的性格特征,语言表达能力也各有差异,在作文指导课中,首先,作为一线教师,给学生专业的引导是非常必要的,比如一些学生的语言基础知识薄弱,名篇的仿写可以提升学生写作的效仿能力,在名篇中学习、在名篇中感知和熟记一些精彩的段落,在自我写作时候加工润色转化成自己的语言,增强词句的文采。其次,要求学生段落仿写,模仿精华写作,培养写作模式。再次,学生在作文写作时,需要根据自己要写的题目,开始搜索有效素材,在自我进行写作时,有概念的结合素材整合自己的思路,将素材运用到自己的文章当中。最后,学生在文章下笔时,需要做到落笔成文并保持文章的流畅客观。

（五）教学过程

教学过程要点：高中作文指导课教学中，教师必须制定教学的流程，根据学生的实际情况，做好充分准备。基于不同单元的作文要求，教师在作文指导课上，首先，需要确定所写作的命题，让学生明白写什么，命题需要简单明了，通俗易懂。其次，教师需要根据命题启发学生的思维，可以在课堂通过提问的方式让学生回答有关已定作文命题的相关知识问题疑问，教师亦可通过举例子的方式去讲解作文命题的有关要点，课堂也可活泼有趣，将学生分成小组，讨论各自写作文的方式方法；教师在教学课堂也可采取名篇观摩的方式讲解写作课，利用作文文本或者视频进行教学，提出一些作文的写作方法供学生参考，让学生结合自己的情况，选择不同的写作方法；教师也必须首先明确作文命题的写作要求，让学生明白，写作是根据要求进行作文写作的。最后，要求布置作业，提醒学生课后及时写作，及时反馈写作情况。

（1）导入。

① 要求学生广泛阅读作文素材，课堂上导入新的作文话题，在作文指导课教学中，教师需要提前设计好教学过程，根据学生的实际情况，做好课堂准备。

② 就2012年湖北高考作文为例，这是一个自由拟题作文，首先要求学生题目要醒目，能吸引读者，打动读者，题目具有新颖性。

（2）运用多媒体教学激发学生的写作兴趣。

① 教师可以在网上收集一些关于书信和信息网络资源的图片和素材内容，结合视听，让学生对该作文写作拥有浓厚的兴趣。

② 搜索网络视频，紧贴写作内容，转移学生的枯燥情绪。

（3）教师通过提问的方式过渡话题的材料。

① 教师根据书信和现代网络的各自优缺点向学生提问，学生切入老师的问题点做出相关的回答。

② 通过教师的提问激活学生头脑中的写作话题，包括他们对话题的想法、概念、形象等酝酿的写作思路，以供拟稿阶段。

4. 引导学生讨论。

① 当大部分学生对书信和现代网络之间的这个话题持有不同观点时，应该进行进一步探索，为课后各自的实际写作埋下伏笔，提供铺垫。

② 活跃课堂气氛，学生也可自主提问，解决自己的命题疑惑。

（5）名篇观摩引导学生积极思考：老师在讲授作文写作课程的时候可以适当地切入一些作文的名篇让学生观摩，最终引导学生积极思考话题框架，作文内容，打好作文写作的基础。

（6）板书设计。

教师在作文指导课中板书这一块也必不可少，可将黑板分成左中右三个区域，左边书写要上作文的命题名称，中间板块分析作文当中需要用到的有关文章脉络素材，最右边可以设置几个典型案例，紧扣文章主旨。

（7）要求学生课后根据作文要求进行写作，课堂最后要求就是布置作业，提醒学生课后及时写作，及时反馈写作情况。

作文指导课后我们需要对自己进行教学评价和自我反思，教师须明确：作文指导的主要内容是否清楚、完整?所引用的相关素材是否对该节课有帮助,时效性是否高等都是教评需要考虑的。在课堂教学中教师的讲话是否逻辑思路清晰,用语是否得体,最后教师更需要注意的是有没有遗漏重要的知识点,及时查漏补缺。

(2)作文讲评课。

作文教学中讲评课对学生写作能力的提高具有重要的指导作用,作文讲评课是教师在课堂上按照作文教学计划和本次作文训练的要求,针对学生的习作情况所做的讲义、评议。它是写作教学的有一个重要环节,与作文指导,作文批改共同构成作文教学的全过程。作文评价课,是对学生写作实践全面检查分析之后的总结,也是一次再指导。

【例2-21】

2014年广东高考作文。

阅读下面的文字,根据要求作文:

黑白胶片的时代,照片很少,只记录下人生的几个瞬间,在家人一次次的翻看中,它能唤起许多永不褪色的记忆。但照片渐渐泛黄,日益模糊。

数码科技的时代,照片很多,记录着日常生活的点点滴滴,可以随时上传到网络与人分享。它从不泛黄,永不模糊,但在快速浏览与频繁更新中,值得珍惜的"点滴"也可能被稀释。

要求:

1. 自选角度,确定立意,自拟标题,文体不限。
2. 不要脱离材料内容及含义的范围。
3. 不少于800字。
4. 不得套作,不得抄袭。

范文:

透过那些泛黄的老照片

当曾一时风光无两,雄霸天下的胶片业巨头柯达无奈地宣布破产,当各式各样功能炫酷、造型高端的单反成为摄影师手中的新宠,当众多的智能手机斥巨资为旗舰机型装上像素高得令人咋舌的摄像头……我们不得不承认,曾经记录着我们悲欢离合的胶片时代,终究还是在一片唏嘘中,缓缓落幕。

历史总是如此冷酷无情,新电子信息统治时代的到来,总是以旧王者的黯然离场作为背景,纵令人唏嘘,令人流连,却总是无可奈何。

其实何止是黑白胶片,生活中的一切一切,都在面临着现代技术的入侵和侵蚀。纸质化阅读的备受冷落和电子阅读的方兴未艾;书信的逐渐绝迹和电子邮件、微信、QQ等即时通信的大行其道;磁带和CD在角落里蒙上岁月的灰尘,而MP3、MP4里存满了每一首最爱的歌曲……是的,不知不觉间,现代技术早已将我们的生活方式彻底改变,攻城占地,势如破竹。

然而,当我们臣服于现代技术那娇媚的风姿和高贵的裙摆时,是否也曾想过科学技术的发展,除了带来海量的信息储存,光速的传播速度,便捷丰富的资源外,是否也意味着美好的"稀释",传统的遗失?你是否也曾对曾经伴你度过艰辛峥嵘岁月的"鱼书"和"随身听"们,有过一丝不舍和留恋?

真正有底蕴的文化,必有泥土的厚重,纸质的轻盈和木质的清香,而非金属、玻璃和塑料的冰冷。数码技术的时代,照片不再高不可攀,然而打开手机和相机,液晶屏上的照片,却不过是无数个晶体堆叠的机械体,冰冷而没有生命;电子阅读的普及,使图书不再是遥不可及的梦想,然而碎片化、娱乐化的阅读倾向,使我们很少能再静下心来,在雪夜拥一大炉,捧一杯茶,品读智慧的芬芳;电子邮件、QQ 的大行其道,使空间不再成为心灵的阻隔,然而碎片式的简短回复,不但使人的思考变得肤浅苍白,也再也品味不到"鸿雁长飞光不度,鱼龙潜跃水成文"的幽怨温情以及每个文字背后如泣如诉、辗转斟酌的纠结缠绵……生活方式的变迁,是时代和社会的进步,但不得不承认的是,这些是古典与美感的消磨与丧失。

可怕的是,这种丧失,我们还浑然不知。

于是,佳能的"感动常在"听上去更像一句难以实现的诺言。而偶尔翻开母亲的相册,我却总能收获发自内心的感动。因为,即使泛黄,却依然能看见那一抹动人的微笑。

作文讲评课教案设计。

（一）教学对象分析

（1）对于高中学生作文写作,高中语文老师可以将学生的作文根据教学目标可以分成三个不同层次的对象,第一类作文,文章一般论点清晰,语言流畅,有一定的思想深度,还有就是第二个类别的作文往往文章主题论点基本清晰,语言基本流畅,按照要求完成协作的,还有一类文章主题模糊,存在语言逻辑错误。

（2）教学对象主要针对高中各年级的学生,高中阶段是人生的黄金阶段,在这个时期是学生人生观、价值观、世界观形成的重要时期,同时又是增长知识和才能的重要阶段,作为学生,在语言表达和逻辑思维上面的训练也极为重要,所以语文老师必须注意语文教学的方法,在作文写作中,注意学生的写作思路的引导,在作文评价中,做好作文评价的方案,课后让学生查漏补缺。

（二）教学目标

在作文指导课中,语文教师要求学生在完成写作任务的基础上提高写作水平,通过逐渐训练的过程,最终达到高考基础之上冲刺高分作文,通过学生的作文写作,通过评价来提高学生的论证能力和思辨水平。

（三）教学重难点

让学生在完成基本任务的条件下,通过提高材料难度,开发学生的潜在写作能力。

（四）教学方法

（1）教师整体评价学生作文的写作水平。

（2）根据上交作业质量的实际情况和其差异将作文分类。

（3）挑出优秀范例指出文章写作的优点和不足之处,以供课堂讨论。

（4）在课堂抛出话题,让学生分组进行相互评价和自我评价。

（5）最后教师需要总结作文写作的优劣之处,为下次作文指导课,提供教学经验。

（五）教学过程

（1）导入:《透过那些泛黄的老照片》是篇优秀作文。历史总是如此冷酷无情,新电子信息统治时代的到来,总是以旧王者的黯然离场作为背景,纵令人唏嘘,令人流连,却总是无可奈何,该文章讲的就是现代网络传媒对传统事物和观念的冲击。

（2）出示课题题目（影投）:课堂点评《透过那些泛黄的老照片》。

（3）回顾材料（影投）:让学生齐读材料:然而,当我们臣服于现代技术那娇媚的风姿和高贵的裙摆时,是否也曾想过科学技术的发展,除了带来海量的信息储存,光速的传播速度,便捷丰富的资源外,是否也意味着美好的"稀释",传统的遗失?你是否也曾对曾经伴你度过艰辛峥嵘岁月的"鱼书"和"随身听"们,有过一丝不舍和留恋?

让学生分析文章的最后一段话,结合标题"透过那些泛黄的老照片"可以感知出什么主旨来?让学生举手回答。

(4)教师从该文章中选出一段语言优美的话语,让学生品味然后鉴赏。

(5)选出优秀篇章,让学生读给台下的学生听,分组合作,讨论优秀文章的优点和不足之处。

(6)教师扮演学生的角色,坐台下和学生一起探讨怎样评价一篇文章的有效性策略。

(7)在黑板上勾勒出此次作文评价课的板书设计,将黑板分成不同的板块,根据评价内容和总分总的方式去写出板块。

(8)学生教师合作探讨完毕后,教师需要在讲台上总结和评价学生,以及说明这堂作文评价课的课堂成品。

分析:从《透过那些泛黄的老照片》一文,可以得知该篇文章立意明确,主旨鲜明,论述紧扣材料,同时该学生又运用了丰富的联想,让文章的内容变得充实紧凑,也反映出作者平时在现实生活中善于对生活的观察和思考。在作文评价课上,教师要进一步引导学生进行必要的反思,有没有意识到自己作文写作的优点和缺点、作文思路是否清晰、内容和结构有无遗漏的地方等。

案例

一、案例示范和点拨

(一)案例示范

《礼拜二午睡时刻》[①] [人教版《语文·必修1》(高中)]

案例	点评
教学目标: 在"问题发现"中实现读懂主题、赏析手法的统一。 教学过程: 一、初读:提出问题 (1)教师投影概括整理后学生提出的问题,问题后附上学生的姓名。 ① 儿子究竟是不是小偷?为何女人对独生子严于教育,又说他听话,他最终会做出偷窃的勾当?而女人对他的评价仍是"非常好"的人? ② 女人说:"往后就是渴死了,你也别喝水。尤其不许哭。"这句话是什么意思?女人"流露出各种各样的复杂感情",有哪些感情? ③ 女人在盯住神父时,神父的脸为什么红了?后来女人在填表时,神父的头上为什么冒汗了? ④ 文章前一部分用大量笔墨对自然环境与人文环境进行描写,有何意图?为什么多次写到小镇的荒凉?	本设计是参加第三届"中语杯"全国中青年语文教师课堂观摩研讨会的赛课成果,教学目标的设立是基于学生对外国小说比较陌生的情况。 找准切入点,发挥学生的主体作用,重视学生的阅读体验,引导学生探究文本。

---

① 彭玉华. 在问题发现中实现"言""意"统一——《礼拜二午睡时刻》教学设计[J]. 中学语文教学,2013(2).

续表

案例	点评
（2）采用教师读、学生读等不同方式对照投影复述问题。（投影问题次第呈现。） （3）明确本课任务，通过解决四个问题勾连全篇，试着对文本进行解读和赏析。	以学生自主学习为基础，让学生发现问题，然后指导学生自读，引导学生回归文本、回归文段、回归语言以解决问题。
二、细读：探究问题 （1）教师明确阅读策略：课文很长，而且很有难度，主张大家进行文本细读。 （投影）汪曾祺：写小说就是写语言。 吕叔湘：从语言出发，再回到语言。 （2）教师明确文本细读要求：简单地说就是回归文本，回归文段，回归语言；咀嚼品味，倾听文本发出的呐喊。要求学生回答问题的时候一定要找到具体的文段和句子，结合具体的语言环境（上下文）回答问题。 （3）学生结合文本语言回答投影问题，教师结合学生的回答随机引导。这是一个动态的过程，但教师可结合问题做一些预设。	教学环节清晰、完整，且层次分明。围绕教学目标设计初读、细读和深读三个环节，营造了一个激励探索和理解的氛围，并进一步激发学生的阅读和自学兴趣。
三、深读：发现问题 （1）教师投影余华的文字，引出最后一个环节。 当他不断地展示细部的时候，他也在不断地隐藏着什么，被隐藏的总是更加令人着迷。它会使阅读走向不可接近的状态，因为后面有着一个神奇的空间，而且是一个没有疆界的空间，可以无限扩大，也可以随时缩小……这也是我喜爱《礼拜二午睡时刻》的一个原因。 ——余华《温暖和百感交集的旅程》 明确：好的作品就像一座迷宫，无法穷尽其奥妙，钻之弥深，问题愈多，收获也就更大。这篇小说读到这个地方，我们其实刚刚入门，大家在学习的过程中应该有了更多的问题。请提出来，我们课下乃至终生慢慢品读探寻！ （2）学生再次提出问题，带着问题结束课堂。	把握时机，引导学生再次思考，以学生提问开始，以学生提问结束。
板书设计： 无边母爱抒情——节制。 悲悯情怀环境——象征。 主题解读手法鉴赏。 问题探究。 文本细读。	板书设计条理分明，重点突出。

（二）点拨

该教学设计对小说的后半部的细节剖析很到位，美中不足的是缺乏章法意识，没有从小说构思的角度设置教学目标，取舍教学内容，教学过程显得松散。学生提出的问题可以在解读小说构思的过程中解决，教学过程的整体感会随之增强。如果能围绕小说的整体构思来进行教学设计，把学生提出的问题串联起来，着力发掘小说在不断地展示细部的时候，也在不断地隐藏的那些东西（包括小说主题），教学效果或许会更好。

二、答题示范讲解

教学设计题

（1）题目。

运用阅读教学的基本原则与相关文体阅读教学的知识，从现行教材中任选一篇课文制订一个教学设计方案。

(2) 答题。

《过秦论》教学设计方案(节选)

【教材分析】

《过秦论》是高中语文教材的一篇课文,节选自贾谊的《新书》,原著分为上、中、下三篇,这里选的是上篇。作者通过对秦王朝兴起、强盛、衰亡过程的叙述,议论了秦王朝成败的因由。通过单元提示,我们知道,《史记》和《汉书》等纪传体史书的出现,标志着我国历史散文取得了空前伟大的成就。要通过本单元的学习进一步引导学生欣赏古典文学作品,提高学生的文学素养。其中,《过秦论》是本单元的重点课文,学习时,要把握课文的思想内容,着重了解贾谊对秦王朝迅速灭亡的原因的分析,在朗读和背诵过程中,注意掌握有关的文言文词语和文言句式。高中语文教学大纲对文言文学习的要求是:诵读古典诗词和浅易文言文,背诵一定数量的名篇。掌握文中常见的文言实词、虚词和句式,能理解词句含义,读懂课文,学习用现代观念审视作品的内容和思想倾向。

【教学对象分析】

学生还延续初中学习文言文的方法,只满足于盲目背诵,只顾扫清课本中的文字障碍,无法把课内学到的知识转化为能力,学了后面的忘了前面的,到考试前只是盲目做题,考试时全凭猜测,越是这样越是缺乏兴趣。针对这一现状,我们着眼于文学与历史相融合,或者借文释史,或者借史释文,把语文与历史两科结合起来。本文就是着眼于学生的实际现状,立足于学生的学习兴趣,从历史科的角度切入,以语文课本中所涉及的作品为基础,来说说如何帮助学生实现文史互动,从而提高学生学习文言文的阅读能力。众所周知,鲁迅先生之所以用"史家之绝唱,无韵之离骚"来评价司马迁的《史记》,是因为司马迁的《史记》把历史与文学很好地融合了起来,给我们创造了独一无二的边缘艺术境界。我们把司马迁的文章既可以当作历史著作来读,又可以当作文学作品来读。读史,使我们在形象、具体的文学氛围里感受到了历史的苍凉与凄美;读文,又使我们在抽象、概括的历史王国里感受到了文学的严肃与深沉。这种二元化的收获,不正是未来的教育趋势吗?所以,历史教学理应融入文学、哲学、美学等多元因素,使历史成为一个培养学生综合能力的学科,使学生在文学的形象中认识历史,培养学生综合素质。

【教学目标】

(1) 归纳掌握文中的通假字、古今异义词、词类活用、特殊句式等。

(2) 理解文章结构层次,探究文中"叙"与"论"的关系,体会本课叙事时极力铺张渲染,议论时使用对比论证的写作特点,学习事实论证、对比论证的论证方法。

(3) 分析本文的语言特点:多重排比、夸张、对偶、对比、同义叠句的运用,使文章显得气势非凡而又深刻。

(4) 了解贾谊对秦王朝迅速灭亡的原因分析,了解借古讽今、实施仁政的意义。(设计依据:高一阶段,学生文言知识体系尚待完善,对古代历史散文接触不多。因此,教学中要进一步增加文言知识积累,并通过朗读指导,提高学生的阅读兴趣,培养学生欣赏古代历史散文的能力,养成思辨的习惯。)

【教学重难点】

（1）识辨课文中通假字、活用词、古今异义词，掌握重要实词、虚词及多义词，积累文言词句知识。

（2）理解文章结构层次及写作意图，赏析本文的语言特点。

（3）本课的教学难点为：注意对"仁义不施而攻守之势异也"中心论点的正确理解。（设计依据：从学生文言知识薄弱的现状出发，与高考中文言知识比重比较大相结合，主要为学生阅读其他的文言文打下坚实的基础。）

【教学方法】

（1）对联导入法，（2）讨论法，（3）讲练结合法，（4）背诵法。

【教学过程】

（1）导入新课：利用课件展示一副对联，"亲不负楚，疏不负梁，爱国忠君真气节；骚可为经，策可为史，经天行地大文章"。（设计依据：用对联激活教学，学生的学习兴趣明显增加。导入新课，通常从旧课入手，或介绍与新课有关的作者和背景。而我在教学导入中，引述相关对联却收到了比传统导入要好得多的效果，把贾谊与屈原相提并论，让学生在未读《过秦论》时，先了解贾谊文章的历史地位与文学价值，很快就激发了学生的兴趣。）

（2）作者介绍和时代背景简介（为理解文章作铺垫）。

①作者：贾谊，西汉著名政论家、文学家，最早的汉赋作家之一。他的政论散文《过秦论》《陈政事疏》（也称《治安策》）《论积贮疏》等，体现了新兴地主阶级政治家的远见卓识、积极进取的精神和改革现实的坚决态度。他的文章峻拔锋利、针砭时弊、淋漓酣畅，对后世散文创作很有影响。其文章，明人辑有《贾长沙集》，另传有《新书》十卷。

②背景：战国时代，随着宗法制度的解体，各国竞相改革。秦国的商鞅变法最为彻底，功效卓著，秦国空前强大起来，于是以秦统一为主线的多年的兼并战争开始了。如齐魏马陵之战、秦赵长平之战等，连年征战给人民带来了极大的灾难。最后，秦国终于兼并了六国。秦统一天下之后，对百姓横征暴敛，滥施严刑苛法；对异族大肆兴伐。它的暴政给人民带来了极大的灾难，民怨沸腾，终于在秦二世元年爆发了陈胜、吴广起义。随着人民起义的风起云涌，中国历史上第一个统一王朝也是历时最短的王朝很快结束了。（设计依据：了解战国时代的历史背景和作者的思想，有助于学生更好地理解整篇文章的内容。）

（3）老师给学生放《过秦论》的录音，边听边让他们找出本课的生字词，听完之后老师提示一些生字的读音并加以强化，尤其提醒学生在通假字的问题上不要出错。腴(yú)、轸(zhěn)、恬(tián)、藩(fān)、瓮(wèng)、牖(yǒu)、孝公既没(mò)、俯首系(xì)颈、墨翟(dí)、万乘(shèng)之势、约从离衡（通"横"）、合从缔交（通"纵"）、制其弊（通"敝"）、陈利兵而谁何（通"呵"）、俯起阡陌之中（通"崛"）、赢粮而景从（通"影"）等。（设计依据：根据高考对常用字词的要求，注重平时的积累，紧随高考关于字词的脉搏跳动。）

(4) 疏通文章的前三段,在老师的点播下,让学生讨论并提问学生把这部分内容进行疏通。(让同学们学会联系上下文,理解词句意思,并联系文言文的特点总结常见的文言现象。)

① 通假字:约从离衡(通"横");合从缔交(通"纵");制其弊(通"敝");陈利兵而谁何(通"呵")。

② 一词多义:结合课后练习题,力求在动态的语境中辨析词义。

(5) 布置作业。

① 背诵文章的第三段。(在理解的基础上及时背诵,提高记忆效率。)

② 熟读全文,理解文意,试着背诵文章的后两段。(加强课后的复习和课前的预习,提高课堂效率,扎实文言知识)

【板书设计】

通假:衡(通"横");从(通"纵");弊(通"敝");何(通"呵");倔(通"崛");景(通"影")。

(3) 分析。

该教学设计题考查的是考生的综合运用能力,要求考生具备语文教学设计的各单项能力同时又能整合运用,熟悉教材内容,了解学生的学习需求和已有知识水平,根据学生情况选择合适的教学内容,确定教学目标、重点和难点,设计合理的教学流程,选择恰当的教学方法,突出教学重点、难点相关的教学环节,以上教学设计的单项能力都是完成教学设计方案的有机结合体,相互勾连,相互作用。《过秦论》教学方案在教材分析和教学对象分析的基础上,结合教学大纲的要求设立教学目标,从而确定本文的教学重点在于"识辨课文中通假字、活用词、古今异义词,掌握重要实词、虚词及多义词,积累文言词句知识",难点在于"正确理解'仁义不施而攻守之势异也'的中心论点",第一课时的教学环节和作业布置都紧紧围绕教学难点设计,以达成教学目标。

考生在完成教学设计题时,应仔细阅读题目,按照要求答题。"运用阅读教学的基本原则与相关文体阅读教学的知识"要求考生不仅应考虑"课标"的要求,同时还要注重阅读教学的原则以及文体阅读教学的知识。《过秦论》是一篇篇幅较长的文言文,疏通文义是帮助学生理解文章承载的文化、作者思想感情的基础。该教学设计方案多次提到"掌握有关的文言文词语和文言句式",第一课时的教学环节设计在为学生提供理解文章内容的背景资料后,让学生讨论分析,联系上下文理解词句意思,并联系文言文的特点总结常见的通假字、古今异义、词类活用等。在此基础上再展开分析秦朝迅速灭亡的原因、引导学生理解"仁义不施而攻守之势异也"中心论点等。整个教学设计不仅体现了文言文阅读教学的原则,还体现了阅读教学的对话互动、整体把握、质疑凝思等教学原理。

考生参加考试时,要注意时间的分配,为编写一份规范的语文教学方案安排充足的时间。如果考生为教学设计题预留的时间不足,则易使教学方案缺乏基本要素,更严重的是导致教学环节与教学目标脱离等问题。

本章知识结构

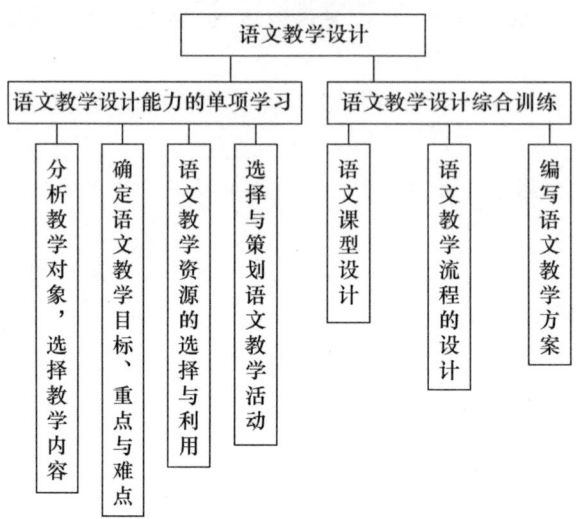

本章小结

(一) 本章主要内容

(1) 本章主要讲解语文教学设计能力,其中包括单项能力和综合能力。

(2) 单项能力主要分为分析教学对象与教学内容的能力,确定语文教学目标、重点和难点,语文课程资源的选择与运用,选择与策划教学活动的能力;综合能力主要包括选择语文课堂教学类型的设计、语文教学流程设计和编写语文教学方案的能力。

(3) 教学对象与教学内容的分析能力应该着重分析学生的心理发展水平和语文知识掌握情况,并对教材做到从总体到具体的深入把握。教学内容的安排设计要符合教学对象的特点。

(4) 确定语文教学目标、重点和难点的能力是本章的重点之一,是语文教学设计能力的核心能力。

(5) 教学目标的确定要在"课标"的指导下,结合教学对象和教学内容的分析,从知识与能力、过程与方法、情感态度与价值观三个维度进行确定,重点的确定要在目标中选择最有利于学生语文素养提高的内容,难度的确定要结合学生语文学习实际。

(6) 课程资源的选择与运用是语文课程教学的必要前提。强化资源意识,树立语文课程资源观十分重要。课程资源的开发与课程资源的利用是密切联系、不可分割的。

(7) 选择与策划教学活动的能力:区别教学策略与教学方法的区别,学会运用正确的教学策略与语文教学方法,能根据"课标"规定的课程目标,选择正确的教学策略与语文教学方法,将两者相结合,设计正确的学习活动。

（8）语文课型设计的能力：首先应该明确课堂教学类型的概念、主要结构与划分，在此基础上与课程目标相结合、与课程内容相结合、与学生知识水平相结合，选择合适的课堂教学类型。

（9）教学流程设计的能力：设计教学流程时要考虑学生、教师、教学内容等基本要素，明确教学流程的基本环节，根据不同的教学内容就会有不同的教学流程设计。

（10）编写语文教学方案的能力：编写教学方案时要明确基本要素有课题、教材分析、教学对象分析、教学目标、教学重难点、教学方法、课时安排、教学过程、板书设计及教学评价等。语文教学方案的编写应符合科学性、创新性和实用性。

（二）本章重点、难点

1. 重点

（1）教学对象与教学内容分析。

（2）语文教学目标、重点与难点的确定。

（3）语文课型的设计。

（4）编写语文教学方案。

2. 难点

（1）教学对象与教学内容分析。

（2）语文教学目标和重点的确定。

（3）教学流程的设计。

（三）学习时要注意的问题

（1）能够结合教学对象的认知发展、情感发展、个性发展的特点以及语文学习的基本情况制定相应的教学目标和教学重难点；能够全面把握教材的总体结构和具体内容，选择适合教学对象的教学内容。

（2）强化资源意识，树立语文课程资源观十分重要，能够开发利用课内和课外课程资源。

（3）学会运用正确的教学策略与语文教学方法，在设计学习活动时，活动内容的环节需积极地将学生引导到学习过程中，体现以学生为主体的特点。

（4）语文课堂教学类型的选择应该与课程目标、课程内容、学生知识水平相结合。

（5）设计教学流程时要考虑学生、教师、教学内容等基本要素，基本环节必不可少。

（6）编写语文教案注意不能遗漏基本要素，应该符合科学性、创新性和实用性的原则。

考试指南

本章涉及语文教学设计单项能力和综合能力两个方面，单项能力是基础，综合能力是应用。备考时侧重于理解与应用。

在第一节语文教学设计能力的单项学习中，教学对象与教学内容分析为重点内容，这部分需要应试者重点理解，结合心理学、教育学的相关知识进行分析；课程资源的选择与运用，要求应试者识记课程资源的概念与分类，掌握开发课程资源的方法；确定教学目标和重点，选择与策划教学活动，要求应试者识记教学目标确定的原则和方法，教学策略的定义、特征和类别，恰当确定目标和重点，理解并且会设计不同的学习活动，这部分也是本节内容的重中之重，也是第二节的基础。

在第二节语文教学设计综合训练中，语文课程教学类型要求应试者识记课堂教学类型的概念、主要结构与划分，理解课型选择的依据，学会课堂教学类型的选择方法；教学流程的设计要求应试者理解设计教学流程的基本环节，会根据单元、单篇课文、单课时设计对应的教学流程；编写语文教学方案这部分要求应试者识记教案的类型和基本要素，理解编写教案的要求。核心能力是，能够根据实际情况，独立完成一份完整的教案设计。

第三章　语文教学实施

考纲内容

1. 掌握教学实施基本步骤,合理安排课堂教学环节。
2. 掌握语文教学基本形式和策略,组织好课堂教学。
3. 根据不同课型运用恰当的形式和方法。
4. 根据学生语文学习的个体差异,指导学生课前预习、课堂学习和课后总结。
5. 恰当选用教学媒体整合多种资源,提高学习效率。
6. 在阅读、写作教学过程中,将学生的学习反馈转化为新的教学资源。
7. 以恰当的课堂教学评价方式,激励学生的语文学习。
8. 善于发现和利用生活中的语文资源,引导学生在生活中学习、运用语文。
9. 课外组织语文学习活动的方式方法。
10. 在研究性学习过程中,培养学生的问题意识,指导学生根据问题制订计划,收集资料,分工合作,交流展示,评价反思。

考纲解读

　　这一章的主要内容是语文课堂教学实施技能和语文课外和研究性学习实施技能,是语文教学的重要实际操作技能。考核的重点包括:

　　1. 课堂的基本步骤与环节,掌握语文教学基本形式和策略。

　　能根据学生认知特点与文本特点来科学地安排课堂步骤与环节,掌握最优化策略;能掌握语文教学的基本形式,安排教学策略。

　　2. 根据不同课型运用恰当的形式和方法。

　　掌握语文课的各种课型(讲读课、自读课、活动课),理解各种课型的适用环境与要求,根据具体课型安排恰当的形式与方法。

　　3. 指导学生课前预习、课堂学习和课后总结。

　　掌握课前预习、课堂学习和课后总结的基本要求和策略,能根据不同群体与文本进行科学设计,能根据学生的具体反馈来创造新的教学资源相应调整与优化教学设计。

　　4. 恰当选用教学媒体。

　　能恰当地选用教学媒体,深入理解传统教学媒体与新兴教学媒体的优势与劣势,熟练运用各种传统教学媒体与新兴教学媒体。

> 5. 掌握正确的教学评价理念与方法。
> 能科学运用心理学、教育学的知识,正确、及时地进行课堂评价,能对一节课或一段时期的课进行综合评价。
> 6. 发现和利用生活中的语文资源,组织课外语文学习活动。
> 能敏锐地发现和科学利用生活中的语文资源,高效地组织课外语文学习活动。
> 7. 引导学生进行研究性学习。
> 能引导学生开展语文的专题研究,进行研究性学习,使语文学习具有一定的深度、广度与研究特色。

第一节 语文课堂教学实施技能

一、掌握教学实施基本步骤,合理安排课堂教学环节

【考点】能根据教学内容的特点、学生个体差异和教学的具体内容确定教学实施的基本步骤,合理安排课堂教学环节。

 知识和能力点说明

【知识卡片】

> ★ 教学实施基本步骤就是教师根据语文的目的和要求及学生身心发展的特点,引导学生有目的、有计划地学习语文知识、开发智力、陶冶情操、完善人格的基本步骤。
> ★ 合理安排课堂教学环节是指在教学实施基本步骤指导下具体的实施环节。
> ★ 基本步骤宏观一些,教学环节具体、微观一些。

在教学目标已经确定的情况下,教学流程与环节紧接着就进入设计阶段。教学流程与环节是落实教学目标的具体过程。教学目标能否落实,教学效果如何,主要就看教学流程与环节的设计了。

教学实施基本步骤与教学环节的作用。

教学实施基本步骤是教师具体实施教学的预期安排,教学环节是预期安排的具体环节。

教学步骤与环节的意义与作用不可低估。它是使教学目标落实的根本实践举措。

教学步骤与环节对于教学内容来说,不是消极和被动的,它由教学内容而定,但在一定程度上又可以影响教学内容。

教学实施基本步骤与教学环节有常式与变式。

教学实施基本步骤与教学环节一般来说是相对稳定的,这是其常式。如最常见的阅读课教学步骤:解题—交代时代背景—简介作者—划分段落、概括段意—分析课文—内容总结与深化—写作特色分析。常见的复习课教学步骤:考点诠释—典型题目分析—方法指导—模拟训练—巩固深化。

教学实施基本步骤与教学环节并不是一成不变的,没有一种教学步骤可以万能。因此,还会根据实际情况进行变化,这是变式。

教学实施基本步骤与教学环节要注重解决预设与生成的矛盾。

教学实施基本步骤与教学环节在备课时已经进行了预设,但是在具体教学过程中,由于学生的回应、教师的发挥以及其他主客观原因,要进行相机调整,这是生成。教学不能生搬硬套地按照预设的程序去进行,而要科学调整,使教学效率最大化。

1. 教学实施基本步骤与教学环节确定的依据

(1)根据教学目标。

教学目标在很大程度上决定教学实施的基本步骤与教学环节。教学目标确定之后,就要围绕目标来设计教学步骤与环节,力求以最科学、最有效率的步骤环节达成目标。

【例3-1】

《哦,香雪》的教学目标设计

一位老师确定了以下目标。

知识与技能目标:

从语言描写和心理描写等角度欣赏人物形象。

过程与方法目标:

理解作品蕴含的感情,进而了解作者的意图,并从情节、人物、环境等方面对小说主题进行分析;通过本文的学习了解抒情小说的艺术特点。

情感态度与价值观目标:

理解小说折射出的改革开放的时代信息;学习文中主人公香雪的淳朴、自尊、执着与坚毅的品质。

那么,相应的,这位老师的教学基本步骤与环节也就大致确定,这些环节都是沿着有序地实现这些目标而展开的。

教学基本流程设计如下:

第一,新课导入。

由改革开放初期中国人民的风貌导入。

第二,初读感知。

① 让学生理解故事情节。

② 让学生理解香雪这个人物形象。

第三,深入探究。

① 探究文章的心理描写。

② 探究文章的环境描写。

③ 探究文章的时代价值。

第四,感悟哲理。

由香雪这个人物形象得到一些做人的启示,如要自尊、自爱、努力上进等。

(2)依据学生具体情况。

学生具体情况差别非常大,一定要注意根据学生的具体情况来安排教学步骤与环节。对于基础差的,环节可以少一点,内容讲慢一点,少一些延伸拓展;对于基础好的,环节可以多一点,内容讲快一点,多一些延伸拓展。通常来说,对于理科生,要善于用理性思维去引导,同时辅以感情的熏陶;对于文科生,要善于用感情渲染去感染,同时辅以理性的推理。甚至同一批学生,由于每一天的情绪、状态、能力反馈也不尽相同,教学步骤与环节也要因势利导。

2. 教学实施基本步骤与教学环节的表述

(1)教学实施基本步骤与教学环节的表述要具体、清晰、科学。

教学实施基本步骤与教学环节的表述归根到底是为具体教学服务的,因此一定要清晰、科学,避免笼统、含混、模糊。少用"导入""熟悉课文""梳理结构""整体感知""总结升华""课外阅读"等词语来表达,因为这些步骤太笼统,几乎放之"所有文章"而皆准,但由于不具体、清晰、科学,几乎就没有什么价值。例如,"导入"就应该说"用××名言导入""利用××诗歌导入""利用××小故事导入""通过做××游戏导入",等等。

(2)教学实施基本步骤与教学环节的表述要简洁明了。

教学实施基本步骤与教学环节要简洁明了,不要烦冗拖沓。例如,下面就是一个较好的基本步骤与教学环节设计纲要。

【例3-2】

毛泽东《沁园春·长沙》教学步骤

第一,出示一些关于长沙与毛泽东年轻时在长沙的图片,导入课文。

第二,简介"词"这一诗歌体裁。

第三,简介写作背景。

第四,诵读全诗,体会整体感觉,了解全诗结构。

第五,讲解上阕。

① 上阕写了哪些景物?描绘了一幅怎样的画面?

② 一切景语皆情语,那么上阕中融入了作者怎样的情感?

③ 此时,诗人面对美丽壮观的寒秋图,想到了什么?

第六,讲解下阕。

① 下阕为我们描绘了一群怎样的少年形象?

② 为什么这几句就能回答"谁主沉浮"呢?

第七,赏析与学习本诗的艺术特色。

① 情景交融的写法。

② 精妙绝伦的炼字。

(3)教学实施基本步骤与教学环节的表述要有弹性,考虑到实际教学可能出现的新情况。

教学是一个动态的过程,是一门互动的艺术,每时每刻都在不断地变化,因而实施基本步骤与教学环节的设计与表述不能是僵化的,而应该根据实际情况进行变化,要善于设计一种以上预案。例如:原计划导入之后学生就会产生浓厚的兴趣,结果却发现没有达到效果,那么就不要急于进入下一步,可以试图换一种方式再渲染一下。原计划齐读,结果发现学生愿意自己读,那么就应该当机改为让学生自己读。原计划读写结合,结果发现阅读教学完成后只剩下一两分钟,那么就要果断摒弃写的步骤或者把写的步骤转移到课外等。

 案例

一、案例示范和点拨

(一)案例示范

《再别康桥》教学实施基本步骤与环节设计

案例	点评
教学内容分析: 徐志摩是现代诗歌的重要作家,也是中学生比较熟悉的作家,对于文学比较爱好的学生都能够背诵本诗。《再别康桥》是新月诗派的代表作,意境优美,情景交融,韵律和谐,语言清新,具有一种飘逸的浪漫气质。它对于激发学生对现代诗的兴趣、引导学生体会现代诗歌的特色、学会品读现代诗歌具有重要意义。因此,要善于从一个更高的高度引导学生学习本文。	结合课文所在的单元及前后课文分析,有利于关注学生知识学习的连续性。
学生分析: 拟面向的学生是广州市一所市重点中学高一(2)班。班上学生的语文平均成绩大部分非常好,理解和鉴赏能力、自学能力、自主思考能力都很强,部分学生非常爱好文学,有几位同学还在各类报刊发表过作品。高一学生刚刚进入一个新的环境,进入一个人生的新阶段。正处于人生的花季,是一个喜欢做梦的年龄,充满热情与活力,对未来满怀憧憬,具有天然的浪漫情怀;当然也有时会有迷惘与失落。因而,这个时期对诗歌有一种自然的亲近感,喜欢通过读诗和写诗来陶冶情操,抒发胸怀,宣泄情绪。教学中要紧紧把握这一心理特征。 当然,高一的学生刚刚从初三的被动学习到自主学习的转变,现代诗歌真正深入的学习在初中并没有进行,因此要作适当的铺垫与引导。	明确学生层次、知识水平及学习特点,对确定教学目标与设置教学步骤有重要意义。
教学目标: (1)能力目标:学会如何鉴赏现代诗;初步尝试写现代诗。 (2)情感目标:引导学生热爱生活,抒发真挚情感。 教学方法: (1)诵读、联想、想象。 (2)读写结合。 教学课时: 两课时。	

续表

案例	点评
第一课时 一、导入 　　同学们回想一下,在你的生命中,有没有过一次印象深刻的离别? 告别家人,告别母校,告别朋友,告别老师? 大家静下心来回忆一下,想一想当时的情景,体验一下当时的情感,用比较优美的语言描述一下,和大家分享。 　　说到离别,不能不提中国现代诗歌史的一颗明珠,那就是《再别康桥》(板书)。作者是著名诗人徐志摩(板书)。康桥又叫剑桥,这里风光如画:清澈的小河,依依的垂柳,河上有古朴的小桥,水中有柔美的水草,河边是古老的教堂,别具风格的教学楼。这里人文气息浓郁,剑桥大学有几百年的历史,是世界文化学术中心,古老、神秘、充满梦幻色彩。徐志摩曾经三次来过这里,并且在此地学习了两年多,在这里挥洒着青春和梦想,享受着爱情的甜蜜与浪漫。康桥给了他太多的感动、灵感、激情。他说:"康桥的灵性全在一条河上;康河,我敢说是世界上最秀丽的一条水。" 　　1928 年 7 月底的一个夏天,诗人一个人悄悄来到康桥找他的英国朋友,遗憾的是他所熟悉的英国朋友一个也不在,只有他所熟悉的康桥,在那里静静地等待他,一幕幕过去的生活图景,又重新在他眼前浮现。11 月在归国途中,面对汹涌的大海和辽阔的天空,他写下了这次重返康桥的切身感受。那么,作者面对此情此景,抒发了怎样的感情呢? 又是如何抒发的呢? 二、诵读 　　(1) 首先老师范读一遍,学生对照课本正音。主要注意漫溯(sù),青荇(xìng),满载(zài)。 　　(2) 学生齐读全诗,把握基本内容。 　　诗人开篇点明再别康桥的题旨,然后回忆描写康桥的景物,回想在康桥的诗意生活,融入深深的眷恋,最后回应开头,进一步深化了眷恋之情。 　　(3) 指导诵读。 　　① 把握诗歌的感情基调:无比的喜爱,无限的眷恋,淡淡的忧伤。 　　② 注意节奏和重音。 　　③ 一定要把自己融入诗歌情景中,与诗人产生共鸣。 　　例如: 　　轻轻的我走了, 　　正如我轻轻的来; 　　我轻轻的招手, 　　作别西天的云彩。 　　那河畔的金柳, 　　是夕阳中的新娘; 　　波光里的艳影, 　　在我的心头荡漾。 　　④ 学生个人反复诵读,教师指导,最后请几位同学展示。	由"别"切入,引导学生进入离别的情境,并为后面的阅读与写作训练作铺垫。 以优美的语言引发学生的阅读期待。 简要交代写作背景,一般来说,抒情类的文学作品,背景非常重要。 教师范读是最有效的示范。 齐读的主要目的是熟悉诗歌,增进理解。 初步理解是诵读的基础。 要体会诗歌的情感与美感,诵读是最佳的途径。 以下如何诵读要有细致的指导,还要有较好的示范。 要真正进入诗歌中与作者共鸣,一定要个人读。 两步走可以适应所有诗歌。 借助联想想象,散文化地化开文本。 精当的点评、欣赏。 由学生举一反三,注重合作学习。 有精到的指导。

续表

案例	点评
三、赏析 (1) 示范赏析。 　　诗歌的重要特点是精练性和跳跃性,所以读诗歌要善于运用联想与想象将它化开,精细地展示诗歌的意境。所以赏析过程可以分两步:第一步,借助联想想象,散文化地化开文本;第二步,精当地点评、欣赏,体会诗歌的妙处。以第二节为例,一个"金"字,写出了柳树在夕阳下的华美;"是夕阳中的新娘"用了一个比喻,形象地写出了柳树的婀娜多姿、妩媚娇羞、温润可人、充满活力。"新娘"一词给人的感受是幸福、甜蜜、希望,具有鲜明的中国文化特色。用女子来比喻柳树古代常见,但用新娘作比喻则非常新颖,暗含着诗人对自己在康桥恋爱经历的一种回味与祝福。"在我的心头荡漾"暗用了拈连的修辞,艳影不仅在水中荡漾,还在我的心头荡漾,富有动感地写出了我对柳树的深深的喜爱和沉醉。另外,柳在古典诗歌中有"留"的含义,更加深了诗人的眷恋之情。 (2) 学生仿照上面的示例,完成对其他六节的赏析,先自己赏析,再小组交流,最后请一些小组来展示。 重点: 第一节和第七节:三个"轻轻地"和两个"悄悄地"的叠音与反复的效果;首尾呼应的表达效果。 第三节:"招摇"的拟人色彩,"甘心"的直抒胸臆。 第四节:比喻之美,"揉碎""沉淀"的效果。 第五节:引导想象作者在康河中划船放歌的情景,体会诗人的快乐与酣畅。 第六节:"笙箫"在离别中的表达效果,"夏虫为我沉默"的拟人色彩,与第五节的对比效果。 四、拓展 　　知人论世是读诗的一个重要方法,让我们更多地了解徐志摩其人其诗,从而加深对《再别康桥》的理解。徐志摩(1896—1931),1920年赴英国,就读于剑桥大学,攻读博士学位,期间他于婚外爱恋林徽因,并于1922年3月与原配夫人张幼仪离异,但后来与林徽因没有结婚。1926年10月,与陆小曼结婚。1931年11月19日,飞机失事逝世,时年35岁。 　　他中国现代文学史上著名的诗人,可以说是新诗的诗魂。他是倡导新格律诗的新月诗派代表人物,主张诗歌三美:绘画美、音乐美、建筑美。他的诗歌具有一种忧郁的浪漫主义气质与优雅清新的美,融通了中西文化。 五、作业 (1) 课外阅读两首徐志摩的诗歌。 　　学生回家朗读,鉴赏,下节课在班上交流读诗心得感受,要注意运用今天上课讲的诵读、联想、想象的方法。 (2) 回家背诵《再别康桥》。	徐志摩的经历是学生很感兴趣的,适当介绍。介绍他作品特色,加深学生的理解。由课内向课外迁移。

续表

案例	点评
六、模仿写作 　　少年情怀都是诗,请"以一次刻骨铭心的离别"为话题,模仿《再别康桥》写一首诗,要抒发真挚的情感、营造美好的意境、锤炼精美的词句。　　　　　第二课时 　　开始五分钟,检查背诵,交流读诗心得。然后进入写作讲评环节。 写作讲评: (1)先由小组交流,互评。主要从以下几个角度评价。 ①是否抒发了真挚的情感。 ②是否营造了优美的意境。 ③语言是否优美,节奏是否和谐。 (2)小组推荐优秀作品在全班展示。 (3)教师对优秀作品进行点评,以鼓励为主,表扬优点,并指点提高的方法。 (4)班级推荐优秀作品在年级网、校报、文学社刊上发表。	趁热打铁,读与写结合,而且实践证明学生兴趣浓郁。 展示作品是最好的鼓励。 教师的观点与指导必不可少。 能发表可以更好地激发学生的兴趣。

(二)点拨

本教学设计在教学流程上有许多可圈可点之处。该流程由导入、诵读、赏析、拓展、模仿写作、写作讲评六大环节构成,紧围绕现代诗歌的文体特点,以诵读、赏析为核心,注重引导学生由读一首诗,学会读现代诗,进而模拟写现代诗,然后让同学们互相分享作品。整个流程由浅入深、由窄渐宽、读写结合,锻炼学生听说读写全方位的能力,培养和加深了学生对现代诗歌的兴趣,是一篇很不错的教学流程设计。

二、答题示范与讲解

(一)单项选择题

1. 下面是一位老师设计的课文《荷塘月色》的教学步骤与环节,你认为哪个环节不科学?请选出来。(　　)

　　A. 导入新课:讲述本文写于大革命失败后的背景,从而引导学生分析本文的主旨是反映大革命失败后的苦闷。

　　B. 解题:荷塘,指朱自清先生当时任教的清华大学清华园里的荷花池,是本文所要描绘的特定处所。夜色,点明了时间,是一个有月亮的夜晚。

　　C. 文章分析:同学们能给课文划分层次吗?能讲出划分的原因吗?通过这一步来把握文章的主要内容。

　　D. 语言欣赏:引导学生欣赏本文的形容词、叠音词、比喻修辞的表达效果。

【参考答案】A。

【答题解析】

本题考查的知识点是:能根据教学内容的特点与学生的实际确定教学步骤与环节。

四个步骤与环节都是需要的,但 A 选项的环节违反了教学规律,让学生先入为主,会对学生理解文章形成误导。此外,主题的表述也不准确,是一种教条主义的理解。

2. 教学《孔雀东南飞》,关于教学步骤与环节,下面提供了几种设计。你认为下面哪种设计适合重点中学?(　　)
　　A. 介绍"汉乐府"——诵读课文——理清故事——人物形象分析——主题总结
　　B. 诵读课文——解析重点词句——情节分析——主题分析
　　C. 检查预习——情节分析——人物分析——主题分析——写法分析
　　D. 检查预习——情节分析——人物分析——主题分析——写法分析——写一篇小鉴赏文章

【参考答案】D。

【答题解析】
本题考查的知识点是:能根据教学内容的特点与学生的实际确定教学步骤与环节。
四种设计其实都可以完成教学任务,但是重点中学要强调自学能力的落实和文本的深入挖掘,而 D 项有"检查预习"和"写一篇小鉴赏文章"的环节,可以达成相关目标。

3. 在一所基础一般的普通中学教学《阿房宫赋》[粤教版《语文·必修 2》(高中)第一篇古文],你认为以下哪一环节不合适?(　　)
　　A. 作者简介并解题,导入新课。
　　B. 课文主要内容分析,分层概括大意,归纳中心思想。
　　C. 体会铺陈手法在文章气势上的重要作用,学习本文铺陈的写法。
　　D. 将《阿房宫赋》与《六国论》相比较,分析在它们立论上的共同特点和独创性。

【参考答案】D。

【答题解析】
本题考查的知识点是:能根据教学内容的特点与学生的实际确定教学步骤与环节。
对于刚接触高中古文的高一普通学生来说,选项 D 的要求太高,目标难以达到,会让学生产生畏惧心理。这个环节是一个无效环节。

(二)教学设计题
题目:如果在一所基础一般的中学任教,请为下面的课文设计教学步骤与流程。

　　　　静女其姝,俟我于城隅。爱而不见,搔首踟蹰。
　　　　静女其娈,贻我彤管。彤管有炜,说怿女美。
　　　　自牧归荑,洵美且异。匪女之为美,美人之贻。

该诗为粤教版《语文·必修 1》(高中)第四单元诗歌单元的第一篇课文的第一首诗歌。

【答题解析】
本题是综合考查,对应的考点是"能根据教学内容的特点与学生的实际确定教学步骤与环节"。要注意的是,教学环节的确定与教学目标的定位紧密相关,自然也离不开对教材与学生情况的分析。
教学环节本身的设计要做到科学、清晰、明了,紧紧围绕教学目标去设计。

文本简析:本篇文章选自《诗经·国风·邶风》。这首诗的主题历来众说纷纭。《毛诗序》说:"《静女》刺时也。卫君无道,夫人无德。"方玉润说:"刺卫宣公纳妾也。"相比之下,朱熹之说意有创新,说它是一首"期会之诗"而不是"淫奔"。说明白些,这是歌唱男女幽会密约的民歌,描写了一对青年男女幽会时的情景,表达的是他们幽期约会时的淳朴、欢乐的感情。

这首诗是学生进入高中学习的第一首古代诗歌,对于培养学生阅读诗歌的兴趣、掌握诗歌的鉴赏方法具有重要的意义,因此,一定要注意精心地设计和引导。

学生简析:高一年级的学生,对新知识怀有浓厚的兴趣,又有一定的认知水平,所以老师要很好引导他们说出正确又独到的见解。教学方式及手段主要采用师生互动式,通过提问及讨论形成有效的课堂互动。另外,学生是程度一般的中学生,在基础方面要有所倾斜。

教学目标:① 了解《诗经》的有关文学常识,掌握文中重点文言词,锻炼学生的口译能力。

② 体会、感受《静女》的感情基调:男女主人公纯真、热烈的爱情,初步学会鉴赏古体诗,领悟古体诗的情趣和艺术魅力。

③ 通过《静女》的学习,掌握《诗经》比兴、重章叠句的艺术特色和顶真、双关的修辞方法。

教学流程:以下流程根据上述教学目标与学生实际来设计。

第一,导入新课。

① 通过回顾初中学过的《关雎》《蒹葭》导入。

②《诗经》简介。

第二,诵读感知。

通过反复诵读(个人读、小组读、全班读、分男生、女生读等形式)理解诗歌内容,熟读成诵,体会主人公淳朴热烈的恋情。

第三,课文研读。

① 疏通字词。

② 分析情节。

③ 分析人物形象。

④ 品味诗歌情感美。

第四,引导学生体会重章迭唱之美。

第五,作业设计。

① 背诵全诗。

② 将诗歌改写成优美的现代诗或散文。

(三)案例分析题

(1)题目。

请分析针对中等层次学校的《赤壁赋》教学设计[粤教版《语文·必修2》(高中)]中的教学流程。

【教材分析】

本文是粤教版《语文·必修2》(高中)古文单元的重要课文,并且是高考全文背诵篇目。文章虽然归到散文这一类别,但其中带有大量的骈句,是一篇骈散结合的"赋"。对于高一新生来说,他们在初中没有接触类似文章,因此要带领学生对骈散结合的特色进行体会。可以多采用诵读的方法。

【学生分析】

教学对象是高一学生,此教学设计针对中等层次学校的学生,其特点如下。

学习习惯:许多时候总是采取字字对译的方式来学习古文,对这种骈散结合的古文还没有形成科学的学习方式。

心理特征:对于苏轼,由于在小学和初中都学过一些作品,听过关于他的一些故事,还比较亲切,但缺乏真正深入的理解。

【教学目标】

① 知识目标:熟读并背诵课文,了解作者、写作背景和赋的相关内容,积累重要文言知识。

② 能力目标:合作学习,用文言视角解读文中景物描写与作者感情的关系,通过水月意象的变化体悟出作者超然旷达的心境。

③ 情感目标:探讨学习,通过同传统中国文人身处逆境时不同的自我解脱模式的比较中,肯定苏轼的达观精神,探讨这一精神在现实生活中的指导意义。

【教学流程】

① 课前预习。

A. 搜集材料,了解苏轼的生平及文章的创作背景。

B. 了解"赋"这一文体的相关知识。

C. 朗读全文,对照注释,疏通文义。

② 导入。

以苏轼的《江城子·密州出猎》导入,重点引导体会苏轼的达观精神。

③ 写作背景介绍。

乌台诗案。

④ 课文讲解。

A. 先讲一下骈文与散文的知识,二者在朗读上的差别。

B. 范读。

C. 学生自己朗读。

D. 关键地方的朗读指导。

E. 体会全文情感的变化:乐—悲—乐。

F. 体会全文情、景、理三者有机结合的特点。

⑤ 学以致用。

引导学生深入体会苏轼的乐观旷达。

提问：如果你是一个人才，却屡受打击，你会如何面对呢？那么苏轼又是怎么面对的呢？我们可以从他身上学习到哪些精神与做法？

⑥布置作业。

A. 反复诵读文章，尽量朗读成诵。

B. 认真阅读余秋雨的《苏东坡突围》。

C. 整理本文重点实词、虚词、句式、名句。

(2) 分析。

该案例教学流程能够在结合教材内容、学生情况，恰当地确定教学目标的情况下进行科学的教学流程设计，能较好地达成教学目标。教学流程由浅入深，符合教学规律，便于实际操作。

该流程首先是课前预习，主要是检测学生预习与了解文章的情况，然后以导入激发学生学习课文的兴趣，以写作背景的介绍增进学生理解文章的深度，然后进入到具体讲解。在具体讲解部分，先通过反复朗读读懂文章，然后通过体会全文情感变化来理解文章的情感，接着分析文章的写法，安排较有逻辑性。最后，布置作业。作业一方面是字词句的巩固，另一方面是背诵，还有课外有关写苏轼文章的评论，难易结合，课内课外结合，既巩固了课内知识，也提升了学生的课外阅读写作能力。整个设计比较符合高一学生的特点。

二、掌握语文教学基本形式和策略，组织好课堂教学

【考点】能根据教学内容的特点、学生个体差异和教学的具体内容采取恰当的教学形式和策略，合理安排教学环节，组织好语文课堂教学活动。

知识和能力点说明

【知识卡片】

★ 语文教学形式是指教学活动过程中教师和学生的组织方式及教学时间和空间的安排方式。班级授课制是最基本的教学组织形式，现场教学、个别指导等是语文教学的辅助形式和特殊形式。

★ 语文教学策略是指教师在教学过程中，为实现教学目标，依据教学的主客观条件，在一定的教学思想指导下所采用的教学方式、方法和技术的总和。

★ 语文教学策略是语文教学过程中各个教学环节实施的指导思想和方案。

语文教学策略是语文教学过程中各个教学环节实施的指导思想和方案，它是语文教师付诸教学过程实施的整体方略，包括合理组织教学过程，选择具体的教学方法、材料和技术，制定教师与学生所共同遵守的教学行为程序。

语文教学基本形式和策略的作用。

语文教学形式是教学活动过程中教师和学生的组织方式,以及教学时间和空间的安排方式。教学策略是实施课堂教学各环节的具体措施、方法方式和谋略的综合方案,是组织好课堂教学的具体谋划。

采取科学合理和灵活多样的教学形式和策略在语文教学实践中具有重要意义。教学形式和策略的选用要根据教学目标、教学内容和学情而定,反过来又直接影响教学目标的顺利达成和教学质量的高低。

语文教学策略的基本特征。

语文教学策略具有指向性、综合性、可操作性和灵活性等基本特征。

语文教学策略具有指向性。语文教学策略首先必须指向语文教学特定的问题情境、教学内容、教学目标,为实际的教学服务,不是主观随意的。也就是说,教学策略只有在具体的条件下,在特定的范畴中,才能发挥出它的价值,放之四海皆准的教学策略是不存在的。

语文教学策略具有综合性。语文教学过程是多种教学因素相互联系、相互作用的整体。选择和制定教学策略,必须统观教学的全过程,综合考虑教学各要素,整合具体教学方式、措施等的优化组合、合理构建、和谐协同。

语文教学策略具有可操作性。没有可操作性的教学策略是没有实际价值的。语文教学策略是针对教学目标和教学内容的具体要求而形成的具体的实施计划或实施方案,可转化为教师的教学行为,通过可操作的教学行为来达到教学目标。

语文教学策略具有灵活性。语文教学过程是一个变化的动态的过程,也是一个充满教学创新和创造的过程。因此,不存在一个能适应任何情况的一成不变的教学策略。教师必须根据不同的教学内容、教学目标和学生群体灵活选用和制定教学策略,在教学实施过程中,还应该根据教学的动态生成,灵活恰当地选择和改变教学策略。

制定和实施语文教学策略必须处理好教学目标、教学内容和学生情况三者的关系。

教学目标是课堂教学的出发点和归宿,教学内容是实现教学目标的载体,而学生是教学的服务对象和中心。制定和实施语文教学策略,必须综合考虑教学目标、教学内容和学生群体三者的具体情况,选择最优方案和策略,并在具体的课堂教学实施中根据教学生成灵活调整,发挥教学策略的最优价值,提高教学质量。

1. 选择和优化语文教学策略的依据

(1) 根据教学目标确定教学策略。

语文教学策略的选择具有很强的指向性,教学目标是选择和优化教学策略的首要因素。同一范畴的教学内容,由于教学目标不同,教学重点、难点各异,所选择的教学策略也因此不同,这样才能以科学高效的方法达成教学目标。

例如,同样是教学杜甫的诗歌,在粤教版《语文·必修3》(高中)古典诗歌单元《登高》的教学中,基于语文必修课程古诗文阅读的教学目标为"……要求学生精读一定数量的优秀古代散文和诗词曲作品,教师应激发学生诵读的兴趣,培养学生诵读的习惯",教学策略的选择应突出吟诵法,根据诗歌韵律和节奏,引导学生在诵读美读中感受古典诗歌的格律美、音韵美,激发他们的联想和想象能力,感受诗人情感,进入诗歌的情境,进而掌握鉴赏诗歌的方法,实现教学目标。而在粤教版高中语文选修教材《唐诗宋词元散曲》的《杜甫诗五首》教学中，针对高中语文选修课程是在必修课的基础上的拓展与提高，课程目标侧重于实际应用、鉴赏陶冶和探索研究等实际，选修课《杜甫诗五首》的教学目标就应该在诵读的基础上，侧重引导学生理解诗歌的思想内涵，探索诗歌的丰富意蕴，领悟杜甫诗歌独特的艺术魅力，获得新的阅读体验，并能对诗歌给予恰当的评价。这样，选修课的教学应注重采用自主探究、鉴赏研读的教学策略，教师引导学生讲读鉴赏其中的两首诗歌，掌握鉴赏方法和技巧，引导学生自主探究鉴赏其他三首诗歌，并可视教学实际和学情，整合网络资源，组织学生开展关于杜甫诗歌艺术风格专题的研究性学习活动，也可跟学校诗歌朗诵会、诗歌创作等文学社团活动紧密结合起来，将课内外教学融会贯通，教学目标也就水到渠成了。

（2）依据教学内容确定教学策略。

教学内容是实现教学目标的载体，也是确定教学形式和教学策略的重要依据。在高中语文教学中，古诗教学、文言文教学、现代文教学以及写作教学等不同类型的教学内容应采用不同的教学策略，甚至同一单元而文本具体特征不同的教学内容也应采用不同的教学策略。例如，古诗文教学侧重诵读，现代文阅读教学侧重引领感悟探究，有的文本教学重在感受语言特色，有的文本教学重在领悟精巧结构，有的文本教学侧重感受人物形象塑造和情感熏陶。

（3）依据学生具体情况确定教学策略。

学生是课堂的主人。以学生为中心，以学定教，是选择和优化教学策略的重要原则。离开了学生的具体学情，再好的教学策略都是空中楼阁。因此，采用何种教学策略，甚至于教什么、怎么教、教多少、评价教学效果等，在很大程度上是由学生或者学生的知识基础、经验、意向、需要、兴趣等因素决定的。对于起点较低的学生，应采用低切入点、逐步抬高的教学策略，先浅入、再深入、后浅出；对于基础较好的学生群体，设置问题应该具有一定的挑战性和思辨性，接近学生最近发展区，让课堂充满吸引力。在教学中还应该根据学生的具体表现，灵活调整教学策略，让学生的学习热情激发起来，情绪高涨起来，思维灵动起来，语文课堂才会有活力，才能实现优质高效的目标。

2. 语文教学基本形式和策略的运用

（1）坚持以学生为本，激发学生学习积极性。

以学生为本是语文教学的出发点。教学实践表明，学生的问题、困惑、思考、见解、兴趣、经验、感受、智慧等是语文教学的生长点。语文教学策略的选择和优化必须致力于如何点燃学生的激情，启迪学生无穷的创造力，教学策略的精当首先在于能够最大可能地激励、唤醒和鼓舞学生。我们在选择和实施教学策略的时候，一定要了解学生的思维，尊重学生的智慧，倾听学生的声音，爱护学生的好奇心和求知欲，激发学生学习和创造的热情。例如，针对现在高中生普遍对诗歌学习兴趣不高、对诗歌鉴赏理解较为肤浅的实际，有教师在教学现代诗歌单元的第一课时，采用活动教学策略，组织学生分小组合作，采用白纸现场设计作品表现不同颜色、表达抽象主题（如孤独、理想、追求），现场创作诗歌表达作品的内涵，每个环节进行展示交流，让学生在兴趣盎然的活动中感受和领悟诗歌通过意象表达抽象意境和情感的艺术魅力，培养了学生对诗歌鉴赏乃至创作的兴趣，提高了鉴赏理解诗歌内涵的能力，对诗歌单元的教学起到很好的铺垫和渲染作用。

（2）以问题为核心预设和组织教学。

在制定和实施教学策略时，必须以问题为核心预设和组织教学，语文课堂才能成为自主探究的课堂,才能焕发出勃勃的生机活力。例如,在教学《祝福》时,教师以问题为轴心的教学策略将各个环节的教学紧密联系有效推进,而且高潮迭起。在学生初读小说时,教师设计问题:为什么说祥林嫂是个没有春天的女人?以问题牵动对全文理解,凝聚阅读兴趣,提高品读质量。在品读文本的教学主体阶段,教师设计问题"课文共写了几次祝福,设想一下祥林嫂在每一次祝福来时都想说些什么?"这样,以问题形成教学活动板块,形成清晰的教学思路,激发学生参与讨论。在探究拓展的教学深化阶段,教师设计问题"祥林嫂是注定要往死路上走的,那么谁该为祥林嫂的死担负责任呢?"以问题引导学生深入思考,探寻文章主题、意义、风格,形成教学波澜,创造教学高潮。整个教学过程由问题导入,由问题引发探究、交流、拓展和总结,体现了以问题为核心预设和组织教学的有效策略。

(3) 抓住文本特征,品味语言特色。

语言是实施语文课程的基本载体。语文教学必须引领学生走进文本,深入文本,感受文本的语言魅力,从文本中挖掘语言训练点,习得语言的方法,获得情感的体验和思维的启迪。因此,语文阅读教学策略应该抓住文本特征,紧扣文本语言特色,实现教学目标。例如,在《项脊轩志》教学的解题导入中,教师提问:课文中写"项脊轩",除了称"轩",其他的字还有"阁""室",作者是随意用的吗?称"轩"带有怎样特殊的生活感受?这样的教学策略,一开始就能引领学生抓住文本语言,体会作者情感。在《阿房宫赋》的教学中,教师引导学生抓住骈赋经典文本特征,精选文中"一"和"多"两类数量词的运用细节进行品读探究,挖掘文本的突出特点,深入理解文言词句背后的深义,教出文章特色,使学生从中感受到杜牧哀叹声中的历史厚重感和悲壮之美,感受文赋的独特艺术魅力、感染力和意境之美,从而使语文课堂充盈着美感和生命活力。

(4) 推进师生对话,促进动态生成。

语文教学过程是教师、学生、文本之间的对话过程。良好的教学策略是推进师生开展深入对话,师生彼此分享生命的历程、生命的感悟,交流情感、心态、价值观的有效方略,是构建课堂对话"生命场"的平台和措施。在对话过程中,在恰当的教学策略维护和促进下,师生的思维、情感和价值观等相互交流和碰撞,演绎精彩的动态生成。

案例

一、案例示范和点拨

(一) 案例示范

《鱼书》教学设计及教学策略运用

案例	点评
一、整体设计思路 (1) 通过对《饮马长城窟行》这首古诗的回顾,让学生在熟悉的背诵中进入对文章的学习。 (2) 对《鱼书》标题进行解释,了解书信的相关常识。 (3) 整体感知文章,让学生通过讨论的方式对文章的结构、内容、写作意图进行整体感知。	

续表

案例	点评
（4）引导学生走进文本，体会赏析文本语言文白相间、典雅舒展的特色。 （5）通过课前准备的活动，让学生分享自己收到的同桌写给自己的信，分享心情，感悟作者的写作心情；并且通过美文赏读、观看相关视频，以及老师的总结来升华主题。 教学内容分析： 《鱼书》是粤教版《语文·必修2》（高中）第三单元拓展阅读的第一篇课文。本单元是散文单元，几篇文章都是议论散文，也都是从日常生活中容易被忽略的事物或者规律等方面入手生发成文，从而给学生启发性。希望学生通过这单元的学习，去发现和感悟生活之美。日渐隐没的书信这种交往方式逐渐被忽略，取而代之的是高速发展的网络通信方式。作家柯灵有感于此，写下《鱼书》。《鱼书》从自己懒于动手写信而导致亲朋好友来信逐渐稀少写起，通过"鱼书"这个话题来记叙写信的重要性。描述了现代社会书信往返的各种现象，并回忆了自己人生中与书信有关的三件小事。表达了作者对信的特殊情感以及对现代人不屑于写信这一行为的惋惜，抒发了他渴求朋友来信的心情。 本文词意恳切，感情自然流露的书信亦可成为文学隽品，并撷取了个人生活中一些值得吟味的人生片断，从中折射出对现实生活的思考，对以书信卖友求荣的社会病态的批判，对现代人不屑于写信的心理行为的惋惜及抱憾，自始至终洋溢着对弥足珍贵的友情的渴望。作者在流畅的现代汉语的行文中自如地穿插着文言词汇，不仅使所要表达的意思言简意赅，而且产生一种文雅、含蓄的修辞效果。 二、教学背景分析 学生情况分析： 高一学生经过义务教育阶段以及必修1的学习，初步具备一定的语文素养及一定的文学欣赏能力。对于散文鉴赏有一定的认识，但文章内容离现代生活较远，语言典雅，对于中层生为主的班级，必须讲究教学方法，不然学生学起来会感觉比较枯燥。考虑班级学生有学习的热情和动力，思维比较活跃，敢于发表自己的看法，可充分利用这个特点，以活动的方式激发他们学习这篇文章的热情，勾起学生们对书信的回味，激发他们对人类真挚情感的向往和赞美。此外，引导学生对书信的现状以及特点与发QQ邮件的方式进行比较，让学生对现代信息社会中情感交流方式进行辨证的分析，从而认识到书信这种传统交流方式的独特的美，更好地继承和弘扬传统文化。 三、教学目标分析 知识与技能：了解与《鱼书》相关的书信的常识，理解文中重点词句的含义及语言表达上文白相间、典雅舒展的特色。 过程与方法：通过讨论的方法对文章内容、结构进行整体感知，体悟到作者的写作意图。 情感态度与价值观：通过活动探究引导学生从书信的发展、变迁和现状中感悟人生与社会的演变，领会作者在对人间真情的呼唤探寻精神和对崇高友情的赞扬之情，让学生珍视书信文化深厚的距离美、情感美，并更好地继承和弘扬传统文化。	教学设计和策略运用主要抓住高一学生特点和高一语文教学目标制定，强调学生在课堂上发挥主体的地位，教师起引导的作用，通过活动和讨论的方式激发学生学习热情，抓住文本特征，注重品读语言和能力迁移拓展。 抓住文本特征，紧扣文本语言特色，引领学生走进文本，感受文本的语言魅力，习得语言的方法，获得情感的体验和思维的启迪。 对班级学生情况了解较为深入，根据学生特点选取教学策略。选择和实施教学策略一定要了解学生的思维，尊重学生的智慧，倾听学生的声音，爱护学生的好奇心和求知欲，激发学生学习和创造的热情。 教学目标的定位较为恰当，为选取和实施教学策略提供了依据。

续表

案例	点评
四、教学重点、难点分析 （1）理解文中重点词句的含义及语言表达上文白相间、典雅舒展的特色。 （2）领会作者在对人间真情的呼唤探寻精神和对崇高友情的赞扬之情。 课前准备： 提前一个星期给学生布置课前作业。在一周之内给同桌写一封信并交换信，说说成为同桌这三个月时间内自己的感想，以及接下去如何相处。上《鱼书》这一课的时候交流收到信后的心情。 导入： 同学们，看到"鱼书"这个标题有没有让你们想起什么？还记得《饮马长城窟行》这首诗怎么背吗？ 明确： "鱼书"一词最早出自古乐府《饮马长城窟行》中的"客从远方来，遗我双鲤鱼。呼儿烹鲤鱼，中有尺素书"。 题目讲解： "鱼书"是什么？ 古代人将机密信件或者情报用油纸封好塞入鱼腹中加以伪装后秘密传递，后经历代演绎，信使将密件塞入木制鱼状桶内，故称为鱼书桶，相当于今天的信封。所以鱼书就是信件。鱼书还有雅笺、诉书、华翰等美称。 五、教学过程设计 整体感知： （以下三道题展示在 PPT 上，学生分组任选一道进行讨论。） （1）给文章分段。 第一部分（第 1 自然节），作者由"生活是容易改变人的"开篇，引出"由于自己疏于写信"，以致"朋友来信稀少"，想到了友情的重要。 第二部分（第 2~6 自然节），作者由"友情的重要"写到"鱼书"的重要作用。 第三部分（第 7~10 自然节），作者选取了三个事例（友情聚散、一首歌曲的踪迹、匿名信），说明书信不仅可以表达情感，而且书信里保存了一些值得吟味的人生小景。 第四部分（第 11 自然节），作者总结：写信或收信是其乐无穷的事，它能给人们带来"温情和欣慰"。 （2）作者写了自己在现实生活中与书信有关系的哪三件事？ ① 与善良敦厚友人的分道扬镳。② 浪迹天涯的朋友间的奇异缘遇。③ 遭匿名信暗算的痛苦经历。 （3）作者写到了"鱼书"这篇文章的意图是什么？ 鱼书往返是友情的具体表征；邮政的发明，是近代文明对人类的恩泽；书信往来，可以起到滋润感情的特殊效果；有些书信，会成为文学的隽品。从而表达了作者对信的特殊情感以及对现代人不屑于写信这一行为的惋惜，抒发了他渴求朋友来信的心情。 品味语言： 选择你认为最能体现本文语言特色的句子进行赏析、交流和展示。例如：	教学重点、难点也是教学策略运用所要重点突破之处。 重视课前预习和有针对性的课前教学活动安排。这一策略运用，可以通过活动交流收到信封时的心情，勾起学生们对书信的回味，激发他们对人类真挚情感的向往和赞美，并促进同桌间的交流，增进友谊，改善班风。运用温故而知新的方法，让学生在熟悉的语境下进入对新课文的学习，引入自然。 题目讲解可加深对"鱼书"的概念的认识，拓宽学生的知识面。 采用小组合作学习形式，组织学生讨论交流和展示，进一步体现以学生为本的教学理念和策略。 从文本内容出发预设问题，引导学生从整体上把握文本结构。 通过整体感知，对文章内容进行了解，感悟作者的写作意图。 引导学生走进文本，自主学习探究和交流，体悟语言特色，感受语言魅力。通过具体的典型例句，感受文白相间，言简意赅，典雅含蓄的语言魅力，增强表情达意的力度和深度。

续表

案例	点评
（1）朋友的来信也日渐稀少，门前冷落，绿衣人踪迹久疏。 　　化用白居易的《琵琶行》里的"门前冷落鞍马稀，老大嫁作商人妇"，作者取"门前冷落"之孤寂、冷落的意境，表达他的心境。 （2）给远在他乡的友人写信，心驰神往，仿佛剪烛西窗，促膝长谈心情畅适，近乎薄醉。 　　此句化用唐代李商隐的《夜雨寄北》："何当共剪西窗烛，却话巴山夜雨时。"原诗表达游子盼望归后与爱人一起"共剪西窗"的美好愿望。作者化用，来表达与"远在他乡的友人写信"的心情，这种情景再合适不过。 （3）千里睽违，只要借几行雁羽，便能将一曲衷情，寄予远人，使彼此快如觌面。这一句话文白兼及，含弃了一些通俗的白话词语。如：用睽违而不用分离，含书信而取雁羽，取觌面而弃用见面。 探究活动： 学生可以任选以下一个问题进行回答。 （1）你愿意与全班同学分享你在上个星期收到的那封信的内容吗？ （2）你收到信的时候心情是怎样的？在此之前有没有写信的习惯？有没有收到过同学寄给你的信？ （3）你觉得现实中收到同学给你的信的心情与网络上QQ收到邮件时心情是否一样？ 美文赏读： 朱铁志：《云中谁寄锦书来》。 作业布置： 　　搜集有关书信的诗句，并结合最有感触的诗句，展开想象，描绘出诗人看信或写信的心理状态，字数80～100。	 　　采用拓展探究的教学策略，让学生亲身体验感悟，从行动上意识到写信能起到滋润感情的特殊效果，感悟到作者的写作意图；同时能够增进同桌之间感情的交流，培养良好的同学关系。 　　美文赏读，深入发展和迁移，拓宽学生视野，进行比较阅读，启迪思维。 　　采用读写结合的策略设计和布置作业。

（二）点拨

本教学设计在教学策略运用上灵活恰切，围绕教学目标，从高一中层学生的实际情况出发，通过课前为同桌写一封信活动，激发学生学习兴趣和动机。在教学过程中，抓住文本特征，引领学生体悟文白相间、典雅含蓄的语言特色和魅力，采用对话讨论、合作探究、交流展示、扩展延伸等教学形式和策略，教学方法灵活多样，有精巧的问题设置，有动态生成的空间，使学生在课堂教学中既习得语言的方法，又获得情感的体验和思维的启迪，为达成教学目标奠定坚实保障。

二、答题示范与讲解

（一）单项选择题

1. 著名教育家陈钟梁先生执教《荷花淀》"夫妻话别"一段时向学生提出：水生嫂有句话："你走，我不拦你。家里怎么办？"当年有个印刷厂粗心地将中间的句号改成了逗号，孙犁得知后认真地说："这是原则性错误！"陈钟梁先生问学生，为什么孙犁会把这个问题提到如此严肃的高度？若只用标点符号的知识去分析，只就这句话孤立地分析，用逗号也未尝不可，可作者为什么说"这是原则性的错误"呢？

下面对这一教学片断的教学策略运用评述不正确的一项是(　　)。

A. 以问题为核心推进教学,在看似无疑处设疑,激发学生的探究热情。

B. 引领学生深入文本,体悟语言,从而体味出人物的态度、意志、品格和精神面貌。

C. 创设对话情境,形成教师、学生、作者以及文本资源之间的对话平台,激发课堂的动态生成。

D. 展现教师的博学与精彩,对文本进行了很好的拓展延伸。

【参考答案】D。

【答题解析】

本题考查的知识点是:能根据教学内容的特点采取恰当的教学形式和策略,组织好语文课堂教学活动。

教学片断中教学策略的选取和实施精妙之处在于教师巧妙的设问和情境创设,教师提问的切入角度虽小,但思维张力极大。问题设计来源于文本又跳出文本,有课文中女人的那句话,有印刷厂的失误,有作者孙犁的评判,创设了很好的多方对话平台。教师的博学是教学取得成功的前提和基础,但是教师的精彩表现并非是教学策略实施的重点所在,更不是课堂教学的唯一。本教学片断的最大成功在于教师精妙地从一个细节入手,引领学生深入思考探究,主要不在于拓展延伸。因此,D项是错的。

2. 下面对教学粤教版高中语文选修模块《唐诗宋词元散曲》中的张若虚《春江花月夜》一文的教学策略制定和实施不恰当的一项是(　　)。

A. 以"感受诗歌的美"为教学目标,以诵读促品读,让学生在诵读中感悟诗歌的音韵美与意境美,引导学生从景到理,从理到情,梳理明确诗人创作思路,开展深入师生对话,启发学生深入思考。

B. 以本诗"孤篇压全唐"的特殊历史地位为切入点和线索,引领学生披情入文,形成月之景、月之思、月之情三大教学板块,突出本诗的独特之处。

C. 充分利用多媒体教学手段,以多媒体动画和声像反复呈现模拟诗歌蕴含的美丽图景,给学生以直观的感受和视觉冲击,激发学生的学习热情,营造热烈的学习气氛。

D. 以评价诗歌的标准为切入点,引导学生从语言、意境、构思、立意四方面鉴赏诗歌,体会诗歌的哲理——对人、对月、对宇宙的叩问。

【参考答案】C。

【答题解析】

本题考查的知识点是:能根据教学内容的特点采取恰当的教学形式和策略,组织好语文课堂教学活动。

语文教学策略的制定和实施必须指向语文教学特定的问题情境、教学内容、教学目标,为实际的教学服务,要抓住文本特征,体悟语言魅力,激发学生学习激情,但不是为了课堂热闹而偏离教学目标。C项过分注重多媒体教学辅助手段的使用,用多媒体直观教学代替学生想象和联想,会造成喧宾夺主的后果,影响教学目标的达成,教学策略选用和实施不当。其他三项均符合教学规律要求,是各有特色和个性特点的教学策略选择。

(二)教学设计题

(1)题目：采用恰当的教学策略，突出文本某方面的特点，为粤教版《语文·必修1》(高中)《我与地坛》一课设计主要教学环节，并对预设的每个教学环节和策略作简要说明。

(2)讲解。

本题是综合考查，对应的考点是"能根据教学内容的特点、学生个体差异和教学的具体内容采取恰当的教学形式和策略，合理安排教学环节，组织好语文课堂教学活动"。制定和实施语文教学策略必须综合考虑教学目标、教学内容和学生群体三者的具体情况，选择最优方案和策略，并在具体的课堂教学实施中根据教学生成灵活调整，发挥教学策略的最优价值，提高教学质量。

史铁生的散文名篇《我与地坛》感情深挚，语言凝练朴实，可以从不同角度切入进行教学。品味语言是语文课最基本的任务，结合高一学生对文本语言的把握能力，从总体策略上，本设计抓住文本特征，从语言的角度出发，把教学目标定位为引导学生体会景物描写中的感情基调，梳理作者认识生命意义的变化轨迹，感受作者的处境、个性、思想特点与语言表达的关系，提高学生的语文感受能力、学习能力和鉴赏能力。主要的教学环节包括以下方面。

第一，阅读文本，整体感知。

课前可布置预习任务：

① 描述阅读课文后的主要感受。

② 找出你认为描写地坛景物的印象深刻、描写精彩的语句。

③ 把握课文大意，分清课文结构，说说课文蕴含的主要基调是什么。

教学策略说明：通过学生完成预习任务，整体感知文本，带动学生积极的主体体验，尽早进入文本，为深入学习做准备。

第二，交流讨论，体味语言。

检查预习情况，引导学生聚焦课文的景物描写，组织学生交流画出的描写景物的语句，讨论交流感受，探讨作者在文章中对自身生存状况、对生命意义的思考。

教学策略说明：通过反复阅读课文中的三处景物描写，初步领会这些景物的特点。在整体感受以后，及时转入既定教学目标和内容，注重体悟语言，提高课堂教学效率。

第三，深入文本，探寻规律。

组织学生讨论交流：文本中景物描写的特点与作者的情感、认识的关系。

① 总结归纳课文中三处景物描写的特色，鉴赏其景物描写的长处及方法。

② 分析三处景物描写所体现的精神状态，从文中找出相对应的议论，分析两者有何内在联系。

③ 体会和总结归纳课文的景物描写蕴含的感情色彩与作者的思想认识、精神境界变化的关系。

教学策略说明：教会学生举一反三、触类旁通的学习能力是语文阅读教学的重要任务。本环节的教学策略选择正是基于这一考虑，不但要使学生懂得课文的语言特点，还要进一步懂得其所以然。使学生在具体的语言现象的品味中发现知识和概念的内涵，建构自己的知识结构。

第四，把握主旨，感悟生命。

① 找出文中直接表达作者对生命思考的语句。

② 讨论地坛对于作者的意义。

③ 体会"精神家园"与人的精神成长、精神健康的关系。

教学策略说明：语言是表达思想内容的载体。阅读教学就是要从对语言现象的把握，最终落实到对文本整体的把握，完成从语言到思想情感的升华，使语文学习不断引向深入，实现教学目标的达成。

第五，布置作业，拓展延伸。

阅读补充材料中《我与地坛》的其他有关文段，概括作者对母爱的认识过程。

教学策略说明：通过作业布置深化学习，有效延伸课堂学习内容。

（三）案例分析题

案例：有教师在教学朱自清的散文名篇《荷塘月色》时，设计并实施了以下一系列教学活动，请分析其教学策略选择和实施的优缺点。

（1）多媒体放映荷花照片。

（2）配乐朗诵关于荷花的经典诗词。

（3）组织学生讨论归纳荷花的主要特征。

（4）让学生交流讨论：图片中的荷花、诗词中的荷花、课文中描写的荷花有何异同？

（5）组织讨论：阅读课文《荷塘月色》后，自己联想到什么？

（6）组织讨论：自己的联想和朱自清在荷塘月色中的感受比较分析。

（7）教师总结，布置作业。

分析：

该案例中教学策略的选择和实施的优点主要是突出了学生的主体地位，通过多种教学方法和手段激发学生的积极主动性，采用了多媒体展示、朗读教学、讨论交流、开展多元对话等教学方法和方式，同时教学环节比较完整，有引入、有阅读、有讨论、有质疑，有总结和布置作业，课堂结构完整。

该案例教学策略上存在的问题有：教学目标不够突出，开展的一系列教学活动未能紧密围绕一个明确的教学目标系统地进行。《荷塘月色》的教学目标和切入点有很多不同角度，针对荷塘的细腻描写展开教学也可以，但在具体教学活动设计和实施中就要围绕这一主线展开，不必贪多求全，不应使用过多的教学花招。同时，对媒体的使用必须恰到好处，不能用视图代替学生想象和联想，引领学生走进文本、深入文本，体悟文本语言，才是语文教学的最基本内容。[①]

---

① 郑桂华.网络环境下的学习游离现象与教学控制策略[J].上海教育科研，2004(3)：42—44.

三、根据不同课型(讲读课、自读课、活动课)运用恰当的形式和方法

【考点】能够根据高中语文的不同课型(讲读课、自读课、活动课),运用恰当的组织形式和教学方法,指导学生的学习。

知识和能力点说明

【知识卡片】

★ 讲读课:讲读课是在老师的组织下,学生为主导学习的课堂,教师利用语文课中的讲读课文,依照新课标的要求,引导学生阅读经典的课文,培养学生的道德情操,指导、训练、培养学生的阅读能力。

★ 自读课:自读课是以学生自学为主的阅读课,要求学生在课内或课外自我阅读完成学习任务,其目的在于培养学生独立的阅读能力和独立的阅读习惯。

★ 活动课:主要是指语文教学过程鼓励学生主动参与、主动探索、主动思考、主动实践,目的是促进学生整体语文素养的全面提高,建构具有教育性、创造性、实践性、操作性的学生主体活动的教学形式。

★ 不同的课型有不同的组织形式和教学方法,教学活动中,教师要根据不同的课型运用恰当的形式和方法。

  讲读课是语文课堂教学的核心课型,而自读课和活动课是讲读课的补充,三者相互融合,共同为培养学生的综合语文素养发挥作用。

  自读课的教学是语文教学的重要组成部分,与讲读课相辅相成,构成语文单元教学的整体。现行教材编排大量的自读课文,旨在引导学生把讲读课文中学到的知识,在自读课文中加以应用,从而达到在应用中巩固、提高和发展的目的。只有重视自读课的教学,才能使学生把讲读课中学到的知识迁移到自读课中。因此在设计自读课型的教学时,应以讲读课的内容为基础,引导学生发挥主观能动性,使学生通过独立阅读,在思想水平、认识水平、分析理解能力、鉴赏能力等诸多方面真正获得进步。

  教师在教自读课文时,必须把阅读的自主权还给学生,着重传授自读法的方法。自读课教学中教师必须采用自主、合作和探究的学习方式,组织学生开展学习活动。当然,我们在要求把学习的自读权还给学生的同时,老师作为教学的主体,应注意不能让学生放任自流,不可不管不问,而应加以组织和引导,使学生正确、科学地进行知识的迁移,逐步培养自学的能力。

  活动课要遵循的原则有:以教材为指导,全体参与和自主合作相结合;重视学生兴趣和能力差异;活动内容多样。活动课的主要途径和方法有:灵活运用教材,充分利用课堂;结合新教材的活动单元和表达交流设计开展专题实践活动;善用"语文化"的生活情境;让学生学会评价。切实开展高中语文实践活动教学有助提高高中生的语文素养,实现全面发展的教育目标。

1. 讲读课常见的组织形式和方法

（1）讲读课的基本模式。

① 检查反馈。

课前布置预习，上课伊始检查、反馈预习情况。

② 整体感知。

从整体结构入手，通过预习、泛读，让学生对文章主要内容有个大致的了解。不要把字、词、句、段、篇孤立起来，而应围绕文章中心有机地联结起来，从整体结构上去认识，这样才能获得阅读教学的最佳效果。

③ 精细探究。

指导精读，在初步感知文章写什么的基础上，进一步赏析文章为什么要这样写，这样写有什么好处，从而达到领悟文章中心、结构、线索等问题的目的。通过精读，对文章的字、词、句、段进行深入的分析理解，从而达到对文章有更深层次的理解。

④ 拓展延伸。

学生在老师的引导下，以课文为中心点，进行作家、题材、文体、表现手法、结构特点、语言风格等多层面和多维度的拓展，以突破时空限制，适当地延伸知识，丰富学生感知信息和思维的层次。

⑤ 巩固训练。

教师布置与本节课相关的作业，引导学生进行迁移训练。训练是指思维训练，积累是指语言积累，这是阅读教学的终极目标，也是语文教学的重要目标。阅读教学是一种以理解为核心的思维训练，而思维的工具是语言，思维离不开语言，因此思维训练必须和语言训练结合起来。

（2）语文讲读课教学中常见的技巧。

① 朗读。

朗读是把书面的文字作品转化为口头的、能艺术化地表情达意的有声语言，以期产生强烈感染力的再创造。

朗读是语言教学的一个有机组成部分。课文朗读得好，学生对课文的理解把握更准确、深刻。某些语言只能意会不能言传，很难通过讲解来分析出它的意味，借助朗读就可以立刻感受到。朗读是一门艺术，对朗读把握得好，不仅能够创作出好的听觉艺术形象，而且还能通过朗读实践提高自己的艺术鉴赏能力。

朗读是一门技巧性强的教学艺术，处理得好，感染力也就强。所以通过朗读这种声音的艺术再现，增强对学生的感染力，进而提高学生的学习兴趣，调动他们的学习积极性。同时，教师对学生朗读技能的训练，又使他们更加认识到朗读的好处，体味朗读的艺术魅力，学生便会更加主动地参与学习。

② 问答。

课堂师生之间的互动交流，最主要的表现方式是师生间的问答。在语文课堂上，问答是师生、文本之间情感交流、思维碰撞的一种最为有效的对话行为。新课堂特别强调创设基于问题探索的对话情境，提倡运用质疑将学习内容巧妙地转化成基于问题研究的探索模式，有效创造思维教学发生的契机。将学生引领到主动求知、深入探索的路途上来,让学生在研究、比较、发现、创造、发展等一系列语文学习行为的基础上,层层深入、水到渠成地自己获取结论。

(3)语文讲读课教学中常见的方法。

① 启发点拨。

教师通过启发诱导教会学生提出问题、分析问题、解决问题,教师采用点拨、精讲、追究、讲评、总结等形式针对重点、难点适当点拨,使知识形成系统,便于学生的理解记忆,掌握阅读的方法。

【例3-3】

讲授《沁园春·长沙》[粤教版《语文·必修1》(高中)]一词,教师在引导学生品味"独立寒秋"一句中的"独"时,学生可能一时难以精准表达出来,教师可设置这样的题目:"'独立'能否改为'站立''直立'等词?"来启发学生的思维。在这样的启发下,学生很快就能回答出"独立"一词,写出一个奋发青年的坚挺沉稳的形象,显示了诗人砥柱中流的气概。教师同时还可以引导学生联系唐代诗人柳宗元《江雪》一诗中的"独钓寒江雪"。柳宗元政治改革失败,被贬永州,身处逆境,表露诗人与恶势力决不妥协的心志,"独钓寒江"与作者意境相似,当然封建士大夫与伟人的胸襟境界又不可同日而语。这样,学生对"独立"一词的理解就更深广了。

在引导学生品味词作的秋景时,可设置这样一道思考题:作者站在橘子洲头,看到一幅怎样的秋景?学生们与文本对话,找出相关描写秋景的词并对重点词语加以品味后得出结论:本词的秋景是绚丽多彩,生机盎然的。此时,教师可以这样启发学生:诗人笔下的秋与你平时读到的描写秋色的文章或者诗词有什么不一样的?学生往往会提出这样的问题:古人写秋多怨秋、悲秋,将秋写得肃杀苍凉、清冷惨淡。比如,"自古逢秋悲寂寥""万里悲秋常作客""秋风秋雨愁煞人"等,教师此时马上可以追问:为什么同样是秋景,在不同人的眼中,就有不同的意蕴呢?再次启发学生思考讨论。这样,诗词中"一切景语皆情语"的结论就这样自动生成,学生的印象会比较深刻。

② 讨论交流。

把课堂交给学生,使学生真正成为学习的主人,让学生在自读课中"读读、议议、思思、讲讲、练练",自己读书,互相议论,畅所欲言,各抒己见,逐步理解教材的内容,通过讨论交流,当堂理解、消化、吸收、巩固知识,课堂应成为学生的"学堂",而不是教师的"讲堂"。教师在教学中扮演引导、启发、点拨、解惑的角色。

【例3-4】

在讲授《杜十娘怒沉百宝箱》一课时,根据该课的特点以及小说的文体特征,可指导学生从几个方面对这篇文章展开讨论。首先,可从小说的情节入手,一般传统小说的情节常常分为:开端、发展、高潮、结局(有的还有序幕和尾声)。让学生们据此讨论归纳小说的情节。如果学生理解有困难,老师可以引导概括思路:谁做什么事?(有什么结果?)据此,学生可以得出如下归纳。开端:鸨母无义逼李甲,十娘有心欲从良。发展一:遇春仗义助好友,十娘真情随官人。发展二:孙富歹意破姻缘,李甲薄情卖佳人。高潮:痴情女怒沉百宝箱,薄情郎愧失心上人。结局：李甲追悔成狂疾,孙富担惊为怯鬼。

通过讨论,学生加深了对小说情节结构的理解,锻炼了概括能力,同时,也领会到古代章回体小说情节曲折的魅力。

在分析杜十娘的人物形象时,也可以指导学生进行讨论,教师可设置这样的题目：杜十娘是个怎样的人？估计学生会有丰富的答案,有的从外貌入手,"浑身雅艳,遍体娇香,两弯眉画远山青,一对眼明秋水润。脸如莲萼,分明卓氏文君;唇似樱桃,何减白家樊素"。得出杜十娘是一名美丽女子的结论;有的从她对李甲的角度来说她的热情与善良;有的学生会从她投江的情节来谈她的刚毅与坚强。在讨论中,学生畅所欲言、各抒己见,与文本的对话逐渐加深,学生自己成为课堂的主人。当然,教师适时的引导、启发也必不可少,比如,教师可在设置几个问题让学生讨论：

（1）为什么杜十娘要积攒百宝箱？

（2）杜十娘自己有银两,为什么不早告诉李甲,而让他为难？

（3）李甲筹集到银两赎出她后,她为什么还是不把实情告诉他？

（4）杜十娘为什么不选择走别的路,非要选择自杀？

教师的这四个问题,旨在引导学生深挖文本,从情节角度深入探究,把杜十娘的形象分析得更到位。同时,在学生充分讨论的基础上,教师可引导学生总结分析小说人物形象的方法：(1)抓住人物的特征(外貌语言动作心理细节等),(2)结合小说的情节分析归纳,(3)与小说中其他人物的比照：衬托、对比等。

为了深度解读小说的主旨,教师还可以设置这样的题目给学生讨论：杜十娘除了投河还有其他办法么？学生们会非常有兴趣地给杜十娘设计其他结局,但学生们也会认识到,在当时的背景下,杜十娘是没有办法改变自己的命运的,她的悲剧不是个人的悲剧,而是时代的悲剧,她的悲剧是必然的。

通过讨论交流,学生当堂理解、消化、吸收知识,课堂是学生的"学堂",学生们的主动性得到有效的激发,这正是讨论课的魅力。

2. 活动课的基本模式

语文综合活动课一般按"读—查—写—展—评"的流程实施教学。下面以粤教版《语文·必修1》(高中)第一单元的综合活动课为例,作简述。

第一步"读"。即以"发现自我、反思自我、超越自我"为目的,指导学生阅读教材基本篇目。

第二步"查",第三步"写"。第二步与第三步交互进行,即学生通过网络获得与基本篇目相关资源,如关于高考状元王海桐的基本资料,制作成王海桐成长历程简卡,之后对照自己,填写本人成长故事简卡。教师指导学生学习演讲稿写作方法,投示范文,学生写成自传演讲稿后上传进网络学习课件中。

第四步"展"。即成果展示,学生先用自传演讲稿进行组内演讲,之后每组推荐一名成员进行全班演讲比赛。

第五步"评"。即对展示过程的评价,评出优秀者给予奖励。设置"他人眼中的我"一栏,供学生小组内互评与老师评价。最后,学生完成网络课件"认识自我专辑"后上传到学校语文学习网站进行展示。

案例

一、案例示范和点拨

《我的家在哪里》教学实施步骤与环节设计

案例	点评
教学内容分析： 　　《我的家在哪里》是粤教版《语文·必修1》(高中)第三单元散文中的一篇，本单元所选的中国现当代散文，有的以叙事为主，有的以写景为主，也有以抒发内心为主的。散文的魅力来自于作家的真见、真知、真情，来自文字和谐的色彩，自然的节奏，淡雅而隽秀的韵味。因而，本章的学习必须反复阅读，用心品味，感悟所写之境，所言之情，着眼于学生未来发展的需要，还需在教学中培养学生的鉴赏能力，提高审美能力，掌握散文的写法。 　　《我的家在哪里》被安排在本单元第二篇，可见其典型性与示范性。本篇散文是冰心老人晚年所写，文章短小，语言明朗，纯净而感人至深。它能唤醒人们潜藏在心底的美好情感，让人也回念自己最初的家园。 学生分析： 　　设计者所属的学校是一所广东省国家级示范高中，区直属中学，学生学习能力较强，理解能力强，鉴赏能力在老师的点播下，能举一反三，自主探究氛围比较浓烈。本文语浅情深，学生应该很快可以读懂散文的内容，教师可通过诵读法、提问法、讲解法、讨论法等方法来让学生学会鉴赏散文，提高散文欣赏能力，进而掌握散文的写法。 教学目标： 　　(1)能力目标：理清文章思路，整体把握文章内容，深入理解作者的思想感情。深入领会语句的深层含义。 　　(2)情感目标：体会作者充满母爱和童真的思想感情。 教学方法：诵读法、提问法、讲解法、讨论法。 教学过程： 　　(1)整体阅读，了解基本内容。 　　①导入并板书课题："这节课，我们来学习冰心的《我的家在那里》。"(教师故意将"哪里"写成"那里")。 　　②问题预设：教师估计有学生发现老师写错了。于是课堂上将边修改边提问："为什么得写'哪里'而不该写'那里'呢？下面我们来齐读全文，请大家找出原因，好吗？" 　　学生齐读后明确：文章写我在寻找家的过程，并非开头就定下来的，所以要用疑问词"哪里"。 　　③教师紧接着问："那么，大家能不能概括作者寻家的过程？" 　　明确：先写我梦见童年时在寻家，再写我梦醒后寻家，最后写我寻到了灵魂深处永久的家。 　　(至此，学生初步了解文章的基本内容和基本线索。) 　　(2)揣摩语言，把握主旨。 　　①教师先顺着学生概括的线索设问："为什么说住着我的父母和弟弟的中剪子巷才是我灵魂深处永久的家？"并作点拨："要理解一个句子该怎么做呀？"	分析、关注学生学习的重点，培养学生散文能力。 　　学情分析，明确学生层次，确定教学目标、重点、难点以及教学方法。 　　找准切入点，设置问题，诱发学生思考，调动学生思维，迅速把握文章主要内容。 　　追问，将问题与课堂临时生成的问题进行整合，巧妙穿插，进行由浅入深、由此及彼的追问，形成严密而有节奏的课堂教学流程。 　　点拨，有利于学生用学过的知识，来解决问题，深化理解散文重要语句的能力。

案例	点评
明确：联系上下文。 　　② 学生自读，概括原因。 　　明确：联系上文，写"我"在梦中寻家，可见中剪子巷在我的心中有重要的地位。 　　作者说，连北京的前圆恩寺，在梦中也没有去找过，更不用说美国的娜安辟迦楼、北京的燕南园、云南的默庐、四川的潜庐、日本东京麻市区，以及伦敦、巴黎、柏林、开罗、莫斯科一切我住过的地方，偶尔也会在我的梦中出现，但都不是我的"家"！可见作者住过的很多地方顶多也只是在作者的梦中偶然出现，相比之下，中剪子巷令我朝思暮想，所以才是"我"灵魂深处永久的家。 　　③ 追问：还有其他原因吗？ 　　④ 学生没有做出回应时教师抛出另一个问题："第四段中，作者写到一位人物——文藻，与作者有何关系呢？" 　　明确：冰心的丈夫。 　　⑤ 教师继续追问："那么，作者为什么还要追问自己：'这是谁呀？'" 　　明确：从"中剪子巷里没有他！"可以看出，作者是要说明除了中剪子巷的家外，其他地方的家里连亲人也是陌生的，所以中剪子巷的家才是灵魂深处永久的家。 　　⑥ 教师继续追问："那么，为什么要写到自己对朋友的戏说呢？"学生如果一时无法做出回应，教师便将问题化小："文章的最后作者说自己是'无顾无虑，无牵无挂，抽身便走的人'，作者真的是无牵无挂吗？" 　　明确：不是，作者牵挂不断、朝思暮想的"家"，也就是中剪子巷的家。 　　⑦ 教师追问："那么，作者又对什么东西无牵无挂呢？"学生如果一时无法做出回应，教师可以继续引导："大家从作者的叙述中可了解到现实社会的什么现象？" 　　明确：夺权、罢官、降级、罚款、毁旧等这些现象。 　　⑧ 教师追问："那么作者写自己无牵无挂的是社会中的污浊现象，有何用意呢？" 　　明确：与朝思暮想的家形成对比，突出朝思暮想的家的不污浊。 　　⑨ 教师追问："不污浊的家又有何特点呢？" 　　明确：从"住着我的父母和弟弟"这个修饰语可见，朝思暮想的家应是充满父母之爱、有亲情的。 　　⑩ 教师追问："最后一句中的'家'为什么要加双引号？" 　　明确：应指特殊含义，这里的家特指有亲情之家。 　　⑪ 教师小结："真不错，能抓住修饰语来分析词语的含义。父母之爱与冰心的创作母题之一——母爱是基本一致的，'弟弟'则暗指其另一创作母题——童真，这都是冰心先生一生追求的，这一位世纪老人用其一生的追求告诉我们——要坚守真善美！这振聋发聩的话语，我们应铭记在心，这样我们才能踏实地走人生之路，我们的生活才会更美好！" 　　(3) 再次探究，赏析特征。 　　提问：这篇文章是如何体现形散神聚的特点？ 　　明确：文章先写我梦见童年时在寻家，再写我梦醒后寻家，最后写我寻到了灵魂深处永久的家。展开联想，由浅入深，揭示中心，从而体现散文形散神聚的特点。	把握适合的追问时机，引导学生继续深入思考"中剪子巷"令我朝思暮想的原因。 　　思维停滞时追问，通过降低难度或变换角度来提问，有利于引导学生循序渐进思考问题，让教学思维科学合理。 　　在深度备课的基础上，教师见缝插针地追问，体现了追问从简单到复杂的原则。通过几个逻辑紧密的设问，逐层推进，前一问题的解决，为下一个问题的解决作铺垫，学生在寻求答案的过程中，再次亲近文本，从文章内容把握到主题探究，形成一条稳定的链。 　　总结：回顾全文内容，总结散文特征，注重知识的自然生成。 　　用提问方式，师生共同总结全文。

二、答题示范与讲解

（一）单项选择题

1. 下列关于阅读教学的说法不当的一项是（　　）。

　　A. 阅读教学应"授人以渔"，让学生获得方法，比如，联系上下文、联系生活实际等，都是常用的阅读方法。

　　B. 阅读教学中要充分重视学生个体"读"的过程。初读，可感知整体；再读，便能深入理解；多读，就能透彻了解文本的内涵。

　　C. 阅读教学不能局限于教材，要增加阅读量，达到课内课外相结合。课外的阅读一方面可以弥补课内阅读量的不足，另一方面又可以扩大学生的知识面，拓展学生的思维。

　　D. 阅读教学要注重知识积累，阅读方法的积累，注重情感体验的积累，只有重视积累，才能达到厚积而薄发，提高阅读能力的效果。

【参考答案】B。

【答题解析】

B选项片面夸大阅读教学学生自主阅读文本的作用，而忽视教师的主导性，阅读教学活动中，教师的引导作用无法抹杀。

2. 下面是关于新闻《心随飞翔——中国首次载人航天飞行北京航天指挥中心现场目击》的导语部分的教学实录，你认为分析不正确的是（　　）。

例一：

师：谁来读第一句？

生1：读（语速快）。

生2：读（语速慢，重音突出）。

师：大家认为谁读得好？为什么？

生3：我认为第二位同学读得好，因为"神五"的发射是一件大事，所以这一时间有重要的意义，读得太快就不能突出它的重要性。

师：很好，能从诵读中品出其意，真不错。下面我们再把这一部分诵读一遍。

生：齐读。

师：这一部分是分行写，下面我们把它排成一个不分行的段落来读，大家感受一下，是分行写好呢，还是不分行的好。

生：齐读。

师：谁来谈一谈。

生4：我认为分行的好。因为句式短，读起来更显得急促，更好地表达紧张、激动的氛围。

例二：

师：这一部分写了什么事？

生：交代中国首次载人航天飞行任务正式实施。

师：渲染了一种什么氛围？

生：紧张、激动——

A. 例一：引导学生诵读，拖泥带水，未能开门见山，教学环节不合理。
B. 例二：教师用问题牵住学生的思维，学生只是在机械地分析中寻找答案。
C. 例二：学生自我揣摩品味的阅读过程的时间和空间被挤占了。
D. 相比之下，例一更能体现学生的主体性，学生在教师的引导下自然进入阅读过程。

【参考答案】A。

【答题解析】

引导学生自主诵读，由言达意，使学生自主品悟，采用自主、探究的学习方式。遵循语文阅读的规律，尊重学生主体。

（二）教学设计题

如果在一所程度一般的中学任教，请为下面的讲读课文设计教学步骤与流程。

雨霖铃
〔宋〕柳永

寒蝉凄切，对长亭晚，骤雨初歇。都门帐饮无绪，留恋处，兰舟催发。执手相看泪眼，竟无语凝噎。念去去，千里烟波，暮霭沉沉楚天阔。　多情自古伤离别，更那堪，冷落清秋节。今宵酒醒何处？杨柳岸，晓风残月。此去经年，应是良辰好景虚设。便纵有千种风情，更与何人说！

该诗为粤教版《语文·必修1》（高中）第四单元诗歌单元的第一篇课文的第一首诗歌。

讲解：

文本简析

《雨霖铃》是粤教版《语文·必修4》（高中）的作品，本单元所选皆为诗词杰作，展示中国古代文学的巅峰状态。按照新大纲要求，高中语文阅读的主要目的是培养学生鉴赏文学作品的能力，培养学生健康、高尚的审美情趣，提高学生的文学品味，并进而培养和提高学生的写作能力。因此，教学的重点是在整体把握诗词的思想内容和艺术形式的基础上，品味诗词的语言，鉴赏诗词的表现手法，感悟诗人蕴藏其间的情感内涵。

在群星璀璨的北宋词坛上，才情卓著但一生仕途坎坷不济的柳永是耀眼的明星之一。在不胜枚举的柳词中，《雨霖铃》便是其中为世人传诵的一首。这首词写的是他离开都城汴京（现在河南开封）时与一位红颜知己缠绵悱恻的别离情景。这首词是宋代婉约派的代表作。全词以"离情"为线索，用白描、铺叙、点染的手法，细致地描写了情人话别时留恋难舍的情景，反映了作者仕途失意的郁闷心情，景中见情，以情带景。其中的"杨柳岸晓风残月"被誉为千古名句。

这首写离情的词，可谓淋漓尽致，备足无余。全词围绕"伤离别"而构思，层次特别清楚，语言简洁明了。先写离别之前，重在勾勒环境；次写离别时候，重在描写情态；再写别后想象，重在刻画心理。三个层次，层层深入，从不同层面上写尽离情别绪，叹为观止。

学生简析

水平一般的学校的学生,理解能力一般,鉴赏能力不高,自主探究氛围不浓,需要教师用心营造学习氛围。《雨霖铃》作为一篇写与情人离别时的词作,内容本身对处于青春期的学生而言已有一定的吸引力。教师可用诵读法、讨论探究法等引导学生鉴赏千古美文的能力。

教学目标

(1)赏析词的意境,把握词中蕴含的思想感情。

(2)学习寓情于景、虚实相济的写法。

(3)了解婉约派词的基本特点。

教学重点、难点

赏析词中名句,把握词中蕴含的思想感情。

教学方法

(1)诵读法。

(2)讨论探究法。

课时安排

1课时。

教学过程

(1)导入。

出示幻灯片一:柳树图。

教师提问:图中画的是什么?

学生回答:柳树。

教师点拨:在中国的诗歌中,"柳"是一个蕴含着浓浓愁意的文化意象。或许是巧合,有一个人,他以这个字为姓,于是他的生命里,他的笔端都流动着一股浓浓的愁绪。这就是柳永。

出示幻灯片二:

柳永,原名三变,字耆卿,福建人。少年时去汴京应试,常与歌伎们一道生活,狂放不羁。仁宗闻其名,说:"此人任从风前月下浅斟低唱,岂可令仕宦!"遂落名。后卒于襄阳,死之日,家无余财,群伎合葬之于南门外。

点拨:皇帝的一句话,决定了柳永的命运,这是何等残酷!却给我们留下了不朽的篇章。今天我们就来学一学他的《雨霖铃》。

(2)粗略探究:总体感知,把握意境。

① 赏读(播放MTV),思考:韵脚有何特点?

明确:基本上押ie,属于平声韵。

点拨:押这种韵的词往往感情基调缠绵凄婉。

② 默读,圈画出有关意象。

明确:寒蝉、长亭、骤雨、兰舟;暮霭、楚天;杨柳、晓风、残月。

③ 根据这些意象,结合课文注释,想一想写了什么事?表达了什么感情?

明确:送别,离别的愁绪。

④ 小结:以上我们通过韵脚及意象,粗略了解了这首词的基本内容及表达的感情。那么,词人是怎样表达这种感情呢?我们可以进一步探究。

(3) 具体探究:赏析名句,探究写法。

① 朗读。

朗读指导,注意:节奏,如"寒蝉/凄切",特别是一字逗:"念/去/去,千里/烟波",韵脚应短促,上下片间的停顿应稍长。(师示范,生齐读。)

② 参照注释,理解词句的意思,圈画出你感受最深刻的词句,并想一想理由。

③ 学生讨论发言。

④ 教师重点讲析。预设讲析下面诗句,出示幻灯片三:逐一出示下面诗句。学生已讲得透彻的诗句,可不再讲。

诗句:寒蝉凄切,对长亭晚,骤雨初歇。

提问:交代什么内容?选用这些意象,有何特点?表现人物什么心情?

明确:交代了节令(寒蝉),时间(晚),地点(长亭),气候(骤雨初歇)。

写出了环境寒、冷的特点。蝉凄冷的叫声,再加上雨后的天气,更增添寒意,烘托"帐饮"时的悲苦凄凉的气氛,抒写出人物将别离时的痛苦心情。

诗句:兰舟催发。

提问:"催"字改为"待"字好吗?为什么?

明确:不好。因恋才必"催",写"催",突出依恋之深——不忍别离,但必须别离,于是痛苦之情油然而生。

诗句:执手相看泪眼,竟无语凝噎。

要求:展开联想,用自己的话描述出这一情景,体会人物的心情。

明确:分手在即,不胜依依,心中涌起的万千愁绪化成一团无从说起的哽咽。于是双手相执,泪眼相对,默默无言。可谓"此时无声胜有声"。

诗句:念去去,千里烟波,暮霭沉沉楚天阔。

要求:请用自己的话进行描述,体会人物的感情。

明确:在苍茫的暮色笼罩下,江面弥漫着淡淡的烟雾,一叶孤舟漂流无止,舟上站着孤独的词人,烟波迷茫,暮霭阴沉,楚天空阔,烘托人物无比寂寥怅惘的内心。

诗句:杨柳岸晓风残月。

要求:词人在这里选用了一组并列式的意象:杨柳、风、残月。请联系你读过的与这些意象有关的诗句,体会它们的特殊含义。

学生畅谈,教师补充。(出示幻灯片四)

A. 江上柳如烟,雁飞残月灭。——温庭筠《菩萨蛮》

B. 宝钗分,桃叶渡,烟柳暗南浦。——辛弃疾《祝英台令·晚春》

简析:A. 借杨柳、雁、残月这些意象,渲染一种阴沉、凄凉的氛围。

B. 古代女子和恋人分离时,把自己的发钗分成两股,各拿一股,作为纪念。这几句写的是男女别离的情景。"烟柳"既点出了离别的时间是在暮春时节,也渲染了悲凉、阴沉的氛围,流动出一股浓浓的离别悲情。

可见,这些意象往往与离愁有关。在这里,杨柳依依,晓风凄厉,残月欲落,组成一个凄清的画面,再加上别后的酒醒,不见情人的"我",便自然地流露出孤独之情和对团圆的渴望。

过渡语:本来,"举杯消愁愁更愁",更何况酒已醒,愁更浓,正如欧阳修说的"离愁渐远渐无穷,迢迢不断如春水!"第一天早上,离别之苦更浓。时间能不能医治这情感的创伤呢?

诗句:此去经年,应是良辰好景虚设。便纵有千种风情,更与何人说!

点拨:年复一年,想象中的美景无人共赏,想象中的情无人共诉,足见词人无比痛楚的心情。

⑤教师小结:以上我们着重赏析了这首词中的几个名句。

⑥主要写法赏析。

A. 这里我们很自然地想到王国维的一句话:"一切景语皆情语。"大家能否结合上面的赏析解释这句话的意思?

学生讨论回答。

教师小结:表面上似乎仅是写景,实际灌注了词人自己的感情,从而使物我合一,可见,本词也采用了情景交融的写法。(板书:情景交融。)

B. 本来,词人要表达情人间别离之苦,眼前之景,足够了,为何还要写想象之景?

明确:词人通过想象之景抒写离别后的孤独迷惘的心情,更能表明情人间感情之深,从而更能使人感受到送别时的依依不舍的深情。从而达到以虚衬实的效果,同理,实写依依,也使人更自然地想象到词人别后的孤独、痛苦的心情。可见,这里虚景与实景相互映衬,我们称这种写法为虚实结合。(板书:虚实结合。)

C. 以上,我们不但掌握了这首词在写法上的特点:情景交融,虚实相济,而且基本上感受到婉约派词的风格,请与苏轼的《赤壁怀古》比较,看看这两派的风格有何不同?在表达感情方面有何不同?

学生讨论。

教师小结:柳词柔婉细腻,苏词豪迈奔放。怪不得有人说柳词是十七八岁少女唱出来的,苏词是由关西大汉喊出来的。

齐读,注意重音,读出感情。

(4)迁移探究,巩固新知识(出示幻灯片五)。

阅读柳永的《八声甘州》,回答词后的问题。

对潇潇暮雨洒江天,一番洗清秋。渐霜风凄紧,关河冷落,残照当楼。是处红衰翠减,苒苒物华休。唯有长江水,无语东流。 不忍登高临远,望故乡渺邈,归思难收。叹年来踪迹,何事苦淹留?想佳人,妆楼颙望,误几回、天际识归舟。争知我,倚栏杆处,正恁凝愁。

① 写法上,词的开头两句与《雨霖铃》的开首句有何相似之处?
② 想象中,"佳人妆楼颙望,误几回天际识归舟",此句写出了"佳人"怎样的心情?请作简析。

学生思考回答。

教师点拨:

① 都是融情于景,情景交融。词人选用了"秋""暮""霜风""关河""残照"等意象,营造了一种萧条冷寂的气氛,烘托出人物思佳人时的痛苦心情。

② 词人运笔细腻,刻画了佳人在楼上盼自己归去的情景,她希望能辨出心爱的人的船只,但好几次,她认错了归舟,可见其急切的心情。

(5) 课堂小结:这节课,我们着重赏析了《雨霖铃》中的名句,了解情景交融、虚实相济的写法,并初步了解柳词的风格。

结合幻灯片六:

- 寒蝉凄切,对长亭晚,骤雨初歇。
- 兰舟催发。
- 执手相看泪眼,竟无语凝噎。
- 念去去,千里烟波,暮霭沉沉楚天阔。
- 杨柳岸晓风残月。
- 此去经年,应是良辰好景虚设。便纵有千种风情,更与何人说!

(6) 布置作业:背诵全词。

解题分析:

本设计由导入、整体把握、具体探究、迁移探究等部分组成,设计环节层层深入,科学系统,符合学生的认知规律。用"柳"导入,既是词人的名字,又结合本词的主要意象,有意蕴有内容;探究鉴赏能抓住主要意象,并挖掘出其主要内涵;名句的探究注重以学生为本,教师有效点拨,课堂气氛活跃,自动生成效果明显。知识传授、启发、讲解过程中注重对手法的总结归纳,给学生以深刻印象;知识迁移既能让学生了解词人不同的创作风格,也能学以致用,让学生运用所学的知识来赏析意象,并能运用"融情于景"这一表现手法。

同时,本设计注重阅读指导,让课堂书声琅琅;注重多媒体的适当运用,拓展课堂内容,又吸引了学生的学习热情。

(三) 案例分析题

案例: 阅读《我很重要》(活动课,1课时)。

阅读目标:引导学生树立自信,学会合作。

教学步骤:

(1) 导入活动:引导学生正视优点,树立自信。

创设情景:假如中考改革,要求将要升学的你向自己心仪的学校写一封信申请入学,你将如何推销自己?请在10分钟内完成该信。学生发言交流。

提问导入:既然每个同学都有这么多优点,那么你们喜欢自己吗?在生活中,你们认为自己重要吗?

(2)阅读活动:阅读课文,让学生朗读自己最喜欢的句段,并交流读后感受。
(3)交流活动1:思考课后练习一,学生发言交流。
① 题目是"我很重要",可一开始为什么用排比句式连续地说"我不重要"?
② 作者认为"我很重要"的依据是什么?请列点概述。
③ 课文中说:"人们常常从成就事业的角度,断定我们是否重要。"那么,作者从哪些角度来断定"我很重要"的?
(小结:每个人都是独一无二的,只有重视自己的人才会被他人重视。)
交流活动2:结合课本第4页中的漫画《不合作》,学生思考讨论:"我很重要"是否等同于"以我为中心"?该如何正确对待自己与他人的不同个性和关系?
(4)拓展阅读:《看轻你自己》(作者:易水寒,摘自《财智文摘》2004年8月)。
课外阅读思考题:两文的观点是否对立?为什么?你从这两篇文章中获得什么启示?
讲解:
该教学设计由导入活动、阅读活动、交流活动、拓展阅读四个部分组成,符合活动课的特征。课堂以学生为本,充分调动学生的积极性;结合议论性散文的特点,培养学生的分析概括和论辩能力;同时,让学生从文本中获得自我评价的多种能力。

四、指导学生课前预习、课堂学习和课后总结

【考点】能够根据学生语文学习的个体差异,指导学生课前预习、课堂学习和课后总结。

 知识和能力点说明

【知识卡片】

★课前预习,就是学生在教师的指导下根据教学目的合理地选择和运用恰当的方法进行课前自主学习的一种手段。
课堂学习,就是学生在课堂上通过老师的讲授分析以及发挥自己的主观能动性进行学习的一种形式。
课后总结,就是学生课后对课前预习和课堂学习的知识进行梳理归纳,以达到温故知新的有效方法。
★课前预习是前提,课堂学习是主体,课后总结是升华。

预习是学习的重要环节,对学习的影响非常大。它既可以扫清课堂学习的知识障碍,提高听课水平,还可以提高课堂笔记的针对性,培养学生的自学能力。在课堂教学中,要求教师必须鼓励学生打破常规,勇于标新立异,敢于质疑问难,为学生创设主动参与、主动学习的

教学环境,让学生充分感受、理解知识产生和发展的过程,激发学生合作交流、探究的积极性,培养他们大胆探索的思维品质。课后教师还要教会学生重新学习、理解、巩固当堂所学知识并查缺补漏,推陈出新。预习、学习、总结三者相辅相成,密不可分,只有把三者都落实好,才能真正把知识吃透。

1. 课前预习、课堂学习、课后总结的作用

(1) 课前预习的主要任务是复习、巩固有关的旧知识,初步感知新教材,找出新教材的疑难点,为学习新知识做准备。指导学生进行课前预习,对于培养学生的自学能力、理解课文内容、掌握教材的重点具有重要的意义。

(2) 课堂学习要让学生学会学习。指导课堂学习,就是通过语文教学让学生在获取知识的同时,掌握其方法,学会学习,进而获得终身受用的能力。教师必须为学生创设主动参与、主动学习的教学环境,激发学生合作交流、探究的积极性。

(3) 课后总结有利于新知识的巩固,也有利于建立新旧知识的联系。指导学生用恰当的方法进行课后总结可以提高记忆力,增强看书和整理笔记的针对性以及养成善于动脑思考的习惯。

2. 课前预习、课堂学习、课后总结的方法

(1) 课前预习三环节:读—画—思。读,要认真阅读教材,教材是最好的教案,是名人经典著作,要认真读。画,把不懂的地方画起来,这是听课的着重点。思就是思考,掌握课本的大概内容、知识结构、知识要点。

(2) 课堂学习三个环节:学生自学后质疑—小组合作讨论—教师以问题点拨解答,当学生掌握了这种方法,便让学生用学到的方法去探求未知,逐步形成能力。

(3) 课后总结要下功夫把笔记整理好。整理笔记时,先把上课没有记下来的部分补上;再把记得不准确的地方更正过来,以保证笔记的完整性和准确性;然后把笔记上记录的疑点弄明白,如果需要,把有关内容补进笔记本内。

3. 课前预习、课堂学习、课后总结要注意的问题

(1) 课前预习任务的布置不能太笼统,要具体,使学生好把握;预习要有方法指导,不能流于形式;预习要有具体的预习依据,才能使学生养成良好的预习习惯;预习要与第二天课堂有效连接;预习要有激励机制,提高学生预习的兴趣。

【例 3-5】

《琵琶行》第二课时预习提纲

预习目标:

① 背诵全诗(方法指导:可先复述内容,然后根据理解背诵)。

② 把握琵琶女人物形象特点。

③ 感受琵琶女沦落天涯后的悲苦。

这是学生预习的方向指导和预习后所要达到预习效果的界定,还是本课的重难点。在设计自学目标这一块内容时,要注意三维度目标的培养。同时,也可对学生进行具体的方法指导。例如,目标①要求学生背诵全诗,就有背诵方法的指导,而目标②③就是本课的学习重点。

收获与困惑：

学生在预习中的收获或遇到难以理解的地方，都在这一块内容中展现。"收获"让学生看到了自己的预习成果，提升了预习积极性，同时，也能把"困惑"带到第二天课堂上请教同学老师，促使学生共同进步，让老师也更加准确地把握了本课的重难点。

预习检测：

① 谈谈你对琵琶女的认识。

我读了（　　）段，觉得琵琶女是一个＿＿＿＿＿＿＿＿＿＿（性格）人。

② 说说琵琶女的琴声和身世为什么会引起诗人强烈的共鸣？

这一块内容主要是以问题的形式出现，这些问题的设计要以围绕"预习目标"反馈预习情况为原则，同时也是本课重点以问题的形式再现。学生通过做题得以强化、巩固预习成果，把握本课重点。

问题讨论：

说说诗人是如何表现琵琶女弹奏时的"声"和"情"的？

设计这一块内容的目的是让本课难点在"预习提纲"中有所体现和涉及，以便让"预习提纲"迎合那些学生成绩优异"吃不饱"的学生，这一块内容不对学生作过多的要求，可以让学生尝试自主解决，也可以带到学校与同学共同讨论解决，解决不了没关系。这一部分内容是教师在课堂上精讲点拨的重点内容。

（2）课堂学习中，教师应注重指导学生自主学习、合作学习和探究学习，将三者有机结合在一起，调动每一位学生的参与意识与学习积极性，让每一位学生掌握知识、提高语文学习成绩。

① 为学生提供充分的自主学习的平台。精心创设情境，激发学生自主学习兴趣。激发学生兴趣的目的在于为课堂提供一个良好的学习环境，使学生始终保持浓厚的兴趣，借此吸引学生的注意力，营造宽松和谐的学习氛围。促使学生自觉地、积极地、主动地去学习、探索。在高效的课堂教学中，教师要努力搭建好师生之间的感情桥梁，促进学生主动参与教学的整个过程，让他们变被动为主动地探索。

② 以合作交流、讨论作为课堂学习主要方法，提高学生的语言表达能力。教师是学生学习的参与者、引导者，始终把学生置于主人的地位，把学习的主动权、学习的大部分时间、空间还给学生，在学习共同体中教学相长。教师要以普通一员的身份加入和学生一起互动，教师要根据学生讨论、交流中出现的疑难问题及时给予引导和点评。

③ 运用探究式教学、展现语文高效课堂魅力。教师在课堂教学中，要培养和激发学生的探求欲望，使其经常处于一种探究的冲动之中。例如，教学《林黛玉进贾府》一课，设计如下问题：为什么凤姐人未到，声先闻？为什么凤姐有那么多媳妇、丫鬟围拥着？为什么凤姐彩绣辉煌，打扮得与众姑娘不同？为什么凤姐说黛玉：倒是个嫡亲的孙女？为什么凤姐能够瞬间转悲为喜？为什么凤姐对黛玉的关心无微不至？这些问题都是学生想要

搞清楚的,他们的探究欲望被激发起来了,于是有了探求的过程,在过程中培养了学生的探究情感。

(3) 课后总结要做好以下两件事。

① 看书时,可用彩笔把书上的重点部分、新概念或容易忽略的部分勾画标出,在书的四周空白处记下简要的体会,高度概括课文内容的语言以及有利于记忆、带提示性的语句,以便以后再看时,能迅速抓住要点,回忆起关键的内容。

② 整理笔记要使笔记线索清楚、中心突出、内容精练,并记录下有关的旧知识和容易出错的问题等。此外,笔记本必须具备个人的特点,应当根据自己对每个问题的掌握程度来决定笔记的详略。平时,要在整理笔记上花时间,但也不能占时过多,要根据实际可能提供的时间来决定整理笔记的深度和广度。在笔记本上可以使用一些符号,只要自己能看懂就可以了,以便节省时间。

 **案例**

一、案例示范和点拨

(一) 案例示范

《小石城山记》教学设计(节选)

案例	点评
教学内容分析: 《小石城山记》是人教版唐宋散文选读中的一篇古代散文。在形式上,字凝句炼,简洁明快,有强烈的节奏感和音韵美,善于抓住景物的主要特征来进行细腻的工笔描绘,很值得我们品味和探究;在内容上,把主观感受融入景物中,也善于以山水景色自喻,例如《小石城山记》以小石城自喻等,它表达了柳宗元怀才不遇的愤懑、摆脱现状施展才能的渴求和峻洁孤高的人格,对学生把握柳宗元山水游记的特点有很大的教益。	结合写作技巧和文章内容进行分析,有利于学生从整体上把握文章。
学生分析: 高二学生身心发展渐趋成熟,已经掌握了一定的阅读文言文的方法和必要的古代文化知识,可以大胆地放手让学生自己去学习和探究基本知识,将授课的侧重点放在诵读上,让学生体验各种不同形式的诵读,以读促学,以读生情,以读明理。 经过小学阶段和初中的学习,高二学生已经具备了一定的语文素养,个性倾向逐渐明显,所以,本课时将为学生创设良好的自主学习情境,帮助他们树立主体意识,以讨论为主,加强学生与学生、学生与教师之间的互动,利用多媒体和课本来组织和引导学生诵读、阅读和讨论,充分调动学生学习的积极性和主动性。	明确学生的学习情况,可以更科学地确定教学目标和选择合适的教法学法。
教学目标: 一、知识与能力 (1) 了解作者及写作背景。 (2) 积累掌握文中常见的文言实词及文言虚词的用法。 (3) 感受作者的胸襟抱负,体会作者的政治理想。	

案例	点评
二、过程与方法 (1) 让学生观看影视资料。 (2) 组织学生诵读课文。 (3) 落实重要的文言实词和文言虚词的用法。 (4) 讨论分析作者的思想感情。 三、情感态度和价值观 (1) 引导学生感受作者的胸襟抱负，体会作者的政治理想。 (2) 引发学生对人生价值的思考，对历史和传统文化的借鉴。 教学重点： (1) 诵读课文。 (2) 积累掌握文中常见的文言实词及文言虚词的用法。 教学难点： 理解柳宗元怀才不遇的愤懑、摆脱现状施展才能的渴求和峻洁孤高的人格。 教学方法： 新课标倡导自主、合作、探究的学习方式，所以，本课时学生将以小组为单位，进行合作学习，让他们在互动中提高学习效率，培养合作意识和团队精神。 教学过程： 一、创设情境，导入新课 　　唐宋山水游记散文放意于登临游览，寄情于山水泉石，形成了物我相融的意境和言志载道的风格。唐宋散文家在景物面前多了一份理性，多了一份载道和言志，在放情山水之外，更多的是人文关怀与志向的表白，这使唐宋游记散文拥有了一份厚重与深远。 　　在永州的 10 年，是柳宗元生平最为困厄、最为艰难，心情也最为孤独寂寞郁闷的 10 年，却使柳宗元的文学才华得到了强烈的激发，取得了一生中最光辉、最杰出的成就。 　　柳宗元被贬时期，心情极为悲愤、抑郁，他往往借山水景物抒发内心的积郁、悲情。虽然出游的快乐是短暂的，但毕竟能减轻他精神上的负累，而且他往往能把山水引为知己，与之同病相怜，从而宣泄内心的悲情。 二、检查预习，了解情况 (1) 通假字。 ① 其一少北而东； ② 更千百年不得一售其伎。 (2) 古今异义。 其上为睥睨梁欐之形。 (3) 词类活用。 ① 自西山道口径北； ② 其一西出。 (4) 重点译句。 其一少北而东，不过四十丈，土断而川分。 三、诵读欣赏，技法指导 (1) 首先老师范读一遍，学生对照课本正音。主要注意：逾、少、北、垠、睥、睨、堡、坞、疏、数、偃、仰、傥、更、伎。	导入从大处着眼，高屋建瓴，使学生对唐宋散文有一个整体的认知。 　　背景介绍，可以帮助学生理解作者写作的目的和表达的感情。 　　课前指导学生借助课下注释、工具书和网络等资源疏通文义，初步了解文章内容，并为课堂学习做好准备。

续表

案例	点评
（2）分别请男、女各一名学生选择一个段落朗读课文。在尊重学生的基础上,对每个同学的诵读做出适当的点评,发现他们的优点,指出他们的不足,多鼓励,少批评。 （3）以身示范,挑选刚才学生读过的一个段落,指导学生读准字音,读好节奏,读出感情。 （4）欣赏名家配乐诵读,营造诗意的氛围,激发学生朗读的兴趣。 （5）让学生自告奋勇自选一个段落进行诵读,鼓励学生展现自己的诵读技巧和才华,对表现好的同学不遗余力地褒奖,激发他们的自信心和成就感。 四、分组讨论,合作探究 （1）每组派一名代表把本组预习时遇到的疑难字词分发到其他各个小组。 （2）各组集合,通过课本、字典、网络等资源共同解决其他小组的难题,其间组员积极与本组其他成员进行交流和沟通,教师则可以在教室走动,随时为学生解疑答难,鼓励学生独特的、个性的、有价值的见解。最后各组整理归纳讨论的结果,得出结论,共同体验成功的快乐。 五、展示成果,评价归纳 （1）理解内容,分析鉴赏。 ① 两段文字在表达方式上有何不同? ② 小石城山的最主要特点是什么?请用一个字概括。特点具体表现在哪些方面? ③ 在第二段中以什么作为议论的话题? ④ 作者到底认为有没有"造物者"?他的思考经历了怎样的阶段?最后的观点如何? ⑤ 怎样理解作者对造物者的怀疑和否定? ⑥ 小石城山上的幽景奇石象征着什么? ⑦ 小石城山被冷落象征着什么? ⑧ 全文表现了怎样的思想感情? ⑨ 突出运用了什么手法? 学生讨论交流后,每个学习小组推选一个同学做主要发言人,投影其得出的结论。教师则要根据学生展示过程的结果进行适当的评价和点拨,尽量多鼓励,少批评,注意尊重学生的个人理解。 （2）主题升华。 ① 自然山水——人文山水。 A. 范仲淹《岳阳楼记》。 天下之忧而忧,后天下之乐而乐。 B. 欧阳修《醉翁亭记》。 醉翁之意不在酒。 山水之乐,得之心而寓之酒也。 C. 王安石《游褒禅山记》。 有志与力,而又不随以怠。 D. 苏轼《石钟山记》。 事不目见耳闻,而臆为民其有无,可乎?	古人说"书读百遍,其义自见",通过老师范读、名家诵读和自由朗读的形式来以读促学,以读生情,以读明理。 学生才是学习的真正主人,所以,教师不仅要鼓励学生进行个性化阅读,也要引导他们积极参与讨论,学会沟通、协作和分享。 教师要为学生创造共同研讨的氛围,引导他们勇于提出自己的见解,不断提高探究能力。 学生的课堂展示是学生在自主学习、合作交流的基础上,以小组或班级为单位,以一种自己擅长的方式汇报学习成果、展现自我的一个平台。这种展示不但以一种小巧、灵活、丰富的方式汇报了学生学习的收获,同时也为其他同学提供了学习借鉴的机会,更使学生本人的勇气和信心、表达与倾听等非智力因素得以锻炼,个人素养得以提升,更为重要的是为学生提供了被人关注和认可的时机,使他们能够在展示中获得成功的体验,在情感、态度和价值观等方面得以成长。 从学生近处出发,联系他们的生活实际,使他们更好地理解山水诗的写作特点和魅力所在。

案例	点评
②余秋雨《文化苦旅·自序》。 　　我站在古人一定站过的那些方位上,用与先辈差不多的黑眼珠打量着很少会有变化的自然景观,静听着与千百年前没有丝毫差异的风声鸟声,心想,在我居留的大城市里有很多贮存古籍的图书馆,讲授古文化的大学,而中国文化的真实步履却落在这山重水复,莽莽苍苍的大地上。大地默默无言,只要来一二个有悟性的文人一站立,它存封久远的文化内涵也就能哗地一声奔泻而出;文人本也萎靡柔弱,只要被这种奔泻所裹卷,倒也能吞吐千年。结果,就在这看似平常的伫立瞬间,人,历史,自然混沌地交融一起了…… 六、拓展迁移,板书小结 (1)探寻先贤足迹品味人文山水。 　　　　　　**香山寺** 　　　　　〔宋〕周敦颐 　　　前岁冬曾到,昨年春一临。 　　　人徒今昔想,佛泯去来心。 　　　法乳淙千涧,天花落万林。 　　　阶旁松听法,付尔是知音。 　　周敦颐(1017—1073),号濂溪,湖南道州人,宋代理学的开创者。官至广东转运判官,提点刑狱,以洗冤泽物为己任,肇庆的七星岩、德庆的三洲岩都有他的题留石刻。周敦颐曾在德庆三洲岩设"濂溪书院"开坛讲学。《爱莲说》为其不朽名篇。 　　　　**同陈使君登香山寺豁亭** 　　　　　〔宋〕李　纲 　　　渺渺烟波叠叠山,玉簪罗带回回还。 　　　雨余岚翠浓如滴,地险江流巧转湾。 　　　蟠磴迥临飞鸟上,片心聊与白云闲。 　　　峤南有此佳山水,尽在贤侯几案间。 　　李纲(1083—1140),字伯纪,号梁溪居士。邵武(今属福建)人;北宋政和年间进士,我国历史上著名抗金英雄。南宋高宗即位,用李纲为宰相。曾多次上疏,陈说抗金大计,始终未为采纳,壮志难酬,终年58岁。贬谪万安军(海南岛)途经德庆,登香山题《香山豁然亭》。 (2)板书。 板书设计。 ①品景——奇。 　A．小石城山的形状。 　B．山洞的深幽。 　C．树木山石分布的情态(树竹的奇坚,山石的有致)。 ②品情——造物者的有无(三个阶段)。 诚有—怀疑—否定。 ③品境(象征手法)。 幽景奇石——峻洁孤高的人格。 小石城山被冷落——遭贬不遇的处境。 思想感情——怀才不遇的愤懑,渴求摆脱现状施展才能。 (3)小结。 　　"仁者乐山,智者乐水。"自古以来我国许多文人把山水视为人的知音,每当登山临水就袒露情怀。他们触景生情,情与景交融在一起,往往写眼前之景,抒内心之情。随着时代的发展,社会环境的变迁,个人情况也各不相同,自然所抒的情怀也就有异。	 板书简洁明了,重点突出,便于学生理清文章脉络,回顾知识。 小结部分对山水诗进行了总结和概括,使学生可以从总体上对山水诗有一个了解。

续表

案例	点评
（4）作业。 请同学们选择自己家乡的某一处名胜古迹，收集整理有关人文山水特质的材料，再结合自己的感想，写一篇文章。 七、课后总结，归纳知识 （1）通假字。 （2）古今异义。 （3）词类活。 （4）重点实词。 （5）扩展字词。 ① 诚。 ② 更。 （6）重要虚词。 ① 其。 ② 之。 （7）重点译句。	以拓展迁移为目的的作业可以让学生对山水诗有一个更深刻的认识，讲练结合，促进学生养成举一反三的能力。 学习文言文，知识的积累特别重要。要教会学生积累知识的方法。"积土成山""积水成渊"。知识积累是能力提高的基础，有计划地进行积累，不仅可以丰富学生的古汉语的语言材料和知识，使之形成系统，而且也能转化为能力，提高文言文阅读水平。我们要求每位学生都准备一个笔记本，建立"文言知识库"，有计划、有重点、有针对性地进行整理。

（二）点拨

本教学设计兼顾了课前预习、课堂学习、课后总结三个环节，三个环节环环相扣，读、写、思相结合，既培养了学生团结合作的精神，也让他们在自主学习中可以见仁见智，充分调动了他们学习的积极性和主动性。文言文教学重在文言基础知识的积累，本教学设计不管是预习、课堂，还是课后都贯穿了这一宗旨。与此同时，教师还引导学生深入思考作者的感情，作品的意蕴，有效地实现了情感教育。此外，指导方法得当，可操作性较强。

二、答题示范与讲解

（一）单项选择题

1. 下面是一位老师在《登高》导学案中的课前预习设计，你认为哪个环节不科学，请选出来。（　　）

A. 给下列字注音。

渚（　）清　　霜鬓（　　）　　潦（　）倒

B. 解释下列字词含义。

猿啸哀：

渚：

落木：

繁霜鬓：

潦倒：

C. 预习检测。

杜甫,字(　　　),客居长安时曾住在少陵,所以世称(　　　　　)。又因为曾以检校工部员外郎衔充任节度使参谋,所以又称为(　　　　)。他是唐朝伟大的现实主义爱国诗人,有作品集《　　　　》。

D. 预习课文《登高》。

【参考答案】D。

【答题解析】

本题考查的知识点是:课前预习任务的布置不能太笼统,要具体,使学生好把握。D选项太笼统,没有具体的预习目标,也没有方法上的指导,学生无从下手。

2. 下面是《采薇》导学案中的课堂教学设计,你认为哪项不合理?(　　　)

A. 老师逐字逐句翻译,串讲课文。

B. 学生朗读,整体把握。思考讨论:这首诗表现了什么样的主题?

C. 赏析诗末章首四句,发表你的看法。

D. 明确特点,熟读成诵。

【参考答案】A。

【答题解析】

本题考查的知识点是:课堂教学中,教师应注重指导学生自主学习。

A项违背了学生才是学习的主体的教学规律,教师必须先树立新的教学观,改变自己传统的课堂教学方式,给学生提供展示的机会,鼓励学生大胆发表意见,敢于标新立异,把学生放在学习的主体地位上,充分解放其自主性、创造性。

(二)教学设计题

(1)题目。

针对较高层次的学生,为《锦瑟》设计一篇教案,要突出教师对学生课堂学习的指导作用。

锦瑟
〔唐〕李商隐

锦瑟无端五十弦,一弦一柱思华年。
庄生晓梦迷蝴蝶,望帝春心托杜鹃。
沧海月明珠有泪,蓝田日暖玉生烟。
此情可待成追忆,只是当时已惘然。

(2)答题。

文本简析

《锦瑟》一诗是人教版《语文·必修3》(高中)第二单元的讲读课文,而本单元是专列的"唐诗单元",众所周知唐诗是古典美学的象征,因而《锦瑟》一诗也处于相当重要的地位。又因为此诗的具体意境具有朦胧性,很多评论者都发出过"一篇《锦瑟》解人难"的慨叹,故而对此诗的理解有助于我们从更深层理解古典诗词的意境美,更有助于学生巩固本单元前面所了解到的古典诗歌的鉴赏知识和能力,即通过具体的诗歌意象把握诗人的情感特征,以透视诗歌本身的"境界"。

学生简析

《锦瑟》一诗按照教学进度的安排,是高二年级应该讲授的内容。对于高二年级的学生来说,正处于承上启下的时期,因而其知识水平,以及解决问题的能力急需得到恰当而且有效地提高。另外,对于他们的人生成长来说,也应该需要接触一些对生命底色有感悟意义的题材。最后,这个阶段的学生已具备相当的能力水平,是故此诗的讲授显得必要而切实可行。

教学目标

① 知识与技能目标:感受体悟古典诗歌的意境美,发挥合理的主观能动性进行创新性的阅读鉴赏,正确认识意象在诗歌意境中的重要作用。并在上述的基础上提高鉴赏能力和审美情操。

② 过程与方法目标:《锦瑟》诗的讲解采用"引导与自我生成"的方法,从老师的引导开始,以学生的研讨交流再加之教师的总结结束。利用教师引导和师生互动刺激学生的领悟力,提高学生的认知水平与能力。

③ 情感态度价值观目标:培养学生在尊重传统文化的基础上正确认识古典诗词的精神美,在自我感悟中陶冶情操,明心启智。

教学流程

① 用崔珏《哭李商隐》诗句"虚负凌云万丈才,一生襟抱未曾开"进行导入。之后顺水推舟简单进行作者及写作背景的介绍。

② 进行朗读指导与体验,接着利用多媒体播放古典式的配乐诵读。

③ 讲解这首诗的题目由来及特点,对诗歌文本中疑难词语的解读进行点拨。

④ 讲解正文,抓住每联的关键意象,引导学生从意象所反映的情感特点入手,带有个性、仁者见仁智者见智般地理解诗歌的基本意境。在具体的操作过程中,教师引导,互相交流,在学生分享与自我生成的基础上加以合理的总结,最后以板书的形式在黑板上呈现研究学习的"成果"。

⑤ 再次引导学生找寻此诗的"核心意象",以此为基点,引导讲解此诗的多义性,在理解诗歌多义性的基础上自主学习、应用鉴赏古典诗歌的方法与能力。

⑥ 进行开放性的总结:尽管对《锦瑟》的理解人们都各持己见,千百年来没有统一的认知,正如梁启超所说:义山的《锦瑟》等诗,讲的是什么事,我理会不着;拆开来一句一句解释,我连文义也解不出来。但我觉得它美,读起来令我精神上得到一种新鲜的愉快。因此大家唯一共同的感受就是此诗"含有一股朦胧哀伤的情感",所以对于这首《锦瑟》诗的理解完全是开放的,抓住关键意象和角度,反复品味之,大家可以有自己合理的见解。

⑦ 布置作业:写一篇随笔,谈谈自己对《锦瑟》诗意境的感受与心得,自拟题目、自选角度,特别要加入自己的理解,以及从诗歌鉴赏的技能方面说清自己这样理解的原因。

⑧ 再次播放朗读录音,整体体会诗境,之后下课。

分析:

本题考查的知识点是:课堂教学中,教师应注重指导学生自主学习、合作学习和探究学习,将三者有机结合在一起,调动每一位学生的参与意识与学习积极性。

本教学设计通过让学生在课堂上自主赏析、自主探究、自我展示,真正发挥了学生的主体作用。培养了学习兴趣,增强了学习信心。使学生加深了对古典诗歌的认识,且掌握了鉴赏古典诗歌的技巧,既丰富了学生的文化底蕴,又促进了美文的创作,而其对正确解答高考中古典诗词类题目也大有裨益。

(三)案例分析题

(1)案例:请分析针对中等层次学生设计的《动物游戏之谜》教案。

教材分析

《动物游戏之谜》是人教版《语文·必修3》(高中)第四单元的一篇科普说明文。这个单元的文章都属于科普说明的文章,它在整个章节中处于第一篇文章,所以这篇文章起到了承前启后的作用,一方面将学生初中学习的说明文进行复习,另一方面为学生学习后面的文章作铺垫。

学生分析

① 对于高中生来说,初中阶段已经了解了一定的说明文知识(如说明顺序、说明方法等),不必要再作阐述和讲解。

② 学生的学习兴趣不高。说明文不像小说那么有趣,又不像散文那么美丽。总体来说有些枯燥。

教学目标

知识与能力目标:学习新的字词,了解一些动物的习性,积累动物活动方面的知识。学习写说明文。

过程与方法目标:教学生如何理清文章的基本思路,怎么看懂文章的内容。引导学生积极思考,学会有效提取信息,善于提出问题,善于交流合作学习。

情感与态度目标:培养学生勤于思考、勇于钻研的科学精神,通过学习和讨论,使学生建立起与自然和谐相处的态度,尊重他人,尊重大自然。

教学过程

① 检查预习。

A. 了解作家背景。周立明,科普作家。科普性的文章不像诗歌等一些文章对作品的理解有重大影响,所以建议学生自己去看。

B. 了解说明文知识。因为学生已经在初中学习过说明文,所以让学生自主地寻找这方面的知识。教师可以通过提问:说明文的功用?顺序是什么?说明方法有哪些?

C. 生字词的预习。(文章较简单,不必要统一讲解字词,学生可以自己学习。)

② 导入新课。

由快乐的童年游戏导入新课(发问:同学们,你们喜欢游戏吗?有没有见过动物玩游戏呢?)引发学生的兴趣,然后放几张动物游戏的照片,进一步引发学生对动物游戏的兴趣。

③ 整体感知,理清文章思路。

请同学阅读文章,通过逐步提出问题引发学生的思考,主要包括以下几个问题。

A. 文章中的动物怎么玩游戏？哪几段在说它们在玩游戏？

B. 动物的游戏种类分几种？哪几段说明了这个问题？动物也是会玩游戏的，刚才大家在课前也说到了自己见过的动物的游戏，那么大家有没有想过动物为什么会玩游戏呢？

C. 科学家怎么解释这种现象？哪几段是在说明这个问题？请在阅读的基础上回答课后练习第一题。其中有一个题目是让学生回答认同度。那么可以让学生畅所欲言，说说他们认为支持哪种观点，有没有其他的一些想法。

D. 文中有没有解决这个问题？是怎么说的呢？

E. 请同学梳理文章的结构，作者是以怎样的写作思路来写的？研究其写作的思路，借鉴写作方法。明确本文写作的结构是：提出问题——分析问题——解决问题。

④ 文章语言的欣赏。

科普文章的语言，很注重准确、全面，避免含糊、偏颇。

提问：哪些句子用词你觉得很准确和精要？请在文中找找看并相互讨论。

⑤ 价值观的引导。

A. 作者说"动物在游戏行为"中，表现出超出估计的"智力潜能、自我克制能力、创造性、想象力、狡猾、计谋、丰富多彩的通讯方式"，你能从课文中找出相应的例证吗？

B. 这些问题是不是说明动物是很聪明的？思考我们如何与动物和谐相处。

⑥ 作业。

观察生活，描写动物游戏的片段。

（2）分析。

该教案是根据学生语文学习的个体差异，结合教学内容和目标来设计的，符合教学规律，可操作性强。

课前预习从写作背景、文体知识和生字词着手，让学生积累了知识，为课堂学习做好了准备。课堂教学环节通过问题设置和互动，完成了教学目标二：学会理清文章思路，懂得思考和交流，同时锻炼了学生的表达能力。也完成了教学目标一：了解一些动物的习性，积累动物活动方面的知识。同时，完成了学习重点：欣赏文章语言，了解文章语言的美感在于文章的科学性和准确性。作业的布置实际上是让学生总结所学知识，运用文章中的写作模式，学习写一篇有深度的说明文。总体来说，本教案对学生课前预习、课堂学习、课后总结的指导都有一定的可取性。

五、恰当选用教学媒体、整合多种资源、提高学习效率

【考点】能恰当选用教学媒体，整合多种资源并提高学习效率。

 知识和能力点说明

【知识卡片】

★ 教学媒体是指教学内容的载体,是教学内容的表现形式,是师生之间传递信息的工具,如实物、口头语言、图表、图像,以及动画等。恰当地选用教学媒体,才能真正发挥其效用。

★ 语文课程资源包括课堂教学资源和课外学习资源,例如:教科书、教学挂图、工具书、其他图书、报刊,电影、电视、广播、网络,报告会、演讲会、辩论会、研讨会、戏剧表演,图书馆、博物馆、纪念馆、展览馆,布告栏、报廊、各种标牌广告等。"课标"又指出:"自然风光、文物古迹、风俗民情,国内外的重要事件,学生的家庭生活,以及日常生活话题等也都可以成为语文课程的资源。"

★ 恰当选用教学媒体整合多种资源,才能为教学服务,从而提高学生的学习效率。

在语文教育中,教师不能作为被动的"雇佣者"而存在,而应是课程设计和课程创新的参与者、行动者。因此,在新的课程实施中,教师应根据学生和教学的需要,选择合适的教学媒体辅助教学内容的实施,以达到提高学生学习效率的目的。

1. 恰当选用教学媒体整合多种资源的意义

(1)恰当选用多媒体、整合多种资源,能提高学生学习的积极性和主动性。多媒体教学方式能刺激学生的视觉、听觉等多重感官,使教学过程变得生动活泼,从而激发学生的学习兴趣和热情,化被动接受为主动学习,有效地促进学生的学习。

(2)恰当选用教学媒体、整合多种资源,可以提高教学效率。多媒体手段可以使教学内容直观化、形象化,弥补了学生缺乏感性认识的不足,激发了学生的学习兴趣,大大提高了课程教学质量和教学效果。同时,使用多媒体辅助教学节省了大量的课上写字、绘图等板书的时间,能使教师利用有限的上课时间向学生讲授更多的知识,学生在单位的时间内能学到更多的内容,提高了学习效率。

(3)恰当选用教学媒体整合多种资源,有利于资源共享、突破学习时空的限制。随着校园网的建成与完善,很多教师的课件可以发布到校园网上,学生可以选择自己的时间、地点巩固讲过的内容、预习未讲的知识,另外,还可以根据学习兴趣浏览非专业开设的课程内容,拓宽了知识面,促进了学生的自学能力。

2. 选用教学媒体整合多种资源的注意事项

(1)忌信息量太大,没有抓住重点。多媒体教学中,教师很容易不自觉地加大信息量,从而主次不分,这样,课堂上学生既要记又要听,往往会顾此失彼,并且丧失思考、联想或想象的时间和空间,影响对所学知识的感知和理解,更没时间进行分析、整合和储存,使其难于抓住重点、难点,降低了对学生想象力的发展和要求,而学生的想象空间在不断缩小,严重影响教学效果。

（2）忌用多媒体代替教师的角色。语文教师在课堂教学中处于主导地位，这是不能动摇的。教师本身就是一种教学媒体，其严谨的教学态度、快速的应变能力、广博的学识、丰富的表情、抑扬顿挫的语调，甚至个人的人格魅力都是其圆满完成教学任务的必要条件。

但是现实课堂中，不少教师过于依赖多媒体来呈现教学内容，语文课变成了PPT的播放课，课堂上少有师生的互动和情感的交流，感性的语文课与理性的数学课没有区别。要摆正多媒体在教学中的辅助地位，使多媒体更好地服务于教学，成为教学的好帮手，提高教学实效。

3. 运用优化手段提高资源利用的价值

在开发利用过程中，要注意课程资源的系统优化，以及各要素的合理配置，使之协调运作，相互支持，实现课程资源开发利用的经济高效。优化主要是指优先性、优效性和适切性。优先性要求在众多资源的利用中分清轻重缓急，应先后有序，形成递进序列；优效性要求开发利用的高效率和最大程度地发挥课程资源的教育价值；适切性要求科学合理地应对学生的心理特点、个性差异等不同的学习需求。优化资源，积极创设有利的语文学习情景是语文教师教学准备的重要内容。如何把"原生态"的、散见的语文课程资源化为语文课程教育的有机组成部分，也是现代语文教师开发课程的基本功。一般来说，要做到以下几点：第一，对零散的课程资源（个人、家庭、社会、自然、媒体中的课程资源）进行组合，使之具有一定的系统性和教育的针对性、目的性；第二，对传统的文化资源进行现代性转换和激活，使之具有现代教育价值和教育活力；第三，对现有的、已利用过的课程资源进行变通、嫁接，使课程资源具有再生性、再利用性，即具有语文教育的新生长点等。

4. 恰当选用教学媒体整合多种资源服务于教学的依据

（1）要有利于教学目标的实现。教学资源是实现教学目标的载体之一，因此，教学资源的利用应以教学目标的实现为依归，为课堂教学目标服务，所以在选择教学资源时，必须考虑它跟教学目标的内在联系，这样资源的价值才能得以体现。

（2）要符合语文学科的特点。虽然生活中的资源极其丰富，语文学习的涉及面也很广，但是，教师要在积极引入各种学习资源的同时，也要学会恰当地选择那些真正具有语文学习元素，以及有利于开展语文学习活动的资源。切不可"胡子眉毛一把抓"，否则，不但对学生的语文学习起不到很好的促进作用，反而增加学生的学习负担，甚至分散学生的注意力，弱化学生对语文的理解。

（3）要切合学生语文学习的特点和需要。与教科书的使用一样，课程资源的利用也是为学生的语文学习服务的，因此，只有那些符合学生心理特点，以及切合学生的学习需要的资源才会实现其真正的价值。

有些资源的利用效果是比较复杂的，如从家庭生活中开发利用的学习资源，可能引发学生对家庭亲情、文化背景、经济状况、社会地位等方面的关注和思考，增强学生的体察能力、理解能力，但也可能触及学生家庭生活中的创伤，甚至伤害到学生的情感等。语文教师在利用资源时，必须充分考虑学生的接收度。面对众多的语文学习资源，教师要注意所用资源与学生所学课程内容的联系，还要运用语文教育新理念来审视学生语文学习中存在的问题，选择有助于解决学生学习问题的资源。甚至，语文教师在利用课程资源时，还要留给学生自行选择的权利空间,因为学生自己的选择最能反映他们的学习需要。

5. 恰当选用教学媒体整合多种资源的基本要求

(1) 直观形象。

教学过程中,有时可以把与文本内容相关的图片、音像呈现出来,直接作用于学生的视觉和听觉,把学生的学习兴趣激发出来。

例如,在讲授《黄山记》时,可运用多媒体,在屏幕上显示黄山的风景镜头。这段奇险美妙的风光短片会马上吸引学生的注意力,并使他们对作者所描写的黄山的云、石、松、水的形态、特点有一个直观的感受,这有助于学生对课文的理解。

(2) 简洁明了。

多媒体是辅助性的工具,语文学习的核心是语言,所以运用多媒体要丢弃琐碎繁多的信息,要让学生直接与文本对话,给学生腾出思考和拓展联想的空间。

例如,在讲授《春夜宴诸从弟桃花园序》一文,指导学生对文章内容进行整体把握时,可运用多媒体,在屏幕上投影"良辰美景赏心乐事",学生很快就能抓住文章重点内容,提纲挈领,并由此展开对文章的更深层次的欣赏探究。

在总结时,可将"宇宙浩渺—光阴易逝—人生苦短　阳春之夜—桃花盛开—畅叙天伦"的词语投影在屏幕上让学生对李白的这篇序有更全面、更深广的认识。

一方面,将课堂中最核心的内容做成投影片,让学生的思考有了次序和落点;另一方面,在方法小结环节上,把阅读方法列成提纲投影,这是在感性阅读和发散性思考之后的理性总结,有利于学生形成较为清晰和理性的认识。

(3) 内容与形式相合。教学媒体是一种辅助性的形式,它必须与教学内容融合在一处,把学生引入教学文本的意境中,才能营造出一种良好的学习氛围。

例如,在讲授张九龄的《望月怀远》一诗时,教师可在多媒体上呈现以淡蓝色为背景的一轮圆月,这轮圆月既清幽又朦胧,把学生引入清丽而深远的氛围中。在这样的氛围中阅读诗人因望月而怀远,因怀远而不眠,最后因相思而入梦的情形。学生体会诗作"情与景的完美结合形成清丽而深远的意境"也就水到渠成了。

多媒体教学的运用若能与内容契合,能起到"四两拨千斤"的作用。高中语文粤教版中,诗词部分比例较高,诗词的意境十分丰富,教师努力开发与内容相符的辅助内容,能快速进入文本,营造符合文本的氛围;能激发学生与文本进行的兴趣,提高课堂效率。

6. 教学媒体的常见方式

(1) 借助网络信息技术。

① 网络技术。例如,学习《我的家在哪里》后,教师引导学生课后访问网站、搜索资料,阅读了解相关知识,走近冰心,并鼓励学生到班级 QQ 群进行交流,使学生对本课的学习有了较深较广的延展。

② 视频技术。例如,在讲授小说《杜十娘怒沉百宝箱》时,为了让学生更充分感受杜十娘的形象,教师可剪辑同名电影中杜十娘投江一段(约 10 分钟),"悲剧就是把有价值的东西撕毁给别人看"。杜十娘的死,通过视频,更有震撼力地撩拨起学生对她的同情和对放荡薄情、庸懦自私、背信弃义的纨绔子弟李甲的痛恨。从而继续探究:杜十娘可不可以不死?杜

十娘悲剧的原因到底是什么？在视频带来的冲击之下，引导学生对文本展开更深广、更有创见的解读。

③ 音频技术。例如，一位教师在上苏轼的《赤壁赋》时，在课堂上两次播放了自己准备好的朗读视频。第一次，在课堂的开始，让学生在听视频朗读中整体感知文本的基本内容；第二次，在课堂结束，让学生在分析鉴赏的基础上，把握作者由乐转悲的情感线索，品味文本的情感氛围。

④ 摄像技术。生活处处皆语文，语文老师要做生活的观察者，并可将自己收集到的一手资料带入课堂，与学生分享。例如，某老师在讲《荷塘月色》时，将其在清华大学拍摄的荷塘月色全貌与自清亭呈现给学生，在清幽的画面中感受朱自清先生写作时"淡淡的忧伤"，将语文与生活结合起来；同时，传递"读万卷书行万里路"的理念。

(2) 借助艺术的表现形式。

① 音乐：俗话说，诗歌是凝固的音乐，是不是也可以说，音乐是流动的篇章？在教学过程中，适当运用音乐，能大大增加文本的感染力，让作品的形象立体起来，让作品的情感丰盈起来。讲授《与妻书》一文，可让学生听听由《与妻书》改编的电影《百年情书》中童安格演唱的主题曲，可更直观地感受林觉民在参加革命时对妻子是如何不舍，但是，面对残破的山河，一个有志向的青年做出了令人动容的抉择。在音乐声中，《与妻书》就深深印在学生的脑海里。

② 舞蹈：在语文教学中，有时可以通过跨学科的整合，借助舞蹈形式来设计教学。下面就是一节借助舞蹈形式的活动课的基本过程。

课题：歌行——当文学与舞蹈谈起了唐诗。

过程简述：上半节语文老师和舞蹈老师分别介绍语文与舞蹈整合教学的背景、课程的设计及操作过程。整个操作的流程是教师引导学生阅读唐诗，然后把唐诗进行解构，写成新诗歌；舞蹈班的学生再用舞蹈的形式把诗歌表现出来。

下半节是学习成果的表演展示，学生分别表演了几首唐诗：刘禹锡的《乌衣巷》、王翰的《凉州词》、刘长卿的《听弹琴》、李商隐的《登乐游原》《落花》、王维的《鸟鸣涧》。首先，由文学班的学生朗诵自己所演绎的新诗，然后再由舞蹈班的学生把诗歌的内容通过舞蹈逐一表演出来。显然，学生的学习主动性、学习的热情都得到激发。

③ 朗诵：可以是听名家诵读，也可以是语文教师自己诵读。名家诵读，能给学生示范作用，让学生从把握节奏到把握语调，再到进入文本，用情感诵读。最后，结合自己对文本的深度解读，形成自己的诵读。在古诗词教学板块中，诵读尤为重要，所以，教师要大胆示范诵读，可以结合适当的背景音乐，用自己或激情或委婉的诵读来营造书声琅琅的课堂。比如，教授《琵琶行》时，教师的示范性诵读就可以用《琵琶语》的背景音乐，该音乐与《琵琶行》所要表达的情感非常契合。

借助多媒体的诵读，营造书声琅琅的语文课堂，还给语文的一方诵读的天地。

④ 美术：文学的教育，常常离不开绘画。尤其在诗歌教学中，如果融入美术的元素，有时会有另一番教学效果。比如，在讲授《山居秋暝》一诗时，可让学生根据诗歌内容想象画面，并让美术基础好的学生到黑板上将画面内容呈现出来；也可以事先准备名家画《山居秋

嗅》的美术作品,投影给学生看。此举,既可激发学生的想象能力,也能深入体会王维诗歌"诗中有画,画中有诗"的特点。

案例

一、案例示范和点拨

（一）案例示范

《雨巷》多媒体教学实施步骤与环节设计

案例	点评
教学内容分析： 《雨巷》是粤教版《语文·必修2》(高中)第二单元现代诗歌中的一篇,本单元是粤教版高中语文必修教材唯一一个现代诗歌单元,因此要给予高度重视。戴望舒是现代诗歌的一位重要作家,但中学生不太熟悉。《雨巷》是粤教版《语文·必修2》(高中)的重要诗歌,是戴望舒的代表作,意境优美朦胧,情景交融,语言清新,有朦胧的浪漫主义气质。它对于激发学生对现代诗歌的兴趣,引导学生体会现代诗歌的特色,学会品读现代诗歌具有重要意义。因此,要善于从更高的角度引导学生学习本诗歌。 学生分析： 设计者所在学校是一所广东省国家级示范高中,区直属中学。学生学习能力较强,理解能力强。在老师的点播下,能举一反三,自主探究,氛围比较浓烈。高一学生刚刚进入一个新的环境,也进入人生一个新的阶段,正处于人生的花季,是一个喜欢做梦的年纪,充满热情与活力,对未来满怀憧憬,具有天然的浪漫主义情怀,当然也会有迷惘与失落。"少年情怀总是诗",这个时期,学生对诗歌有天然的亲近感,喜欢通过读诗、写诗来抒发情怀,教学过程要把握好这个学情。 教学目标： (1)知识目标。 ① 了解作者及诗歌创作的时代背景。 ② 有感情诵读诗歌,体味诗歌的意境。 (2)能力目标。 ① 分析、理解本诗的意象和象征意味。 ② 通过诵读、欣赏,提高对诗歌的分析能力。 (3)情感目标。 领悟作者的思想情感,感受诗歌的情景美。 教学方法： (1)诵读、联想、想象。 (2)读写结合。 教学过程： 一、导入 同学们,我们都学过这样一首诗："清明时节雨纷纷……"诗人断魂的情感延续千年,而几十年前,又有一位诗人,走在漠漠轻寒里的江南,依然是微雨纷纷,二十四桥揉碎在水波里,足音轻袅,一把油纸伞飘然在轻柔安稳的小巷,身后翩跹的落花,撒落了一地忧伤……	分析、关注学生学习的连续性。 学情分析,明确学生层次,确定教学目标与重难点。

续表

案例	点评
这位诗人就是戴望舒,这份意境,就是《雨巷》。今天,就让我们一同走进那个"子规声里雨如烟"的江南雨巷,体会一下那隽永的诗意吧! (展示PPT。) 二、作者简介 　　戴望舒,浙江杭州人,中国现代派代表诗人。成名于20世纪30年代。是继徐志摩之后,我国现代诗坛上又一颗璀璨的明星。动荡的年代、个人的遭遇,使他在诗歌创作上经历了一个从歌咏个人悲欢离合到表现爱国情感、民族气节的发展过程。主要诗集有《我的记忆》《望舒草》《灾难的岁月》。其中,《望舒草》标志着作者艺术性的完成,《灾难的岁月》标志着作者思想性的提高。代表诗作,前期有《雨巷》,后期有《我用残损的手掌》。 　　早期:个人孤寂、感伤,朦胧含蓄。 　　后期:热爱祖国,明朗真挚。 　　戴望舒生于杭州,望舒是他给自己起的笔名,出自屈原的《离骚》:"前望舒使先驱兮,后飞廉使奔属。"望舒是神话传说中替月亮驾车的天神,纯洁而温柔,多情又潇洒。 三、诵读与感知 　　(1)诵读—比较—点评。 　　师:请大家轻声诵读,之后我们推选几位朗诵好的同学进行比赛,评选出"最具潜质朗诵新人奖"。 　　(学生自读并推荐人选。) 　　师:大家朗诵得都非常认真,下面请代表们上台"PK"。 　　(学生上台,师配乐。)(学生读完,音乐静音。) 　　师:谁最应该获得这个"最具潜质朗诵新人奖"?同学们为什么选他(她)? 　　点评:这首诗歌被誉为是"替新诗的音节开了个新纪元",一方面是因为它的复沓艺术运用得最好,另一方面是它在韵律方面承袭了传统诗歌的音韵和谐之美,读起来朗朗上口。此外,同学们在朗诵时除具备良好的朗读要领,如读准字音、停顿、重读、语调,最重要的是要对诗歌的情感基调把握得精准到位。 　　(2)诗歌情调初探。 　　师:那么,从感情基调上来说,《雨巷》究竟是一首什么情调的诗呢? 　　[板书:感知(情调)。] 　　学生:这是一首忧伤、哀怨的诗歌。 　　(板书:忧伤、哀怨。) 　　总结:是的,诗中没有大江东去的慷慨豪迈,也没有涓涓细流似的轻快明丽,而是笼罩着一层淡淡的哀愁。那么我们朗诵的时候就要注意,不能用欢快的语调来读,而要尽量低沉,速度要慢,请大家带着这样的理解齐读一遍。(配乐) 四、品意象、意境美、形象美 　　"意象"是诗歌的基本单位,由情和景这两个元素构成,是意和象融会的复合体,是作者主观的心意和客观的物象相凝聚的表现,是精神内容和物质形式的统一。下面,我们试就《雨巷》中个别意象的特点出发,探究《雨巷》的意象魅力。	展示PPT:用江南朦胧的细雨下的雨巷为背景,营造朦胧优美而又略带忧伤的氛围。 　　背景音乐:让学生更好地融入诗歌的意境中,同时,有了背景音乐,更能激发学生朗诵的兴趣。 　　再次配乐,全班齐读,学生根据背景音乐朗读,更能把握好诗作节奏,融入诗歌意境。 　　学生自主选择自己最喜欢、最有感触的意象来谈自己对该意象的理解。教师根据学生所谈到的意象用PPT作补充拓展。

案例	点评
明确：诗歌所写的人、景、物意象。 人——我，姑娘。 景、物——油纸伞，雨巷，篱墙，纸伞，丁香。 （1）第一个是油纸伞。（PPT展示油纸伞。） 大家最早听说油纸伞是在哪个故事里？《白蛇传》。 油纸伞出现在白娘子初遇许仙的传说里，出现在丹青绘就的江南烟雨中，出现在少女玲珑的舞蹈中，也出现在歌曲动听的旋律中，不知不觉当中，油纸伞已经定格为美的背景、美的点缀。——这是寻常之物，但又鲜见于传统诗词。唯戴望舒，将其放置雨巷，让油纸伞撑出浓浓的诗意。对这件真实的雨具，作者并没有作过多具体的描写，而是给读者以想象的空间。这样写的好处是一方面免得喧宾夺主，另一方面又留下了雨打油纸伞的迷蒙意境。因为，油纸伞本身就具有复古、怀旧、神秘、迷蒙的特点，而且和雨巷很好地结合起来了。时间是在暮春，在寂寥的雨巷，平添了一份冷漠、凄清氛围，塑造了撑一伞风雨独立销魂的形象。 （2）第二个是江南雨巷。 ①江南如梦似幻，②雨巷。 作者幼小时住在杭州大塔儿巷8号。他在西子湖畔青石板铺成的小巷中，度过了自己的青少年时代。那些纵横交错的长长的青石路上留下了他青春的足迹。 中国人对巷的亲近意识异常深厚。北方人称胡同，南方人称巷。 汪曾祺先生在《胡同文化》里说，北京胡同，"不仅使人产生怀旧情绪，甚至有些伤感""使人怅望低徊"；南方的里巷也能给人相似的感受。对这些传统物象的眷念，其实也是诗人们对闲逸、孤寂、冷清的环境的独特向往，这也是中国传统文人的典型心态。戴望舒在传统文学的漫染中，具有典型的传统文人特点（在大多数作家一味抛弃传统进行新文学创作时，他以传统的意象作诗，是那样的不合群，但又是那样的可贵）——忧郁、苦闷、怀旧。小巷的悠长、沧桑、冷清，恰是诗人寂寥心情的最佳寄寓。有雨的南方小巷，人更少，更见缠绵，更易伤情。 江南雨季，细雨飘巷，烟雨朦胧，撩人情思。雨与巷的组合，构成了一个特有的意象，这是戴望舒的首创，难怪叶圣陶会称其为"雨巷诗人"。"雨巷"，较之单独的"雨"或"巷"，更有情致，更见凄切。这是种优美的意境。小巷本来就让人感到幽深、寂静，再加上蒙蒙的细雨，意境更是充满了朦胧美。雨巷、篱墙及梦一起构成了诗歌的朦胧美。 （3）第三个是丁香。 整首诗说不清道不明的迷蒙意境都来源于"丁香"两字。美丽的事物总是和姑娘联系在一起。丁香一样的姑娘，丁香一样的忧愁，为什么要选用丁香？ 丁香形状像结，丁香是我国特有的名贵花木，栽培历史悠久，四月花开，开花为淡紫色或白色，清新淡雅，香气浓郁。丁香花因颜色不轻佻，常赢得洁身自好的诗人的青睐。丁香花开在仲春时节，容易凋谢，诗人们对着丁香往往伤春，说丁香是愁品，是美丽、高洁、愁怨三位一体的象征，雨中的丁香更是增添了许多的愁怨和凄美。 《雨巷》中写"一个丁香一样地/结着愁怨的姑娘"源于李璟词： 手卷真珠上玉钩，依前春恨锁重楼。风里落花谁是主，思悠悠。	PPT展示油纸伞的独特画面，师生共同总结油纸伞的特点：复古、怀旧、神秘、迷蒙。 学生描绘自己直接或间接体会到的江南雨巷的感受；教师用PPT呈现江南雨巷的美景，师生共同总结江南雨巷的特征：悠长、沧桑、冷清。 PPT展示丁香花的图片，学生直观感受丁香花的特点。 PPT展示李商隐等诗人写的有关于丁香花的诗句，如唐李商隐的《代赠》： 芭蕉不展丁香结， 同向春风各自愁。

续表

案例	点评
青鸟不传云外信,丁香空结雨中愁。回首碧波三楚暮,接天流。 （4）第四个是丁香姑娘。 　　戴望舒在《雨巷》中承续了丁香的传统文化内涵,使丁香的意蕴有了更深的忧郁。更为灵慧的是,诗人刻画的是雨中的"丁香姑娘",恬淡清幽,更添一分寥落。诗人将丁香的外在之形极端淡化,以"一个丁香一样地/结着愁怨的姑娘"这样的偏正短语,将丁香人化,将姑娘物化,将人抽象化,让意象人化,让"丁香一样的姑娘"成了一个有别于传统意义的意象,这个新意象,是一个实在的人——姑娘,但又是一个抽象的意象。这里诗人在雨巷里用心述诗语,人与物天然合一。 　　象征姑娘可能是诗人渴望而未得到的爱情;可能是青年时未酬的壮志;可能是年少时青涩的一个愿望;可能是曾经偶遇的少女倩影的空自留恋…… 　　丁香姑娘象征美好的理想。 　　诗人将丁香般的姑娘写得那般清雅、凄美、缥缈、哀怨,使这个雨巷包含了丰富的内容,象征着诗人对理想、人生和美好事物的信念和追求,也表现了空虚、幻灭和感慨的心境。《雨巷》是诗人寂寞心灵的痛苦歌唱,诗人把美好生活虚拟成了丁香般的姑娘。诗人明明看到了她,却又无法走近她,像梦一样来,又像梦一样地飘逝。所以,丁香姑娘是一切转瞬即逝的美好事物的象征(美好的、容易破灭的理想;难以实现的人生)。 　　求之不得的美(抒情模式)： 　　关关雎鸠,在河之洲,窈窕淑女,君子好逑。参差荇菜,左右流之。窈窕淑女,寤寐求之。求之不得,寤寐思服。悠哉悠哉,辗转反侧。(《诗经·关雎》) 　　一日不见,如三月兮;一日不见,如三秋兮;一日不见,如三岁兮。(《诗经·子衿》) 　　蒹葭苍苍,白露为霜,所谓伊人,在水一方。(《诗经·蒹葭》) 　　（5）第五个是篱墙。 　　颓圮,残破,凄凉。 五、深入探究:我与丁香姑娘是什么关系 　　为了学生能更深入探究这一问题,教师给学生提供如下时代背景： 　　戴望舒当时在松江避难期间,结识了施蛰存的妹妹施绛年,但丁香花有意流水无情,施绛年不以为意,故作不解。其诗歌《我的记忆》中有"给绛年"字样。 　　《雨巷》产生的 1927 年夏天,是中国历史上一个最黑暗的时代。热烈的革命青年,一下子从火的高潮堕入了夜的深渊。 　　戴望舒写这首诗的时候只有二十一二岁。在孤寂中嚼味着"在这个时代做中国人的苦恼"。对此诗可有如下理解。 **爱情诗** 雨巷:青葱岁月浪漫际遇 我:仰慕者 丁香姑娘:梦中情人 情感:求不得的失意哀伤 **政治诗** 雨巷:阴沉压抑的社会现实 我:被压抑的知识分子	南唐李璟的《浣溪沙》： 青鸟不传云外信, 丁香空结雨中愁。 学生自主总结丁香花这一意象的主体特征:美丽、高洁、愁怨三位一体的象征。 教师指导学生结合丁香花的意象特征,小结丁香姑娘的形象,并挖掘形象的象征意义。PPT展现师生共同探究结果:PPT让学生有清晰而又深入的认识。 PPT补充拓展"求不得之美"的魅力。 PPT展示篱墙图片及其特征,方便学生由直观到理性把握意象特点。 PPT展示补充的时代背景,帮助学生拓展解读诗歌的深度,进一步感受朦胧诗的特点及其魅力。

案例	点评
丁香姑娘：和我一样被压抑的知识分子 情感：政治压抑前途迷茫的苦闷 **哲理诗** 雨巷：漫长的人生路 我：追求理性的人 丁香姑娘：美好的事物、理想 情感：追求理想但不能如愿的哀伤 六、再听诵读感受诗歌的音乐美 　　叶圣陶先生曾经盛赞这首诗："替新诗的音节开了一个新纪元。"让我们一起来听一听老师的朗读，再一次走进那深深的雨巷，思考他的音乐美表现在哪里。 　　明确：一唱三叹、迂回反复、回肠荡气，缠绵、和谐，读起来像一首轻柔而沉思的小夜曲。 　　达成以下共识： 　　①韵脚舒缓悠扬：长，巷，娘，徨，怅…… 　　每一节共六行，每节押韵两次到三次，在相隔不远的行里重复一次韵脚，如"雨巷""姑娘""芬芳""惆怅""眼光"等，有意地使一个音响在人们的听觉中反复，这样，就造成了一种回荡的旋律和流畅的节奏。 　　②词语的反复：悠长，哀怨，走近 　　③句式的复沓：丁香一样的……，像我一样……，像梦一样的…… 　　④诗节的复沓。 　　从全诗看，第一节和最后一节除"逢着"改"飘过"之外，其他语句完全一样，这样，同一主调在诗中重复出现，起结复见，首尾呼应，不仅加重了诗人彷徨苦闷的心境，也增强了全诗的音乐性。	多媒体播背景音乐，教师朗诵，学生感受诗歌的语言美与音乐美。
七、结语：听《雨巷》歌曲 　　繁华的城市里，到处都是高楼林立，戴望舒走过的那条雨巷或许早已不存在了，找一个悠长的雨巷或许已经不可能了。但"雨巷"的魅力不仅在那悠长、悠长，又寂寥的深巷，更在于那丁香织就的一片美丽而哀伤的心情。 　　品读这"雨巷"，我们总有走得进、走不出的哀伤。诗人虽然远离我们而去，但诗的语言正如星星的光辉，永远闪耀在天际。我知道心灵的雨巷还要走下去，寂寞的雨巷还要走下去。每当细雨迷蒙的时候，每当你彷徨迷茫的时候，请你想起我们今天这节课，想起戴望舒的《雨巷》，请你一定记得在那发黄的诗中，有一位美丽而忧伤的丁香一样的姑娘飘过你身旁。	多媒体播放《雨巷》歌曲，对本节课而言，有回眸一笑百媚生的艺术效果。
八、拓展、交流 　　诗人自己说，诗是"由真实经过想象而出来的，不单是真实，亦不单是想象"，它是一种介于"表现自己与隐藏自己"之间的"吞吞吐吐的东西"。我们一起来调动联想和想象，假如我们是诗歌中的主人公，结合诗中意象，写一段你想象中的那个雨巷邂逅的场面，用自己的笔描绘出雨巷的独特意境。	PPT打出作业，让学生在感受诗歌的美好后有写作的主动性。

（二）点拨

请注意这一课教学中多媒体教学是如何支持语文教学推进的，可以用列表的形式呈现教学的推进过程。

本多媒体教学实施步骤与环节设计有可圈可点之处,该设计由导入,作者简介,诵读与感知,品意象、意境美、形象美,探究,感受音乐美,拓展交流等部分组成,紧紧围绕现代诗歌的特征,以诵读、赏析为核心,注重恰当运用多媒体教学,包括提供背景音乐、展现意象的图片、补充诗歌的时代背景,以及用PPT言简意赅地将教学重点和难点加以提炼、归纳,让学生在直观中感受意象的美好,再由直观上升到理性的分析与认识。多媒体教学的恰当运用丰富了课堂内容,让学生更能得到诗歌美的熏陶,同时,有利于教学层次的层层输入,在学习过程中激发学生的主动性。

二、答题示范与讲解

(一)单项选择题

下面是一位老师所设计的《雨巷》的导入部分,从选择教学媒体的角度看,你认为哪一项分析不恰当?(　　)

① 展示雨巷图片。

② 出示PPT:看到江南这幅令我们心醉的美景,想象一下,在江南满城烟雨中,当我们走在潮湿而充满古朴风味的青石板路上,那悠长而又幽静落寞的古巷内,撑一把灵动轻巧而雅致浪漫的油纸伞,如此一幅泼墨山水画里,那天青色等烟雨,而你是否会守候一场美丽的邂逅?

③ 教师:有这样一位诗人,在这样的雨巷中,写下了他的一个诗篇,因此他被称为"雨巷诗人",他便是戴望舒。今天,我们就一起来走进他的《雨巷》。

A. 开头展示雨巷的图片,图像直接作用于学生的视觉,有亲切感。

B. 开头展示雨巷的图片,江南朦胧的烟雨,把学生的学习兴趣激发出来。

C. 出示PPT文字,这一环节不可缺少,便于学生直接阅读。

D. PPT文字优美,与诗歌的内容相吻合,营造了一个幽静落寞的意境。

【参考答案】C。

【答题解析】

出示PPT文字,这一环节并非不可缺少,图与文都直接作用于学生的视觉,学生既要赏图,又要阅读文字,信息量过多,应接不暇,更缺少展开联想和想象的时间和空间。

(二)教学设计题

题目:如果你在一所程度中等的中学任教,请根据下面提供的教学媒体,围绕《再别康桥》的教学,从恰当选用教学媒体整合多种资源的角度谈谈你的设计。

讲解:

文本简析

《再别康桥》是粤教版《语文·必修2》(高中)第二单元现代诗歌中的一篇,本单元是粤教版高中语文必修教材唯一一个现代诗歌单元,因此要给予高度重视。徐志摩是现代诗歌非常重要的一位作家。《再别康桥》是脍炙人口的诗歌,是徐志摩的代表作,意境优美朦胧,情景交融,语言清新,有朦胧的浪漫主义气质。它对于激发学生对现代诗歌的兴趣,引导学生体会现代诗歌的特色,学会品读现代诗歌具有重要意义。因此,要善于从更高的角度引导学生学习本诗歌。

学情分析

高一学生刚刚进入一个新的环境,也进入人生一个新的阶段,正处于人生的花季,是一个喜欢做梦的年纪,充满热情与活力,对未来满怀憧憬,具有天然的浪漫主义情怀,当然也会有迷惘与失落。"少年情怀总是诗",这个时期,学生对诗歌有天然的亲近感,喜欢通过读诗、写诗来抒发情怀,教学过程要把握好这个学情。

教学目标

(1) 简要了解徐志摩的诗歌主张及其写作背景。

(2) 反复朗读感受诗歌音乐美,体会诗中浓郁的思想感情。

(3) 采用总体感知、揣摩诗句、扩展评价的欣赏方法,训练学生感知和分析诗歌的能力。

(4) 培养学生追求真、善、美的思想感情和良好的审美趣味。

教学流程

(1) 歌曲《再别康桥》导入。

(2) 整体把握诗歌内容。

问:从诗歌题目获知,诗歌的内容大体写什么?(明确:别康桥)

(3) 介绍作者及写作背景。

(4) 指导朗读。

① 学生自由朗读;

② 指名朗读(师指导);

③ 欣赏配乐诗朗诵;

⑤ 体会、找准节奏、读准情感。

(5) 分析鉴赏——引导学生感受意象美。

重点意象:云彩,金柳,艳影,青荇,潭水,青草,星辉。

(6) 小结本诗的音乐美、绘画美、建筑美。

(7) 学生讨论作鉴赏小结。

(8) 再次朗读(请一位朗读水平较高的同学配乐朗诵,全班深入体会)。

(9) 迁移拓展。徐志摩诗《偶然》。其诗如下:

<pre>
            我是天空里的一片云,
              偶然投影在你的波心。
            你不必讶异,更无须欢喜,
              转瞬消灭了踪影。
            你、我相逢在黑夜的海上,
              你有你的,我有我的,方向。
            你记得也好,最好是忘掉,
              在这交会时互放的光亮。
</pre>

(三)案例分析题

下面是一位教师所设计的《青玉案·元夕》(粤教版语文选修教材《唐诗宋词元散曲选读》)一课的教案,请从恰当选用教学媒体整合多种资源的角度进行分析。

青玉案·元夕
〔宋〕辛弃疾

东风夜放花千树,更吹落,星如雨。宝马雕车香满路。凤箫声动,玉壶光转,一夜鱼龙舞。 蛾儿雪柳黄金缕,笑语盈盈暗香去。众里寻他千百度,蓦然回首,那人却在,灯火阑珊处。

(1) 案例。

《青玉案·元夕》教案

教学目标

【知识与能力目标】

① 了解词作的大意,把握抒情主人公的形象。

② 赏析作者妙手铺排,巧用对比反衬的笔法。

【过程与方法目标】

① 在诵读中品味语言,感悟词的丰富意蕴。拓展延伸,学习知人论世的鉴赏方法。

② 运用多媒体技术及资料辅助教学,创设一个特定的且恰当的情境氛围;为"拓展延伸"提供更好的资料参照,丰富课堂教学的内容及方法,寓教于乐。

【情感态度与价值观目标】

赏析元宵佳节的景象,感受词人的高尚人格并从中获得美的熏陶。

教学重点

赏析有关元宵佳节景象,把握词人的高尚人格和情操。

教学难点

理解千古名句,把握深远内涵。

教学方法

诵读法探究法。

教学用具

粉笔、多媒体辅助课件等。

教学流程

【导入】

(PPT 出示)对联:

> 铁板铜琶继东坡高唱大江东去
> 美芹悲黍冀南宋莫随鸿雁南飞

请同学们一起读。

【知人论世】

问:这副对联写的是谁?由何处可知?

——辛弃疾。(板书作者。)

——上联要点:正常语序应是"继东坡铁板铜琶高唱大江东去"。"铁板铜琶"是豪放派特点的一种形象概括,苏东坡是豪放派的代表词人,《念奴娇·赤壁怀古》是豪放风格的代表作。(动画画出要点)

主要讲辛弃疾的词属豪放一派，他是苏轼之后的豪放派集大成者，所以"苏辛"并称。粉笔板书：豪放派、苏辛。

下联要点：①"美芹"是指辛弃疾的《美芹十论》，是辛弃疾南归后向孝宗呈上的建议书。详细分析了敌情且制定了收复中原的战略。

②"悲黍"即黍离之悲。

③"莫南飞"即是要北顾，收复中原。

④ 主要讲辛弃疾的爱国之情和政治抱负。粉笔板书：抗金、爱国词人。

因此，这副对联精练地概括了辛弃疾一生的重要成就及追求。（点击幻灯片，出现人物图像。）从留下来的这两幅图片也可以看出他是宋代的一个文能治国、武可杀敌的人才。

（可惜南归之后，在主和派的排挤打击下，长期被闲置在家，手里失去了快刀利剑，只剩下一支羊毫软笔。他再没有机会奔走沙场、血溅战袍，只能笔走龙蛇、泪洒宣纸，为历史留下一声声悲壮的呼喊、遗憾的叹息和无奈的自嘲。）

问：同学们能否诵读出辛弃疾的一些名句？（集体读出几句即可。）

醉里挑灯看剑，梦回吹角连营。了却君王天下事，赢得生前身后名。可怜白发生！

千古江山，英雄无觅，孙仲谋处。凭谁问：廉颇老矣，尚能饭否？（永遇乐·京口北固亭怀古）等直接进入课题学习——《青玉案·元夕》。辛弃疾是豪放派代表，让学生思考该词的风格与内容，再引出题目——理解元夕的意思。

【解题】

问："元夕"指什么？（学生集体回答，师稍作补充。）

"元"指第一，"夕"为夜晚。所以"元夕"指的是一年中第一个月圆之夜，也称为上元节（板书），元宵节。

问：元宵节我们常有哪些活动呢？（学生自由回答，师作补充。）

播放元宵图片：吃汤圆、做花灯、点花灯、逛花市、猜灯谜、燃放烟花爆竹、出门赏月、合家团聚，同庆佳节，其乐融融；有些地方还有游神赛会、花灯社戏表演，等等。

在辛弃疾的笔下，元宵节又是怎样的情景呢？在这样的佳节，词人又在做什么？一起来学习这首词。

【诵读涵泳】

① 朗诵全词。

② 请自读，找出韵脚字，明确韵部，再画出句中停顿。

③ 听朗读，看名家是如何出来语句的轻重缓急的并跟读。

④ 请男、女同学分片集体朗读。（男生读完上片可适当点评并激励女生读好下片。）

这是一首描写元宵夜盛况的作品。从词人笔下，可以看到怎样的景象？

【解读、鉴赏】

① 请同学们读出描写元宵节热闹景象的语句。（学生读完将PPT展示出来。）

东风夜放花千树，更吹落，星如雨。

宝马雕车香满路,凤箫声动,玉壶光转,一夜鱼龙舞。
蛾儿雪柳黄金缕,笑语盈盈暗香去。
② 就其中你最有体会的一组句子展开联想和想象,加以适当的描绘并作赏析。(PPT 展示题目。学生思考、自由发言。师作引导、小结。)

● 东风夜放花千树,更吹落,星如雨。

重点词:花千树、星如雨,一写灯火灿烂如千树花开,一写烟花满天如彩星降落(粉笔板书:灯火、烟花),既是想象,又是暗喻。

东风还未催开百花,却先催放了元宵的火树银花,不但吹开了地上的灯花,又从天上吹落了如雨的彩星。

让我们不禁想起了岑参的诗句:"忽如一夜春风来,千树万树梨花开。"灵活化用前人诗句。(粉笔板书:想象、暗喻、化用)

● 宝马雕车香满路,凤箫声动,玉壶光转,一夜鱼龙舞。

重点词:满,凤箫、玉壶、鱼龙、一夜。

满:写出香气之浓郁,香从人身上来,说明游人之多。从"宝马雕车"又可知这些是贵族妇女。

一夜:即整个夜晚,写出了通宵达旦的狂欢。

PPT 链接:

凤箫:《神仙传》载,秦穆公之女弄玉,善吹箫作凤鸣声,引来了凤。故称箫为凤箫。

玉壶:喻月,也解成"精美的彩灯"。

鱼龙舞:也可理解为舞鱼龙。

写观众很多,前来看花灯的人,男的骑着高头大马,女的乘着雕花豪华车,男男女女衣服都熏了香,怀里揣着香袋,香气洒满整条大街。

<u>万人空巷</u>,仕女如云。(板书:万人空巷)

小结:这里既写夜里的场面,还描写人的活动。有人吹着排箫,箫声悠扬;玉壶、鱼灯、龙灯殷红的灯光在流转,而且随风飘舞。<u>流光溢彩,舞鱼弄龙</u>(板书:鱼龙)一派繁华、热闹的景象。

● 笑语盈盈暗香去。

女子们头戴蛾儿、雪柳,身穿金黄色丝缕,打扮得漂漂亮亮,在灯光照耀下,银光闪闪,金光烁烁。她们成群结队,一路欢声笑语,巧笑盈盈,若有若无的幽香从她们身边飘散而过。

重点词:蛾儿雪柳黄金缕。(名词并列说明头饰之多,服饰之艳丽。)

盈盈:身姿、体态轻盈优美。常为女子名字,人名美人也美。

暗香:飘散在风中的香味有什么特点?随风飘荡,若有若无的幽香。

链接意象拓展:"暗香"是传统的用法,多指梅花,联想到花香。如《山园小梅》:"疏影横斜水清浅,暗香浮动月黄昏。"

引申指其他花的香味。如"东篱把酒黄昏后,有暗香盈袖"。

描写人身上的香也通。——联想到用花比喻她们的容颜也可。
这两句所写应是平民美女摇曳多姿,热闹非凡的美景。
(板书:盛装浓抹)
小结:以上词句写出了元宵佳节之夜怎样的景象?
——一派热闹繁华、万民同欢(板书)的景象。
(回应板书描绘总结:车多、人多、灯多;焰火美、音乐美、花灯美、服饰美、情态美。作者调动视觉、听觉、嗅觉多种感觉器官,极尽渲染烘托铺排,写出了元宵节的热闹非常,盛况空前。)

③ 诵读以上词句:体会元宵佳节的美好景象。

无论平民还是贵族,男男女女都在节日中尽情欢乐,而在众人欢乐的时候,词人却是独特的。

④ 提问:他在做什么?从哪里看出来?
——在苦苦寻找人。从"众里""寻"和"千百度"可以看出来。
"众里"指热闹的场所。"千百度"即是千百次。千百次地在热闹人群中找了又找。
词人寻的是谁?(请用原文词语回答)——他,那人。

⑤ 提问:在哪里寻到?请结合相关语句作简要分析。
——"蓦然回首,那人却在灯火阑珊处"。在灯火阑珊处寻到(阑珊:稀疏、零落)。是热闹喧哗的街市中一处人群稀疏,比较僻静冷落的地方。
体会这三句中词人情感的变化。
词人在火树银花的热闹人堆里寻找:华丽的香车宝马来来往往,然而"过尽千帆皆不是",诗人焦急的目光追随戴着亮丽饰物的美人们的脚步,她们个个面带微笑,带着淡淡的香气从面前经过。夜深人静,那人还是踪影全无。
词人简直要绝望了。正在伤心绝望之际,词人"蓦然回首",也就是不经意间一回头,或者可以说是突然明白过来了,心有所悟而回头,正看见她立在灯火零落、人群稀疏的地方,还未归去,似有所待。这真是人生幸福而又辛酸的一瞬啊!此刻词人的心情——狂喜、欣慰。
从词人寻他千百度的焦急里,我们不难看出词人对那人倾注了无限深情。

⑥ 那他寻的究竟是怎样的一个人呢?
——从那人躲开了狂欢极乐的人群,甘愿独自守候在僻静冷落的地方,让人感知是一位高贵又有点孤独,但又自甘寂寞、不同流俗之人。

⑦ 既然作者的着眼点是在"那人"身上,为何在前文浓墨重彩地渲染元夕灯会的盛况?(PPT展示)
——渲染、铺垫:上文极力渲染热闹繁华的景象,以及名士贵妇、男男女女盛妆畅游的情景,为下文引出"灯火阑珊处"的"那人"作了充分的铺垫。
——对比:上文热闹繁华之处与下文冷落僻静之处形成对比,上文盛妆畅游的男男女女与下文自甘寂寞、超群脱俗、不同流俗的"那人"形成对比。

——衬托(反衬):上文热闹繁华之处反衬下文的冷落僻静之处,上文盛妆畅游的男男女女反衬下文自甘寂寞、超群脱俗、不同流俗的"那人"。景反衬景,人反衬人。(PPT展示)

那上片的灯、月、烟火、笙笛、社舞、交织成的元夕欢腾,那下片的惹人眼花缭乱的一队队的丽人群女,原来都只是为了那一个意中之人而设、而写,倘无此人在,那一切又有何意义与趣味呢!

⑧ 诵读这三句诗,感受词人的深情。

【主旨探究】(PPT展示)

词人为何对"那人"如此情深?"那人"究竟可以指什么?

(提出问题后给学生充分的时间思考,再提问多位同学,不求非常完整,只在引导多层次思考,等学生补充差不多再从四个层次进行小结。若学生思路无法打开,再出示相关资料做进一步的引导。)

可从以下层次来思考。

从词作表面来看,寻找的就是作者的意中人。

如果联系背景和词人经历(相关知识链接和引导1),则可从人生的追求、理想的追求方面得出结论:

人生追求:作者的一种理想人格的化身——不同流俗、志怀高远。

政治理想:为风雨飘摇中的国家忧虑的知音,英雄无用武之地,而又不肯与苟安者同流合污的写照。

如果联系现实联想事业追求,还可以联系王国维论人生三境界(相关知识链接和引导2)来理解:做学问、成大事业者,必须有专注的精神,经过艰苦奋斗(反复追寻、研究),自然会豁然贯通,有所发现,有所发明,最终达到目标。

【相关知识链接和引导1——知人论世明主旨】

这首词作于什么时候?(了解作者,知晓背景)(PPT展示)

这首词作于宋淳熙元年(1174年)或二年。当时,强敌压境,国势日衰,南宋统治阶级却不思恢复国土,偏安一隅,沉湎于歌舞享乐,粉饰太平,"暖风熏得游人醉,直把杭州作汴州"。洞察形势的辛弃疾,欲补天穹,却恨无路请缨。他满腹的激情、哀伤、怨恨,交织成了这幅元夕求索图。

联系背景分析:国难当头,朝廷只顾偷安,人们也都"笑语盈盈",有谁为风雨飘摇中的国家忧虑?作者寻找着知音。那个不在"蛾儿雪柳"之众,却独立在灯火阑珊处,不同凡俗、自甘寂寞的美人,正是作者所追慕的对象。有没有这个真实的"那人"存在?我们只能猜测,与其说有这个人,不如说这也是作者英雄无用武之地,而又不肯与苟安者同流合污的自我写照。

【相关知识链接和引导2——联系生活出真知】

联系现实——王国维由《元夕》联系到做学问的境界,认为古今之成大事业、大学问者必经过三种境界。

第一种:昨夜西风凋碧树,独上高楼,望尽天涯路。

第二种：衣带渐宽终不悔,为伊消得人憔悴。
第三种：众里寻他千百度,蓦然回首,那人却在,灯火阑珊处。
小结：一篇文学佳作的艺术魅力,常常不止于它所塑造的艺术形象本身所具有的感染力,还表现在它又可以在形象之外能给人以丰富的联想和深刻的启示。辛弃疾这首《青玉案·元夕》词创造的"美人"就是这样一个意蕴丰富的形象。

【形象拓展】
以美人来比喻自己或他人,这种写法我们是否熟悉？原来学过类似的诗歌吗？（联系旧知识,形成知识链。）
喻己的有《节妇吟》：君知妾有夫,赠妾双明珠……还君明珠双泪垂,恨不相逢未嫁时。
喻他人的有《赤壁赋》："渺渺兮予怀,望美人兮天一方。"
《离骚》："惟草木之零落兮,恐美人之迟暮。"
这种写法往上可以追溯到屈原,《离骚》云："众女嫉余之蛾眉兮,谣诼谓余以善淫。"以香草美人自喻,喻高洁的品性和与众不同的理想追求；再往前推还有我们熟知的《蒹葭》："蒹葭苍苍,白露为霜。所谓伊人,在水一方。"
原来在我国古代诗歌传统中"美人"和"蛾眉"代表了对于美好事物和高洁理想的无比向往和追求。古人曾说"女为悦己者容"（司马迁《报任安书》）,女子的画眉,是想得到男子的宠爱,与之连带的句子则是"士为知己者死",士人的才干也希望有人赏识。中国传统的读书人都特别向往能有像刘备与诸葛亮那样的君臣遇合,若没有这样的际遇,他们就会"感士不遇",于是就假借美女作喻来书写各自情怀,从而形成一种特殊的诗歌表现手法。

【总结全词】
全词通过写在繁华热闹的元夕之夜,词人千百次在游人之中寻寻觅觅心中的"那人",从而表达了词人不随波逐流,不趋奉竞进,自甘淡泊,安于寂寞清苦的高尚人格和情操。
再朗诵这首词,尝试背诵。

【作业】
对比阅读：辛弃疾《青玉案·元夕》和李清照《永遇乐》都写元夕,试比较二者在立意和表现方法上的异同。

(2)讲解。
该课在运用多媒体方面,主要有如下特点。
一是利用多媒体增加知识密度,增强直观效果,提高了学习效率。
对于知识性的内容介绍,运用多媒体投影配合教师的讲解,减少课堂板书的时间,而且使学生同时受到视觉、听觉两个方面的刺激,收到的效果要更好。比如对联导入和作者简介这两个环节,将对联内容直观投影出来,在理解的过程中用动画标注出重点,比教师单纯的念加上强调要明确且省力得多。相似的处理还运用在找诗歌韵脚和把握句中停顿这个环节上。而结合诗歌中描述的一些内容展示相应的图片,可以唤起学生的生活体验,得到美的感受,有助于激发学生的学习热情。比如在解题这一环节,联系元宵节的活动展示表现烟花灯火及游灯热闹场面的图片,使学生对元宵节的美好感受被唤起,激发学生的兴趣,对学习诗歌的内容也充满了期待。

二是运用配乐朗诵,烘托气氛,激发联想想象。

诗歌需要多读,在诵读中品味诗歌的内涵。运用配乐朗诵,通过名家规范而声情并茂的朗读感染学生,起到很好的示范作用。艺术化的朗读能鲜明地表达出作品的艺术形象和强烈的思想感情,深深感染了学生,让学生更好地掌握诗歌感情脉络,也让学生喜欢上朗读。下一环节的学生模仿朗读就收到了很好的效果。

六、在阅读、写作教学过程中,将学生的学习反馈转化为新的教学资源

【考点】在阅读、写作教学过程中,能够将学生的学习反馈转化为新的教学资源。

 知识和能力点说明

反馈是控制论的基本概念。从控制论的角度讲,语文教学是一个教师向学生输入信息,学生接受输入信息后输出反馈信息,学生反馈信息又反作用并影响教师的信息输入的循环系统。在语文教学的循环系统中,学生的学习反馈信息经过教师的选择、加工和优化,又可以转化为新的教学资源。在写作和阅读教学过程中,教师要善于及时捕捉收集学生的学习反馈信息。根据教学目标、内容和教学策略调整的需要巧妙转化为新的教学资源,从而更好地达成教学目标。从反馈时间分类,学生的学习反馈包括课前反馈、课中反馈和课后反馈;从反馈的形式分类,学生的学习反馈包括口头反馈和书面反馈;从反馈的内容分类,学生的语文学习反馈包括学习效果反馈、问题反馈和评教反馈。不同类型的学习反馈应该采取不同形式和方法转化为新的教学资源。

1. 学生的学习反馈在写作和阅读教学中的作用

语文教学是教师、学生、文本等多方之间对话的过程,也是教师向学生输入信息,学生输出反馈信息,以及两者相互作用的循环过程。学生在学习过程中的反馈是推进教学对话,反映学生在知识、情感、思维等方面变化的重要信息,同时又是有待教师及时开发利用的重要教学资源。学生在课堂教学中的即时性反馈,包括口头反馈和即时性课堂书面作业反馈,是教师激发动态生成教学资源的支点;学生在课前预习中的学习反馈,是教师调整教学策略、教学重点和教学计划的重要动因,也是教师开发新的教学资源的重要组成部分;学生在课后作业中的学习反馈,是教师延伸拓展教学内容、融入新课教学的重要资源。所以,从课程开发的角度讲,语文课程的教学资源远不止局限于教材、教参和网络资源,学生和教师本身就是最重要的教学资源。

2. 学生的学习反馈的分类

根据不同的标准,我们可以把学生的语文学习反馈进行不同的分类。从反馈时间分类,学生的学习反馈包括课前反馈、课中反馈和课后反馈;从反馈的形式分类,学生的学习反馈包括口头反馈和书面反馈;从反馈的内容分类,学生的语文学习反馈包括学习效果反馈、问题反馈和评教反馈。学习效果反馈主要是指学生学习语文后完成的作业、作品、检测及考试情况反馈。问题反馈主要是指学生在学习中对疑惑和疑难问题的反馈。评教反馈主要是指学生在学习中对教师教学工作的评价反馈,如接受评教调查问卷等。不同类型的学习反馈

可以根据教学需要选择、加工和优化转化为新的教学资源。

3. 把学生的学习反馈转化为新的教学资源的基本要求

写作和阅读教学中,把学生的学习反馈转化为新的教学资源首先要符合教学目标的要求,摒弃游离教学目标的反馈信息,选择与教学目标密切相关的反馈内容开发转化成可资利用的教学资源。其次,要根据教学内容需要选择可转化为教学资源的反馈信息,学生学习反馈往往反映了学生学习状态和困惑点,对教师找准学生的最近发展区有重要的参考价值,甚至学生的反馈本身就是教学应该拓展、延伸或补充的重要内容,因而可将这些反馈信息转化为新的教学资源,如学生的典型习作例文,阅读理解中的惯性思维,对文本的多元解读等。最后,对学生学习反馈的有用信息要及时利用转化为新的教学资源融入教学进程,实现润物无声的教学效果,如教学过程中师生对话产生的动态生成资源,必须及时把握利用,错过了教学契机,学生的反馈就很难转化为教学资源或者降低了资源使用效果。

4. 根据学生的学习反馈调整教学方案

学生是教学的主体。学生的学习反馈信息是确定教学目标、选择教学策略、调整教学进度乃至制定实施整个教学方案的重要依据。例如,一位教师在上徐志摩的《再别康桥》前布置学生预习并写出预习中的疑问,教师在学生的疑问中发现很多有价值的问题,如:为何标题加个"再"字?"康桥"是什么地方?徐志摩是怎样的诗人?这首诗的背景是怎样的?为何离开康桥?作者以怎样的心情离别康桥?康桥的伟大之处是什么?为何故地重游?这位教师根据学生的这些预习疑问反馈及时调整了教学重点和策略,把感悟作者情感作为教学重点,从诗题的"再"字切入引导学生探究诗的背景和内容,学生的反馈成为课堂讨论交流和对话的主题,成为新的教学资源。

5. 将学生的学习反馈直接转化为教学内容

在写作教学中,学生的习作就是最主要的学习效果反馈,教师可以根据教学实际需要把学生的写作片段或者完整的习作作为范文进行展示,也可作为例文进行作文升格教学。这样,学生的学习反馈实际上已经转化为新的写作教学资源。在阅读教学中,在教师的巧妙引领下,学生在教学对话中的反馈信息往往能够转化为动态生成性教学资源,有些反馈信息还可以作为阅读教学的课后延伸拓展或补充的教学资源。例如,一位教师在教《过秦论》时,学生对"追亡逐北,伏尸百万,流血漂橹"中的"北"在文中的解释提出了质疑:"'北'在句中为什么不解释为北方的军队,而解释为逃亡的军队呢?书上的解释一定弄错了!"对此,教师及时抓住契机,把问题交给了学生:"这位同学提的问题很有见地,但既然课文的注释这样解释就肯定有它的理由,喜欢看体育比赛的都熟悉'败北'这个词。'北'与'败'有何关系?我希望大家课后查一下工具书把这个理由找出来。"第二天,一个学生通过查阅《说文解字》终于找到了满意的答案:"'北'是一个象形字,像两个人双膝跪着,背靠背,这是古代的一种受降仪式,失败的战俘双膝跪着,背靠着背表示臣服。"这个解释令学生茅塞顿开,不仅明白了"北"与"败"的关联,而且还体会到了探究问题的成就感。这样,经过教师的巧妙引领,学生在教学中的动态学习反馈直接转化为教学的精彩生成资源,生发了学生的疑问和创造,拓展延伸了教学的内容。

6. 参照学生的学习反馈,评价和改进教学

通过座谈交流、问卷调查等形式了解学生对教师教学和学科学习状况的反馈意见,是了解教学状况、评价教学成效的重要手段之一。语文教师应该重视学生在评教活动的反馈意

见,反思自己的教学成败得失,改进教学方法和方式,提高教学水平。

案例

一、案例示范和点拨
(一)案例示范

《一切都会过去的》的作文升格

原文《一切都会过去的》,问题标题亦可明点题。升格《面对过去,学会关门》。

原文① "轻轻地我走了,正如我轻轻地来,我挥一挥衣袖,不带走一片云彩。"何其洒脱,何其旷达。人生的征程又未尝不是如此?潇洒地告别过去,无论是成是败,是悲是欢,只有真正地把它们放下才能有崭新的收获。

问题开头语中的中心论点中未能明点题。

升格① "轻轻地我走了,正如我轻轻地来,我挥一挥衣袖,不带走一片云彩。"何其洒脱,何其旷达。人生的征程又未尝不是如此?潇洒地告别过去,无论是成是败,是悲是欢,只有真正地学会关门,把过去关在身后,才能有崭新的收获。

原文② 面对失败与不幸,能化痛苦为动力是一种大勇。2004年的雅典诞生了一个中国飞人——刘翔。从雅典到洛桑,再到多哈,23岁的刘翔成就了一个民族偶像的神话。12秒91的成绩让国人骄傲不已。因为就像他自己所说的那样:"谁说中国人不能进入世界前8名?我,是世界冠军!"刘翔的出现打破了欧美选手一个多世纪以来对这个项目的长期垄断,他从此改变了男子跨栏的历史。但2008年在北京的鸟巢,夺冠变成了退赛,于是国人愤怒不已。但前不久的上海黄金大奖赛,刘翔又完美地复出,从而告别了阴霾的过去。的确,失意愁苦在所难免,但倘若深陷痛苦不能自拔,带着颓丧的情绪又怎么可能柳暗花明开创一个新局面呢?所以拿出勇敢和毅力吧,这样才能卸下包袱轻装上阵重获新生。

问题段首的分论点未能明点题,刘翔一例在叙例时"貌合神离",析理时未能扣题析,从而导致析理重心倾向"勇敢与坚强"。

升格② 面对失败与不幸,学会关上痛苦的大门是一种大勇。2004年的雅典,中国飞人刘翔的12秒91的成绩足以让中国人甚至全亚洲人感到自豪。但2008年北京的鸟巢中,夺冠却变成了退赛,此后,沉沦、潜规则、阴谋、欺骗等流言如山压来,一年多来,刘翔勇敢地选择了悄然淡出国人的视线,把痛苦与颓丧关在门外,积极治疗,勤奋训练,终于在上个月的上海黄金赛中完美复出,从而告别了阴霾的过去。……的确,失意愁苦在所难免,但倘若深陷痛苦不能自拔,带着颓丧的情绪又怎么可能柳暗花明开创一个新局面呢?所以拿出勇敢和毅力吧,学会关门,把一切痛苦、颓丧、愁苦、失意关在身后,这样才能卸下包袱轻装上阵重获新生。

原文③ 面对成功与荣誉,能淡然处之是一种大智。生活中,这样的智者实在是太多了。正因为袁隆平学会了忘记,所以他今天仍在继续勇攀科学的高峰;正因为钱锺书学会了忘记,所以他才砌成了"文化长城";正因为邓亚萍学会了忘记过去,所以剑桥大学才有了第一位拿到博士学位的世界顶尖运动员;与此相反,翩翩舞者罗纳尔迪尼奥成名之后却难抵花天酒地的诱惑,菲尔普斯夺得"八金"后却被证实吸毒,我国不断有包养情妇贪赃枉法的高官落马……可见,对智者来说,成功与荣誉只是过去的纪念碑,不断追求才能达到新境界新高度,而对愚者来说,成功与荣誉却是自毁的匕首与葬身的坟墓,因为他们在成功荣誉面前选择了满足停步甚至迷失。

问题段首的分论点未能明点题,袁隆平、钱钟书、邓亚萍三例的叙述"标签飞扬",析理也未能扣题析,导致析理重心倾向"成功与荣誉"。

升格③　面对成功与荣誉,能学会关门,淡然处之是一种大智。生活中,这样的智者实在是太多太多了。正因为袁隆平获得殊荣却将殊荣关在门外而选择躬耕田畴,所以他今天仍在继续勇攀科学的高峰;正因为钱锺书名扬四海却将名气关在门外而坚决拒绝邀请与采访,所以他才砌成了"文化长城";正因为邓亚萍将冠军关在身后而选择不居功自傲努力求学,所以剑桥大学才有了第一位拿到博士学位的世界顶尖运动员;与此相反,翩翩舞者罗纳尔迪尼奥成名之后却难抵花天酒地的诱惑,菲尔普斯夺得"八金"后却被证实吸毒,我国不断有包养情妇贪赃枉法的高官落马……可见,对智者来说,成功与荣誉只是过去的纪念碑,将他们关在身后,不骄不躁,不断追求才能达到新境界新高度,而对愚者来说,成功与荣誉却是自毁的匕首与葬身的坟墓,因为他们在成功荣誉面前没有选择关上名利之门,而选择了满足停步甚至迷失。

原文④　当然,放下失败与不幸、成功与荣誉并非意味着缺乏理智的一味抛弃。回首往事,沉痛的历史仍历历在目。鸦片战争打开了中国的大门,丧权辱国的条约一个接一个地被签订,这无疑是失败与屈辱,但清政府将失败与屈辱统统抛诸脑后,继续腐败无能、奴颜婢膝。这种放下绝非大勇,更非大智。所以说,我们舍弃的只能是一蹶不振的颓废,不能舍弃的是教训与启示,否则就成了消极的逃避了。

问题分论点未能明点题,析理未能扣题析,导致析理重心倾向"舍弃"。

升格④　当然,将失败与不幸、成功与荣誉关在门外,并非意味着缺乏理智的一味抛弃。回首往事,沉痛的历史仍历历在目。鸦片战争打开了中国的大门,丧权辱国的条约一个接一个地被签订,这无疑是失败与屈辱,但清政府将失败与屈辱统统关在门外,继续腐败无能、奴颜婢膝。这种关门绝非大勇,更非大智。所以说,被我们关在门外的只能是一蹶不振的颓废,不能关在门外的是教训与启示,否则就成了消极的逃避了。

原文⑤　在艰难无助的时候,在笑看风云的时候,告诉自己:一切都会过去的!

问题结尾语中未能明点题。

升格⑤　在艰难无助的时候,在笑看风云的时候,告诉自己:学会关门吧,因为一切都会过去的!

(二)点拨

学生习作是写作教学中学生学习效果的重要反馈,从分类上讲也属于课后反馈和书面反馈。从学生的习作中可以综合反馈学生对写作教学内容的掌握情况、普遍存在的优缺点以及今后教学改进和加强的重点方向。本案例中教师针对学生作文基础不够扎实,点题、扣题意识薄弱等实际情况,选取学生典型习作《一切都会过去的》,专门进行以点题扣题为主题的作文讲评升格训练,逐句、逐段指出习作原文存在的问题,拟出升格文段,让学生进行直接对比讨论,总结规律,加以实际操练,使学生掌握点题扣题技巧,并能熟练运用,较好地完成作文的升格。同时,这也是教师有效利用学生学习反馈转化开发新的教学资源的成功案例。

二、答题示范与讲解

（一）单项选择题

1. 下面关于学生的学习反馈转化为新的教学资源的观点中,不正确的一项是（　　）。

    A. 并不是所有的学习反馈都可以转化为新的教学资源,教师要摒弃游离教学目标的反馈信息,选择与教学目标密切相关的反馈内容开发转化成可资利用的教学资源。

    B. 将学生的学习反馈转化为有用的教学资源,与教师的教学机智和资源开发能力密切相关。

    C. 教学对话中学生出现的动态反馈信息,教师必须及时把握利用,错过了教学契机,就很难将学习反馈转化为新的教学资源。

    D. 学生习作是写作教学的学生学习效果反馈和表现,也是写作教学中唯一可转化为新的教学资源的反馈信息。

【参考答案】D。

【答题解析】

本题考查的知识点是:在阅读、写作教学过程中,能够将学生的学习反馈转化为新的教学资源。在写作教学中,学生的习作就是最主要的学习效果反馈,教师可以根据教学实际需要把学生的写作片段或者完整的习作作为范文进行展示,从而把学生的学习反馈（习作）转化为新的写作教学资源。但是,习作不是写作教学中唯一可供可转化为新的教学资源的反馈信息。学生在写作教学中有价值的质疑、困惑、建议以及口头造句都可以转化为新的教学资源。因而D项的表述不正确,其他选项都是正确的观点。

2. 对以下教学片断中教师对学生在对话中的反馈引领,分析正确的一项是（　　）。

一位教师讲到《项链》主人公路瓦栽夫人的形象意义是什么?

生:讽刺了她强烈的虚荣心,给我们以警示。

师:是什么样的虚荣心呢?

生:女人的虚荣心。

师:哪个阶级的女人呢?

学生终于说道:小资产阶级女人。

教师此刻满意地表扬学生答对了。

    A. 教师对学生的学习反馈进行及时引领,顺利转化为新的教学资源,把教学引向深入。

    B. 教师对学生的学习反馈进行及时引领,但是偏离了方向,局限于教师预设好的阶级分析方法,属于强加式引领。

    C. 引领的时机选择不当,造成课堂时间、可利用课堂生成资源的浪费。

    D. 以上说法都不对。

【参考答案】B。

【答题解析】

本题考查的知识点是：在阅读、写作教学过程中，能够将学生的学习反馈转化为新的教学资源。

教学片断中学生的答案本应该值得肯定，是可以转化为新的教学资源的学习反馈，但与教师提前预设的标准答案还有所不同，虽然教师进行了及时引领，但引领的方向未能顺着学生的反馈信息深入文本，而是把教师自己提前预设的阶级分析方法牵拉出来，强加给学生。其实，虚荣心本是人类的共性，不为哪一个阶级所独有。路瓦栽夫人的虚荣心已经超越了她所在的阶级，不然，则路瓦栽夫人的诚实、坚韧又是哪一个阶级的呢？因此，正确答案是B选项。

（二）教学设计题

（1）题目：设计一份高中学生对语文教师教学情况的评价反馈调查问卷，以便将调查反馈结果提供给教师作为改进教学的重要参考，并对调查问卷的设计意图作简要说明。

（2）答题。

高中语文教学状况调查问卷

亲爱的同学：

为了有效进行语文新课程的教学，使语文教学能更好地满足同学们的发展需求，我们特设计了此问卷调查，倾听同学们的心声，了解语文课堂教学状况，知晓你的学习烦恼，从而为老师今后改进教学提供依据。

这次调查问卷采用的是无记名形式，你所选择的答案只是被概括地汇总成数字表达出来，所以你不必有所顾虑，希望你能根据自己的真实感受自行判断选择，并将你选择的答案填在题后的括号里（单项选择），谢谢！

① 你对学习语文（　　）。

  A. 有浓厚的兴趣   B. 有些兴趣

  C. 曾经有兴趣后来没兴趣   D. 一直没兴趣

② 你学习语文的动力是（　　）。

  A. 教师的教学水平高，上课精彩

  B. 语文学习内容丰富精彩

  C. 提高综合素质素养和陶冶情操

  D. 能取得良好成绩

③ 你认为在各学科中，语文难度怎么样？（　　）

  A. 最难学   B. 比较难学   C. 比较好学   D. 最好学

④ 你认为哪个因素最能影响你的语文学习热情？（　　）

  A. 教师缺乏教学技巧   B. 教师的态度不好

  C. 其他学科过重的压力   D. 考试成绩不理想

⑤ 你最喜欢的语文老师应当是（　　）。

  A. 幽默风趣型   B. 知识渊博型   C. 思维敏捷型   D. 平等朋友型

⑥ 你最希望语文老师给予你哪方面帮助？（　　）
　　A. 提高成绩　B. 培养能力　C. 传授方法　D. 交流体验
⑦ 如果给你本教材，没有老师的讲解，你会学得（　　）。
　　A. 很好　　　　　　B. 比没有老师好　　　　C. 不如老师教得好
⑧ 你认为你在老师那里获得的书本上没有的知识量（　　）。
　　A. 很多　　　　B. 一般　　　　　　C. 很少，几乎得不到
⑨ 课堂教学内容更喜欢哪一方面？（　　）
　　A. 课文分析　　　　　　　　　　B. 语文知识讲解
　　C. 应试训练　　　　　　　　　　D. 人文精神的传授
⑩ 你最喜欢的课堂学习方式是（　　）。
　　A. 通过老师的讲解获得新知识
　　B. 师生共同参与学习、讨论获得新知识
　　C. 在教师的指导下，自己探索、学习获得新知识
　　D. 其他方式
⑪ 你心目中的教师上课时的教学形式是（　　）。
　　A. 教师传授知识　　　　　　　　B. 教师在讲授中提问交流
　　C. 学生自己讲授　　　　　　　　D. 学生能够主动参与
⑫ 上课前，你不能预习的主要原因是（　　）。
　　A. 老师不检查预习　　　　　　　B. 没有习惯预习
　　C. 想预习，但不知如何预习　　　D. 觉得预习没有用
⑬ 你在课堂上常处于什么状态？（　　）
　　A. 以听老师讲为主　　　　　　　B. 常处于思考感受中
　　C. 与老师同学产生碰撞　　　　　D. 积极参与活动中
⑭ 对于老师在课堂上的提问，你是（　　）。
　　A. 积极动脑思考，举手发言
　　B. 积极动脑思考，知道答案，但怕答错，不愿举手
　　C. 简单问题能思考并回答
　　D. 等别的同学回答
⑮ 语文课堂上，别人发言时，你（　　）。
　　A. 我听得很认真细致，能复述下来
　　B. 听得不太认真，只能复述一小部分
　　C. 完全没有听清楚别人的发言
⑯ 每当老师要求大家同桌、小组相互合作讨论解决疑难问题或学习新知识时，你是（　　）。
　　A. 自己独立思考，不愿意与他人合作讨论
　　B. 不知道怎样与他人合作讨论解决问题
　　C. 积极与他人合作，相互讨论，找出答案

⑰ 你在学习语文时通常采用的什么方法？（   ）
　　A. 课前预习、上课听讲、课后巩固
　　B. 多读、多听、多说、多写、多问
　　C. 识记、理解、应用
　　D. 想学就学
⑱ 你做课外阅读摘抄笔记吗？（   ）
　　A. 喜欢摘抄，有习惯　　　　　　B. 认为用处不大，随意
　　C. 应付完成老师任务　　　　　　D. 只喜欢抄自己喜欢的
⑲ 你希望老师在写作方面给予哪些帮助？（   ）
　　A. 老师精批细改　　　　　　　　B. 多评讲、多指导学生自己修改
　　C. 增加自由练笔指导　　　　　　D. 多介绍好文章
⑳ 你最喜欢的作文批改方法是（   ）。
　　A. 同学互批　　　　　　　　　　B. 老师批改
　　C. 自己批改　　　　　　　　　　D. 师批、互批、自批相结合
㉑ 你认为语文与其他学科作业量相比（   ）。
　　A. 最少　　　　B. 较多　　　　C. 合适　　　　D. 较少
㉒ 你对语文教师布置的作业质方面的评价是（   ）。
　　A. 作业布置针对性强，富有实效　　B. 大部分是重复机械的作业
　　C. 大部分是口头作业　　　　　　D. 其他
㉓ 你认为考试成绩与你语文水平的关系是哪一种？（   ）
　　A. 两者一致　　　　　　　　　　B. 考试成绩高于语文水平
　　C. 基本能反映出自己的水平　　　D. 考试成绩低于语文水平
㉔ 你觉得考后试卷评析课（   ）。
　　A. 是对答案　　　　　　　　　　B. 是批评人
　　C. 对学习帮助很大（针对性强）　　D. 不评讲

设计意图说明：本问卷主要是针对高中学生对语文教学状况的反馈意见调查，共设置24道单项选题，由学生根据实际情况自主选择。问卷题目共涉及学生在学习语文的情感体验、教师课堂教学、课外阅读学习、作业布置、考试检测等方面的情况调查，以通过本问卷调查统计获取学生对语文学习的真实情况反馈，给教师改进教学提供科学参考数据，也是语文教改的重要教学资源。

（3）解题分析。

本题是综合考查，对应的考点是"在阅读、写作教学过程中，能够将学生的学习反馈转化为新的教学资源"。设计学生学习反馈意见调查问卷，必须根据调查目的和语文学科特点设置题目，内容涵盖面要广，题目设计要科学可行，不让学生直接感觉是对老师教学的是非评价，而是通过了解学生学习体验、课堂投入状况、作业完成感受及考试成败归因等间接数据分析学生反馈意见，从而转化为重要的教改资源，为改进教学、提高教学质量服务。

(三)案例分析题

案例：分析点评下面教学片断中教师对学生学习反馈的转化利用。

在教学《孔雀东南飞》后,课堂出现了尴尬的空档——还有好几分钟才下课,教师临时让学生自学复习课文重点字词。这时一声叹息引起了教师的"警觉":"哎,他们为什么非要死呢?怎么不告焦母呢?"同学们哗然。对于这意料之外的反馈,教师立即抓住这个契机,利用这位同学的"痴言妄语"让大家讨论刘、焦的命运。有的说他们可以像司马相如、卓文君那样私奔啊,有的说干脆将就下去,不很好吗……于是,教师带着学生一起分析它们的可能性:(1)起诉焦母不可能,当时没有《婚姻法》;就是有,也是站在封建家长一方的。(2)即便他们私奔,但他们逃出了本地却逃不出那个社会。(3)如果他们屈从,那就不是悲剧了,人物就不可爱了,故事也就不动人了。(4)他们只有为了爱情"同归于尽",才能体现作品对封建家长制破坏忠贞爱情的批判。

分析：

在阅读教学中,在教师的巧妙引领下,学生在教学对话中的反馈信息往往能够转化为动态生成性教学资源,有些反馈信息还可以作为阅读教学的课后延伸拓展或补充的教学资源。在本教学片断中,教师及时抓住了学生的感叹和疑惑,也是抓住学生学完课文后的感受反馈信息,并灵活调整了教学安排,创造性地组织教学,生发了学生的疑问和创造,把学生对刘、焦命运的感叹转化为教学的内容,成为引领学生进一步深入文本,探究课文内涵和思想意义的切入点,是对课文教学的延伸和拓展,体现了教师较强的课堂驾驭能力,扎实的转化和利用教学资源的能力。

七、以恰当的课堂教学评价方式,激励学生的语文学习

【考点】能根据教学内容的特点、学生个体差异和教学的具体内容设计恰当的课堂教学评价方式,激励学生的语文学习。

 知识和能力点说明

【知识卡片】

★ 课堂教学评价是对学生的课堂学习所进行的评价,主要是对学生参与课堂学习的行为过程及其效果所进行的价值判断。

★ 课堂教学评价的多样性。

★ 课堂教学评价基本评价方式包括激励式评价、过程体验式评价、合作式评价、量规式评价。

★ 课堂教学常用评价量规:学生课堂表现评价量规、小组成员互评量规、小组成员互评量规、小组汇报量化评分表、研究性学习成果评价量规表、问题解决评价量规、成果展示评价量规、课堂中的自我评价量规。

1. 课堂教学评价的意义

"课标"提出"语文课程评价的目的……更是为了检验和改进学生的语文学习和教师的教学,改善课程设计,完善教学过程,从而有效地促进学生的发展"。在课堂教学中,恰当的评价方式能够拉近师生间的距离,调动学生的学习积极性,激发学生的学习兴趣和学习热情,如取得良好教学效果,则有利于发展学生的个性,更能为学生的成长奠定坚实基础。

2. 课堂教学评价理论基础

(1)多元智力教育理论:人的智力由语言智力、音乐节奏智力、逻辑数理智力、视觉空间智力、身体动觉智力、自知自省智力、交往交流智力七种紧密关联但又相互独立的智力组成。每个学生都有发展的潜力,只是表现的领域不同而已。这就需要我们的教师在以促进学生发展为终极关怀的参照下,从不同视角、不同层面去看待每一个学生,挖掘学生的潜力。

(2)建构主义的教育理论:建构主义强调人的主体能动性,即要求学习者积极主动地参与教学过程,在与客观教学环境相互作用的过程中,自己积极地建构知识框架。

(3)后现代主义教育理论:每个学习者都是独一无二的个体,教师教学不能以绝对统一的尺度去度量学生的学习水平和发展程度,要给学生的不同见解留有一定的空间。课堂教学不能把学习者视为单纯的知识接受者,而更应看作是知识的探索者和发现者。因此,课堂教学不仅要注重结果,更要注重过程。

3. 当今课堂教学评价的现状

(1)评价主客体单一。(2)评价方式单一、传统。(3)评价内容浅显,评价作用甚微。(4)评价层次较低。(5)大多数学校过度看重各次考试的成绩,只注重结果,不注重过程,从而忽视了学生素质的培养,忽视了新课程的实施。(6)课堂教学评价仍以老师布置的书面作业为主,学生听、说、读、写的训练评价远远不够,缺乏新课标所倡导的合作探究。

4. 课堂教学评价的特点

(1)多元性,(2)整体性,(3)过程性。

5. 课堂教学评价的基本原则

(1)过程发展性原则,(2)学生主体性原则,(3)全面性原则,(4)多元化原则。

6. 课堂教学评价的多样化

(1)评价内容多样化,(2)评价标准多样性,(3)评价方式多元化。

7. 课堂教学评价的基本评价方式

(1)激励式评价。

(2)过程体验式评价。

(3)合作探究式课堂评价。

(4)量规式评价。

8. 对学生实施课堂教学评价要注意的几个问题

(1)课堂教学评价要尊重学生,要有亲和性。(2)课堂教学评价要考虑学生的年龄特点。(3)课堂教学评价要因人而异。(4)课堂教学的教师评价与学生互评相结合。(5)课堂教学评价要对学困生注重纵向评价。(6)课堂教学评价要讲究语言技巧。

 案例

一、案例示范

语文教学评价示例。

材料 1. 课外阅读调查卡（一）

> 姓名：　　　班级：
> 阅读时间：　　　记录时间：
> 1. 读物名称：　　　长度：　　（字）
>   作者：　　　读物出处：　　　是否向大家推荐：□是　□否
> 2. 读物的类别：
>   □期刊文本　□哲学、思想著作　□历史、地理读本　□小说　□散文　□动漫
>   □自然科学读本　□学习辅助材料　□其他，请写明：
> 3. 该读物的主要内容是：
> 4. 阅读完该读物，我最深的感受/体会是：
> 5. 在阅读过程中，我的发现：
> 6. 试评论一下读物的写作特点/风格：
> 7. 该读物本身的价值：
> 8. 该读物对于语文学习的意义：

评析：这是一个典型的关于课外读物的调查问卷，为表格形式。调查内容设计较为全面，涉及读物的种类、内容、风格、价值等。对学生的课外阅读现状及阅读效果较能做到全面、透彻的了解。

材料 2. 语文学习个体发展跟踪卡

班级：　　　姓名：　　　学号：　　　评价人：

项目		学习状态	现代文阅读能力	文言文阅读能力	写作能力	听说能力	教师意见	考核成绩	发展状况
现状分析									
阶段性跟踪	月考								
	期考								
	月考								
	期末								
综合评价									
家长意见									

注："学习状态"包括：兴趣、思维、方法、特长、潜能等。各种能力的检查、描述参照当时教学进度和教学目标要求。

评析：这是一份典型的语文学习记录袋，属档案袋评价。表中所列各项，可对学生语文学习的情况作详细的跟踪记录，能真实地反映学生语文学习的具体过程。

材料3. 写作成长记录袋评价表

年级：_____ 班别：_____ 姓名：_____ 学号：_____

项目	评价内容	评价等级					自我评价及反思
		评价者	优秀	良好	合格	待合格	
总评	写作成长记录袋总评：	本人					
		同学					
		老师					
		家长					
每周一文	（列出每周一文名称）	本人					
		同学					
		老师					
		家长					
堂上作文	（列出每周一文名称）	本人					
		同学					
		老师					
		家长					
口头作文	课前3分钟演讲稿（每学期一次）	本人					
		同学					
		老师					
		家长					
小论文	（列出每周一文名称）	本人					
		同学					
		老师					
		家长					
自编杂志	作文精选集	本人					
		同学					
		老师					
		家长					
评语	同学评语						
	教师评语						
	家长评语						

评析：引导学生制定个人写作记录袋的目标。通过制定目标，让学生有了前进的方向，有了拼搏进取的愿望。在实现目标的过程中，教师、家长、同学督促学生朝着目标奋斗，学生自己对照目标不断反省，修正自己的言行，有利于促进学生积极主动的发展。

学生课堂评价常用量规案例

范例1. 学生课堂表现评价量规则

项目	A级(90~100分)	B级(70~90分)	C级(70分以下)	个人评价	同学评价	教师评价
听课情况	认真听课，没有走神、讲闲话等现象	听课较认真，偶尔有走神、讲闲话等现象	听课不认真，走神、讲闲话现象比较严重			
发言情况	积极举手发言，并有自己的见解	能举手发言，答案中自己的思想较少	很少发言，不表达自己的观点			
合作学习情况	善于与人合作，虚心听取别人的意见	能与人合作，能接受别人的意见	缺乏与人合作的精神，难听取别人的意见			
课堂作业情况	认真、迅速地完成作业，作业质量高	能完成作业，速度比较慢或质量一般	不能完成作业			
我这样评价自己：						
伙伴眼里的我：						
老师的话：						

注：1. 本评价表针对学生课堂表现情况作评价；
2. 本评价分为定性评价部分和定量评价部分；
3. 定量评价部分总分为100分，最后取值为教师评价、同学评价和个人评价分数按比例取均值；
4. 定性评价部分分为"我这样评价自己""伙伴眼里的我"和"老师的话"，都是针对被评者作概括性描述和建议，以帮助被评学生改进与提高。

范例2. 小组成员互评量规

编号	题目	成员1	成员2	成员3	成员4
1	在大部分时间里他(她)踊跃参与，表现积极				
2	他(她)的意见总是对我很有帮助				
3	他(她)经常鼓励/督促小组其他成员积极参与协作				
4	他(她)能够按时完成应该做的那份工作和学习任务				
5	我对他(她)的表现满意				
6	他(她)对小组的贡献突出				
7	如果还有机会我非常愿意与她(他)再分到一组				
8	对他(她)总体上是喜欢的				

范例 3. 合作学习评价清单

项目	成员 1	成员 2	成员 3	成员 4
按时出席小组讨论会				
踊跃发言				
鼓励小组成员				
明确并认真落实小组分配的项目任务				
善于与小组成员沟通				
对项目提出自己的建议				
对项目的贡献				

范例 4. 小组汇报量化评分表

汇报组别：		汇报主题：	
汇报人：	评价者：	评价者组别：	

一级指标	二级指标	分值	得分
作品的内容 （55 分）	观点明确，设计的方案有一定的创造性	15	
	条理清晰	10	
	内容无科学性错误	10	
	内容完整	10	
	体现了"人与自然"和谐共处的观点	10	
作品的制作水平 （15 分）	排版合理	4	
	无链接错误	3	
	界面美观	3	
	能恰当地使用多媒体元素（如图片、音频、视频）	5	
汇报者的表现 （10 分）	表情自然	2	
	表达清晰	2	
	回答问题有针对性	4	
	能在规定时间内完成	1	
小组协作学习 （20 分）	小组成员能和谐相处	6	
	回答问题时组员间能发挥合作精神	7	
	该小组成员在研究过程中给了其他小组帮助	7	

听完汇报后我的问题：

评价意见：
优点：
需改进之处：

注：此表算出的是小组成员的平均分数，个人分数还得根据小组成员互评量表和回答问题的情况来调整。

范例 5. 研究性学习成果评价量规表

班级：		组别：		姓名：		学号：				
填表人：		填表日期：								

评价指标（100分）		权重	评价等级及分值				得分			
一级指标	二级指标		优秀（10~9）	良好（8~5分）	一般（4~3分）	需努力（2分以下）	自评	互评	教师评	小计
情感态度（10%）	学习兴趣	0.5	对课题有非常浓厚的学习兴趣	对课题有较高的学习兴趣	对知识课题学习兴趣一般	完全没有兴趣学习，被逼进行学习				
	学习态度	0.5	学习态度认真负责，努力实现预定研究	认真参与，在同伴协助下努力实现预定研究	认真参与，在同伴协助下基本实现预定研究	态度懒散，不愿承担责任				
合作交流（20%）	与人合作	1	主动和同学配合，分工合作，乐于帮助同学	基本能和同学配合，做好自己分内工作	有需要时才和同学合作，喜欢个人学习	帮不上忙，和同学无法合作				
	与人沟通	1	态度谦虚，认真倾听同学意见，能合作解决问题	会倾听同学意见，基本能和同学合作解决问题	不太喜欢发言和倾听同学意见，不喜欢和同学合作解决问题	完全不发表自己意见也不愿意倾听同学意见，完全无法和同学合作交流				
创新思维（10%）		1	善于提问，所提建议创新合理	勇于提问，个别建议合理创新	提问不多，个别建议创新合理	基本没有提问				

续表

评价指标（100分）		权重	评价等级及分值				得分			
一级指标	二级指标		优秀（10~9）	良好（8~5分）	一般（4~3分）	需努力（2分以下）	自评	互评	教师评	小计
收集资料（25%）	资料查找收集整理	1.5	能熟练运用多种搜集方法搜集资料，有系统有条理地整理资料	比较熟练运用多种搜集方法搜集资料，基本能整理好资料	运用的搜集方法单一，不太会整理资料	不会搜集，不会整理资料				
	资源运用	1	根据资料内容的需要恰当合理地使用各种媒体	能使用多种媒体，使用基本合理	能使用多种媒体但使用不恰当	基本没有使用文字以外的其他媒体				
成果展示（35%）	汇报交流	1.5	积极主动，语言表达清晰生动，语句通顺，表情丰富	语言表达清楚，语句比较通顺	语文表达基本清楚，语句不够通顺	语文表达含糊，语句不通顺				
	图片展示	1	图片丰富，题材广泛	图片较丰富	图片较单一	没有图片				
	短剧	1	表演精彩生动，气氛活跃，每个同学都积极认真参与	表演较生动，气氛较好，每个同学都基本有参与	表演基本完成，但只有个别同学表演	表演没有完成，同学马虎了事				
总计：		总体评价：								

注：1. 该表的满分为100分；
2. 每项平均分标准按优秀、良好、一般、需努力四个等级评分；
3. 每个指标小计得分=（自评30%＋互评30%＋师评40%）×权重；
4. 各项指标小计得分总和即为该学生总得分；
5. 本量规表适用于学生自评，小组间互评和老师评价。

范例6. 问题解决评价量规

评价要素	评价指标及权重	评价标准描述	评价内容及评级分值			生评		师评
						自评	互评	
语文学习思维导图的制作	分工协作（10分）	小组成员分工是否明确，任务分配是否合理	好(10~8) 小组成员分工明确，任务分配合理	一般(7~5) 小组成员分工较明确，任务分配较合理	需要改进(4~0) 小组成员分工不明确，任务分配不合理			
	图片来源（20分）	是否能熟练从网络等多渠道获取图片素材，是否能合理对资源进行选择	好(20~15) 能熟练从网络等多渠道获取图片素材，并能合理对资源进行选择	一般(14~9) 基本能从网络等多渠道获取资源，并基本能对资源进行选择	需要改进(8~0) 获取图片素材渠道比较单一，不能对资源进行合理选择			
	制作技术（35分）	图片处理是否熟练，导图文字排版是否熟练，导图图文是否混排熟练	好(35~25) 图片处理熟练，文字排版熟练，图文混排熟练	一般(24~13) 能对图片进行处理，文字排版较熟练，图文混排较熟练	需要改进(12~0) 不能图片进行处理，文字排版较熟练，图文混排不熟练			
	艺术效果（20分）	结构是否合理，排版是否美观，图文并茂，整体感觉是否赏心悦目	好(20~15) 结构合理，排版美观，图文并茂，整体感觉赏心悦目	一般(14~9) 结构较合理，排版较美观，整体感觉较好	需要改进(8~0) 结构不合理，排版不美观，整体感觉不舒服			
	师生评价（15分）	作品内容是否完整，是否获得老师同学的认同	好(15~12) 作品内容完整，获得老师同学较高的认同	一般(11~7) 作品内容较完整，获得老师同学的认同	需要改进(6~0) 作品内容不够完整，获得少数同学的认同			
合计								
总分（自评20%，互评40%，师评40%）								

范例7. 成果展示评价量规

评价要素	评价指标及权重	评价标准描述	评价内容及评级分值			生评		师评
						自评	互评	
评价要素	制作技术（40分）	图片处理是否熟练，导图文字排版是否熟练，导图图文是否混排熟练	好(40~30) 图片处理熟练，文字排版熟练，图文混排熟练	一般(29~20) 能对图片进行处理，文字排版较熟练，图文混排较熟练	需要改进(19~0) 不能图片进行处理，文字排版较熟练，图文混排不熟练			

续表

评价要素	评价指标及权重	评价标准描述	评价内容及评级分值			生评		师评
						自评	互评	
评价要素	艺术效果（40分）	结构是否合理，排版是否美观，图文并茂，整体感觉是否赏心悦目	好（40~30）结构合理，排版美观，图文并茂，整体感觉赏心悦目	一般（29~20）结构较合理，排版较美观，整体感觉较好	需要改进（19~0）结构不合理，排版不美观，整体感觉不舒服			
	师生评价（20分）	作品内容是否完整，是否获得老师同学的认同	好（20~15）作品内容完整，获得老师同学较高的认同	一般（14~8）作品内容较完整，获得老师同学的认同	需要改进（7~0）作品内容不够完整，获得少数同学的认同			
	合计							
	总分（自评20%，互评40%，师评40%）							

范例8. 语文课堂中的自我评价

学号：　　　　姓名：　　　　年级：　　　　班级：

一、上课态度
对学习任务的投入与完成情况：
与原先的课相比，我在这一堂课中，发生了改变的是：
在学习态度上，我希望多加努力的方面是：
二、上课的收获
有关课文内容的学习，我有所收获的是：
通过对课文的学习，我的思想情感发生变化的是：
通过这节课的学习，我对学习内容（小说、散文、诗歌等）的学习的方式方法的变化是：
三、内省和建议
在课堂学习中，需要改进的几点是：
我可能需要更多帮助的地方是：
成绩：对自己所付努力的评价（　　）（满分为10分）。
成绩：对自己所作成效的评价（　　）（满分为10分）。
最终成绩：（　　）（以上两项成绩的平均）。
[说明]1. 每周记录自己在学习中一些重要的收获；
2. 利用每周的班会进行小组分享；
3. 可以从朗读、表达、操作、才艺等方面记录；
4. 倾听、发言、合作、创新等方面进行评价和反思。

二、答题示范与讲解

（一）单项选择题

1. 王老师经常采取一些措施对学生进行评价，下列表述中不恰当的一项是（　　）。

　　A. 在开学时，王老师为了了解学生的知识基础和准备状况，进行了前测，这种评价属于诊断性评价。

　　B. 王老师为了及时了解阶段教学的成果和学生学习的进展状况、存在的问题，经常进行随堂测验，这属于形成性评价。

C. 王老师在学期快要结束的时候,采用期末考试的形式对学生进行考核,这属于形成性评价。

D. 王老师在评判一个学生的考试成绩的时候,最常做的是把这个学生的成绩与班级平均成绩做对照,然后再做评判,这属于相对评价。

【参考答案】C。

【答题解析】

王老师在学期快要结束的时候,采用期末考试的形式对学生进行考核,这应该属于终结性评价。

2. 下列关于评价的说法,不正确的一项是(　　)。

A. 评价不是对过去成绩的炫耀或失败的指责,而是为了促进今后更好的发展。

B. 知识、技能、情感的多维评价有助于教学目标的整体实现和学生个性的全面发展。

C. 评价是指在教学过程终结后,对学生学习效果、教师教学效果进行的价值判断。

D. 评价应与教学活动结合在一起,在真实世界的实际任务中进行。

【参考答案】C。

【答题解析】

按教学评价的作用、目的的不同,教学评价有终结性评价,还有形成性评价、诊断性评价。

3. 按教学评价的作用、目的的不同,教学评价主要有形成性评价、诊断性评价和终结性评价。下列说法错误的是(　　)。

A. 形成性评价是在教学过程中进行的评价,是为引导教学过程正确、完善地进行而对学生学习结果和教师教学效果采取的评价。

B. 终结性评价是在一相对完整的教学阶段结束后对整个教学目标实现的程度做出结论的评价。

C. 诊断性评价是对学生学习过程中屡犯错误深层原因的调查,它需要一些精心准备的诊断性测验及高度专门化的访谈技巧。

D. 教学评价是教学各环节中必不可少的一环,依照不同的分类标准,教学评价可作不同的划分。

【参考答案】C。

【答题解析】

诊断性评价是指在教学活动开始前,对评价对象的学习准备程度做出鉴定,以便采取相应措施使教学计划顺利、有效实施而进行的测定性评价。诊断性评价的实施时间,一般在课程、学期、学年开始或教学过程中需要的时候。

(二)教学设计题

(1)题目:某班小王学习成绩一直不好,李老师通过观察了解后发现小王成绩较差主要是因为课堂上有一些不良的学习习惯。如果你是李老师,你该怎样为小王同学设计一份评价量规?

（2）分析：小王成绩较差主要是因为课堂上有一些不良的学习习惯，我们要先尽量多列举他有哪些常见的不良的学习习惯，然后从项目和时间两个维度设计一张课堂表现记录表，请班长或小组长对他的课堂表现进行跟踪记录。

（3）答题：通过对小王学习习惯的分析，我们给小王量身制定了一个课堂表现量规表。

小王一周课堂表现记录表
日期：2016年9月1日—5日

项目	星期一 得分	星期一 扣分	星期二 得分	星期二 扣分	星期三 得分	星期三 扣分	星期四 得分	星期四 扣分	星期五 得分	星期五 扣分
1. 做好上课的准备	2		2			2	2		2	
2. 认真做笔记		2	2		2		2		2	
3. 不和其他同学讲话		2	2			2	2		2	
4. 不插话	2			2	2		2		2	
5. 不讲脏话	2		2		2		2			2
6. 不趴在桌上	2		2		2		2		2	
7. 不东张西望	2		2			2	2			2
8. 不打瞌睡	2		2		2		2		2	
9. 不与老师顶嘴		2	2		2		2		2	
10. 认真完成课堂作业		2		2	2			2	2	
得分	4		8		8		12		12	
本周日平均分：8.8			本周得分：44分				打分（签名）：			

通过对小王的连续观察发现，小王的课堂行为周得分和日平均分逐渐提高，对他的教育起了效果。又经过一段时间的巩固，小王改掉了不良行为。

评析：这是一个典型的检核表，它把要观察的行为一一列出，对照学生的行为一一打分，如果学生达到了行为要求就加分，反之则减分。每天把观察结果即学生的得分写在检核表上，最后汇总学生一周的总得分情况就可以看出学生这一周的基本行为表现情况。

（三）案例分析题

（1）案例：学生口语交际能力表现性测试。

案例背景：无论是校园内还是校园外，学生在日常生活中都要完成许多类型的讲话任务。要完成一个讲话任务，讲话人必须向听话人简短陈述某些信息。这一过程包括决定要说什么，将信息组织起来，根据听话人和场合的情况改编信息，选择传递信息所用的语言，最后正式表达。

设计一次活动，用以检测学生口语交际能力，要求几组同学分别描述物体、事件和经历，按顺序说明某个操作步骤，在突发事件中提供信息和说服某个人。

（2）案例题目。

请评价下表中几类学生语言交流能力测试试题设计的优点或不足之处。

口语交际能力表现性测试试题设计优劣评价表

试题设计	试题点评
1. 提供一个模拟口语交际情境,要求学生写一篇短文,说明一件事情(如怎样寄包裹)或说服某个人(如选修某门课)	尚可。但任务的实际操作行为仍落脚于"书面",故被测者表现不出真实情景中的能力
2. 提供一个模拟情境,必要时有教师和学生配合,让学生完成一个模拟口语交际任务(如打119报火警)	但因情境的虚拟性和任务的简易性,被测者的真实的、灵活的、综合的能力未必能充分表现
3. 要求学生完成一个比较真实的口语交际任务,如与同学讨论某一主题或向不知情人陈述某个事件	是较典型的表现性测试。任务具确定的真实性和一定的复杂性。可使学生充分表现其习得的知识和具备的技能
4. 让学生简短地回答几个关于口语交际要求与技巧的问题	不符合表现性测试的要求。只检测书本化知识的记忆
5. 让学生完成一系列选择题,让学生选择在某一特定的口语交际情境下如何表现或如何说话	同上
6. 让学生完成一些判断题,题目的内容主要是关于倾听、表达与交流的基本要求	同上

(3) 案例评析。

从以上案例及分析中看,表现性测试意味着教师须得改变教学的视点,从让学生明白"应该做什么"转变到让学生明白"应该怎么做"→明白"哪些对于我是有用的"→明白"我能做到怎样"→明白"知识原是这样的";这一系列转变又意味着教师将需更多的"体验性教学"技能和经验("体验性教学"是一种换位思考、体会学生学习经历、以学习者经验构建教学的教学方式),意味着教学应与学生的生活经验、文化背景更紧密地联系。它们将会促使教师教学活动的重心发生积极的转移。

(4) 案例"口语交际能力表现性测试试题"样例。

① 描述任务:想想你最喜欢的课或课外活动是什么,向我描述一下,让我了解了解。(某一学科、某一社团或某一项运动项目怎么样?)

② 突发事件任务:假设你独自在家,忽然闻到一股烟味,你打电话给消防队,而接电话的正好是我。现在假装你正在和我通话,你要告诉我帮助你所需要的各种有关信息。

③ 顺序任务:想一想你会烹调什么?告诉我,如何一步一步地完成这一个烹调的过程。(如做爆米花或煎鸡蛋)

④ 说服任务:想想你希望在学校看到的某一转变,比如说某项校规的变化。假如我是学校的校长,试着说服我为何学校应该看到这种变化。

(5) 案例分析总结。

口语交际的测验所要测量的应该是学生运用语言与人进行交往以及完成各项任务的能力。这种能力的测量显然是无法通过简单的纸笔测验来完成的,需要通过学生的实践和活动才能表现出来,为此,活动表现式评价法是非常适合这一评价任务的方法。在以上的评价测试试题中,总共设计了描述任务、突发事件任务、顺序任务、说服任务四个项目,分别测试学生运用语言进行描述物体、事件、操作顺序以及说服他人的能力,基本上比较全面地测试了学生的口语交际能力。而且整个测试中我们可以发现,评价者注重创设各种生动的情境,注重联系学生熟悉的生活情境让学生进行叙述,让学生在情境中展现自己所知道的知识和自己所能完成的任务。这样的评价对于学生来说,不仅仅是一次测验,也是提高自己口语交际能力的一个学习过程。

第二节 语文课外和研究性学习实施技能

一、生活中的语文资源

【考点】善于发现和利用生活中的语文资源,引导学生在生活中学习、运用语文。

 知识和能力点说明

【知识卡片】

★ 生活即语文,生活中时时处处均可作为语文学习的资源。
★ 树立"大语文"的观念,才能在生活中发现和利用语文资源。
★ 在生活中学习语文的方式多种多样,教师应给与正确的引导。
★ 生活中的语文资源可以扩充语文学习的外延,教师应引导学生将课内课外的语文学习结合起来,更好地培养语文学科的素养。

2003年人民教育出版社出版的"课标"中提出了这样的要求:"能在生活和其他学习领域中,正确、熟练、有效地运用祖国语言文字。""学会多角度地观察生活,丰富生活经历和情感体验,对自然、社会和人生有自己的感受和思考。""注意在生活和跨学科的学习中学语文、用语文,在学习和运用的过程中提高语言文字应用能力。"[①]强调语文学习要结合生活,要在生活中学习和运用语文。

语文学习的资源众多,包括课内和课外。课内资源主要是指与语文的课堂教学有关的资源,包括教材,与教材有关的教辅资料(课件、试卷、习题、声音、图片、文字等),与语文学习有关的工具书(字典、辞典),教室环境(多媒体、黑板、墙面),上课的主体(老师、学生)。但是这些资源在语文学习中只是占有极其微小的部分,语文课程具有丰富的人文内涵和很强的

---

① 中华人民共和国教育部制定.普通高中语文课程标准(实验)[S].北京:人民教育出版社,2003:4.

实践性,只有让学生在广泛的语文实践中学语文和用语文,学生才能够深刻体会语文所富有的人文内涵。

1. 要善于发现生活中的语文资源

生活中的语文资源呈现多样性特点。"课标"中提到"语文课程资源包括课堂教学资源和课外学习资源,例如:教科书、教学挂图、工具书、其他图书、报刊、电影、电视、广播、网络、报告会、演讲会、辩论会、研讨会、戏剧表演,图书馆、博物馆、纪念馆、展览馆、布告栏、报廊、各种标牌广告等。自然风光、文物古迹、风俗民情,国内外的重要事件,学生的家庭生活,以及日常生活话题等也都可以成为语文课程的资源"①。由此可见,生活处处皆是语文。平时的衣、食、住、行,休闲娱乐,各类活动,周边环境,社会现象,全都可以成为语文学习的资源,可谓取之不尽用之不竭。

(1) 媒体。新课标要求语文学习要"使学生受到优秀文化的熏陶,塑造热爱祖国和中华文明、献身人类进步事业的精神品格,形成健康美好的情感和奋发向上的人生态度",情节曲折的影视剧、优美的音乐、动人的舞蹈包含着优秀的文化,可以让学生得到熏陶。网络也为学生的学习提供了大量的资源。

(2) 书籍。好的书籍,往往对学生的语文学习都有一定的帮助。读书,就是在理解文字,在获取信息,在感知思想,在陶冶情操,在丰富见识。图书馆的书,家庭订阅的或者购买的藏书,从别人处借来的书,还有电子书籍,都是随时学习语文的工具和媒介。

(3) 社会活动。社会活动涉及社会生活的方方面面。走亲访友、旅游聚会、听演唱会、看运动会、开研讨会、观赏表演,参加辩论赛、演讲赛、朗诵会、文艺晚会,都有语言的活动,都可以算是在进行语文学习。比如参加辩论赛,要去收集材料,要阐述主张,要聆听对方的陈述,要从对方陈述中迅速抽取要点,寻找语言的漏洞,要很快组织语言,表达自己的思想,哪一点都离不开语文素养。

(4) 自然风光。湖光山色,四时美景,江南雨巷,塞外风光,大自然就是一本打开的百科全书,每一处独特的景致都是一篇优美的文章,每一种自然现象也能如文字一样引起人生的思考。也正是有了丰富多彩的自然,才有了古今中外留传不朽的佳作。"海上生明月",可以让人想到"天涯共此时";"大江东去"让人感慨"浪淘尽,千古风流人物";"问渠哪得清如许,为有源头活水来"隐藏无限哲理。而面对自然,所学也会汩汩泉涌,甚或触发灵感,笔下千言,华彩溢出。

(5) 风俗民情。风俗民情是千百年来形成的地方文化,是祖先留下的看不到的财富。湘西的风俗民情成就了沈从文的《边城》,高密的风俗民情使莫言获得了文学的最高奖——诺贝尔文学奖。风俗民情成为作家们的源头活水,也成为语文学习最重要的资源。语言、仪式、活动等都是语言活动,既能学习以丰富语言,又能运用以体现特色。

(6) 时事热点。时事是最近发生的社会事件,学生可以从现象去分析事件产生的原因,感受事件中人物的心理,思考事件之后的解决途径,而从这样的分析中,学生得到了思维的训练。课本知识原本有限,不足以让学生应对将来的生活,在关注时事时对时事的分析和思考又可以增加自己的生活经验,丰富自己的社会知识,带着这样的认知再去理解课本中的文

---

① 中华人民共和国教育部制定. 普通高中语文课程标准(实验)[S]. 北京:人民教育出版社,2003:4.

章，会理解得更为透彻。而在表达自己的思想的时候，因为有了时事的材料，就会显得有理有据。

（7）日常生活。每一天、每一个地方都有故事，有故事就可以叙述、记录、思考。陶行知提出"生活即教育"的观点，指出生活处处都可以作为教育的场所，生活处处都可以作为教育的资源。当然也是可以作为语文教学的资源的。平时的与人交际，家庭生活中的言谈沟通，公众场合发表见解都是一种语文活动。

2. 要善于利用生活中的语文资源

"语文学习的外延跟生活的外延相等"，这是美国教育家华特·B.科勒涅斯的一句名言。生活有多宽，语文学习就有多广。教师在引导学生发现生活中的语文资源之后，还要引导学生充分利用生活中的语文资源提升听说读写等语文学科素养。

（1）充分利用生活中的语文资源提高阅读能力。

阅读能力包括理解文意、筛选和整合信息、体会手法、把握主旨、拓展延伸等能力。学了《林黛玉进贾府》，学生只知道贾府真大，真奢华，而各个人物的性格特征、人物之间的关系、小说的主题的把握可不是学这一篇节选课文能够达到的。家里藏的书籍《红楼梦》，电视剧《红楼梦》《红楼二尤》，网络里搜索到的《刘心武探秘红楼梦》可以帮助学生更好地理解课内知识，提高课内阅读的能力。报纸上的新闻，路边的广告语几乎每天都能看到，在对这些材料阅读的时候，实际上是在进行信息的筛选和整合，这也是一种阅读能力。

（2）充分利用生活中的语文资源提升写作能力。

"课标"里提到："在写作教学中，教师应鼓励学生积极参与生活，体验人生，关注社会热点，激发写作欲望。引导学生表达真情实感，不说假话、空话、套话，避免为文造情。"生活中有许多东西可以作为写作的范例。炒菜的过程可以借鉴于写作，购物的过程也可以借鉴于写作，甚至一次活动的策划，也像是一篇文章，都是可以给写文章提供借鉴的。而生活中看到的报纸上的文章、书籍、一篇小报道、一个小新闻，不仅可以提供写作技巧上的借鉴和参考，还可以帮助学生积累写作的素材。写作需要素材，素材来源于生活。日记是一种提升写作能力的方式，日记记些什么呢？就是日常的生活。即使只是简单的记录，也能锻炼把事情记叙清楚的能力。除了日记，生活中还有许多可以作为写作的材料。看电影、电视，可以写影评；观山玩水，可以写游记写体会；与朋友聚会，可以抒发感情畅谈理想；参加活动，可以写反思总结。写得多，写的能力就提升了。

（3）充分利用生活中的语文资源锻炼表达能力。

语文素养不仅是读与写，还有听和说。生活是一个大舞台，每一个人都可以是舞台上的主角，也可能是舞台上的配角。人际交往中，说与听是最重要的两项活动，也是最重要的两项技能，因为沟通靠的就是它们。在家庭生活中说话促进交流，演讲比赛靠说来触动心灵，辩论赛靠细心倾听捕捉对方言语的漏洞，朗诵会借助抑扬顿挫的语音征服听众。这些生活中的活动让说和听的能力得到了锻炼，同时也锻炼了表达思想表现情感的能力。

（4）充分利用生活中的语文资源提升文化素养。

文化素养体现的是一个人对待文化的态度，为人处世的风格。不管是电影、电视还是小说，这些生活中的语文资源可以为我们提供为人处世的参考；生活中的各种现象体现的是生活百态，也是文化百相，在认识的过程中加深理解，强化对文化（民俗文化、传统文化、饮食文化、节日文化、建筑文化等)的认知;以他人为镜,涵养宽阔心胸,智慧心灵。

3. 引导学生在生活中学习运用语文

(1) 引导学生认识生活即语文。

生活,是语文之源。无论把语文解释为语言文字、语言文学、语言文章,还是解释为口头语、书面语,都是在生活中产生和发展的,在生活中学习和运用的。生活语文才是活的语文,有生活的作文才是有真情实感的文章。刘国正说:"课堂譬花果,社会乃其根。土沃椒兰茂,源开江海深。"①就是说语文离不开社会生活。一定要让学生认识到这一点,才能有基础去生活中发现资源和利用资源。

(2) 引导学生将课内知识与生活联系起来。

生活中处处都有语文资源,但是并不等于说摒弃课内的学习,应该将课内的语文学习和课外的生活资源结合起来,更好地为语文教学服务。比如学习苏轼的《赤壁赋》,可以让学生去收集苏轼的资料,了解作者写作的背景、写作风格;学完后开展一次小小的研讨,对苏轼的人品和文品来一个"百家争鸣"。还可以带着学生到最近的景点,赏景抒情,引导学生将自然景观与社会人文结合起来进行思考。

(3) 开展多种形式的课外活动促进学生在生活中运用语文。

生活中语文的运用是非常多的,购物需要交流,活动需要交流,交流少不了言语,这就是语文的运用。语文老师还可以有意识引导开展各种形式的课外活动来促进学生在生活中运用语文。比如参加阅读交流会、演讲比赛、朗诵会、辩论会,进行社会调查,参观古迹,采访名人,参加社会实践,进行研究性学习等都是非常好的课外活动,这些活动都与语文有关。在这样的活动中,学生听、说、读、写各方面的能力都能得到锻炼,获得提升。

 **案例**

一、案例示范和点拨

(一) 案例示范

将地方民俗文化开发成语文资源案例:我爱节日文化点评

背景:一方水土养一方人,湛江位于祖国大陆最南端,三面环海,有着非常独特的热带风光,也有着特别的风土人情。

每年的春节,在湛江的各个地方,都会开展各种各样的庆祝活动,充分利用地方资源。这些活动有的已经成为国家的非物质文化遗产。

丰富多彩的民俗活动对于土生土长的学生树立生活即语文的认识来说,是每年都见到的熟悉的风景,但是学生很少将它们写进文章中。学生的作文也呈现一种脱离生活的现象,不懂得使用生动的生活事例。为了开阔学生的眼界、开拓学生写作的思路,趁着寒假在即,布置"我爱节日文化"的活动。

---

① 选自刘国正《赠张孝纯》。全诗八句:"燕赵多佳士,今传大语文。课堂譬花果,社会乃其根。土沃椒兰茂,源开江海深。八方争览胜,烂漫杏坛春。"

活动主题：我爱节日文化。

活动内容和要求：亲爱的同学们，经过紧张而繁忙的一个学期，终于到了期待很久的寒假生活了。回顾这一学期，我们的语文学习立足于"必修1""必修2"，也进行了很多有趣的文化探寻之旅。细心的同学会发现，我们中学的语文课本，容量增加了，文化含量也增加了，自学的东西多了，课外拓展的东西多了，光靠平时的几节语文课，学好语文的难度，越来越大了。

高一寒假怎么过？语文老师有话说。在这为数可观的自我支配的美妙时光里，语文老师提议同学们至少关注一种节日文化，什么是节日文化？那可不是简单的吃喝玩乐，也不是随意的游山玩水，它是关涉人的精神和生存状态的节日仪式、风俗民情，具有一定的文化渊源、历史长度与历史宽度，具有经久的思想魅力的，特别是湛江本地的节日文化，更值得关注。

比如：

美食：你知道你最喜欢的节日美食是怎样制作的吗？有什么历史典故？人们为什么喜欢？有什么文化因子？

娱乐：特定节日里常常会有什么娱乐？有文化特色吗？这种文化娱乐的历史渊源怎样？你喜欢吗？

仪式：节日里有什么独特的仪式？这些仪式具体的流程可以选择的角度是怎样的？这些仪式古老吗？人们为什么还举行这样认识文化、感受文化的仪式？

气氛：节日里哪些气氛具有文化因子？为什么要贴春联？贴剪纸？逛花市？走亲串友？什么叫年货？为什么要封红包？……这些都有哪些文化内涵？你能具体查实吗？

特色：湛江人过春节最特别的是什么？你所在的地方每年春节必须做的节日事情有哪些？有什么文化源流吗？

思考：你对中国传统的节日文化有什么思考？

同学们，中国是文化古国，传统节日文化更是灿烂悠久。这次寒假，同学们可以根据自己感兴趣的节日文化现象、内容，通过亲自调查、采访（家中长辈、节日活动的负责人等）、参与体验、网上查询、照片、视频的翻看，进行一次关于"我爱节日文化"的研究性学习。这次"我爱节日文化"研究性学习的具体要求是，根据搜集到的素材，写一篇关于"节日文化"的研究文章（也可以制作PPT，照片和视频可作为附件）。研究文章一般分为"节日现象（内容）的现状、节日现象的具体文化特征和内涵、节日的未来走向"三个部分，要求非常具体。

具体要求：(1)有自己的真情实感；(2)文章主题中心、文章主标题可自定自拟；(3)不少于1000字；(4)可打印，可用作文纸誊正，亦可随同PPT上交。开学时由科代表统一收齐交语文老师。我们高一语文备课组老师将根据交上来的作品，在年级评出特等奖三名，一等奖15名，二等奖30名，三等奖60名，在年级给予表彰。优秀文章将编成文集。

面对"节日文化"，你准备好了吗？（语气亲切。）

参加人员：广东省湛江经济技术开发区第一中学高一级语文教师和同学。

主要活动方式：调查采访、资料收集、成果展览、专辑编撰。

实践学生在享受着节日带来的喜庆喜悦的同时，以各种方式去采集资料。有的摄影、有的查找资料、有的口头采访、有的书面记录……充分体验了生活中的语文课的快乐，同时也感受着生活即语文。

整理成果：寒假过后，同学们用下面的方式记录和展示了他们的收获和成果：

(1) 文化记录：《多姿多彩的湛江节日文化》（文字版、影像版）。

(2) 文化感想：人舞龙的精神等。

(3) 手抄报：湛江东海岛的春节。

(4) PPT：湛江特色文化。

(5) 小册子：《我爱节日文化》。这个小册子集中了收集上来的优秀习作，有文字，也有图片。

后记：这次活动之后，老师们评出了优秀的作品，并趁热打铁，在新学期第一次作文课上要求用上这些材料，进行写作。文化作为素材，被学生以各种方式引入文中，丰富了学生作文的内容，也增加了作文的内涵。

（二）点拨

"我爱节日文化"活动是一个很好的对地方民俗资源进行开发利用的案例。节日文化作为中华传统文化的一个重要组成部分，有许多值得挖掘的地方：节日活动，活动的由来，文化的内涵，在活动中反映出的人们的精神面貌，折射出的社会现实。看到的现象可以作为写作的主体，思考到的精神可以作为写作的主题，这些都是学生写作非常需要的资源。生活是写作的活水源头，离开了生活，作文会空洞无物。平时学生的关注多局限于自己身边的生活，在这次活动中，学生能够把视野投向更广阔的空间，看得远，思考得就更深一些。

二、答题示范与讲解

（一）单项选择题

1. 下面不属于生活中的语文资源的一项是（　　）。

　　A. 大妈们跳广场舞

　　B. 某商场为吸引顾客举办的明星见面会

　　C. 语文老师特别喜欢张爱玲的小说

　　D. 一份期末语文试卷

【参考答案】D。

【答题解析】

本题考查的知识点是：生活中的语文资源是多种多样的。A项大妈们跳广场舞是一种社会现象，可以作为写作的素材；B项明星见面会既可以作为写作的素材，又可以成为锻炼学生语言表达能力的平台；C项语文老师对张爱玲小说的喜爱会影响到学生，学生可以从语文老师那里获知更多有关张爱玲小说的知识，有助于阅读能力的提高。因此这三项都是语文资源。D项是课内的，不是生活的。

2. 自然风光是很好的语文资源,下面各项中没有体现这一特色的诗句是（　　）。
   A. 横看成岭侧成峰,远近高低各不同。
   B. 遥知兄弟登高处,遍插茱萸少一人。
   C. 人有悲欢离合,月有阴晴圆缺。
   D. 人间四月芳菲尽,山寺桃花始盛开。

【参考答案】B。

【答题解析】

本题考查的知识点是：自然风光是很好的语文资源。A项"岭"和"峰"都是自然风光,由不同角度看到的形状不同引发哲理的思考,体现了自然风光对语文学习在思维启迪上的作用；C项"月"是自然景物,月的阴晴圆缺是自然现象,由自然现象联系到人生,这也是自然对人的启迪；D项中"四月芳菲尽"是自然现象,桃花开也是自然现象,引出对春天的感慨。这三项都是因有自然而有诗句。B项登高是一种活动,遍插茱萸也是人类的活动,没有自然风光。

（二）教学设计题

（1）课题：学生老是写错别字,如何利用生活中的语文资源帮助学生改变这一毛病？

（2）设计：寻找错别字活动。

要求到课外书中、网络上、电视上、生活中去寻找错别字,搜集起来,结合自己平时写字的情况,总结出最容易错的字。

分组搜集资料,把出现的错别字抄下来,并且注明出错的地方。

分析为什么会出现错别字？

总结情况并列出排行榜：错得最多的是哪种情况？最容易写错的有哪些字？

（3）解题分析。

本题针对学生在课内语文学习中经常出现的问题设置解决的途径,对应的考点是"生活中的语文资源可以扩充语文学习的外延,教师应引导学生将课内课外的语文学习结合起来,更好地培养语文学科的素养"。可以通过这个活动达到两个目的：一是让学生从此减少使用错别字的现象,二是锻炼了学生收集信息、分析综合的能力。

（三）案例分析题

（1）案例：为了使高二的学生在写作中增强思辨能力,江老师在班上开展了辩论课堂的活动。将全班分为八个小组,每组设定一个小组长,每个星期抽签选定两个小组的学生进行课堂辩论。辩题选自网络上最热门的社会事件,正、反方也由学生抽签决定；提前一周抽好签,定好辩题,然后由老师将网上搜索到的相关资料打印出来交给辩论双方的负责人,双方再就各自的主张进行资料的收集,在周五的语文课上展开辩论。一个学期下来,除了中间放假一周、期中考试一周暂停辩论之外,其他周都是正常开展辩论活动。所选的话题,从开学初的"三亚宰客事件""方舟子打假韩寒"到两会期间的"陈光标式的慈善""建男子中学缓解男性危机、消除伪娘现象",再到"中学里女生该不该留长发"等,话题涉及社会热点、敏感话题、社会生活、校园生活,从14次的辩论来看,已经取得了一定的成效,江老师认为这种形式的语文课充分利用了生活中的资源,在很多方面达到了促进学生能力提高的目的。

（2）分析：这种方式体现了语文老师的生活语文观。选取社会热门话题，引导学生对生活进行关注和观察，使学生走出课本，开阔了视野，扩充和丰富了语文学习的内容；学生要完成辩论的任务，就要上网搜索资料，为了使论辩更有力就得找到更多的资料，所以准备的过程也是搜索资料、筛选和整合信息、分析综合、推理总结的过程，锻炼了学生多方面的能力；论辩过程中，还可以引发学生自己对生活现象的思考，使学生更加认识到运用生活现象帮助说理的好处；辩论结束，学生可以对自己搜集到的资料进行整理，将它变成自己写作的素材。所以，这是一种非常好的利用生活中的语文资源促进学生多方面能力提升的方式。

二、语文课外学习活动的开展

【考点】课外组织语文学习活动的方式方法。

 知识和能力点说明

【知识卡片】

★ 语文课外学习具有自主性、开放性、实践性、创造性的特点。
★ 语文课外学习可以促进学生语文素养的提高。
★ 引导学生将课内学习与课外学习有机结合起来。
★ 应该采取多种方式开展课外语文学习活动。

关于课外活动，《中国大百科全书（教育卷）》1985年版是这么说的："课外活动指：学校在各科教学大纲以外，对学生进行的多种多样的教育活动。它是班级教育的必要补充，是全面发展教育的重要组成部分。正确组织和吸引学生参加各种课外活动，可以扩大学生的知识领域，丰富学生的精神生活，培养和发展他们的兴趣、爱好、才能和特长，为进一步学习和选择职业创造有利条件。这也是对学生进行德育教育的重要途径之一……课外活动不是课内的延续，不能以补课和布置各科作业代替和排除课外活动，要让学生头脑并用，在实践中运用已有知识，并借以巩固和补充课内所学的知识……"而语文课外活动一般有两种形式：一种是课外语文学习活动，具有目的性，在时间上表现为某个特定的具体的过程；另一种是课外其他语文活动，指日常性的、社会性的语言文字运用活动。语文课外活动是指在语文课堂教学之外，由教师或学生自己组织的，有目的有计划的各类语文学习活动，在这些活动中，学生获取教科书以外的知识，发挥特长，发展才能。语文课外活动不仅仅是课内语文教学的延伸和补充，它在整个语文教育教学活动中有着举足轻重的无法为课堂教学所替代的作用。语文课外活动的重要性与必要性，在历年公布的课程标准和教学大纲中均有明确的规定：

1949年《中学语文科课程标准草稿》："要养成阅读习惯，课外阅读的鼓励与指导必须配合教材随时进行。换句话说，课外书也该作为一项教材。"

1963年《全日制中学语文教学大纲（草案）》："提高学生的语文水平，一方面要让学生精读课文，另一方面也要让学生广泛地阅读。""只读课本，不广泛涉猎，总是不够的。因此，必须加强课外阅读指导"。

1986年《全日制中学语文教学大纲》更是指出："语文课外活动是语文教学的重要组成部分，必须加强指导。"

2001年教育部制定的《基础教育高中语文课程标准（试行）》中指出："应该让学生在广泛的语文实践中学语文、用语文，逐步掌握运用语言文字的规律。"

1. 课外语文学习的特点

（1）自主性。

课堂教学再怎么以学生为主，学生还是在老师的引导下开展语文学习，学生在学习内容的选择上、学习方式的选取上常常是处于被动的位置。而在课外，由于只是学生在参与，由学生来确定内容和形式，所以就显得自由，学生有了自主性。比如在课外读物的选取上，有的会选取历史书籍，有的会选取魔幻小说，有的会选取经典名著，有的选取文化艺术，因为兴趣不同，导致学习的内容和方式也不一样。所以在语文活动过程中，应确立学生在课外活动中的自主地位，放手让学生自己去策划、去组织，独立完成任务，充分发挥学生的主体作用，培养学生独立探索能力，增强学生自我发展意识。学生在语文课外活动中，摆脱了课堂教学中很容易滋长的依赖心理，自己独立阅读书刊、寻找资料、编写出版刊物、排练演出戏剧、访问各行各业先进人物。正如苏霍姆林斯基所说，学生在这种实践中，会"感到自己是一个发现者，研究者，探索者，体验到智慧的力量和创造的欢乐"[①]。

（2）开放性。

学校的语文课堂学习是封闭型的，在固定的空间完成语文学习的任务。课外的语文学习则把课堂延伸到了生活，无限扩大了学习的空间。家里可以学习，公园可以学习，小路可以学习，溪边可以学习，每一个场所都可以成为课外语文学习的地方。在时间上也是开放的，只要是在课外，时间的长短都没有严格的限制，可以在早上、晚上、中午；可以几十分钟、几个小时或者几天、几个月。另外在内容上，也呈开放性的特点，不单单是教材所限定的文章，还有社会生活的方方面面，还包括除语文学科之外的其他学科中与语文有交叉关系的内容的学习。而在形式上也有开放性的特点，不再局限于老师讲学生听或者研讨，可以采取多种多样的方式开展学习活动。开放性的课外语文活动极大地调动了学生学习的兴趣，学习的效果也会随之产生。

（3）实践性。

实践性反映了人们的认识规律，符合语文课外活动的特点。语文课外活动要积极创造条件，为学生提供广泛地参加实践活动的机会。语文课外活动与课堂教学的主要区别，除传授知识的形式不同外，学生掌握知识的侧重点也不尽相同。课堂教学侧重知识的传授，而语文课外活动侧重于技能、技巧的训练和实际能力的培养。通过语文课外活动，组织学生参加广泛的社会实践活动，这不仅有利于学生增长知识、锻炼才干，而且对促进学生的良好思想

---

① 苏霍姆林斯基.给教师的建议[M].北京：教育科学出版社，1984.

品德的形成也是十分重要的。

（4）创造性。

课内学习多是接受知识，课外学习是将课内所学进行生活中的拓展和延伸，所以能够体现创造性的特点。让学生进行课外阅读，学生可能会根据自己的兴趣爱好去选择读物，当他读到一本自己非常感兴趣的书或者打动他心灵的文章，他也许会萌发写作的冲动，进行文学创作；或者因为所读文章的启发，对课内的阅读文本产生了新的感悟。这就是由学生通过自己的课外学习活动产生的知识，因而具有创造性的特点。再比如在学生学了应用文知识后，在课外活动中指导学生写"请柬"邀请家长到校开会，甚至引导学生关心社会上到处张贴的"启事""广告"，收集"启事""广告"中的病例，结合实际运用的需要在课内、课外练习写作，通过实际运用使学生掌握应用文的写作方法。在语文课外活动中，要注重对学生想象力、思考力的培养，使学生思考、练习之后，创造力得以发展，获得更进一步的知识和技能。

2. 课外语文学习能够全面提升学生的语文素养

基于上述语文课外活动的特点，可以看出，开展语文课外活动，使学生通过独立的活动，广泛地、综合地、跨学科地运用知识，可以使学生获得比在学校进行课内学习更多、更广的知识，也能从听、说、读、写、识记与理解、分析与综合、鉴赏与评价等方面获得更多的能力锻炼的机会。而从思想品德形成过程来说，课堂教学一般偏重于思想观点的教育，通常是讲得多、做得少，而开展语文课外活动，可以把知和行结合起来，形成知、情、意、行辩证统一的过程，使学生的个性得到全面、和谐的发展，全面提高学生素质。所以，课外语文学习可以全方位提升学生的语文素养。

（1）在积累与整合方面。

"课标"要求："能围绕所选择的目标加强语文积累，在积累的过程中，注重梳理。根据自己的特点，扬长补短，逐步形成富有个性的语文学习方式。了解学习方法的多样性，掌握学习语文的基本方法，能根据需要，采用适当的方法解决阅读、交流中的问题。通过对语文知识、能力、学习方法和情感、态度、价值观等方面要素的融汇整合，切实提高语文素养。"课外语文学习不受时间地点的限制，方式方法也是多种多样，方便学生根据自己的兴趣爱好进行积累。学生有的可能积累语言多一点，有的可能积累素材多一点，有的在大量的阅读过程中逐渐形成了自己的思想，积累得多了，也会进行整合，将有用的知识为自己所用。在积累与整合方面，课外语文学习起到了很大的作用。

（2）在感受与鉴赏方面。

"课标"中说："阅读优秀作品，品味语言，感受其思想、艺术魅力，发展想象力和审美力。"课外阅读量大、时间长，对阅读感兴趣的学生在宽阔的课外阅读环境中如鱼得水，可以得到很好的熏陶，在感受优秀作品的思想和艺术魅力的同时，想象力和审美力也能得到发展。而即使是本身并不是对阅读很感兴趣的学生，在老师的指导下进行课外阅读，因为目的性强，也可能会达到比较好的阅读效果。课外的语文学习当然不仅仅是课外阅读，还有其他的许多活动，都能使学生在感受和鉴赏方面能力得到提升。比如在课内学习《边城》之后，学生以小组为单位对本地的一些民俗进行研究，例如，在观看端午节赛龙舟的时候采访参与比赛的选手，可能会对端午这个节日有更为深刻的认识。而观看电影电视，也是可以提升对艺术作品的感受和鉴赏能力的。

(3) 在思考与领悟方面。

"课标"强调:"根据自己的学习目标,选读经典名著和其他优秀读物,与文本展开对话。通过阅读和思考,领悟其丰富内涵,探讨人生价值和时代精神,以利于逐步形成自己的思想、行为准则,树立积极向上的人生理想,增强为民族振兴而努力的使命感和社会责任感。养成独立思考、质疑探究的习惯,发展思维的严密性、深刻性和批判性。乐于进行交流和思想碰撞,在相互切磋中,加深领悟,共同提高。"这主要是针对语文课外学习提出的要求,也说明了如果学生能够选读经典名著和优秀读物,与文本进行对话,有助于形成自己的思想,养成独立思考、质疑探究的习惯,发展思维的严密性、深刻性和批判性。

(4) 在应用与拓展方面。

"课标"提到:"能在生活和其他学习领域中,正确、熟练、有效地运用祖国语言文字。在语文应用中开阔视野,初步认识自己学习语文的潜能和倾向,根据需要和可能,在自己喜爱的领域有所发展。增强文化意识,重视人类文化遗产的传承,尊重和理解多元文化,关注当代文化生活,学习对文化现象的剖析,积极参与先进文化的传播和交流。注重跨领域学习,拓展语文学习的范围,通过广泛的实践,提高语文综合应用能力。"课外语文学习中的综合性学习和研究性学习更多地体现学生的语言应用能力。比如采访,需要选取采访对象,设置好采访的问题和环节,面对面与被采访者进行交流,对采访的内容进行整理,听、说、读、写四大能力几乎都有涉及,是一项能够提高综合能力的活动。

(5) 在发现与创新方面。

在讲到课外学习的特点的时候提到"创造性"这一特点,这是课外语文学习非常重要的特征,也正是因为有了这样的特征,学生能够在课外学习中发现和创新。比如课外阅读,学生在自主阅读中去发现作品的语言魅力,去发现自己从未曾经历的世界,去体验新鲜、新奇的人生;在参观历史古迹的时候,发现教材中没有提到的故事,发现老师没有讲过的知识;在听别人朗诵的时候,发现声音加入了感情之后传达出不一样的感受;在和别人辩论的时候,发现只要能够细心倾听就能找到言语的漏洞,发现语言的逻辑在辩论中是如何的重要。课外学习是一个自主学习的过程,一切的发现由自己完成,发现的知识会激发学生创造的欲望,创新由此产生。

3. 采取多种方式开展课外语文学习活动

课外语文学习活动的方式是很多的,从大的方面可以分为两种:任务式的和非任务式的。任务式的是指学生带着一定的任务,有比较明确的目的性,自主组织各类语文学习活动,比如社会调查、探究、采访、文学社活动等。非任务式的是指学生在课外进行随机性的活动,间接地开展语文学习活动,比如在家里看电视,在网络浏览页面偶然进入语文学习的页面,或者只是看一些文章,这也是语文学习。具体可以分为下面几种。

(1) 与课内学习密切相关的课外学习活动。

① 阅读教学中,布置学生进行课前的预习。这个活动是在课外进行的。学生根据老师的要求,对要学习的内容进行预习,达到预习的目的。它包括查字典、查找资料、准备资料、完成课前预习作业等。

② 阅读教学中,布置学生对课文进行探究,在课外写探究的文章;提供阅读篇目,要求进行与课本内容相关的文章的阅读。

③ 单元学习之后,根据单元的内容开展演讲比赛、朗诵比赛、手抄报比赛等活动。

④ 写作教学更是需要课外语文学习活动。"指导学生根据写作需要搜集素材,可以采用走访、考察、座谈、问卷等方式进行社会调查,通过图书、报刊、文件、网络、音像等途径获得有用信息。应鼓励学生将自己或同学的文章加以整理,按照要求进行加工,汇编成册,回顾和交流学习成果。还可采用现代信息技术演示自己的文稿,学习用计算机进行文稿编辑、版面设计,用电子邮件进行交流。"①

(2) 综合性学习活动。

《全日制义务教育语文课程标准(实验稿)》明确提出"语文综合性学习有利于学生在感兴趣的自主活动中全面提高语文素养;是培养学生主动探究、团结合作、勇于创新精神的重要途径,应该积极提倡"。在给7~9年级的建议中提出了四点:"① 能自主组织文学活动,在办刊、演出、讨论等活动过程中,体验合作与成功的喜悦。② 能提出学习和生活中感兴趣的问题,共同讨论,选出研究主题,制订简单的研究计划,从报刊、书籍或其他媒体中获取有关资料,讨论分析问题,独立或合作写出简单的研究报告。③ 关心学校、本地区和国内外大事,就共同关注的热点问题,搜集资料,调查访问,相互讨论,能用文字、图表、图画、照片等展示学习成果。④ 掌握查找资料、引用资料的基本方法,分清原始资料与间接资料的主要差别;学会注明所援引资料的出处。"高中阶段虽然没有这么具体明确地提出要求,但是提出"高中语文课程的建设,应在义务教育语文课程改革的基础上继续推进"。义务教育阶段的要求还是适用于高中阶段的。综合性学习活动是学生在课外开展的活动,一般跟课文没有关系,可以根据自己的实际情况选择一个主题,自己制定活动的方案,自己开展活动,是集听、说、读、写等多种能力于一体的活动。文学社团创办刊物、开展调查报告、进行社会实践、排演话剧、拍摄视频影片、制作课件、举办大型文艺会演等都属于这一类活动。

(3) 课外阅读活动。

《基础教育高中语文课程标准(实验)》特别提到了"课外阅读活动是阅读教学的重要组成部分。应根据不同学生的具体情况,适时推荐文化品位高、难易程度适当的课外读物。鼓励学生开展多种活动,如写书评、读后感,举办读书报告会、作品讨论会等,分享阅读乐趣,交流阅读成果,共同提高阅读能力"。要求"提供必需的作家作品资料,引导学生自行从书刊、互联网搜集有关资料,或采用多媒体教学辅助手段,丰富对作品的理解;组织小说、剧本阅读欣赏的报告会、讨论会,交流阅读欣赏的心得"。

教育部给初中生推荐了10本课外阅读名著,给高中生推荐了20本课外阅读名著。老师也可以根据学生的情况推荐适合阅读的书。家庭订阅的报刊也可以成为课外阅读的资源。学生自己还可以选择自己感兴趣的书进行课外阅读。课外阅读活动一方面体现为阅读,另一方面体现为阅读的成果,比如故事会、读书报告会、作品讨论会、手抄报、书签、读书笔记、读后感等。

(4) 研究性学习。

这也是一种很重要的课外语文学习方式。学生自己确定研究的对象,确定研究的主题和目的,开展研究性活动。比如几个对《红楼梦》感兴趣的学生组成一个小组,选取一个

---

① 中华人民共和国教育部制定.普通高中语文课程标准(实验)[S].北京:人民教育出版社,2003:4.

角度,对《红楼梦》中的诗词歌赋进行研究,通过查阅资料、询问老师、比较阅读,最后写成论文。这就是一个完整的研究性学习,可以锻炼学生搜索材料、筛选整合信息、分析综合归纳的能力,更重要的是锻炼了学生探究的能力。《基础教育高中语文课程标准(实验)》提出:"应积极开发和利用本地文化资源,引导学生联系生活实际和社会现象考察文化问题,进行分析和解释,提出自己的见解,通过口头、文字、图表、图片等多种形式展示考察成果。引导专题探究,重在培养学生的探究意识和探究能力,让学生体验探究的过程,学习探究的方法。所追求的探究结果应该切合实际,不要盲目拔高目标。"这里的探究活动就是研究性学习。

(5)日常生活中的语文学习。

生活是进行语文学习的最好的最大的舞台,在日常生活中,听、说、读、写四个方面都得到了很好的锻炼。与人交谈、看书读报、看电影电视、上网浏览、外出上街购物休闲、出门旅游、参加聚会等都要用到语文。这是最广泛、最常见的课外语文学习活动。

 **案例**

答题示范与讲解

(一)单项选择题

1. 在学习《听听那冷雨》之前,老师要求学生进行课前预习,在课外查找相关资料,下面哪一项与本课无关?(　　)

　　A. 余光中的生平事迹　　　　B. 余光中的诗歌
　　C. 余光中的散文　　　　　　D. 余光中的家人

【参考答案】D。

【答题解析】

本题考查的知识点是:课外语文学习活动可以为课内学习做好准备,打好基础。D选项的内容与课文无关,不能为课内学习提供帮助。

2. 校运会期间,学校文学社决定出一期校运会专栏报道,下面内容不能放在专栏里面的是(　　)。

　　A. 运动会上运动员们的矫健身影　　B. 领导在开幕式上的讲话
　　C. 拉拉队员的专访　　　　　　　　D. 一节数学课的教学设计

【参考答案】D。

【答题解析】

本题考查的知识点是:综合性活动是语文课外学习的一项重要活动。数学课从某个方面来看与语文会有一点关系,但是并不属于语文的课外学习;文学社团的活动是综合性的活动,在运动会上,发挥的是听、说、读、写的作用,数学课的教学设计不在这个范围,因此作为专版的文学社刊不能刊登。

(二)教学设计题

(1)题目:为中秋节设计一次课外语文学习活动。

（2）答题。

设计核心问题：中秋节的文化内涵？关于中秋节的典故和诗文有哪些？

小组搜集资料：中秋节的由来，中秋节的诗文。

成果汇报可以以手抄报、课件、调查报告、视频等形式呈现，可以围绕这些主题：中秋节的由来，中秋节代表诗歌，中秋节优美文章，中秋节的歌曲，中秋节的画面，中秋节人们的活动等。

（3）解题分析。

本题是综合考查，对应的考点是"课外语文学习具有自主性、开放性、实践性、创造性的特点"。该设计围绕核心问题指导学生搜集资料，全部由学生在课外完成，体现自主性和开放性的特点，又都是学生自己通过小组合作和个人以多种方式收集材料获得结果，体现了实践性特点，最后以成果方式展示，体现创造性特点。

（三）案例分析题

（1）案例。

清明节，请你来做一个文化使者

"清明时节雨纷纷，路上行人欲断魂。"清明节在传统当中，是一个悲悲切切、忧伤的节日，也是最重要的祭祀节日，是祭祖和扫墓的日子。今天，我们延续着传统，去祭拜我们的祖先，悼念死去的亲人，也会缅怀历史人物、革命烈士，为他们献上一盘蔬果、一束鲜花，在他们的墓前，表达我们的哀思。

可是，这又是一个春暖花开的季节，草木蓬勃生长，百花盛情绽放，处处莺啼燕语，大好春光，让人忍不住走出户外，呼吸清新的空气，享受温暖的阳光，缓解连天的疲劳，释放压抑的心情。所以，这一天，也是一个充满欢笑声的日子。

这样一个悲切与欢欣同在，泪水与笑声共存的特别节日，会勾起你怎样的思绪？你的家人和乡亲在这一天里又经历了哪些情绪的变化？你家乡的清明有什么独特之处？

清明，不仅是一个日子；我们传承的也不只是一种传统。清明节包含的文化元素丰富而深沉，值得我们仔细去揣摩、深入去挖掘，让我们做文化的使者，将有红土地文化与蓝海洋文化的雷州半岛的清明特色显示出来，惊艳世人的眼睛。

请同学们采取以下任何一种方式去完成本次清明节文化作业：

① 用你的手机或照相机拍下家人或乡人过清明的过程，上交图片（每一幅图片要有简要的文字说明或题目）。

② 将拍好的照片制作成PPT上交，要有一个主题。

③ 文字记录清明扫墓祭祖的全过程，最好配上图片。

④ 上网搜索有关清明节的资料，做成清明节的专题小报（A4纸正反两页即可）。

⑤ 写一篇悼念文章或者清明随感。

⑥ 写一篇对清明节节日文化的理解或反思。可以结合我国传统节日的地位、人们重视的程度、外来文化的影响、人们观念的改变、文化的传承与弘扬来思考。

作业上交时间：2017年4月20日前。

> (2)分析。
>
> 这是一份很典型的课外语文学习活动的方案,在这个方案中,主题是非常鲜明的,这样就保证了活动中心的突出。方式是灵活的,体现了课外活动的开放性和自主性。内容是丰富的,体现了课外活动的创造性。也是一次能从积累与整合、感受与鉴赏、思考与领悟、应用与拓展、发现与创新多个方面锻炼学生能力的活动。

三、研究性学习的开展

【考点】在研究性学习过程中,培养学生的问题意识,指导学生根据问题制订计划,搜集资料,分工合作,交流展示,评价反思。

知识和能力点说明

【知识卡片】

> ★ 研究性学习具有开放性、探究性和实践性的特点。
> ★ 研究性学习的实施以培养学生创新精神和实践能力为主要目的。
> ★ 研究性学习以学生为主体,问题为中心,要求学生在活动中合作探究。
> ★ 研究性学习开展方式多样,重视学习过程,教师应给予指导与评价。

2001年由教育部颁布的《普通高中"研究性学习"实施指南(试行)》中明确指出:研究性学习是学生在教师指导下,从自然、社会和生活中选择和确定专题进行研究,并在研究过程中主动地获取知识、应用知识、解决问题的学习活动。并且,"研究性学习与社会实践、社区服务、劳动技术教育共同构成'综合实践活动',作为必修课程列入《全日制普通高级中学课程计划(试验修订稿)》"。可见研究性学习在新课改后的重要性。

实施以培养创新精神和实践能力为重点的素质教育,关键是改变教师的教学方式和学生的学习方式。设置研究性学习的目的在于改变学生以单纯地接受教师传授知识为主的学习方式。为学生构建开放的学习环境,提供多渠道获取知识,并将学到的知识加以综合应用于实践的机会,促进他们形成积极的学习态度和良好的学习策略,培养创新精神和实践能力。学生学习方式的改变,要求教师的教育观念和教学行为也必须发生转变。在研究性学习中,教师将成为学生学习的促进者、组织者和指导者。教师在参与指导研究性学习的过程中,必须不断地吸纳新知识,更新自身的知识结构,提高自身的综合素质,并建立新型的师生关系。

1. 开展语文研究性学习的师生角色

(1)以学生为主体,问题为中心,用问题推动研究性学习。

语文研究性学习方式特别强调问题在学习活动中的核心地位,其开展大多采取"以问题为核心"的研究形式。问题可以是语文学科的某个问题,以这一问题为核心,让学生通过实验、观察,自主地进行研究性学习。

同时，研究性学习的问题可由教师提出，但一般情况下鼓励学生通过对生活、社会的具体观察、探索而自主生成。这些由学生自主发现的问题能够吸引并维持他们在实践过程中的探究兴趣，促使他们积极地运用创造性思维、发散思维等去寻求解决问题的良方。以问题作为整个研究过程的驱动力，从而让解决问题成为研究性学习活动的中心要点。

以问题为中心，能进一步培养学生的问题意识，激励、强化学生在教学过程中的主体参与意识，帮助学生学会学习，学会发现问题、分析问题，培养学生创造性解决问题的能力，有利于教师逐步建设一种开放而又活泼的学习氛围。

（2）研究性学习强调学生的主体作用，同时也重视教师的指导作用。

在研究性学习实施过程中，教师应把学生作为学习探究和解决问题的主体，并注意转变自己的指导方式，给予适时的评价。

在研究性学习实施过程中，教师要及时了解学生开展研究活动时遇到的困难以及他们的需要，有针对性地进行指导，教师应成为学生研究信息交汇的枢纽，成为交流的组织者和建议者。在这一过程中要注意观察每一个学生在品德、能力、个性方面的发展，给予适时的鼓励和指导，帮助他们建立自信并进一步提高学习积极性。教师的指导切忌将学生的研究引向已有的结论，而是提供信息、启发思路、补充知识、介绍方法和线索，引导学生质疑探究和创新。

教师必须通过多种方式争取家长和社会有关方面的关心、理解与参与，与学生一起开发对实施研究性学习有价值的校内外教育资源，为学生开展研究性学习提供良好条件。同时可以根据学校和班级实施研究性学习的不同目标和主客观条件，在不同的学习阶段进行重点的指导，如着重指导资料收集工作，或指导设计解决问题的方案，或指导学生如何形成结论，等等。

2. 语文研究性学习的设计与流程

（1）语文研究性学习设计依据。

研究性学习强调学生所学知识、技能的实际运用，要求学生注重学习的过程和实践与体验。在《普通高中"研究性学习"实施指南（试行）》中，就明确说明了开展语文研究性学习需要学生达到的目标。

① 获得亲身参与研究探索的体验。
② 培养发现问题和解决问题的能力。
③ 培养收集、分析和利用信息的能力。
④ 学会分享与合作。
⑤ 培养科学态度和科学道德。
⑥ 培养对社会的责任心和使命感。

因此我们在开展语文研究性学习时必须紧紧围绕以上6点目标，以此为出发点与宗旨来设置学习情境，撰写活动设计以及确立活动主题。在学生开展研究性学习的过程中，教师更应及时依据以上目标给予学生恰当的指导与建议。

（2）语文研究性学习开展流程。

根据《普通高中"研究性学习"实施指南（试行）》要求，研究性学习的实施一般可分三个阶段：进入问题情境阶段、实践体验阶段和表达交流阶段。在学习进行的过程中这三个阶段并不是截然分开的,而是相互交叉和交互推进的。

①创设情境,唤醒学生的问题意识。

本阶段要求教师带动学生共同创设一定的问题情境,一般可以通过开设讨论、组织参观访问等形式展开。目的在于做好背景知识的铺垫,调动学生原有的知识和经验,然后经过讨论,提出核心问题,诱发学生探究的动机。在此基础上确定研究范围或研究题目。

与此同时,教师应帮助学生通过收集相关资料,了解有关研究题目的知识水平和该题目中隐含的争议性问题等,使学生从多个角度认识、分析问题。在此基础上,帮助学生建立研究小组,共同讨论和确定具体的研究方案,包括确定合适的研究方法,如何收集可能获得的信息,准备调查研究所要求的技能,可能采取的行动和可能得到的结果。在此过程中,学生要反思所确定的研究问题是否合适,是否需要改变等问题。

②重视学生的实践体验,帮助学生掌握研究方法。

在确定需要研究解决的问题以后,学生要进入具体解决问题的过程,通过实践、体验,形成一定的观念、态度,掌握一定的研究方法。在此过程中,教师要适时引导,让学生保持研究积极性,使研究性学习能逐步开展。

在本阶段,《普通高中"研究性学习"实施指南(试行)》要求学生实践、体验的内容包括:A.收集和分析信息资料。学生应了解和学习收集资料的方法,掌握访谈、上网、查阅书刊、问卷等获取资料的方式,并选择有效方式获取所需要的信息资料;要学会判断信息资料的真伪、优劣,识别对本课题研究具有重要关联的有价值的资料,淘汰边缘资料;最后综合整理信息进行判断,得出相应的结论。这时要反思所得结论是否充分地回答了要研究的问题,是否有必要采取其他方法获取证据以支持所得结论。B.调查研究。学生应根据个人或小组集体设计的研究方案,按照确定的研究方法,选择合适的地方进行调查,获取调查结果。在这一过程中,学生应如实记载调查中所获得的基本信息,形成记录实践过程的文字、音像等多种形式的"作品",同时要学会从各种调研结果、实验、信息资料中归纳出解决问题的重要思路或观点,并反思是否获得足以支持研究结论的证据,是否还存在其他解释的可能。C.初步的交流。学生通过收集资料、调查研究得到的初步研究成果在小组内或个人之间充分交流,学会认识客观事物,认真对待他人意见和建议,正确地认识自我,并逐步丰富个人的研究成果,培养科学精神与科学态度。

因此,教师必须引导学生认真地完成以上三步,在学生开展实践、体验的过程中,教师可暂时将"主权"还给学生,让学生通过小组内的分工协调来解决问题,开展活动。然而,教师亦需要充当"监督者"的角色,观察学生的学习进度,保证研究性学习能顺利开展下去。

③多样展现成果,提高学生的学习积极性。

在表达和交流阶段,教师要让学生将取得的收获进行归纳整理、总结提炼,形成书面材料和口头报告材料。成果的表达方式应提倡多样化,除了按一定要求撰写实验报告、调查报告以外,还可以采取开辩论会、研讨会、搞展板、出墙报、编刊物(包括电子刊物)等方式,同时还应要求学生以口头报告的方式向全班发表,或通过指导教师主持的答辩。

学生通过交流、研讨与同学们分享成果,是研究性学习不可缺少的环节。在交流、研讨中,教师要有意识地让学生学会欣赏和发现他人的优点,学会理解和宽容,学会客观地分析和辩证地思考问题,逐步培养学生的语文素养。

 案例

一、案例示范和点拨
（一）案例示范

研究性学习课题：从苏轼的黄州词文看其艺术人生

案例	点评
一、问题引入 　　苏轼成全了黄州，黄州也成全了苏轼，这实在是一种相辅相成的有趣关系。苏轼写于黄州的那些杰作，既宣告着黄州进入了一个新的美学等级，也宣告着苏轼进入了一个新的人生阶段，两方面一起提升，谁也离不开谁。 　　核心问题：从苏轼的黄州词文中看出苏轼怎样的人生境界呢？ 二、搜集资料 　　你所知道的苏轼的黄州诗、词、文有哪些？别人怎么评价苏轼？苏轼在被贬地的政绩如何？ 资料展示： （1）苏轼黄州诗文。 文：《前赤壁赋》《后赤壁赋》等。 词：《念奴娇·赤壁怀古》《水调歌头·落日绣帘卷》《定风波·莫听穿林打叶声》《卜算子·缺月挂疏桐》《浣溪沙·山下兰芽短浸溪》《临江仙·夜饮东坡醒复醉》等。 诗：《寒食雨二首》等。 （2）相关评价。 补充资料： 　　观其一生，其实他并没有过多少太平宁静的日子，然而他也并没有因了这些而整日里蓬头垢面哀哀切切，见人便"痛斥低劣小人"。困惑虽有过，烦恼也有过，但这些到底也还是如同烟云从他悟性非凡的心里只作穿行而从不停滞。他依然我行我素地热爱着生活，乐观着人生…… 　　　　　　　　　　　　——方方《喜欢苏东坡》 　　在人生中还有比成功和幸福更重要的东西，那就是凌驾于一切祸福之上的豁达胸怀！ 　　　　　　　　　　　　——周国平 　　成熟是一种明亮而不刺眼的光辉，一种圆润而不腻耳的音，一种不再需要对别人察言观色的从容，一种终于停止向周围申诉求告的大气，一种不理会哄闹的微笑，一种洗刷了偏激的淡漠，一种无须声张的厚实，一种并不陡峭的高度。勃郁的豪情发过了酵，尖利的山风收住了劲，湍急的细流汇成了湖，结果——引导千古杰作的前奏已经鸣响，一道神秘的天光射向黄州，《念奴娇·赤壁怀古》和前后《赤壁赋》马上就要产生。 　　　　　　　　　　　　——余秋雨《苏东坡突围》	创设情境，提出核心问题，激发学生研究性学习的兴趣。 　　教师布置任务，由学生动手搜集相关资料，为研究性学习做好充分的准备，重视学生的实践体验。 　　补充其他名人对苏轼的相关评价的资料，丰富学生的认识。学生搜集资料的途径毕竟有限，对于一些重要的有价值的资料，可由老师提供补充。

续表

案例	点评
3. 苏轼在被贬地的政绩 杭州：挖湖泥建苏堤、设立隔离医院。 密州：抗旱灾。 徐州：兴水利、救水灾。 黄州：纠正陋习。 定州：整军纪、强边防。 惠州：修桥架梁。 琼州：劝勉农耕、讲学化民。 三、分小组合作讨论 问题1：从苏轼的黄州词文中，你能看出怎样的苏轼形象？说说你的依据。 问题2：你认为苏轼代表了一种怎样的人格精神？他和以屈原、陶渊明、李白为代表的士人形象有何不同？ 问题3：你从苏轼的词文中得到了怎样的人生启示？ 四、交流展示 讨论结论1：复杂的苏轼形象：建功立业、刚正不阿、无奈、痛苦、消沉孤独、寂寞超脱、旷达、潇洒。 讨论结论2：古代几种典型的士人人生观。 屈原代表诗句：路漫漫其修远兮，吾将上下而求索。 特点：积极入世，苦苦追求。 陶渊明代表诗句：羁鸟恋旧林，池鱼思故渊。 特点：真正厌世，归隐田园。 李白代表诗句：安能摧眉折腰事权贵，使我不得开心颜。 特点：愤世嫉俗，遗世独立。 苏轼代表诗句：莫听穿林打叶声，何妨吟啸且徐行。 特点：风雨不惊，泰然自适，外儒内道（儒道佛三种文化的内心碰撞）。 讨论结论3：苏轼的人生态度成为后代文人景仰的范式：进退自如，乐观旷达。儒家的积极入世态度与佛道的超然物外、与世无争的态度是矛盾的，但又奇妙地统一在苏轼身上。当儒家思想遭遇挫折时，苏轼却能峰回路转，在佛道二家思想中找到精神归宿。它可以通向既坚持操守又全生养性的人生境界，这正是历代士人所希望做到的。苏轼的审美态度为后人提供了富有启迪意义的审美范式。他以宽广的审美眼光去拥抱大千世界，所以凡物皆可观，到处都能发现美的存在。有时竹杖芒鞋，出入于阡陌之上；有时月夜泛舟，放浪山水之间，他总能在大自然中寻找到美的享受，领略到人生的哲理。 五、评价反思 古制中国，宦海沉浮，稍不留意，就要受到贬谪。在数不清的遭贬人员之中，常常有饱读诗书之人。贬了官，失了宠，摔了跤，悲剧意识就来了。这样一来，文章有了，诗词也有了。过些时候，或过了一个朝代，时过境迁，天子觉得此人不错，拨乱反正，恢复名誉，于是受贬官员人品文品双全，传之史册，通之后人。又因他们在受贬期间亲热过山水亭阁，足迹所到之处，便成了遗迹，这些文化便形成了贬官文化。 ——余秋雨 问题：你是否同意余秋雨的这一见解？请联系苏轼谈谈你对这段话的理解。 六、课后作业 以"我眼中的苏轼"为话题写一篇不少于1000字的小论文。 要求：①认真阅读苏轼的有关作品，注意读出个人的感受。 ②注意化大为小，找准切入点。如：苏轼的山水意识、苏轼思想中的矛盾性。	小组合作讨论是研究性学习的重要方式。 学生通过交流、研讨，与同学们分享研究成果，是研究性学习必不可少的环节。交流结论丰富了学生平时对苏轼形象的单一认识，尤其是通过比较分析，认识更为深刻，真正达到了研究性学习的目的。 评价反思环节引导学生结合苏轼的经历理解贬官文化现象，由个别到一般，把研究性学习推向另一个高度。 此环节是巩固前期成果，同时也是研究性学习的延续。

（二）点拨

本研究性学习课题是对苏轼名篇《赤壁赋》《念奴娇·赤壁怀古》的延伸拓展，选材结合教材篇目，又不仅限于教材篇目，指导学生对苏轼作品进行深度研究，进而了解苏轼的人生境界。课题的选择具有开放性、探究性和实践性的特点。目的在于培养学生的创新精神和实践能力。

研究性问题的设计有深度、有层次，能有效引导学生的深层探究，以问题为中心，用问题推进研究性学习。

学习过程中强调学生的主体作用，分组合作，搜集资料都由学生事先完成，交流讨论及展示部分也以学生为主，同时也发挥教师的指导作用。对难点部分，教师提供补充资料，发表补充意见，拓宽学生的视野。

学习之后的反思把苏轼的个体现象放到整个贬官文化的大背景去思考，同时反观自己的人生，思考从苏轼的词文中得到的人生启示，把研究性学习推向另一个高度。

二、答题示范与讲解

（一）单项选择题

1. 一位老师准备开展关于"水与沈从文"专题阅读的研究性学习，请你根据研究性学习目的的要求，选出以下不当的一项（　　）。
   A. 探究"水"与沈从文作品构筑的文学世界的关系
   B. 探究"水"与沈从文高尚人格的关系
   C. 探究"水"与沈从文审美理想的关系
   D. 探究沈从文的个人经历

【参考答案】D。

【答题解析】

本题考查的知识点是：研究性学习的目的是能培养学生的问题意识及创新精神。D选项的内容只是背景层面的了解，查阅资料就可以，不能体现深层探究。

2. 一位老师在开展"古典诗歌中的月亮意象"的专题研究性学习时，要求学生搜集资料，自主探究，以下哪一个问题最能体现深层探究？（　　）
   A. 月亮的故事、别名、习俗等　　B. 熟悉的有关月亮的诗句
   C. 月亮在诗词中常传达的情感　　D. 诗人钟情于月亮的原因分析

【参考答案】D。

【答题解析】

本题考查的知识点是：培养学生的问题意识，指导学生根据问题制订计划，搜集资料。A、B、C三个选项的内容难度不大，D选项更能激发学生探究的兴趣，能在这个问题的引领下进行更深层次的探究。

（二）教学设计题

(1) 题目：为"古典诗歌之登高词赏析"专题研究性学习设计学习流程。

(2) 答题。

设计核心问题：古代文人为什么喜欢登高？从登高中感受到古代文人怎样的情怀？

分组搜集资料：典型的登高词。

小组讨论交流：

围绕以下问题进行交流：登高词中写到了哪些景物和人事？所写内容有哪些共同特点？品读作品，你读出了作者怎样的情怀？登高诗词带给你怎样的感动？

（3）解题分析。

本题是综合考查，对应的考点是"以学生为主体，问题为中心，用问题推动研究性学习"。该设计围绕核心问题指导学生搜集资料，小组合作研究，然后围绕几个问题进行讨论交流，问题之间逐层深入，设置恰当。

（三）案例分析题

（1）案例。

"朱自清写景散文特色"研究性学习

问题引入：

朱自清的散文文质兼美，在现代散文中独树一帜，尤其是写景散文，成为后人模仿的范例。他的写景散文具有怎样的特色呢？

搜集资料：

搜集5～6篇朱自清的写景散文。例：《桨声灯影里的秦淮河》《歌声》《月朦胧，鸟朦胧，帘卷海棠红》《绿》《春》等。

小组合作讨论。

问题1：

结合所选文本分析：所写景物有怎样的特点？作品营造了怎样的意境？

问题2：

结合所选文本分析：作品中有哪些妙用的精练词语？怎样体现朱自清作品语言的形象性、抒情性、含蓄性、精确性？

问题3：

结合所选文本分析：朱自清散文中常用哪些修辞格？有何作用及效果？

问题4：

结合所选文本分析：朱自清散文中常用到哪些表达技巧？有何作用及效果？

问题5：

朱自清散文作品有着怎样的主体风格？具有怎样的艺术魅力？

展示交流：略。

评价反思：

朱自清写景散文的写作技巧有哪些值得我们借鉴的地方？

（2）分析。

该案例的课题设置具有开放性、探究性和实践性的特点，能指导学生在学习教材中朱自清的散文名篇之后，进行拓展研究，从而了解朱自清写景散文的总体特色。在研究性学习过程中，注重培养学生的问题意识，指导学生根据核心问题制订计划，搜集资料，然后围绕核心问题设置一系列小问题，指导学生小组合作讨论，交流展示，最后进行评价反思。整个研究性学习的流程设计比较完整，较好地体现了研究性学习的特点。

第三章 语文教学实施

本章知识结构

```
                              语文教学实施
                    ┌──────────────┴──────────────┐
           语文课堂教学实施技能              语文课外和研究性学习实施技能
```

- 掌握教学实施基本步骤，合理安排课堂教学环节
- 掌握语文教学基本形式和策略，组织好课堂教学
- 根据不同课型运用恰当的形式和方法
- 指导学生课前预习、课堂学习和课后总结
- 恰当选用教学媒体、整合多种资源、提高学习效率
- 在阅读、写作教学过程中，将学生的学习反馈转化为新的教学资源
- 以恰当的课堂教学评价方式，激励学生的语文学习
- 生活中的语文资源
- 语文课外学习活动的开展
- 研究性学习的开展

本章小结

（一）本章主要内容

本章主要讲解语文教学实施，包括两大部分：语文课堂教学实施技能，语文课外和研究性学习实施技能。前者主要聚焦于课堂，后者主要聚焦于课外。

（二）本章重点、难点

1. 重点

（1）掌握教学实施基本步骤，合理安排课堂教学环节。

（2）根据不同课型运用恰当的形式和方法。

（3）根据学生语文学习的个体差异，指导学生课前预习、课堂学习和课后总结。

（4）以恰当的课堂教学评价方式，激励学生的语文学习。

（5）课外组织语文学习活动的方式方法。

2. 难点

（1）恰当选用教学媒体整合多种资源，提高学习效率。

（2）如何在阅读、写作教学过程中，将学生的学习反馈转化为新的教学资源。

（3）如何组织语文的研究性学习。

（三）学习时要注意的问题

（1）本章讲解的内容是非常具体实在的技能，要真正掌握必须与大量的实践相结合。

(2) 课堂教学技能是建立在对教学对象的认知发展、情感发展、个性发展的特点深入理解以及对教学内容的熟练掌握的基础上。

(3) 课堂教学技能的掌握要注意常规与变化。在符合教学规律的前提下,掌握常规技能,同时要根据具体情况进行变化。课型、环节、重难点、学习方式、评价方式等都不是固定不变的。尤其要有"动态生成"的意识。

(4) 课堂教学技能的掌握一定要有提高课堂效率与效益的意识。

(5) 强化资源意识,树立语文课程资源观十分重要,能够开发利用课内和课外的课程资源。课外语文学习活动是重要补充延伸。单纯的课堂教学不可能达成语文教学的目标。

(6) 研究性学习是语文学习的重要内容,对于培养学生的创新能力、探究能力非常重要,要作为一项重要能力去掌握。

考试指南

本章主要讲解语文教学实施,都是实际操作的技能,必须与实践紧密结合。

在语文课堂教学实施技能中,要求考生掌握每个考点的基本概念、操作方式、基本环节、优化方式。要充分结合心理学、教育学的知识与能力;要注意掌握常规与变化;要仔细研究书中的每一个经典案例;同时,要创造机会真正走进课堂,亲身感受课堂的现场,理论与实践相结合。

在语文课外和研究性学习实施技能上,要有语文学习与生活紧密结合的意识,认真研究书中关于语文课外活动与研究性学习的阐述,认真学习书中所提供的案例,结合自身实际进行仿照或者延伸。要注重资源的开发、拓展;要注重创新,鼓励学生创造;要关注关于研究性学习的一些理论,用理论指导实践,将研究性学习做深、做扎实。

这一章学完要达成:第一,掌握熟练的课堂教学技能,高效地驾驭课堂;第二,熟练掌握课外和研究性学习实施技能,能科学地开展语文课外活动,高效指导学生进行语文研究性学习。

第四章　语文教学评价

考纲内容

1. 理解"课标"评价的理念和原则。
2. 了解语文教学评价的基本方式及特点，掌握基本的评价方式。
3. 能够根据"课标"评价理念在教学实施中发挥评价检查、诊断、反馈、激励、甄别等功能，促进学生的发展。
4. 能够根据阅读与鉴赏、表达与交流的教学内容，选择和使用恰当的评价策略。
5. 能够结合学生自我评价、学生相互评价、教师评价，帮助学生了解自身语文学习的状况，形成个性化的学习策略。
6. 能够在教学中综合运用形成性与终结性、定性与定量等不同类型的评价方式，恰当评价学生的语文学习过程和结果。

考纲解读

1. 了解语文教学评价应以"课标"为基准，面向全体学生，促进学生语文素养的全面提高。
2. 了解语文教学评价的目的在于诊断学生的学习困难，从而帮助教师在教学设计时明确教学的重点和难点。同时，了解语文教学评价还能帮助教师发现学生在语文学习上的优势，激发学生学习语文的热情。
3. 了解语文教学评价有助于促进教师反思自身的教学与学生的学习效果。能够依据评价结果及时调整教学，促进自身的专业发展。
4. 了解语文教学评价需要发展多元化的评价主体，能够运用教师评价、学生自评、同伴互评等多种评价方式，促进学生的学习。
5. 了解语文教学评价的多种方式，能够按照不同的需求，灵活运用形成性评价与总结性评价的方式，开展定性与定量评估与研究，全面分析整合评价结果，以促进学生的学习与教师的教学。

第一节 语文课堂教学评价能力

一、评价的理念与原则

【考点】正确理解"课标"评价的理念和原则。

知识和能力点说明

【知识卡片】

★ 教学评价的最根本目的是促进学生的学习。
★ 教学评价的主要作用还在于教师可以了解学生的学习情况，发现学生的优势，提出教学建议，同时改进教学。
★ 教学评价应兼顾"课标"的要求与学生的差异性。
★ 教学评价需要重视对学生知识与能力、过程与方法、情感态度与价值观等多方面的考查。
★ 评价的主体包含学校、教师、学生、同伴与家长。
★ 依据不同的教学内容，选择不同的评价方式，综合采取质性与量化不同的评价方式。

评价是教师对学生和课堂信息进行收集和综合、做出判断、进行判定的全过程。[①] 该考点考查学生了解高中语文课程的评价理念与原则、基本评价方式以及实施评价的基本能力。

1. "课标"评价的理念

关于课堂评价的理念主要包括以下几个方面：[②]

（1）课堂评价的功能不仅仅是评价学生的学习，更重要的是促进学生的学习。
（2）课堂评价应该全面地整合到教学过程之中。
（3）课堂评价的标准是多元的而非单一的，课堂评价应该重视对学生认知策略和元认知技能的评价，促进学生高层次思维能力的发展。
（4）注重在真实的情境中评价学生的表现。
（5）课堂评价必须关注学生的情感因素。
（6）学生的参与能够使课堂评价成为高效的教育过程。
（7）确保评价的质量，公平实施评价。

2. "课标"评价的原则

（1）评价的根本目的是促进学生语文素养的全面提高。

普通高中语文课程与九年义务教育语文课程相衔接，致力于提高学生的语文应用、审美

---

① 理查德·I.阿兰兹.学会教学[M].丛立新,等译.上海:华东师范大学出版社,2014:178.
② 沈玉顺.课堂评价[M].北京:北京师范大学出版社,2006:18.

和探究能力,全面提高学生的语文素养。语文课程评价要突出整体性和综合性,从知识和能力、过程和方法、情感态度和价值观三个方面进行考查。

(2)评价应以课程目标为基准,面向全体学生。

课程目标是评价的基准,语文课程评价要根据总目标和分目标,抓住关键、突出重点,并兼顾不同学生的需求。鼓励学生自主选择课程,促进他们的健康发展,根据他们的个体差异和个性化要求,采用生动、灵活的评价方法。

(3)评价要充分发挥诊断、激励和发展的功能。

课程评价具有检查、诊断、反馈和激励等多种功能,正确的评价有助于了解学生的学习状况和过程、判断学生的学业水平与发展需求。应充分发挥评价诊断、激励和发展的功能,不应片面地强调评价的选拔功能。语文课程评价重在发现学生学习优势、激发学生学习语文的热情、提出建议,同时反思教学行为,不断调整和完善教学过程。

(4)提倡评价主体多元化。

评价主体多元化是评价改革的重要理念和方向。语文课程评价一方面要尊重学生的主体地位,指导学生自我评价和反思,另一方面要鼓励家长等参与到评价之中,使评价成为学校、教师、学生、家长等多个主体共同积极参与的交互活动。

(5)评价应注意必修课和选修课的联系与区别。

普通高中语文课程分必修课和选修课两种类型,它们共同构成高中语文课程总目标。语文课程评价要注意两者的联系和区别。必修课的评价应立足于"共同基础",而选修课的评价则注重差异性和多样性。选修课的评价要突破传统评价模式,努力探索新的评价方式来实现目标。根据选修课自身的特点和要求,"因课制宜"地制订评价方案,密切联系学生实际生活,使评价更富实效性。

(6)评价应根据不同的情况综合采用不同的方式。

课程评价具有多样性与特殊性的特点。评价方式应根据学情灵活变换。如闭卷考试是对学生认知水平的评估,成长记录则是对学生情感态度与实践能力的评价,所以评价学生的探究能力不能简单地以活动结果作为依据,而应把学生自主探究的过程与结果统一起来,以学生在自主探究中的表现,如态度、责任心、合作精神和参与程度等作为评价的重点。努力探寻适合于不同目的的评价手段和方法,提高评价效率。

案例

一、案例示范和点拨

(一)案例示范

《声声慢》课堂实录(节选)
何文刚①

师:同学们好!今天我们一起研读李清照的一首词《声声慢》。对于李清照,同学们

---

① 北京十二中(高中)教师。

该不会陌生吧？

生：李清照，老朋友了！

师：哦？这位同学看来很了解李清照，很好啊！那请你帮助大家一起回忆一下李清照的生平，可以吗？

（生介绍略。）

师：哦！这位同学自称是李清照的老朋友，还真不是自夸！是啊！她的前半生基本上算是幸运的，但她的后半生既遇国家破亡之难，又遭亲人早逝之痛。一个女子，在那样的社会里，无依无靠，风风雨雨，尝尽人间之苦。这样的遭遇，必然反映到她的创作中，正像刚才那位同学所说，她的词风有了很大的变化，是怎样的变化呢？

生：她早期的作品，生动活泼。

师：生动活泼，这个概括有意思。能举个例子吗？

生（背诵，众和）：尝记溪亭日暮，沉醉不知归路。

师：这应该是她抒写少女时代生活的一首词。除了大家说的生动活泼，这首词在语言风格上的特点可以怎么概括？

生：不用典故，有一种自然的情趣，像白话诗。

师：说的真到位啊！明白如话，自然天成，这正是李清照词的风格特点。李清照的词被称"易安体"，特点就在于此。她的词风后期有变化吗？

生：后来，语言风格没有变化，是内容、情调发生了变化。经历了国家之难、家庭之难，她晚期的词，总有一种凄凉寂寞的味道。

师：凄凉寂寞、悲哀痛苦。能举例吗？

生：寻寻觅觅，冷冷清清。

师（笑）：看来不止一个人读过这首《声声慢》。我们来研读一下这首词，请大家先参考注解，自读一遍，有疑问处一会儿提出来讨论。

（众自读后，一生朗读。）

师：读音有不准确的地方吗？大家又读过了一遍，假如要找这首词中最重要的两句话，是哪两句呢？

生（众）：这次第，怎一个愁字了得！

师：为什么是这句？

生（众）：概括句，卒章显志，画龙点睛。

师：找得不错，解释得也不错。不是一个"愁"字能概括得了的，就是说还有更深沉的情感在，都有哪些情感呢？我们先读前三句。

（生齐读。）

师：读得不错啊！请问，词人在寻觅什么呀？

生1：根据她的生平遭遇，这首词应该是她丈夫去世之后写的，寻觅的应该是自己的亲人、丈夫。

生2：据我所知，李清照在逃难时带着大量的文物，包括书籍，她丈夫是著名的金石家。在颠沛流离的过程中，有大量的文物被盗和遗失，所以她寻觅的对象也应包括心爱的文物。

师：补充得好。知人论世，根据作者的遭遇理解她的作品，思路好。可以这样解读吧？寻人，人不在；寻物，物已失，心中无定，如有所失；房栊寂静，空床无人；孤独苦况，愈难为怀。总言心情之悲伤！请大家再细细品读一下，要感觉其中的节奏、韵律，及节奏韵律中的情感。

……

（二）点拨

（1）促进学生语文素养的全面提高。何老师在评价学生的见解时，注重思路的引导，关注学生思考问题的深度和广度。

（2）以课程目标为基准，面向全体学生。何老师注重学生的独立阅读能力，尊重个性化阅读感受。学生在理解"寻觅什么"时，何老师首先指出回答的闪光点，而后再根据学习目标进一步引导出答案。

（3）发挥诊断、激励和发展的功能。何老师对学生的评价主要以激励为主，在评价中点出学生的优点，同时指出不足之处。

（4）主体多元化。注重学生、诗人和教师的主体切换，使课堂更加生动活泼。

（5）必修课与选修课的区别。本篇课文为必修课，何老师在注重基础的同时也作了适当延伸，但也只是点到为止。

（6）根据不同情况综合采用不同方式。本节课主要采用探究式学习方法，教师评价以学生在探究过程中表现出来的思维方法为依据。

二、答题示范与讲解

（一）单项选择题

1. 采用一定的标准和手段，对教学活动及其结果进行测量、分析和评定的过程是（　　）。

  A. 教学方法　　　B. 教学评价　　　C. 教学目标　　　D. 教学反思

【参考答案】B。

【答题解析】

本题考查对教学评价定义的理解。教学评价的含义是教师对学生和课堂信息进行收集和综合，做出判断、进行判定的全过程。

2. 以下对教学评价的表述，不正确的一项是（　　）。

  A. 教学评价就是对学生学业成绩的评价

  B. 教学评价主要包括对学生学习结果的评价和对教师教学工作的评价

  C. 从学生学习结果的评价看，既要评价知识、技能等认知领域，又要评价态度、习惯、兴趣等情感领域

  D. 从教师教学工作的评价看，既要评价教师的教学修养、教学技能，又要评价教学活动的各个环节，特别是课堂教学质量

【参考答案】A。

【答题解析】

此题考查对教学评价内涵的理解。教学评价不仅仅是针对学生学业成绩的评价,还包括对学生的学习过程与教师教学的评价,因而,此项的表述不准确。选项 B、C、D 对教学评价的内涵进行了准确的阐述。

3. 以下对教学评价的原则,表述不正确的一项是(　　)。

　　A. 语文教学评价应以语文新课程的目标为标准,面向所有学生

　　B. 语文教学评价的根本目的是促进学生语文素养的全面提高

　　C. 语文教学评价应充分发挥评价诊断、激励和发展的功能,忽视评价的选拔功能

　　D. 教师、学生、家长都可成为语文教学评价的主体

【参考答案】C。

【答题解析】

此题考查语文教学评价的原则。"课标"评价原则重视发挥评价的检查、诊断、反馈和激励等多种功能,但并不否定评价的选拔功能。现行的高考制度,仍然沿用评价的选拔功能。所以选项 C 的表述不准确。其他选项均为"课标"评价的原则。

(二)教学评价设计题

小张平时上课很少发言,但是语文作文写得很好,很有思想。作为她的语文老师,你怎样写一段评语,鼓励小张上课积极发言,与同学分享自己的观点。

讲解:

可以写下类似的评语:"在老师的眼里,你是一个聪明、文静的学生,每一次语文作文,你总是写得那么深刻。什么时候,能让老师听到你用甜美的声音来与其他同学分享你的观念?"教师用评语的形式给予学生评价,充分发挥了评价的激励功能。教师能及时发现学生的优点和闪光之处,提出今后的期待,激发了学生发言的热情,体现了教师对学生的尊重和鼓励,使评价成为学生走向成功的起点。

(三)案例分析题

"差生"的成绩

我是"差生"行列中的一员,我也曾努力过、刻苦过,但最后却被一盆盆冷水浇得心灰意冷。就拿一次语文考试来说吧,我觉得写语文作文比上青天还难,每次考试不是个位数就是十几分,一次教师骂我是蠢猪,我一生气下决心下次一定要考好。于是,我加倍努力,真的拿了个语文第一名。心想这次老师一定会表扬我了吧!可是出乎我意料,老师一进教室就当着全班同学的面问我:"你这次考得这么好,不是抄来的吧?"听了这话,我一下子从头凉到脚,难道我们"差生"就一辈子都翻不了身了吗?

问题:透过这个案例,我们深切地感受到学生对现行评价制度和评价方法的恐惧、不满与无奈。现行课程评价存在哪些主要问题?

讲解:

(1)评价功能失调,过分强调甄别与选拔的功能,忽视改进、激励、发展的功能,表现在学生身上就是学生只关心考试得了多少分,排在第几名,而很少关心考试中反映出来的自身发展中存在的问题。

(2)过分关注活动的结果(如学生成绩、教师业绩、学校升学率等)。忽视被评价者在活动的各个时期的进步状况和努力程度,忽视对日常教育教学活动的评价,忽视对教育活动发展、变化过程的动态评价。

(3)评价主体单一,基本上没有形成学生、教师、管理者、教育专家、家长等多主体共同积极参与、交互作用的评价模式,忽视了评价主体多源、多向的价值,尤其忽视了自我评价的价值。

(4)评价标准机械、单一,过于强调共性和一般趋势,忽略了学生、教师、学校的个性发展和个体间的差异性。

(5)评价内容片面,过于注重学业成绩,而对教师和学生在教育活动中的体现,忽视或者缺乏有效的评价工具和方法。

(6)评价方法单调,过于注重传统的纸笔测验,对体现新的评价理念的新质性评价方法不够重视。

二、评价的方式及特点

【考点】了解语文教学评价的基本方式及特点,掌握基本的评价方式。

知识和能力点说明

【知识卡片】

★ 语文教学评价要围绕新课程的三维目标进行。
★ 按照不同的语文教学课型来选择不同的评价类型。
★ 语文教学评价要关注每个学生的特点与整体的发展,并贯穿于整个教学过程中。
★ 语文教学评价可采取书面、观察、访谈、问卷、档案袋等多种方式。
★ 语文教学评价要帮助学生学会自我评价、合作性评价的方式,教师也需要给予学生及时反馈,从而改进教学。

1. 语文教学评价的要素

对学生的语文学习评价要从知识与能力、过程与方法、情感态度与价值观这三个维度进行全面考查。知识与能力维度的评价需要从语言知识、文章知识、文学知识的习得,听、说、读、写能力的养成和发展性能力的养成等要素来进行。过程与方法维度是实践的,因而可从课堂参与、阅读习惯、表达习惯、学习方法和课外学习等要素来考查评价。情感态度与价值观的评价则包含如下要素:热爱生活、热爱语文;参与实践,学会交流;学会合作,共同探究;认识自我,珍爱生命。教师要综合地把握这些评价要素,不能把考试分数和活动结果作为评价的唯一依据。

2. 语文教学评价的类型

(1) 阅读教学评价分为课内阅读教学评价和课外阅读教学评价。课内阅读教学评价包括朗读能力水平教学评价、阅读速度和质量的评价、个性化阅读评价,课外阅读教学评价包括档案袋评价、报告交流评价。

(2) 写作教学评价分为自我评价、多元化评价、档案袋评价。

(3) 口语交际评价分为情境性评价、现场评价、辩论性评价、学生口语的作品分析评价。

(4) 综合性学习评价重视态度参与评价、互动过程评价,提供结果展示平台。

(5) 考试评价分为口头型考试评价、开放型考试评价、合作型考试评价、试后反思型评价。

3. 语文教学评价的特点

(1) 多元性。要充分调动不同评价主体来开展评价活动,尊重每个学生的意见,鼓励学生提出不同见解,在有争议的问题上培养学生多元的思维能力,促进创新精神的形成和发展。

(2) 整体性。评价要关注学生整体、全面的发展。

(3) 过程性。评价贯穿于教学活动的始终,教师和学生要形成过程性和动态性评价的意识,在教学活动中自觉地开展评价,发挥评价的作用。

4. 语文教学评价的基本方式

(1) 书面测试。

书面测试即我们常说的笔试,是语文教学实践中常用的评价方法。可分为课堂测试、单元测试、期中测试、期末测试等。

(2) 观察记录。

观察记录是评价者观察学生在语文学习过程中的行为表现,然后与事先制定的评价标准相对照,得出最终评价的方法。常用的有自然观察法、抽样观察、追踪观察等,尤其适宜于对学生的学习态度、兴趣方法、习惯、情感、价值观、创造性等方面的评价。

(3) 访谈记录。

访谈就是访问、谈话,通过评价者与学生面对面的交流来获得信息,以评价学生语文学习现实状况的方法,可分为与学生的日常交流和有明确的目的的谈话。

(4) 问卷调查。

问卷调查是由专家或语文老师依据调查目的设计调查问卷,通过调查对象对问卷的回答情况获取评价信息的方法。这种方法可以在同一时间内对多人进行调查,能够快速、方便地获取多个评价对象的信息。

(5) 作业分析。

作业分析主要是对学生的日常作业的评价和分析,如可通过检查学生的语文笔记情况来推断学生的语文学习兴趣、态度和方法,也可从作业完成情况、字体是否工整、是否抄袭进行推断。

(6) 档案袋评价。

档案袋评价旨在通过收集、记录与展示学生的成长进步,激发学生的学习激情,更好地发挥评价促进学生发展的功能。语文学习档案袋中包括记录各种表现的资料、自外界的评价、自我计划和反思。

(7) 表现性测试。

表现性测试是一种让学生按任务要求做出行为反应(包括内部思维的、外化语言的、技能动作的、成果创建的)的测试,教师则观察和评价这一反应过程和其反应效果,对学生的行为结果做出定性和定量的描述。

5. 语文教学评价的策略

(1) 自主性与发展性策略。使学生了解教育目标,学会自我评价,在进行学习与情绪的自我感知的基础上,进行学习状态的调控。

(2) 及时反馈策略。评价的目的是改善教学过程,促进学生学习,根据评价的结果及时反馈与纠正,达到教学目标。

(3) 访谈评价。教师可以从与学生的访谈中了解他们的思想与自我认知。教师在评价学生时尽可能使用简短的激励性语言。

(4) 学生自我分析式评价。这是让学生分析自己思考的过程,进行自我评定。

(5) 两次测试法。单元检测中,学生如果对初测成绩感到不满意,经过复习后,可要求重测,并以较好的一次成绩为准,重测的难易程度原则上与初测相当,但对水平较低的学生,可用较易的试卷。

(6) 合作性评价的原则。设计愉快的互评方式,创设宽松的互评氛围,营造自由的互评空间。

 案例

一、案例示范和点拨

(一) 案例示范

《荷塘月色》教学反思[1]

李 敏[2]

《荷塘月色》是朱自清先生的一篇以写景为主的抒情散文,这篇文章为我们描绘了一幅清淡素雅、超凡脱俗的月下荷塘图。教材中的要求是欣赏文章的意境美,因此我在设计教学时,注意引导学生从意境方面切入来学习欣赏这篇文章。"意境"顾名思义,即"意"与"境"的组合,"意"为作者的情感,而"境"则为外在事物,所谓"意境"即为作者内在情感与外在景物的有机结合。

我在进行教学设计时首先注意让学生体会荷塘之美、月色之美以及在描写荷塘月色时所用的语言之美,并探究语言刻画的手法;其次是让学生领悟"一切景语皆情语",探索

---

[1] 资料来源:http://www.1—123.com/works/Modern/H/hetangyuese/17796.html
[2] 江苏省苏州市工业园区第二高级中学教师。

朱自清先生在本篇文章中蕴藏的情感,紧扣开头的第一句(文眼)"这几天心里颇不平静"对全文进行思想感情上的分析。因此我安排了两课时,第一课时重点鉴赏文章的语言,欣赏美丽的荷塘月色之景;第二课时从景入情,对其情感和所表达的思想进行分析,感受文章的意境美(散文就是美文,是文质相称,形神俱美的艺术品)。散文的美表现在内容和形式上的完整结合。《荷塘月色》就是这样一篇文质兼美的散文。

上完这节课后,我最为得意的地方就是点评这一环节。学生对于文章的点评非常到位,有些学生的点评甚至替代了教师的讲析。如:"文中的第四段中曲曲折折的荷塘,'曲曲折折'写出了荷塘形状的不规则和荷塘回环曲折的美感;'田田'写出了荷叶之多;'亭亭'写出了荷叶之高、荷叶的动感、荷叶的美,叠加了袅娜,用拟人的手法写出了荷叶娇羞之态,像少女一般的美;写流水用'脉脉'一词来描述,把水写活了,写出了人的感情。"

其次便把文中使用叠词的句子让学生改写,改写之后与之前对照,领会叠词在文中的作用。最后让学生列举使用叠词较多的诗词进行对比教学,让学生学会从语音、语言节奏的角度来鉴赏诗词、散文,让学生在自主学习中寻找解决问题的好处。此处教师的预设在课堂中注意让学生自主探究、自发生成,避免出现老师预想不到的事情,学生在对比中也学习到了方法。

本节课的不足也有很多,试举一两个作为典型代表。

首先在引导学生回答"本文主要写了什么内容"的时候,教师只注重了自己的预设,而忽略了引导,以致教师一味把学生往自己设定好的路子上引,却引不过来,学生不明白教师想的什么,也不知道该如何回答。

其次是上课时语速太快,提问时没有注意语言的轻重缓急,学生不能抓住问题的要点,使得课堂上学生的反应较慢,无法达到预设的理想状态,让学生无法从老师的语言中体味到文章舒缓朦胧的意境美。

(二)点拨

(1)语文教学评价的要素。李老师强调其教学设计首先注意让学生体会语言美,并探究语言刻画的手法,最后分析文章的思想感情。可见,教师综合地把握了评价要素,从三维教学目标进行全面考查。

(2)语文教学评价的类型。李老师让学生使用了自我总结式的评价。课堂尾声,学生对自己的学习状况和对课文的理解进行了诊断,老师因此把握了学生的学习程度。好的自我点评往往可以鼓励其他学生表现自我。

(3)语文教学评价的特点。运用多种评价方式,体现了教学评价的多元性;关注学生差异性和全面的发展,体现了教学评价的整体性;同时,老师的教学评价和反思贯穿于教学活动的始终,体现了教学评价的过程性。

(4)语文教学评价的基本方式。李老师的教学反思体现了表现性测试这一基本评价方式。在点评环节中,让学生进行文章点评和讲析,老师则根据学生的表现进行教学评价。除此之外,将课堂上学生的行为表现,通过观察记录下来,然后与事先制定的评价标准相对照。

(5)语文教学评价的策略。李老师对自主性和发展性策略以及及时反馈非常熟悉。使学生了解教学目标,学会评价学习内容和自身的学习状态,在进行学习与情绪的自我感知基础上进行学习状态的自我调控。学生得到反馈,教师达成了教学目标。

二、答题示范与讲解

（一）单项选择题

1.教师采用摸底考试了解学生已有的知识和能力的做法属于(　　)。
　　A. 形成性评价　　B. 相对性评价　　C. 总结性评价　　D. 诊断性评价
【参考答案】D。
【答题解析】
　　教师通过考试成绩来判断学生已有的知识和能力,以调整以后的教学实践,属于诊断性评价。

2.为了鼓励学生努力学习和全面发展,学校对学生在日常生活和学校、班级事务中所做的事情,以及在各种检查、评比、竞赛中的获奖情况进行记录,并纳入学业成绩中给予加分。这种评价方法我们称为(　　)。
　　A. 绝对评价　　B. 相对评价　　C. 诊断性评价　　D. 表现性评价
【参考答案】D。
【答题解析】
　　表现性评价是指对学生在实际完成某项任务或一系列任务时所表现出的、在理解与技能方面的成就的评定,也指对学生在具体的教学过程中,所表现出的学习态度、努力程度及问题解决能力等一些测验无法反映的深层学习指标的评定,它不仅能得出学生学习成绩的结论,而且还指出学生的其他特点,使得对学生进行的评价更全面。

3.教学评价应以人为本,关注不同层次学生的发展与成长,这符合(　　)。
　　A. 客观性原则　　B. 激励性原则　　C. 赏识性原则　　D. 个性化原则
【参考答案】D。
【答题解析】
　　个性化原则是指教师要为学生确定个性化的、可实现的发展目标,并根据学生的具体情况,提出具体可行的改进建议,以促进学生的发展。

4.根据中学课程与教学的特点,对中学生的学习进行评价时应该注意建立发展性评价制度,实行学生学业成绩与(　　)相结合的综合评价方式。
　　A. 档案袋评价　　　　　　B. 考试成绩
　　C. 学习习惯评价　　　　　D. 结果评价
【参考答案】D。
【答题解析】
　　根据"课标"的原则,评价标准应依据不同的情况综合采用不同的方式,将学业成绩与档案袋相结合,将量化与质化的评价相结合的综合性评价方式,有助于全面评价学生的学习成果与过程。

（二）案例分析题

以下是一位教师对《过秦论》的说课，请分析其所运用的教学评价策略与特点。

《过秦论》说课①（节选）

缘 起

《过秦论》问世两千多年来，一直受到政治、历史、文学等各界人们的关注。从语文教学的角度看，文章内容丰富，涵盖博大，较之一般的文言文，是有一定难度的；如果再从思想教育和思维训练的角度进一步讨论一下作者的中心论点——"仁义不施，攻守之势异也"——的优劣长短，自然又增加了教学的深度和难度。我不想放过这样一个培养学生创新思维的机会，进行了一次有益的尝试，在此向专家同行教正。

于是，在疏通字词、理解文义的基础上，笔者采用设疑问难、层层导引的方法，让学生暂时先把前人的定论和权威的理论放在一边，而以课文本身的文字为本，以与课文相关的历史资料为辅，也来一个"过秦论"——讨论一下秦王朝迅速灭亡的原因。

过 程

在讨论课之前，我先动员学生通过各种途径（教材本身、图书报刊、网上浏览、走访专家）搜集与秦灭亡有关的资料典故，从中筛选信息，找出有用的材料，阐述、论证自己的观点。课堂上，我通过多媒体屏幕，逐步展示问题，设疑问难，提供资料，层层推进，引导学生思考、质疑、推理、判断，最后得出自己的结论。大致过程如下。

问题一：作者认为，秦王朝迅速灭亡的原因是什么？

学生很容易地回答：仁义不施，攻守之势异也。

我先分析阐述了"攻守之势异也"的意思，然后针对"仁义不施"这一观点，我提出了下面的问题，要求学生分组进行讨论，然后回答。

问题二：两千多年来，人们一提到"秦"，前面总要加一"暴"字，"残暴"几乎成了秦朝的代名词。那么，请大家想一想，哪一个王朝不残暴呢？

学生对这个问题很感兴趣，课堂讨论十分热烈。

在5分钟的讨论中，学生列举了很多王朝和著名的帝王，列举最多的有汉武帝、唐太宗、宋仁宗、清康熙、清乾隆等，但都遭到了另一部分同学的诘责，很难取得一致意见。最终也没能举出一个"不残暴"的帝王来。

末了，我作了这样的小结：封建统治是专制统治，其最突出的特点是独裁、神秘和随意。其最终、最高的目的是为了巩固他自己和他家族的特权，因此，对于一切妨碍帝王特权的言论和行为，即使是父子之间，兄弟之间，哪怕只是"可能妨碍"，也必然会遭到残酷的镇压和无情地杀戮。所以，封建帝王的残暴，乃是专制体制的必然产物。

历代帝王虽残暴但并不亡国，那么，残暴也就不一定是秦王朝亡国的原因了。如果再探究一下与秦同时的六国的治国策略，还会给人一些新的启迪。于是，课堂讨论又转入了对课文的分析。

---

① 资料来源：http://gz.eywedu.com/Article_7/200692321520978—1.html

问题三:找出作者对六国旧贵族(以四君子为代表)的评价,联系六国最终不免于灭亡这一历史事实,我们从中得出什么样的启发。

对于前一问,多数学生能很容易地找出来:"战国四君子""明智而忠信,宽厚而爱人,尊贤而重士",多数学生也能明确地认识到这就是所谓的"仁义"之举。但对于"仁义"之举并不能挽救六国灭亡的命运这一问题,学生们就感到十分困惑了。

我把握并利用学生的这个"困惑",进行适当地引导:六国旧贵族是否"仁义",我们暂不作讨论。但是,由他们"仁义"同样亡国这一点可以推出:国家之存亡,与国君是否仁义并没有必然的联系。因此,秦国之灭亡与"仁义不施"也并没有必然的联系。

问题四:从课文中筛选信息,联系自己的所见所闻,列举出秦王朝的"暴政"。

列举秦王朝的"暴政",大多数学生都很容易筛选出来,课文罗列的主要有以下几点。

① 废先王之道;② 焚百家之言;③ 隳名城,杀豪杰;④ 收天下之兵,聚之咸阳,销锋镝,铸以为金人十二,以弱天下之民。

还有的同学补充了不少课外资料,主要有以下几点。

① 修筑万里长城,② 兴建阿房宫。

这是课文的重点,也是这节课师生重写"过秦论"的关键环节。因此,列举出上述"暴政"之后,屏幕上紧接着展示出下一个问题。

问题五:逐条分析上述"暴政",指出哪些是历代王朝都共有的措施?哪些是治国安邦所必需的措施?哪些是秦王朝所独有的新措施?

接下来,笔者引导学生理解这些"暴政"的具体含义。

"废先王之道",指秦王朝废除了周朝的领主分封制而实行中央集权制的政策……

在上述工作的基础上,组织学生分组讨论,引导学生对这些"暴政"进行分析归纳,培养学生探究学习、归纳整理、得出结论的能力。

…………

讲解:

这位教师在教学中充分运用了多样化的评价策略。他让学生了解学习目标,要求学生在课前通过各种途径收集学习资料,讨论秦朝灭亡的原因,运用了语文教学评价的自主性与发展性的策略。学生在自主学习的基础上,在课堂中开展了热烈的生生讨论与师生讨论,体现了语文评价中自我分析策略与合作性策略。在师生问答的过程中,教师对学生无法回答的问题,进行了有效的引导与分析,反映了语文评价中的及时反馈策略。

通过这篇课文的教学,教师培养了学生自主、合作、探究的学习能力。通过对课文的自学、课堂讨论、教师分析等环节,教师培养了学生收集信息、分析材料、思考、质疑、推理、判断的思维能力。整个教学过程体现了语文教学评价的多元化、整体性与过程性的特点。

三、语文课堂教学评价的功能与意义

【考点】能够根据"课标"评价理念在教学实施中发挥评价检查、诊断、反馈、激励、甄别等功能,促进学生的发展。

知识和能力点说明

【知识卡片】

★ 语文教学评价的检查与诊断功能在于教师通过评价结果,了解学生现有的学习情况,在此基础上进行教学设计。
★ 语文教学评价的反馈与激励功能在于教师能够通过教学评价,发现学生学习上的优势与不足,进而激励学生学习,提供建议,促进学生的进步。
★ 语文教学评价的甄别与选拔功能在于教师可以通过评价结果,区别与认定学生所处的学习水平,选拔优秀,淘汰不合格。

课堂教学评价在教育教学中的重要性主要体现在以下几个方面。

首先,课堂教学评价的价值主要体现在其导向及激励功能上。通过课堂教学评价,学生能够获得自己达标的水平与层次,并能知晓自身在学习中取得的进步、存在的潜力以及不足,从而明确努力的方向和目标,为日后的学习与发展打下坚实的基础。通过课堂教学评价,学生在某种程度上获得一定的成就感和满足感,进而更加努力地学习。另外,课堂教学评价也能够使学生看到自己的不足,这可能会给学生带来一些压力和焦虑,但只要这些压力和焦虑适度,都有益于学生的学习及成长。

其次,就教师而言,课堂教学评价的价值主要体现在导向、诊断及激励功能上。通过课堂教学评价,教师可以判断自己的教学活动与目标之间的距离,发现教学中存在的问题,这些都可以直接影响教师日后教学的准备、实施和结果。教师在评价过程中既能够体验到成功的快乐和满足,也会因未实现目标的遗憾而感到压力和紧张。快乐和满足、适度的压力和紧张都会直接或间接地对教师产生激励作用。这对教师的教学工作及专业发展来说是极为有利的。

最后,就教育管理者而言,课堂教学评价的价值主要体现在管理功能上。通过课堂教学评价,教育管理部门和教育机构(包括学校)把教学评价的结果不仅当作对教师和学生进行评价的根据之一,而且能够看到教师和学生的进步,并以此调整学校教育发展的布局、方向,改进教育教学活动。课堂教学评价为教育管理者的科学决策及工作方针的制定提供了依据。①

1. 语文课堂教学评价的功能

语文课堂教学评价具有多种功能,充分发挥评价的功能能够提升语文教学效果,最终促进学生的全面发展。语文课堂教学评价的功能具体体现为导向、检查、诊断、反馈、激励、甄别等。

---

① 卢立涛,梁威,沈茜. 我国课堂教学评价现状反思与改进路径[J]. 中国教育学刊,2012(6):43—47.

(1) 导向功能。

导向功能是指语文课堂教学评价能够引导学生在语文学习上形成正确的知识观、能力观、学习观以及情感态度与价值观取向。语文教师能够通过师生互动更直接地判断学生在知识习得、能力形成以及学习的态度、方法等方面情况，从而引导和激励他们向着真、善、美的方向发展，最终确立正确的世界观和价值观。

(2) 检查功能。

检查功能是指语文课堂教学评价既能让评价者获知被评价者的学习效果，又能让被评价者了解自身发展的优势与不足，从而帮助双方各自调整自己的教育或学习行为，促进彼此的进一步发展。

(3) 诊断功能。

诊断功能是指语文课堂教学评价能够对语文课堂教学活动中存在的问题进行揭示与分析，找到问题的症结所在，进而提出缺陷弥补和改善教学的建议，为下一阶段的教学决策提供依据。

(4) 反馈功能。

反馈功能是指在语文课堂教学评价的过程中，评价者能够以科学、恰当，具有建设性的方式将评价结果反馈给被评价者，促使被评价者重新审视自我，从而得到更全面的发展。

(5) 激励功能。

激励功能是指通过语文课堂教学评价，能够让被评价者在正确认识自己的优势与不足的基础上，从正反两方面的评价结果中受到激励和鼓舞，从而增强发展自身的积极性和主动性。

(6) 甄别功能。

甄别功能是指语文课堂教学评价能够以一定的指标为依据，对语文课堂教学活动及其相关情况进行判断，并对评价对象与评价指标相适应的程度做出区分和认定。

(7) 选拔功能。

选拔功能是指语文课堂教学评价可以在甄别的基础上，以是否符合某种程度和标准要求为依据对评价对象进行筛选，选拔优秀，淘汰不合格。

2. 语文课堂教学评价的意义

语文课堂教学评价内容和方式的科学和多样有利于促进课堂教学和学生的发展，具备极其重要的作用和价值。语文课堂教学评价的作用主要体现在以下几点。

(1) 促进课堂教学评价的更深层次的发展，提高语文课堂教学质量。

语文课堂教学是一个复杂的系统过程，包括知识的掌握、能力的提高和人文素养的培养，而及时进行有效的语文课堂教学评价有利于提高语文课堂教学水平、改善教学方法、促进师生全面发展。

(2) 促使语文教师形成科学的教学观念和掌握科学的评价方法。

语文教师是整个语文教学活动的具体实施者、参与者和主导者，教师的观念对整个语文课堂教学有着深刻的影响。通过课堂评价，语文教师不断提高自身的教学能力，逐渐掌握科学的评价方法，形成科学的教学观念，真正从语文的学科性质方面出发关注学生的语文学习，同时发展自我。

(3) 促使学生朝着更健康的方面发展。

学生是语文课堂教学的主体,语文课堂的最终成果从学生中体现。因此学生应该成为课堂教学评价重点关注的对象。在多元化的评价体系的指导下,学生的兴趣才得以激发,人文素养才得到长久的发展,从而朝着更健康的方面多元发展。

(4) 有利于相关理论研究的丰富和完善。

语文课堂评价问题是语文教学研究的重要内容,但是在语文教学理论研究中并未得到足够的重视。通过语文课堂评价,能够揭示课堂教学的内涵,认识到课堂教学的本质特点,丰富对课堂教学的研究和认识,由此能对课堂教学质量观有更加深入的认识,促使新的教学质量观的确立和教育评价理论的完善,为教学评价实践和改革提供理论支撑。

 案例

一、案例示范和点拨

(一) 案例示范

《再别康桥》课堂实录(节选)

周 莉

以下为其中两个教学片段。

【片断1】

(生1主动、有感情地朗读:轻轻的我走了,正如我轻轻的来;我轻轻的招手,作别西天的云彩。)

师:欢迎大家踊跃评价。

生2:充满深情,但太压抑了。

师:评价有水平,既有肯定又有不同意见。你来为大家范读好吗?

(生2朗读慢且轻快,读时全班学生鸦雀无声,语落唏嘘声一片。)

师:看来大家很认同你的读法,请说说你为什么要用这样的语气语速来读这一节呢?

生2:因为几个"轻轻的",还有"西天的云彩"这些词给人感觉很美,就像一幅画,让人觉得作者告别康桥的时候似乎是很潇洒的,所以要轻快地读;同时,别离总是有一些伤感的,所以语速不能太快了。

师:说得太棒了,我们朗读诗歌不能单凭感觉,还要明白感觉深处的道理。下面请大家重新整理情绪,结合我们刚才的分析,再次有感情地朗读这一节,去体会在这一节里,徐志摩通过"轻轻的""来""去"和"西天的云彩"创设了怎样一幅画卷。

【片断2】

(生1朗读:那河畔的金柳,是夕阳中的新娘;波光里的艳影,在我的心头荡漾。)

生1:作者把"金柳"比喻成"夕阳中的新娘",新娘是美的、温柔的,写出了夕阳下金柳的柔美,创设了一种安静而又美丽的意境。动词"荡漾"写出了他被这种美深深打动,这美让他回味无穷,这些都表现出徐志摩对康桥的无限眷恋之情。

师：说得很好。抓住了赏析要点。另外，我来补充一点文学常识，"柳"与"留"谐音，古人常常折柳赠人以示挽留之意，所以，作者选择"柳"这一意象是沿用传统诗词表情达意的一种方式，表达依依不舍的心情。还有哪位同学想和大家分享心得？

生2：我最喜欢第三小节。

（生2朗读：软泥上的青荇，油油的在水底招摇；在康河的柔波里，我甘心做一条水草。）

生2：徐志摩把"青荇"写成"油油的"在"招摇"，这个动词用得很好，用拟人的手法，写出了水草的自由自在，好像还表达了水草也在招手挽留诗人的意思。

师：噢，体会得很入情入境。哪位同学还有补充？

生3：我觉得他对"招摇"这个词理解得很到位。但是我认为写得最好的是"我甘心做一条水草"，它最能写出徐志摩对康桥的依恋，以至"甘心做一条水草"永远待在康河的柔波里。正像老师屏幕上提供的材料一样，"在风景秀丽的康河两岸，他仰望在有如星星般的黄花点缀下的葱绿草坪上。或看书，或看天上行云，有时到碧波荡漾的康河里划船，他完全陶醉在康桥的美景中"。

师：不错，结合有关材料使你的答案有理有据。这两位同学分析第三小节的过程中，抓住了动词"招摇"，抓住了表示心理活动的"甘心"一词，充分理解了徐志摩对康桥浓厚的感情。这说明大家已经初步具备了赏析诗歌的能力，并且掌握了一些分析技巧。

（二）点拨

【片断1】

（1）体现了语文课堂教学评价的检查功能。在实录中周老师进行师生评价与生生互评，引导学生了解在朗读诗歌时不能单凭感觉，还要深入探究诗歌深处的内涵，进一步引导学生有感情地朗读。让学生了解自身发展存在的优势与不足，促进学习的进一步发展。

（2）体现了语文课堂教学评价的反馈功能。当学生经过教师的评价后，明白了用什么样的语气、语速来读该小节，也就能体会徐志摩通过"轻轻的""来""去"和"西天的云彩"创设了怎样一幅画卷。促使学生对自身的发展状况建立更为客观全面的认识，进而促进被评价者自身的发展。

（3）该语文课堂教学评价促进课堂教学评价的更深层次的发展，提高语文课堂教学质量。师生评价与生生评价的结合使教师发现学生朗读时语速与语气的偏差，及时做出反馈，也使学生了解自身的不足。因此促进语文课堂教学水平的提高和教学方法的完善，同时促进教师和学生的全面发展。

【片断2】

（1）体现了语文课堂教学评价的导向功能。周老师对学生的回答做总结性评价时，强调了学生抓住关键词的能力，肯定学生赏析诗歌的方法，以此判断学生在知识习得、能力形成以及学习的态度、方法等方面的状态。

（2）体现了语文课堂教学评价的激励功能。周老师对学生的反应都较为积极，例如"说得很好。抓住了赏析要点""体会得很入情入境。""不错，结合有关材料使你的答案有理有据"等,这些评价话语让被评价者受到激励和鼓舞,从而增强其发展自身的积极性和主动性。

(3)该语文课堂教学评价促使了学生文学素养的发展。在学生分享个性化感受时,教师都予以了正面评价,并指出优点所在,学生成为课堂教学评价重点关注的对象,学生学习语文的兴趣被真正地激发出来,其人文素养也能得到长久的发展。

二、答题示范与讲解

(一)单项选择题

1. 通常在某一教学活动告一段落或完成之后所进行的评价称为(　　)。
   A. 配置性评价　　B. 形成性评价　　C. 诊断性评价　　D. 总结性评价

【参考答案】D。

【答题解析】
总结性评价又称终结性评价,通常是在某教学活动告一段落或完成之后所进行的评价。

2. 通过教学评价,教师可以了解学生在知识、技能和能力等方面已经达到的水平和存在的问题,分析造成学生学习困难的原因。这体现了教学评价(　　)的功能。
   A. 诊断教学问题　　　　　　B. 提供反馈信息
   C. 调控教学方向　　　　　　D. 检验教学成果

【参考答案】A。

【答题解析】
教学评价具有诊断教学问题的功能,通过分析学生学习困难的原因,教师可以调整教学策略,改进教学措施,有针对性地解决教学中存在的各种问题。

3. 为了便于因材施教,学校对报名参加语文课外学习小组的学生进行水平测试,并据此成绩进行编班。这种评价属于(　　)。
   A. 诊断性评价　　　　　　B. 安置性评价
   C. 总结性评价　　　　　　D. 形成性评价

【参考答案】A。

【答题解析】
诊断性评价实施的时间是教学前,形成性评价实施的时间是教学中,而总结性评价实施的时间是教学后。根据题目中提到的评价实施的时间可判断是诊断性评价。

(二)案例分析题

一位青年教师讲余光中的《乡愁》,先高声朗读这首脍炙人口的文章,"小时候,乡愁是一枚小小的邮票,我在这头,母亲在那头……"话音未落,一位同学站起来说:"老师,一枚小小的邮票,哪里容得下那么多人?"老师毫不耐烦地说:"××同学,你总是喜欢这样钻牛角尖,学习成绩怎么好得了。"学生脸涨得通红,自尊心受到打击,欲言又止。

问题:该教师的行为是否得当?如果你认为不妥,请为他设计处理办法或策略。

> 讲解：
> 该教师的行为是不妥当的。教师对学生提出的问题应该耐心解答，充分发挥教学评估的导向、反馈与激励功能。针对材料中的情况，教师需要首先肯定学生的问题，并予以引导。邮票是没有办法承载人的，而是作者借邮票来表达对家乡的想念之情。通过学生的提问，教师可以因势利导，激发学生深入思考文章的深层含义，从而激发学生学习语文的兴趣。

四、评价策略的选择

【考点】能够根据阅读与鉴赏、表达与交流的教学内容，选择和使用恰当的评价策略。

 知识和能力点说明

【知识卡片】

> ★ 语文必修课与选修课应采取不同的评价策略。
> ★ 实用类文本阅读重点考查学生对文本信息的分析能力。
> ★ 理论类文本阅读重点考查学生的逻辑思维能力。
> ★ 文学类文本阅读需重视学生对文本的整体把握与艺术鉴赏的能力。
> ★ 文言文阅读重点考查学生的文言文语感与读懂浅显文言文的能力。

评价策略是指利用不同的评价方案达到促进学生发展的目标。新课标在评价建议的原则中指出"评价应注意必修课和选修课的联系与区别"；在不同的课中应选择不同的评价策略；"必修课的评价应立足于'共同基础'，而选修课的评价应着眼于'差异性'和'多样性'"。

1．必修课的评价

（1）阅读与鉴赏的评价。

高中语文必修课的评价可按照不同的阅读文本的类型来确定不同的评价策略。如下表所示。

阅读文本类型	评价策略
实用类文本阅读	着重考查学生筛选、解读和处理文本信息的能力。对学生的在实用文体的语言风格、格式等内容上的要求不高
理论类文本阅读	着重考查学生的抽象思维能力，如能否概括和提炼文本观点、能否发现观点和材料之间的逻辑关系、如何对文本做出初步评价等方面
文学类文本阅读	重视学生对作品的整体把握，特别是对艺术形象的感悟和文本价值的独到理解，鼓励学生的个体体验和创造性的解读；重视评价学生结合不同文体特征进行阅读与鉴赏的能力，以及动用有关资料阐发作品的能力。鼓励言之有理的独特见解
文言文阅读	重点考查借助语感和必要的文言常识阅读浅易文言文的能力。考查学生对传统文化的兴趣，是否在文言文阅读中有意识地了解文化背景、感受中国文化精神。评价应该有助于学生确立古为今用的意识，用现代观念审视作品的内容和思想倾向

(2) 表达与交流的评价。

对议论类文本写作的评价,注重学生对于理论类文本的作用和价值的把握,考查他们是否能运用可靠的材料和多种写作技巧支撑观点。

对实用类文本写作的评价,注重考查学生对于实用类文本的作用和价值的把握,评价他们是否理解实用类文本中常用文体的特点和要求,能否根据要求完成基本的实用文写作。

对口语交际的评价,考查学生对具备良好口语交际素养的必要性和重要性的认识,积极参与口语交际实践活动;是否理解口语交际的基本要求,善于倾听,在交流中捕捉重要的信息,清楚、准确、自信地表达自己的观点和想法。

2. 选修课的评价

选修课的评价主要分为"诗歌与散文、小说与戏剧、新闻与传记、语言文字应用与探究、文化论著选读与专题研讨"等方面的评价。对于每个方面的评价,都应该有不同的侧重点,才能发挥选修课内容丰富、形式多样的作用。虽然学生的审美能力、艺术趣味和欣赏个性是评价的重点,但是更应该注意考查学生的阅读兴趣和文化视野,可通过评价学生完成的读书报告、读书札记、评论鉴赏文章等考查学生的鉴赏水平。例如,新闻与传记应该达到基本格式要求的掌握和良好的文风,保证内容的真实性;语言文字运用与探究的评价要注意考查学生能不能正确的应用和表达,思维是否有条理;关于文化论著选读与专题研讨的评价,主要评价学生对论著内容的理解和观点的把握,对于学生提出的探究性的问题也应该多加关注,从中考查学生对内容的把握程度。

 案例

一、案例示范和点拨

(一) 案例示范

表达交流与阅读鉴赏整合教学实录(节选)

朱诵玉[①]

师:今天,我们和大家一起来学习"写人要凸显个性"。这两堂课我们分四个步骤来完成:第一,先学习"表达交流"中关于"写人要凸显个性"一节中关于写人方法的介绍;第二,快速阅读第三单元的《记梁任公先生的一次演讲》和《金岳霖先生》两篇文章,具体感受其写人的方法;第三,动手进行人物形象描写的片断训练;第四,小组内交换阅读并推荐优秀片断描写,在全班交流。

师:首先请大家快速浏览课本内容,然后说说,书中告诉我们,凸显人物个性可以采用哪些方法。

生1:首先要写能表现个性的事,其次要善于绘声绘色。

师:你把书中介绍的两种方法都找到了。那你能举个例子具体来说说,什么样的事才能表现人物的个性吗?

---

① 安徽师大附中教师。

生1：鲁迅在《记念刘和珍君》中说刘和珍是个勇毅的女子，就是用她参加请愿的事来证明的。

师：很好。你刚才还说到"要善于绘声绘色"，能具体说说，如何才能做到绘声绘色吗？

生1：通过个性化的语言、肖像、动作、心理来表现。

师：对，可什么样的语言、肖像、动作、心理，才叫个性化呢？这点书中并没有说得很清楚，你能说说吗？

生2：个性化就是有个性，与众不同。

师：也许这不太容易用语言来作抽象的表述。这样吧，我们来看看别人是如何用"个性化"来写人的个性的，好吗？大家把书翻到第11课，请先快速浏览文章，然后想一想，梁任公先生有哪些与众不同的地方？作者是如何表现其个性的？

师：梁任公先生有哪些特别之处？

生3：书法很秀丽，十分美观。

师：这不算特别，书法秀丽美观的人很多。

生3：人长得很有个性。

师：请具体一点。

生3：短小精悍，秃头顶宽下巴，这种长相只他一家。

生3：穿着肥大的长袍，步履稳健，风神潇洒，左右顾盼，光芒四射。

师：这些特点要和梁任公先生的长相结合起来才显得有个性，是吧？实际上这就是什么描写？

全班：外貌描写！

师：常言说得好，世上没有两片完全相同的树叶。每个人都是有个性的，写人一定要先抓住其与众不同的外貌，注意，是"与众不同"。梁任公先生还有哪些特别之处？

生4：说话谦逊而又自负，这是个性化的语言。

生5：动作也很传神。文中写他背诵时"用手指敲打他的秃头"，这就很特别。

生6：梁任公先生演讲到激动处，成了表演，手舞足蹈，有时掩面，有时顿足，有时狂笑，有时太息，这些动作表情也是他特有的，充分表现其性情中人的一面。

师：大家的回答都很好，抓住了文章的关键。这篇文章中，作者正是通过对梁任公先生个性化的外貌、语言、动作的传神描写，向我们展示了一位颇有个性的人。

....

师：现在就请大家运用刚才所学的方法，选一个你熟悉的、非常有个性的人来描写，百字左右即可。

（学生们奋笔疾书。）

师：下面请同学们推荐你认为写得比较好的片断，读给大家听听。可以读其精彩的语句，也可读那些需要修改的语句，不过要提出修改意见。

生11：这是写物理老师的。"他操着半生不熟的普通话讲解着课本上的内容，每当同学们在思考的时候，他就用手轻挠那头浓密的黑发，一些头皮屑也随之飘落下来了。"我觉得写得很细，很传神。

生12：这是写辩论赛时辩手的表现的。"他以肘为圆心,前臂长度为半径画了一个约一百八十度的半圆,如此夸张的手势象征着坚决不同意或非常不同意;他那双眸子里似乎满含着对中国未来的担忧。"动作描写很细腻,心理描写也能表现人物形象。

师：写人物还可以多用一点修辞,也会使描写准确生动,大家可要记住哦。

师：今天我们学习如何凸显人物个性。从同学们所写的片断来看,大部分写得还是不错的。能选取个性化事件,运用个性化的语言、动作、心理描写来刻画人物,有的同学还恰当地使用了修辞。这些都很必要,但是,同学们一定要注意,"方法"不是一切,要刻画好一个人物,还要立足于生活中的仔细观察和思考,要做有心人,要让大脑记录下生活中那些特别的细节,这样作文时才有话可写,也才能写得好。

（二）点拨

在这个课堂案例中,教师把"阅读鉴赏"与"表达交流"的评价融进了一节课当中。

本课定位为写作课,而课堂的基础是学生们已经上了《记梁任公先生的一次演讲》和《金岳霖先生》两篇文章,因此教师对学生的"阅读鉴赏"评价便得以展开。其中教师针对人物描写的个性化设计了问题,包括对"语言、肖像、动作、心理"等多方位的描写的提问。这个过程中教师层层深入,先提鼓励学生举例,然后进行对学生的发言肯定或者启发其继续思考,最终找到能够表现人物个性化的最佳描写。课堂的前半部分,主要由教师对学生的"阅读鉴赏"评价来推进对文学作品中人物的艺术形象鉴赏的深入,为后面的"表达交流"打下基础。课堂的后半部分,教师让学生运用刚才所学的方法进行自由写作,这属于知识迁移。在"表达交流"的评价中,教师不仅给学生在写作技巧上进行适当的建议和点拨,还给出了建议"写作来源于生活而高于生活",鼓励学生走出课堂,留心观察,不断提高自己的表达水平。

二、答题示范与讲解

（一）单项选择题

1. 下列表述中对语文阅读教学评价不正确的一项是（　　）。
   A. 实用类文本阅读重点考查学生筛选、解读和处理文本信息的能力,对学生在实用文体的语言风格、格式等内容上的要求较高
   B. 理论类文本阅读着重考查学生的抽象思维能力
   C. 文学类文本阅读重视考查学生对作品的整体把握、艺术鉴赏能力
   D. 文言文阅读重点考查借助语感和必要的文言常识阅读浅易文言文的能力

【参考答案】A。

【答题解析】

实用类文本阅读考查的重点在于学生对文本的信息处理能力,对实用文类的语言风格、格式等都不是相关的学习重点。

2. 以下选项中对文学类文本阅读的评价策略表达不准确的一项是（　　）。
   A. 重在考查学生对作品的整体把握与艺术鉴赏能力
   B. 鼓励学生进行个性化解读
   C. 鼓励学生对艺术形象与文本价值进行创造性的解读
   D. 仅针对文本本身进行解读,不能扩展到其他阅读资料

【参考答案】D。

【答题解析】

选项 A、B、C 均是文学类文本阅读的评价策略。选项 D 中表述错误,对文学类文本阅读应鼓励学生结合不同文体特征进行阅读与鉴赏的能力,以及动用有关资料阐发作品的能力。

3. 以下选项中对文言文阅读的评价策略表达准确的一项是(　　)。

　　A. 重在考查学生掌握必要的文言文常识与阅读浅显文言文的能力

　　B. 对中国传统文化的感悟不作要求

　　C. 重视评价学生能否运用古代的观念来评价文言文的思想倾向

　　D. 重点评价学生能读懂较深文言文的能力

【参考答案】A。

【答题解析】

文言文阅读的评价重点在于考查学生借助语感和必要的文言常识阅读浅易文言文的能力。所以答案为 A。文言文阅读还需考查学生对传统文化的兴趣,是否在文言文阅读中有意识地了解文化背景、感受中国文化精神,因而选项 B 错误。同时,文言文阅读还有助于学生确立古为今用的意识,用现代观念审视作品的内容和思想倾向,所以选项 C 错误。因文言文阅读评价学生阅读浅显文言文的能力,因而 D 选项错误。

(二) 材料分析题

请以"中国当代散文选读"为语文选修课的专题,设计档案袋教学评价方案。

讲解:

(1) 明确教学目标。

教师可以为不同的学生制定不同的教学目标(如不同的阅读能力)。最好能和学生一起制定教学目标。可以问学生他们希望达到的学习目标,也可以列出一张目标清单,让学生对其中的目标进行排序。

(2) 让学生了解档案袋评价。

可以向学生展示其他班级学生准备的档案袋样例。应提醒学生,档案袋是一种评价工具。可以询问学生如何看待测试,他们是否认为这种评价方式能够真实地反映他们的学习情况。然后介绍档案袋评价的优点。应告诉学生档案袋在他们期末评分中所占的比例,哪些测试将会被取消,哪些需要做相应的调整。

(3) 明确放入档案袋的内容。

这包括学生阅读现代散文的心得体会、仿写、文学创作等内容。每一个作品都应注明日期(完成日期、放入日期),以提供成长过程的证据。对每一作品,都应进行反思:我从中学到了什么?我哪方面做得好?为什么选择这一作品?我可以如何改进这一作品?还存在哪些问题?档案袋中的材料可以是多种形式的,包括书面材料、音频或视频材料等。

(4)提供清楚和详细的指南。

教师应说明档案袋中的每一份材料如何评价。学生应该在完成有关任务前就知道评分规则。教师应解释档案袋如何评分,什么时候需要准备展示。关于目标、内容和时间等方面应该向全班介绍,并开展讨论,但同时也应以书面的形式记录讨论的结果。

(5)搜集和积累资料。

教师可以规定一些日期,要求学生交来部分档案袋材料,并对他们交来的材料进行指导。为了保证档案袋中的材料是学生自己的作品,一些材料应该安排在课堂上完成。

(6)对档案袋进行评价。

对于档案袋中的每一份材料,教师都应该根据预先设定的目标进行评价。也可以用自我评价和同伴评价的形式,让学生参照目标对材料进行评价。教师不应只是用一个等级分数对学生档案袋做出反馈。教师可以写一封信,说明学生档案袋的优点和缺点,并概括地描述学生的能力情况;教师也可以按一定的标准评价档案袋,并提出进一步改进的建议。

(7)总结和展示。

教师应与每一位学生进行个别交谈,谈论学生制作档案袋的过程,并设定下一步学习目标。开一个面向学生的展示会,展示学生课外阅读成果。也可以开一场面向家长和全校学生的展示会。

(三)案例分析题

请你谈谈以下戏剧鉴赏课的教学评价特点。

《长亭送别》(第二课时)教学实录①(节选)

方建明

师:《西厢记》不仅成功地塑造了崔莺莺这个人物形象,而且也有非常高的语言艺术。作者王实甫是我国古代一位杰出的语言大师,他吸收了当时民间生动活泼的口语和唐诗宋词精美的语言,融会百家,创造了文采斑斓的元曲词汇,成为我国戏曲史上"文采派"最杰出的代表。文采,就是语言华丽秀美,有极强的形象性和表现力。这节课我们就一起来欣赏本文的语言。为了突出重点,我们选择《端正好》《滚绣球》《一煞》《收尾》这四支曲子来欣赏。请大家自由朗读这四支曲子,体会一下语言的文采。

(学生自由朗读3分钟。)

师:同学们觉得语言的"文采"体现在什么地方?

生:感觉很优美。

生:读起来朗朗上口。

生:运用了不少古代诗词。

师:你们的感受很准确,但还只是停留在感性的层面上,要真正地理解,还必须沉到具体内容中去。我们先一起来欣赏《端正好》。关于《端正好》,前人对其评价甚高。

---

① 资料来源:http://gz.eywedu.com/Article_7/200911152230571—1.html

[投影展示：王实甫之词，如花间美人，铺叙委婉，深得骚人之趣，极有佳句，若玉环之出浴华清，绿珠之采莲洛浦(朱权《太和正音谱》)。世传实甫作《西厢记》至"碧云天，黄花地"，构思甚苦，思渴，扑地而死(梁廷楠《曲话》)。]

师：如何来理解前人的评价呢？

(学生陷入沉思。)

师：这里的评价涉及两个方面——

生：用词。

生：构思。

师：对，《端正好》中哪一个词语用得好呢？

生："西风紧"的"紧"，我觉得一个"紧"字，生动形象地描述了秋风一阵紧似一阵的特点。

生：我觉得"染"字用得好。它不仅写出了景物色彩的突然变化，而且令这种变化带上了剧中人物的哀怨之情。

生：我觉得作者把"黄叶"换成"黄花"非常好。

师：好在哪里？

(学生一时沉默。)

师：范仲淹的词原为"碧云天，黄叶地"，它所表现的是塞外萧索的秋景，抒发的是征人的思乡之情。王实甫把"黄叶"换成"黄花"到底好在哪里呢？

师：那么"黄花"是什么花？

生：菊花。

师：哪些文章诗词里写到菊花？

生：陶渊明的《归去来分辞》中"三径就荒，松菊犹存"，《饮酒》中"采菊东篱下，悠然见南山"。

生：李清照的词《醉花阴》："莫道不消魂，帘卷西风，人比黄花瘦。"

生：李清照的词《声声慢》："满地黄花堆积，憔悴损，如今有谁堪摘？"

师：这些文章诗词中的菊花有什么意义？

生：象征了高洁的品格。

生：写出了词人内心的孤独凄苦。

师：用在这里是什么意思？

生：象征了崔莺莺品格的高洁。

师：这里用黄花的凋零写出崔莺莺的憔悴。

生：我想起一个成语"明日黄花"，是形容女子色衰珠黄。这里也有这个意思吧。

师：大家回答的都很有道理，作者这里运用黄花这个意象看似平常，其实是用心良苦。

师：我们如果把《端正好》改写成一段描写性的文字，该如何来描写呢？

(学生5分钟准备。)

生：暮秋时节的一天，碧蓝的天空飘着几朵白云，地上到处是零落的菊花，萧瑟的秋风一阵紧似一阵，避寒的大雁结阵飞向南方。百草憔悴，雾凉霜寒，枫林经霜变红，在秋风中纷纷离枝，坠落于地。

生：好一幅天高气爽的晴朗秋景图：抬头望，碧空万里，白云飘动；低头看，黄花盛开，遍地金色。天蓝云白，遍地花黄，霜叶如火，色彩斑斓。

师：这两位同学的描写截然相反，一个是乐景，一个是哀景，究竟哪一个合理呢？

生：我认为哀景更合理，因为原文中有"西风紧""雁阵""凋零的黄花"等意象，这样就能很好地传达出女主人公在离别时内心的愁苦之情。

生：我认为乐景合理，因为原文中有"蓝天白云""黄花""霜林"等意象，从色彩上就给人一种美的感觉。

生：老师您也说过用乐景写哀情，更能体现人物内心的悲哀。

师：其实刚才大家的争论，正代表了学术界的两种不同的观点，不管是哪一种观点，此时崔莺莺内心的离愁别恨是共同的。

师：谁来有感情地朗读这支曲子？

（一学生朗读。）

师：这位同学朗读得怎么样？

生：我觉得"紧""染"应该突出。

生：应该读出愁苦之情。

师：好，我们一齐朗读这支曲子。

（学生齐读《端正好》。）

……

讲解：

本案例体现的是高中语文选修课中戏剧教学的特征。具体而言，方教师的教学重点集中于对文学作品的艺术鉴赏，主要评价学生对戏剧语言的鉴赏能力。方老师通过自由朗读，让学生对本文语言有个初步的整体印象和认识，从而推开了欣赏王实甫语言艺术之门。而且，教师对学生的点拨和指导，恰到好处。其一，及时解决了学生阅读文本遇到的困惑。从"黄花是什么花"切入，由浅入深，由简而繁，符合认知规律。其二，适时引申、拓宽，不仅让学生由已知到未知，还交给学生欣赏作者语言的一把钥匙，一石多鸟。由改写到诵读，不是简单地转承，而是欣赏语言艺术的深化和延展。既培养了学生的表达能力，又提升了学生对曲子的领悟能力。学生之间的争论，既是对学生个人见解的尊重，也有利于提高学生的鉴赏水平。

五、评价主体多元化

【考点】能够结合学生自我评价、学生相互评价、教师评价，帮助学生了解自身语文学习的状况，形成个性化的学习策略。

【知识卡片】

★ 学校、教师、学生、同伴与家长都可以成为语文教学评价的主体。
★ 教师评价重在调动学生的学习积极性，注重评价针对性与评价艺术。
★ 教师需要帮助学生掌握评价标准，客观地检查和评价自己的学习。
★ 学生互评能锻炼其思考与分析问题的能力，增强学习动力。

知识和能力点说明

1. 评价主体多元化的理论依据和意义

"评价主体多元化"是当前评价改革的重要理念和方向。"课标"就提出："语文课程评价一方面要尊重学生的主体地位，指导学生开展自我评价和促进反思，另一方面要鼓励同伴、家长等参与到评价之中，使评价成为学校、教师、学生、同伴、家长等多个主体共同积极参与的交互活动。"

首先，学生参与到自主学习、自我评价和相互评价中，有利于增强学生的学习兴趣和主体意识；其次，来自多个主体的评价使评价结果有很强的针对性，增强了评价结果的可信度，也使学生更愿意利用评价结果来反思和改进自己的语文学习；最后，多主体评价的过程同时也是各方相互交流、沟通的过程，有利于形成和谐的关系。

因而，在评价中应坚持由教师、学生、家长、学校等共同参与的多元化评价主体，以学生自我评价为主，各方平等、民主、互动地协同参与。

2. 评价主体

（1）教师评价。

教师的激励性评价能充分调动学生的积极性，增强学生的自信心，提高课堂教学质量。首先，教师在评价过程中要注意评价的及时性，认真观察学生的举动言行，并及时反馈；其次，要注意评价的针对性，对不同的学生采取不同的评价方式；再次，教师还要正确使用评价方法，多鼓励，同时也要使用宽容、委婉的评价方法；最后，要注意评价的技巧和艺术，"多奖励，少批评"，善于从学生的反馈信息中敏锐地捕捉闪光点，及时肯定和表扬，巧妙运用课堂评价语言，做到富有艺术性、幽默性、引导性。

（2）学生自我评价。

学生的自我评价在评价过程中起主体作用，它可以使学生积极配合，保证评价工作的顺利进行，还能促进学生通过参与和交流，主动地客观检查和评价自己，进一步完善自我。

在学生自评过程中，教师应注意引导，鼓励学生客观、公正地评价自己，直视优缺点。可利用写读书笔记、做语文学习反思、建立语文错题集等多种方式进行自我评价。

（3）学生互评。

学生互评有利于学生互相学习，还可以锻炼其是非判断能力和口语表达能力，能提高学生思考问题、分析问题、理解问题的能力，培养其自信、勇敢的品质，增强学生学习动力，不断地发展和完善。

学生互评时，教师要引导学生把握好评价分寸，在客观、公正评价的同时要先看优点，再提不足,注意措辞,尊重被评价者。

除此之外,还可以采取学校评价、家长评价等多种方式,加强学生与学校、家长与学校、老师与家长、家长与学生之间的联系,促进学生的健康全面发展。

案例

一、案例示范和点拨

（一）案例示范

《再别康桥》课堂实录①（节选）

（全班齐读完《再别康桥》。）

师：好了,下面请一个同学起来读,读的时候尽量按你的理解,我通过你的朗读情况就知道你理解了多少,怎样理解的。谁愿意起来读？

（何小静举手,读。李老师边听边记录。）

师：的确读得很好。但我只给她98分,因为有两个字读错了。同学们听出是哪两个字读错了吗？

生（小声）："河畔"的"畔"字读错了。

师：不,这个她并没有读错。

生："沉淀着彩虹似的梦"的"似",这里应该读卷舌音。

师：对。如果这个字作动词用的时候,比如"青春似火",就应该读平舌音。还有一个字,也读错了,"撑一支长篙"的"篙",她读成 hāo,注意,不要把这个字同那个"蒿"混淆。

师：再请一个同学起来读。好,康浩举手了,那就你来读。

（康浩很认真地朗读,声音较低,也不错。大家鼓掌。）

师：大家鼓掌,说明读得不错。但是我还要问康浩一下,你能不能评价一下你自己读得怎样？

康浩：我觉得我可以读出感情,这首诗所表达的感情是深沉的,所以我读的时候声音比较低沉,特别是最后一个小节,表达了一种依依不舍的感情,所以我读得特别轻。但是,我读的声音比较小,声音感染力不够。

师：请何小静同学也谈一谈你在朗读的时候是怎样处理的,好吗？

何小静：诗的第一段与最后一段是惜别的感情,我就读得比较低缓。中间几小节还是比较愉悦的,比如金柳、夕阳、星辉、柔波等,所以我读得比较欢快。还有"我甘心做一条水草",要读得重一些,表达出作者对康桥的感情是很深的。

　　…………

---

① 资料来源：http://www.diyifanwen.com/jiaoan/jiaoxueshilu/22535407612253543136271.htm

（二）点拨

在《再别康桥》这一教学片段中，采用了教师评价、学生之间互评的评价方法。教师给予学生富有激励性的话语，如"你对这首诗的感觉不错呀""很好"等话语，教师的真诚赞赏大大提高了学生的积极性，增强了学生在学习中的主体性。案例中也运用了学生互评，如"何小静，你来评价一下，这样读行吗"，促进学生互相学习，锻炼学生的思考、赏析、评价的能力。在教师评价、学生之间的评价中营造一种热烈又轻松和谐的学习氛围，把学生引导到评价中去，在评价中交流，在交流中学习，共同提高，使课堂评价有效地帮助学生了解自身的学习状况，形成个性化的学习策略，促进了学生发展。

二、答题示范与讲解

（一）单项选择题

1. 对于教师的评价，下列表述中不准确的一项是（　　）。
    A. 教师的激励性评价能充分调动学生的积极性，增强学生的自信心
    B. 教师在评价过程中要注意评价的及时性，多鼓励，少批评
    C. 教师要注意评价的针对性，对不同的学生采取不同的评价方式
    D. 教师对所有的学生采取平等一致的评价标准

【参考答案】D。

【答题解析】
《普通高中语文课程标准（实验）》的评价原则之一是教师要依据学生的个体差异对其进行个性化的评价，因此不能采用统一的标准。

2. 对于学生互评的作用，下列表述不正确的一项是（　　）。
    A. 学生互评有利于学生互相学习
    B. 学生互评有利于锻炼其是非判断能力和口语表达能力
    C. 学生互评能提高其思考、分析、理解问题的能力
    D. 学生互评有利于减轻教师评改作业的负担

【参考答案】D。

【答题解析】
实施学生互评的目的在于帮助学生理解并运用评价标准，提高其分析与思考问题的能力，并不是减轻教师评改作业的负担。

（二）案例分析题

请分析以下作文教学中实施学生评价的特点。

"解除心灵的监禁"作文讲评实录①（节选）

师：我们一起回顾上次作文的题目。（投影）

阅读下面的材料，根据要求作文。

著名作家茨威格在《象棋的故事》里写一个被囚禁的人无所事事，度日如年，获得一本棋谱后，他成天研究棋谱，并在脑子里对弈，日子因此过得飞快，这种轻松愉快几乎把他的牢狱之苦全然赦免。

---

① 资料来源：http://gz.eywedu.com/Article_7/20091012l8170140—1.html

可是生活中有许多人明明没有进监狱,却把自己关在心造的监狱里,不肯自我赦免。请以"解除心灵的监禁"为话题写一篇议论文,所写内容必须在话题的范围之内,不少于800字。

师:下面一起来看看同学们对作文题意的理解。

"心灵的监禁"是指束缚我们心灵、让心灵受苦的、消极的、不健康的思想情绪。例如:不喜欢自己的职业、面对的困难与挑战、竞争对手、别人的成绩、嫉妒、虚荣、贪欲、失败、打击、厄运、挫折……

"解除心灵的监禁"是指找到寄托,从而使自己的心灵得到赦免。

(学生对照有关作文题意的理解小声交流讨论。)

师:看来,同学们对作文题意的理解确实不错。接下来我们要重点解决"怎样写"的问题。今天早读时老师推荐了许大龙同学的一篇作文给大家,请大家拿出来。

(学生阅读自己手上的推荐作文,老师投影习作原文。)

师:一篇出色的考场作文,首先必须确保文章的观点鲜明、中心突出。因此,写作时通常需要在三个方面予以"照应"或"点破":作文标题、中心话题或隐含话题、文章或文段观点。"照应"就是处处与中心联系,"点破"就是揭示出材料中蕴含的与"中心"一致的观点。这样就能克服许多同学经常出现的行文游离中心的弊端。

许大龙同学的作文写得不错,但如果运用"照应"或"点破"方法修改,文章还会更加出色。请同学们从"照应"和"点破"的角度,提出自己的修改意见。

(学生审读作文,自我修改。)

师:今天我们采用"现场直播"的方式来修改作文。下面请许大龙同学和我们的"国际巨星"许之同学(该同学曾获国际奥林匹克作文竞赛大奖)到讲台前来,当场为我们在电脑上修改出来,这样修改的效果更加直观。

师:先看前四段。(投影)

……

许之:"当李白在青山绿水间高歌'安能摧眉折腰事权贵,使我不得开心颜',他的心灵已远离黑暗官场的笼罩"一句,如果照应标题"放飞心灵,书写人生"就更好了。

师:好!你帮他改改。

许之:可以改成"当李白放飞心灵,远离黑暗官场的笼罩时,他在青山绿水间高歌'安能摧眉折腰事权贵,使我不得开心颜',快意人生",这样照应了标题中的"放飞心灵"和"人生"。

师:许大龙同学,同不同意?(许大龙:改得好,我同意)

("二许"当场在电脑上修订投影展示。修改前后对比鲜明。)

许之:还有,贝多芬和凡·高两例如从强调心灵的角度来写,更好地照应"放飞心灵"对人生的积极意义,效果也会好很多。

可以将第二段中"当贝多芬指下流出《命运交响曲》,他的心灵已解除了疾病的监禁"改成"当贝多芬将他的心灵从失聪痛苦的监禁中解脱出来时,他的指下流淌出美妙的《命运交响曲》";将第三段中"当凡·高的血液在向日葵粗犷的线条中燃烧,他的心灵已摆脱了贫穷、饥饿与嘲笑的囚困"改成"当凡·高的心灵摆脱了贫穷、饥饿与嘲笑的囚困,他的血液在向日葵粗犷的线条中燃烧得更加热烈"。

第四段,对前面三段作了概括,又很好地照应了话题、标题、论点,确实很好。
(学生鼓掌。)

师:同学们的掌声指数已经对刚才的修改作了明确的表态。大家看下一段哪些地方还需要修改呢?(投影)

…………

(老师投影出示自己预先准备好的修改意见,与学生的对照,学生的修改如有胜过老师之处,及时大胆肯定学生的智慧,鼓励学生。同时鼓励学生对老师的修改意见进行评议。同学们兴致勃勃地比较,气氛热烈。)

师:请同学们反思一下,自己的作文中是否存在论述游离中心的现象?如果有,尝试用红笔自我改正。(学生独立修改,相互讨论。老师巡视,参与讨论。)

师:好!通过进一步的修改,相信大家的作文又上了一个台阶。哪些同学愿意向我们展示一下自己修改的成果?

(选择3名同学用实物投影展示自己修改好的作文,由学生择要自述修改的依据,并自己谈修改的体会,老师和其他同学加以评价)

师:请大家按今天学习的方法,经常对自己的作文加以修改。当然,修改的方法有很多,大家可以不断地总结,并自觉运用到写作实践中。

讲解:

在新课程教学评价的原则中,学生应作为评价主体,主动参与语文学习的评价活动。学生自评与互评作文,突出了学生的主体地位,是学生主动参与、自我教育、自我发展的过程。在这堂作文课堂教学中,体现了多元化的评价主体,包含了学生自评、教师评价与学生互评多种类型。首先,教师要求学生互评作文。在互评的过程中,学生互相学习,取长补短,发现同伴作文的优点,及时纠正,自我修改。而且,教师还及时给予评价意见,启发学生深入思考作文中的语言表达。随后,教师给出了自己的评价结果,鼓励学生比较学生互评与教师评价的结果,进行自评。

学生们通过阅读不同同学的作文,扩大了阅读量,开阔了阅读视野。经常进行作文互评,学生能够自我纠错,从而在自己写作后能反复斟酌推敲,最终提高写作能力。而且,教师也可以给学生提出反馈意见,既肯定学生作文写得好的地方,使学生树立信心,又指出写得不好的地方,提出具体的改进措施,促进学生的发展。自我评价和同伴评价则使教师更全面地了解学生的进步状况,通过多元评价主体获得的信息,可有效防止评价出现的偏差。

六、不同类型的评价方法及效果

【考点】能够在教学中综合运用形成性与终结性、定性与定量等不同类型的评价方式,恰当评价学生的语文学习过程和结果。

【知识卡片】

- ★ 形成性评价关注学生的学习过程,终结性评价重在测试学生达到教学目标的程度。
- ★ 质性评价重在探究课程相关现象的行为与原因,并做出判断,对问题的认识较为全面、深入与真实。
- ★ 量化评价将与课程相关的现象转化为数字,从而判断评价对象的教学成效,标准化与精确度高。

 **知识和能力点说明**

1. 形成性评价的定义、功能及特点

形成性评价也叫过程性评价,是对评价对象发展状况的一种动态评价,着重纵向比较,关注评价对象的发展潜力和发展趋势,以便及时调控,强化及鼓励。形成性评价有助于不断改进课程的编制以及教师的教与学生的学,对于学习困难的学生可及时查明原因并给予帮助,对于学习优秀和有进步的学生可给予强化和鼓励,对于教师有助于发现教学中的长处和不足,进行有针对性的教学工作。形成性评价注重学生的发展而不注重等级区分,在我国目前进行的课程与教学改革中正受到更多的重视。

2. 终结性评价的定义、功能及特点

终结性评价是一个大的教学阶段,如一个学期或一门课程结束时,为测定学生学习成果而进行的以"课标"为依据的较为正规、综合和制度化的学业成绩评价,旨在测试学生在某门课程学习上的进步和达到教学目标的程度,以对学生的学业成就做出整体性价值判断。终结性评价可用于证明学生的某种资质,在一定程度上可预测学生后续学习成功的可能性和后续学习的起点;同时为学生改进学习提供反馈,对学生学习的动力和信心产生较大影响。

3. 形成性评价与终结性评价的比较与关系

形成性评价是对学生的学习行为、学习能力、学习态度和合作精神等进行的持续性评价,是重过程、轻结果的评价方式,在开放的、宽松的和非正式的氛围中进行。终结性评价是对学习内容中易于量化的方面,如对知识和技能等方面进行评价,评价结果多以精确的百分制来体现,在正式的、封闭的和严肃的氛围中进行。在高中语文课堂中应坚持形成性评价与终结性评价相结合的方式。形成性评价能为终结性评价提供诊断性信息,反过来,终结性评价又为后面的形成性评价提供服务,二者相辅相成。

4. 质性评价的功能与特点

质性评价就是对与课程相关的行为及其原因和意义做出判断。质性评价尊重现实,对没有预先安排好的结构进行评价,对问题的认识较为真实而全面,最突出的特点是对人的尊重。当然,这种方法也不是绝对的,由于质性评价的评价者和评价对象都是主体的人,因而会不可避免地受到各种因素的干扰,从而影响评价的信度和效度。

5. 量化评价的功能与特点

量化评价,是把复杂的教育现象与课程现象简化为数量,进而从对数量的分析与比较中推断某一评价对象的成效。其优点是逻辑性强,标准化和精确化程度较高,能对课程现象的因果关系做出精确分析,结论也更为客观和科学。但是,量化评价只能考虑有限的变量,容易忽略那些不可测量的重要方面,从而影响了课程评价的信度。

6. 质性评价与量化评价的比较与关系

新课标要求全面评价学生的语文素养,而质性评价与量化评价各有不同的功能。传统评价中多用量化评价,这与我们的评价手段单一有关,也与我们过于追求评价的精神性有关。但量化评价并不能评价诸如学习过程与方法、情感态度与价值观等内容。质性评价适用于与学习态度与方法、情感态度与价值观有关的内容以及语文综合活动,但比量化评价要烦琐,主观模糊性也更强,并不适用于所有领域。一般来说,与过程与方法、情感态度与价值观有关的内容以及语文综合知识活动适用质性评价,而知识性的东西适用量化评价。高中语文学生学业评价应将两者结合起来。

 案例

一、案例示范和点拨

(一)案例示范

案例一:语文必修模块过程性评价用表

姓名:_____ 班级:_____ 学号:_____ 时间:_____

评价项目	评价参考项	评价等级 (A/B/C/D/E)
学习态度与方法	热爱祖国的语言文字;学习自觉主动;努力寻找与自己适应的学习方法;联系生活,运用所学;有探究精神;积极参与评价活动,及时反思自己的学习状况,并谦虚地向他人学习	
合作与交流	勇于将自己的看法与人分享;小组合作中能按要求完成任务,成功地扮演自己所担任的角色;积极听取别人的意见;及时帮助有需要的同学	
课堂学习品质	课堂学习精神专注,围绕所学主题进行活动;有选择性地做笔记;笔记条理清晰便于复习;思维活跃,常表现出独特的看法;语文作业按质按量完成	
课外练笔情况	勤于练笔,每周不少于 400 字;文段完整,语言规范,内容充实;有真情实感,有个人独到见解	
课外阅读情况	选择高文化品位的作品,阅读完整的作品;每周阅读量不少于 3 万字;勤于做读书笔记、写读后感、做摘抄;乐于与他人分享自己的收获	
口语表达	课堂交流积极使用普通话;课后交流自觉使用普通话;表达清晰有条理;勤查字词典;早午读朗读认真	
其他(加分项目)	积极参加组织各种语文活动;发表作品;参加演讲、语文小品表演;有意识地积累一些优秀篇章	
给该同学的建议		小组评分
		自评分
		最后等级 A□ B□ C□ D□ E
组长签名		教师确认

终结性评价以期末考试为例。考试时间130分钟,总分100分,考试形式为闭卷形式,要求学生独立完成,不得抄袭。试卷主要内容包括:基础知识(12分)、识记内容(3分)、文言文阅读(15分)、现代文阅读(25分)、语文综合运用(15分)、作文(30分)。终结性考试通过率在90%左右,出题依据是"课标"及各模块相对应的教科书。

案例二:某中学评价学生语文学习的质性评价方案

学习习惯及态度:对语文学习有热情,主动预习,认真完成作业,课堂上认真听讲,积极提问,善于合作讨论,多思考,勤动笔,有良好的课外阅读和写日记的习惯。

实践:积极参与各项语文活动,能组织,会合作,敢创新。

朗读:用普通话,富有激情,节奏适度,读音准确,重音准确。

说话:体态自然大方,有礼节,表达流畅有感情,内容具体有价值,层次清晰。

案例三:某中学评价学生语文学习的量化评价方案

每天规范练字,正规书写200字,用规范楷书;

每天背诵一句名言;

每一节课让一个学生讲解一首诗歌;

学生每周写周记两篇,抄写语段两个;

大作文每周一篇;

学生手抄报每月一次;

课外读书一学期2部,并写出读书笔记5篇。

(二)点拨

(1)案例一中的评价表属于形成性评价的类型,通过小组评分、学生自评、教师点评,对学生学习态度与方法、合作与交流、课堂学习品质、课外练笔情况、课外阅读情况、口语表达等方面进行记录,以等级作为衡量的标准,对学生的学习过程进行长期量化的评价,较为客观地反映了学生的学习情况。

而期末和年末的终结性评价,常用的是考试。期末考试的主要功能是考查学生所学模块的基础知识、实际操作技能和利用所学知识解决实际问题的能力,诊断本学期教学存在的问题,帮助教师和学生改进随后的教与学;年末考试往往是学科学业结束的考试,如果是学科结业考试,其主要作用是给予学生一个直观客观的评价。

(2)质性评价注重整体性、综合性、感受性,量化评价注重具体化、单一化、细节化。一般来说,与过程与方法、情感态度与价值观有关的内容以及语文综合知识活动适用于质性评价。如案例一中的学习习惯及态度,而知识与能力性的内容适用量化评价,如案例二中的对学习进行的具体的量的要求。

高中语文学生学业评价应将两者结合起来,质性兼顾量化,以量化评价作为质性评价的数据支撑,以质性评价作为量化评价的指导方向。

二、答题示范与讲解

（一）单项选择题

1. 在教学过程中，一般是由学生完成一些与教学活动密切相关的测验，也可以让学生对自己的学习状况进行自我评估，或者凭教师的平常观察记录或与学生的面谈，这种评价是（　　）。

    A. 形成性评价　　　　　　　　　　B. 终结性评价
    C. 正式评价　　　　　　　　　　　D. 非正式评价

【参考答案】A。

【答题解析】

形成性评价是在教学过程中为改进和完善教学活动而进行的对学生学习过程及结果的评价。它包括在一节课或一个课题的教学中对学生的口头提问和书面测验，形成性评价可以使教师和学生都能及时获得反馈信息，从而更好地改进教学过程，提高教学质量。

2. 下列对于形成性评价的认识，不正确的是（　　）。

    A. 形成性评价是教学过程的有机组成部分
    B. 形成性评价的主体包括教师、学生、家长
    C. 形成性评价的目的是促进学生学习的发展
    D. 形成性评价方式与标准化试题的评价相同

【参考答案】D。

【答题解析】

形成性评价方式与标准化试题的评价方式有较大的差异。形成性评价重在评价学生的学习过程与结果，而标准化试题主要是评价学生的学习结果，属于终结性评价。

3. 在教学活动计划实施过程中，对教学计划、方案执行的情况进行的评价属于（　　）。

    A. 配置性评价　　　　　　　　　　B. 形成性评价
    C. 诊断性评价　　　　　　　　　　D. 终结性评价

【参考答案】B。

【答题解析】

从教学评价的时间和作用来看，教学评价分为诊断性评价、形成性评价和终结性评价，题干为形成性评价的定义。

4. 教师在评价学生的语文学习时，既有课堂活动的评价，又有课外活动的参与态度、表现、效果的记录，对此做法的评价正确的一项是（　　）。

    A. 综合采用多样的评价方式，有利于促进学生全面成长
    B. 增加课外活动评价，有效地评价了学生的认知水平
    C. 课内评价与课外活动结合，准确判断了学生的发展需求
    D. 评价主体不单一，不能保证正确评价学生的学习水平

【参考答案】A。

【答题解析】

本题的题干教师采用了表现性评价、过程性评价、定量评价等评价方式,多种评价方式的综合运用,有利于促进学生的全面成长。本题没有体现"评价学生的认知水平""学生的发展需求"等相关内容。D项说法错误,本题的评价主体是单一的。

(二)教学方案设计题

请你为高中语文作文设计一份学生自评表。

答案与讲解:

答案可以是以下类似的表格。

高中语文作文自评表

作文标题		作者:	日期:
评价标准	具体内容	自评优缺点	改进方法
内容	切合题意		
	中心突出		
	内容充实		
表达	感情真切		
	结构严谨		
	语言流畅		
	字体工整		
	符合文体要求		

按照"课标"与《考试大纲》的相关要求,学生在对作文进行自我评价时,需要把握内容与表达两个方面的标准,以此衡量自己在写作中的优点和缺点,并思考以后的改进方法。通过对作文的自评,学生能够深入理解作文的评价标准,因而可以经常进行自我评价,自我改进,最终提高写作能力。

第二节 语文教学的反思能力

一、教学反思概念解读

【考点】能够自觉进行教学反思改善自己的教学。

【知识卡片】

★ 教学反思是教师对自身教学活动与学生学习过程的反思,是教师独立思考,形成创造性见解的过程。

★ 教学反思有助于教师更新教学观念,改进自身的教学,提升教学水平,从而有效地促进学生的学习。

★ 教学反思的内容应侧重于对课堂教学、学生发展、教师发展与教学改革的方向。

★ 教师需要加强自我评价的能力,养成反思的习惯,进行全方位、多角度的反思。

 **知识和能力点说明**

1. 教学反思的定义

教学反思是教师以自己的教学活动过程为思考对象,对自己所做出的行为、决策以及由此所产生的结果进行审视和分析的过程,是一种通过提高参与者的自我觉察水平来促进能力发展的途径。

2. 教学反思的意义

教学反思在用于指导行为的过程中有重要意义。教师以局外人的身份,通过反思来理解自身行为与学生反应的因果联系,并分析事件得出指导性结论。教师在反思中既是演员,又是批评家。反思则成为理论与实践之间的对话与桥梁。

3. 教学反思的依据

教学反思对促进教师的教学工作和教师个人的成长具有非常重要的作用。

(1) 教学反思的理论依据。

奥斯特姆将教师的知识分为两类:一类是"所倡导的理论",相当于我们习惯所讲的"教学理论",这种知识不能对教学行为产生直接影响,且容易受到外界新信息的影响而产生变化;另一类是"所采用的理论",相当于我们所讲的"教学经验",它更多地受到文化和习惯影响,不易受到外界新信息的影响,这种知识直接影响教师的教学。"所倡导的理论"可以转化为"所采用的理论"而对教学活动产生影响。转化的途径就是教师对自己的教学进行的反思。

(2) 教学反思的实际依据。

教学反思是促进教师自身发展的重要手段。教师在反思中更新教学观念,改善教学行为,提升教学水平,同时形成自己对教学现象及教学问题的独立思考和创造性见解,而且通过反思使自己成为教学和教学研究的主人,提升教学工作的自主性和目的性。①

(3) 教学反思的标准。

教学反思内容标准通常划分为以下五个指向。②

指向1:课堂教学指向。这个指向包括教学内容重点、难点的分析,教学方法、策略,教学技巧的运用等。

指向2:学生发展指向。其一是关注学生的学习成绩和各种能力的培养;其二关注学生学习兴趣以及学习方法的培养;其三是关注学生健全的心理、人格发展。

指向3:教师发展指向。一是有否关注到教师自身的专业知识和专业能力,二是有否关注教师的人格魅力与自我形象,三是教师的待遇。

指向4:教育改革指向。关注考试制度的改革以及当今进行的课程改革,关注宏观教育体制的改革以及教育改革的实效性。

指向5:人际关系指向。它包括教师如何与学生形成和谐的人际关系,以及如何与学生家长相处,共同教育、培养好学生,也包括同事之间的和平相处。

---

① 熊川武.反思性教学[M].上海:华东师范大学出版社,1999.
② 申继亮,刘加霞.论教师的教学反思[J].华东师范大学学报(教育科学版),2004(3):44—49.

4. 教学反思的类型

教学反思是教师针对具体问题及实际教学情况展开的研究型活动，根据不同标准可以分为若干的类型。

（1）按时间分：课前反思、课中反思与课后反思。

课前可以反思教学设计是否符合教学规律，是否实现知识与技能、过程与方法、情感态度价值观三方面的统一；课中可以及时反思课堂的学习氛围，做出调整；课后可以思考课堂的教学效果等。

（2）按问题分：专题反思与整体反思。

专题反思主要是教师围绕一个特定的问题进行多方面的思考。整体反思则从宏观上对教育教学行为进行把握，并就其中突出问题进行思考。

（3）按反思主体分：个人反思与集体反思。

个人反思是指教师对自身教学进行反思。集体反思是指与同事彼此观察并就实践问题进行互动探讨，还可请教育教研学者提出针对性建议，从而达到共同提高的目的。

（4）按反思方向分：纵向反思与横向反思。

纵向反思即将自身教学实践放在历史过程中进行不断分析整合。横向反思即通过对不同对象的教学实践进行比较解析，从而找出差距、提升自己。

（5）按反思对象分：针对教师行为的反思和针对学生行为的反思。

学生学习行为的反思有助于老师掌握学生的思维的创造性，而教师的反思则更多集中在教学对学生的影响，以及预期目标的实现与否。①

5. 如何培养教学反思习惯：（内部与外部作分析）

（1）从教师自身出发，培养其反思意识，需要加强自我监控、自我评价的能力。具体方法如下。

勤写反思日记。教师将自己的课堂实践连同自己的体会和感受诉诸笔端，从而实现自我监控。其主要形式可书写反思日记和撰写网络日志。

勤于自我诠释。自我诠释即教师能在课堂上，解释课堂一系列活动的意义和目的。它要求教师能够对自己的教育教学观念及其实践进行系统、完整的描述，并能对其做出合理的解释。

勤去进行观摩。要多去观摩其他教师的课堂，也可吸收其他老师优秀的教学理念和教学方法，对自己的教学实际进行反思。

（2）从外部环境而言，学校及相关的教育单位，应积极运用奖励等政策，共同促进同行之间的交流。也可以多举行一些交流活动，使校与校、区与区甚至国与国之间能进行交流学习，共同努力创造良好的反思文化氛围。

6. 教育反思的局限性

（1）写而不思考。有的教师把"教育反思"当作一项任务，应付完成，不去深层思考课堂教学背后所存在的问题。

（2）思考不深刻。教育反思应该避免"蜻蜓点水"泛泛而谈，要能反思到"点子"上和关

---

① 郑金洲.教师如何做研究[M].上海：华东师范大学出版社.2012.

键处,要反思得有理有据,达到一定的深度。

(3) 反思没有进行交流、议论。教师只是自我的不断反思,自我封闭式的反思。

(4) 没有持续进行教育反思,没有养成坚持反思的好习惯。[①]

 案例

一、案例示范和点拨

(一) 案例示范

胸有丘壑自成章—— 一节公开课后的思考[②](节选)

王建华[③]

作为省一级重点中学,学校每年都要面向全市举办"教学艺术展示周"活动。我参与了2006年的教学艺术展示周活动,上《项脊轩志》这篇课文。这是一次引发我很多思考的一次公开课。

对这篇课文,我确定的教学目标是:理解作者情感,品味平淡中蕴含深情的语言,把握文章的抒情方法。所以上课时紧扣"情"字,主要围绕着四个问题展开:第一个问题是,本文的关键句是什么?为什么?设计这样的问题在于让学生对全文的内容有一个整体的了解,初步把握作者的情感。第二个问题是,围绕"悲""喜"二字作者叙写了哪些人、事?通过这些叙写文章表达了什么样的"喜"和什么样的"悲"?这是对文章的具体感知,需要对文章进行内容的分析和语言的品味,感知作者平淡的叙述中所隐藏的深情;随之而来的第三个问题是,作者是怎样抒发这种悲和喜的?这是从理性层面的思考,从而了解作者在创作上的特点,学习一些写作的方法,我用两副对联概括:"事细而情深,文短而意长。""景不必奇谲瑰丽唯幽静能怡性,事无须惊心动魄是真情才动人"。第四个问题是,如何理解"悲""喜"两种情感在文章中的统一?这是对文章主题和内在结构的把握,也是对作者深层情感的进一步理解。

开课了。开始的时候很顺利,一切按我原来的计划进行。因为在另一班上课的时候,学生的回答总不能中的,特别是对什么样的"喜"和什么样的"悲"更未能理解到位。所以我在上公开课时心理上也对学生进行了定位,并设计了很多小问题准备用来引导。未料到一个学生在回答时概括得相当到位。我很感突然,他的回答基本中的,原来设计的所谓引导是全用不上了,只好马上改变问题。在随后的阅读和品味的教学过程虽然尚算顺利,但自己也发觉有些地方出现了不应有的重复,使得其中的一个练笔环节因为时间的紧张不得不舍弃。

我觉得,备教材要比备学生重要。教材是可以把握的,而学生却每天都是不同的。如果没有对教材的熟悉,对学生课堂上的精彩表现我们很难因势利导,这样对学生是一

[①] 李亚平."教育反思"的反思[J].上海教育科研,2008(4):59.
[②] 资料来源:http://www.jxteacher.com/168/column32394/3acb7d80-92f8-432b-b990-3533d8714c4c.html
[③] 新河中学教师。

种挫伤;如果没有对教材的熟悉,面对学生课堂上的疑问将无言以答,这是对教师的一种打击;如果没有对教材的熟悉,面对课堂上节外生枝的问题将无法控制,这对课堂时间是一种浪费。当然,这样说绝不是说教学可以不顾学生,恰恰相反,课堂的教学绝对不能脱离学生进行,这是最重要的。备教材是前提,从学生的实际出发则是关键。而教学的艺术,正是在这样不可预知中才得以淋漓尽致的展示。而我,正是未能意识到学生的不同而使课堂教学出现了凝滞。

(二)点拨

(1)根据教学反思内容标准划分指向。

王老师能较客观的反思该节课设计的教学目标是否实现,教学过程是否达到流畅性,并且能评价其教学活动本身的利与弊,以及影响教学活动的因素,包括教学内容重点、难点的分析,教学方法、策略、教学技巧的运用。

王老师的反思提到了"备学生"这一环节,但是在分析与学生发展、能力培养相关的一些因素方面有所欠缺。

王老师在教师自身发展、素质提高相关方面进行了分析,并且关注到了教师自身的专业知识和专业能力的培养,但在教师人格魅力与自我形象塑造方面分析不够深入。

(2)教学反思的意义。

王老师的反思不局限于一堂课,而是将具体的课堂教学反思延伸到整个语文学科的教学中,从教学主体、客体两个角度进行反思,在反思中的收获将应用于他今后的语文教学中。在这个过程中,王老师在反思中提升自己的理性认识,规范自己的教学行为,促进自己从经验型教师向研究型教师的转化。

(3)教学反思的类型。

王老师采用了不同的反思类型对自己的教学课堂进行了剖析,并且将反思延伸至整体的语文教学中,使得整个教学反思过程全面且丰富,做到了以小见大,通过一节课联想到自己的整体教学,实现了自己的整体反思。

(4)教育反思局限性。

教育反思不够深入,没有上升到教育理论层面,对于教育理论的掌握还有欠缺。

二、答题示范与讲解

(一)单项选择题

1. 所谓"自我反思"是指( )。

  A. 教师作为专业人员之间的交往、互助与合作

  B. 研究者以叙事、讲故事的方式,表达对教育的理解和解释

  C. 教师把自己日常所从事的教育教学活动作为思考和研究对象

  D. 教师对自己思想、愿望、行为和个性特点的判断和评价

【参考答案】C。

【答题解析】

自我反思是指教师把自己日常所从事的教育教学活动作为思考和研究的对象,反思自己的教育教学活动,以提升自我的教育水平的活动。

2. 同一个问题在以前历年教学中教师的"教"与学生的"学"呈现出各个层面的问题,把他们糅合在一起进行整体思考、类比、归纳、总结、改进,达到温故知新的效果。这属于(　　)。
   A. 横向反思　　　B. 纵向反思　　　C. 集体反思　　　D. 个人反思

【参考答案】B。

【答题解析】
纵向反思是指教师将教学实践放在历史过程中进行不断分析整合。

3. 以下表述中不属于教师反思对教师专业发展的作用的一项是(　　)。
   A. 有助于教师把自己的经验升华为理论
   B. 有助于教师提升教育教学实践的合理性
   C. 教师通过反思可以缩短其专业化成长时间
   D. 可以增强教师之间的交流与合作

【参考答案】D。

【答题解析】
教师通过反思能够加强理论与实践的联系,对自身行为与学生反应的因果联系加深理解,帮助教师在专业发展上迅速成长。选项D中提到的增强教师之间的交流与合作并不是教师反思的主要作用。

(二)案例分析题
请分析以下教师教学反思的特点。

《一个人的遭遇》教学反思①(节选)

本文篇幅比较长,一节课教学有点难度,如何在短时间里,引领学生比较主动、深入地走入文本,这成为这堂课能否成功的关键。我主要借鉴采用了余映潮老师的主问题教学法。作为一篇小说,它主要通过塑造人物形象来表现主题反映社会生活。基于此,本文课堂教学主要设计了一个核心问题,索科洛夫是个怎样的人,以及刻画他形象的意义。在具体操作过程中,可分两步走,第一步初读印象,在学生读后,老师有意表达一种不同观点(当然,这也是初读时确实有过的感受),在观点碰撞中,促使他们进一步仔细探究课文,而且也想通过此举,让他们养成读书深思的好习惯。同时,表达观点要有理有据,分析问题要结合上下文,联系全文考虑,而不能断章取义,否则,得出的结论是站不住脚的。还有,也想通过这种碰撞交流,实现师生真正平等的对话交流。一般意义上,教师总是处于"全知全能"的权威地位,学生很难也不敢向权威挑战。当教师处于错误状态下,会怎样呢? 实践证明,当教师出了"错误"时,学生处于一种少有的亢奋状态中,他们迸发出了少有的激情,而当情绪激奋时,他们的语言表达也显得更加流畅、自如。他们从各个角度尝试去批驳教师,显示出了必胜的信心。课后,乃至课堂中,我就在想,这哪是我在上课,这分明是学生在给我"上课",在"教育"我,在反驳我,而且,他们反驳得越激烈,越群情激昂,我的内心就越高兴,就越享受这个过程。学生批驳得很过瘾,也就锻炼了思维能力,

---
① 资料来源:http://gz.eywedu.com/Article_7/200811820100608-1.html

提高了表达能力,增强了学习信心,提高了学习兴趣;教师也因学生在课堂上重新找回了自我,回复了主体地位而由衷地喜悦。这是怎样的一堂课啊,"奇文共欣赏,疑义相与析",激情在互动中燃烧,思维在碰撞中绚烂!

两点遗憾。当师生倾情互动,对文本进行了深入的感知与探究后,师生共同沉浸在由文本所创设的特定悲情氛围中,这时,特别有感染力的与本文情境相当吻合的"神秘园"音乐适时响起,同学们真有点动情,又动容了。在音乐的伴奏下,大家都有感情地读自己特别有体会的段落,这时的阅读已超越了所谓机械的分析与意义求解,完全是一种徜徉在经典文学世界中的享受。不过遗憾的是,教师为了要给文章做一下小结,完成这个常规课堂的一个必要环节,只能匆匆将学生打断。是不是每一堂课都一定要小结,能不能让学生更进一步地充分朗读,然后就让这堂课在朗读声中结束呢?我想这样也许会余音袅袅,让人回味无穷。另外,我常常在教完一篇文章时,喜欢把自己的阅读感悟告诉同学,我个人的想法是给他们作一个参考,因为我也是一个读者,但现在又有点困惑,这样是不是有点自显高明的意思?是不是有点硬塞给同学接受的嫌疑?或者,如果让学生自己来谈谈阅读感受,是不是更好呢?

讲解:

从教学反思的内容来看,该名老师能客观地反思其教学目标、教学重难点、教学策略与方法运用等方面。其中他以学生的课堂表现为中心,重点反思了其对学生自主探究能力的培养,尤其是发展学生"读书深思"的能力以及学生的学习兴趣。同时,他还深入反思了实现"师生平等交流"的途径。

从教学反思的意义来看,王老师的反思不仅仅局限于一堂课,而是深入反思了课堂中以学生为中心的教学实质。特别是他反思了自己设定的教师总结环节,打断了原本塑造的文本鉴赏的浓厚氛围,提出了今后教学改进的设想,从而促进了他的教师专业的发展。

从局限性来看,此教学反思没有上升到教育理论层面。

二、教学反思行为解读

【考点】能够分析、评价自己的教学,针对教学中存在的问题,提出改进思路,完善教学方案,提升教学能力。

【知识卡片】

★ 教师需要从教学目标、教学内容、教学策略、教学过程以及学生在课堂中的学习情况等多个环节反思自己的教学,找到自身教学的问题所在,进而改进教学。

★ 教师可通过行为研究、课堂实录、教学诊断、交流、阅读等多种方式进行教学反思。

 知识和能力点说明

1. 教学反思的环节和角度

《学记》中说:"学然后知不足,教然后知困。知不足,然后能自反也;知困,然后能自强也。"这同样适用于教师,教师也同样需要学习与反思,真正的进步都是从反思开始的。教学反思可以从以下环节开展。

（1）课堂情况概述。

回顾教学过程,及时发现课堂的优点和缺点,从而对课堂作一个基本的总结。按照反思过程当中关注点的不同,又可以分成两个角度：教学设计反思与课堂生成情况反思。

① 教学设计反思。

教学设计,即是对教师课堂教学过程的规划。在课堂实践后,教师可以围绕以下四个角度分析教案的设计是否合理：A. 分析教学目标是否达成,教学目标设立得是否符合学生先前的知识基础、认知水平及其学习需求；B. 反思教学内容,既要分析教学内容的选择是否切合教材体系的要求,又要反思教学内容是否符合学生先前知识基础与学习习惯等；C. 反思教学策略,分析教学策略有没有关注到教学重点和难点、完成教学目标、注重学科技能的训练,还要考虑教学策略是否会产生其他效果；D. 反思教学过程,反思整个教学过程的实施是否达到预设的教学目标,是否有需要改进的地方,并思考对以后的教学做出及时的调整,可借鉴以下表格。

教师反思表

教学设计反思记录				
反思内容	教学目标	教学内容	教学策略	教学过程
优点				
不足				
原因分析				

② 课堂生成情况反思。

课堂不会按照我们的教案一成不变地开展。反思课堂生成情况,就是让学生更好地成为课堂的主体。

教学机智反思是指教师面临复杂教学情况,尤其是突然发生的意外情况时所表现的一种敏感、迅速、准确的判断能力。教师要及时记录课堂突发情况,以及相对应的处理方式、处理效果,并且分析运用这个处理措施的依据。

学生创新反思学生是课堂的主体,课堂的完成情况很大程度取决于学生的情况。因此教师需要记录学生上课中的主要疑惑点和兴趣点,做出更符合学生实际情况的教学设计。此外,要着重记录和反思学生的精辟见解,可借鉴以下表格。

课堂生成反思记录		
教学突发情况	情况记录	
	处理方式	
	处理效果	
	处理依据	
	经验总结	
学生主要疑惑点		
学生精辟见解		

需要指出,教学设计反思和课堂生成情况的反思二者相辅相成。只有用课堂生成即具

体的课堂情况来检验事先的教学设计,才能达到最佳的反思效果。

(2)改进思路。

及时记下教学规律、知识点、教法、启迪和训练等新的发现,在原教案基础上进行修改(修改的新教案)。同时,要结合教育教学理论和教学实际对该思路的可行性进行分析,最后再次投入教学实践中检验。

2．教学反思的方法

(1)自我提问法。

自我提问法是指教师进行自我观察、监督与控制、调节、评估,内容可以包括学生掌握情况、教学目标及课堂重点和难点、教学的顺序、教学组织、教学特色及效果的分析等。

(2)行为研究法。

行为研究法是指教师对自己在课堂上遇到的问题进行调查、研究和反思。行为研究的程序包括"计划—行动—观察—反思"四个环节。

(3)课堂实录法。

课堂实录法是教师通过录像、录音等现代教学技术将整个教学过程复制下来,并且再次观察。观看课堂实录时,应当注意比较哪些地方进行了调整并思考:为什么需要调整,以及如何改进。

(4)教学诊断法。

教学诊断法是教师从教学问题的研究入手,挖掘隐藏在背后的教学理念等。教师可以撰写教学日记,内容可以包括:教学的成功或不足的地方、一些灵感、学生的反馈、改革创新等。

(5)交流比较法。

交流比较法是教师通过与同事沟通交流来检讨自己的教学行为,可以通过观摩公开课、集体备课、专题讨论会、专家讲学培训等形式促进教学交流并得到启发。

(6)阅读新知法。

教师要不断加强、丰富自己的理论知识,并将理论运用在实际当中,采取各种手段搜集所要解决的问题的相关信息,为自己所要解决的问题提供新的解释、见解和可能的新方案。

3．教师反思的体例参考

一般来说,教学反思的体例包括:总结优点、检讨不足、捕捉灵感、记录疑惑、教学相长、再教设计等方面。教师在教学活动结束后,可按表格对教学内容的反思进行记录。参考表格如下所示。

教学反思表

备课人		学科		年级		时间	
课题				第( )课时		课型	
对本次课的总体评价							
教学优点	教学设计与课堂生成		成功之处		原因		完善建议
		教学内容					
		教学策略					
		教学过程					

续表

备课人		学科		年级		时间	
课题				第( )课时		课型	
不足之处	教学设计与课堂生成	问题所在			原因		完善建议
		教学内容					
		教学策略					
		教学过程					
灵感记录		灵感点			产生情景		教学创新
		(包括教师、学生精辟见解)					
疑惑记录		疑惑点			产生情景		解决方向
		(教师、学生两方面)					
教学相长		学生意见			分析		采纳意见
再教设计							

 案例

一、答题示范与讲解

（一）案例示范

案例一：《蜀道难》教学案例及反思[①]**（节选）**

师：哪些语句表现蜀道高的特点呢？说说运用了什么艺术表现手法？

生1："蚕丛及鱼凫"四句写蜀道闭塞，暗含着高山险阻之意。

生2："西当太白有鸟道"用鸟道烘托山高，用五丁开山传说写出蜀道来之不易。

……

师：我们一起来看蜀道的图片。

---

① 资料来源：http://www.jxteacher.com/nkwzh/column47841/463012b4-70d1-4459-b3fd-026b8ff4e5a7.html

师：请同学们闭上眼睛，放飞自由的心灵，给思维插上想象的翅膀，对诗中的画面加以想象。想象太白鸟道、五丁开山；想象六龙回日、冲波逆折；想象黄鹤难飞、猿猱愁度；想象青泥曲折、行人情态。

案例二①

PPT出示：大声诵读全文，试着圈画出本诗的主旨句和能够表现蜀道之难的关键词。

生1读，师指导读：危乎高哉、上青天。

生齐读，师打手势再次指导"上青天"的诵读。

师：哪句是表现"高"的诗句？生2读。

师：非读不能明其志。有两种读书方法——把书读厚，把书读薄。现在我们用这两种方法，借助想象，再次诵读。

PPT出示：把书读厚——大声诵读，找出具体表现蜀道其"高"和"险"的语句，然后选出你喜欢的一处，和大家分享一下喜欢的理由。

生读自己喜欢的句子并做分析，老师指导诵读。(10分钟)

PPT出示：把书读薄——请结合原文语句思考，作者反复吟咏蜀道之难，其写作目的是什么？生齐读"问君西游何时还"句，表达对朋友的嘱托。

师：咏叹调该如何读？生再读(师读上句，生齐读下句)。

通过问题"诗人强调蜀道难之目的"，引出诗歌时代背景介绍……

【他评】

(1)整体设计不错。

老师以"把书读厚—把书读薄"为主线，串起整节课堂，在诵读中感悟诗歌体现的感情和诗歌的主旨，做到了"读思结合"，符合学生的思维发展规律。

(2)诵读环节。

重视了对文本的诵读，有齐读、单人读，还有师生互读，形式多样，而且，老师的指导也很好。但是老师一上来就让学生齐读不太好，不如单人读然后纠错，老师强调诵读重点后再齐读，效果可能更好。

【自评】

从上课过程来看，学生较为投入；特别是通过改原诗，然后和原诗进行比较阅读这一环节，从课堂上学生的回答来看，学生能较好地理解诗人在此诗中运用的手法，也理解了诗人的浪漫主义激情。为了进一步理解此诗，我让学生进行朗诵设计，并说明这样设计的理由，然后根据自己的设计把诗歌读一遍，此环节也起到了一定的效果，学生的热情被调动了起来。

诗歌教学避免面面俱到，有时教师不讲还好，越讲学生倒越模糊，所以上课时一定要避免这一误区。

---

① 资料来源：http://blog.sina.com.cn/zhuxinge

（二）点拨

（1）教学反思的环节与角度：案例一主要是从教学设计的角度进行反思，预想达到的效果如何；案例二则是他人的评价，反思的角度主要是从教学设计与课堂生成情况进行。

（2）教学反思的方法：案例一中运用了自我提问的方法，案例二是他评，是与他人交流评价的一种体现；自评中则多数运用了自我提问，其中涉及课堂学生的反应，事实上也是课堂实录反思的一种体现。

二、答题示范与讲解

（一）单项选择题

1. 以下表述不属于教学反思的是（　　）。

    A. 反思自己的教学是否达到了教学目标

    B. 总结精彩片段，思考失败之处，反思教学技能

    C. 反思是否让不同的学生在学习上得到了不同的发展

    D. 对自我反思意识的反思。

【参考答案】D。

【答题解析】

教学过程、教学技能、教学成效都是教师反思的重要内容。而对自身反思意识的反思不属于教学反思的内容。

2. 教师教学反思的最主要研究视角是（　　）。

    A. 以回顾学生的视角进行反思

    B. 通过约请同事、专家观察自己的教学

    C. 通过阅读理论文献来反思自己的教学

    D. 以教师的视角对自己的教学进行反思

【参考答案】D。

【答题解析】

教学反思是教师以自己的教学活动过程为思考对象，对自己所做出的行为、决策以及由此所产生的结果进行审视和分析的过程，是一种通过提高参与者的自我觉察水平来促进能力发展的途径。因而其最主要的研究视角是教师自己的视角。

3. 教师自我教育能力的核心是（　　）。

    A. 反思能力　　　B. 思考能力　　　C. 自学能力　　　D. 教学能力

【参考答案】A。

【答题解析】

教学反思是教师对自身教学活动与学生学习过程的反思，是教师独立思考，形成创造性见解的过程。因而反思能力是教师自我教育、自我提升以及专业发展的核心要素。

（二）材料分析题

李老师是刚刚入职的高中教师。在工作中，常常感到自己的实践教学经验不足。请你结合所学的知识，谈一谈如何通过实践提高自己的教学能力。

讲解：

教师成长与发展的基本途径主要有两个方面：一方面是通过师范教育培养新教师作为教师队伍的补充，另一方面是通过实践训练提高在职教师。

（1）观摩和分析优秀教师的教学活动。课堂教学观摩可分为组织化观摩和非组织化观摩。组织化观摩是有计划、有目的的观摩，一般来说，为培养提高新教师和教学经验欠缺的年轻教师宜进行组织化观摩，非组织化观摩要求观摩者有相当完备的理论知识和洞察力。

（2）开展微格教学。微格教学是指以少数的学生为对象，在较短的时间内（5~20分钟），尝试做小型的课堂教学，可以把这种教学过程摄制成录像，课后再进行分析。这是训练新教师、提高教学水平的一条重要途径。微格教学的效果在四个月后仍很明显。

（3）反思教学经验。反思教学经验，又称反思性实践或反思性教学，是教师以自己的教学活动过程为思考对象，对自己所做出的行为、决策以及由此所产生的结果进行审视和分析的过程，是一种通过提高参与者的自我觉察水平来促进能力发展的途径。教学反思是教师专业发展的重要途径。波斯纳提出了一个教师成长公式：经验＋反思＝成长。

（三）案例分析题

运用学到的教学反思的知识，分析以下教师的教学反思。

高中语文教学反思——如何培养学生学习语文的习惯①

彭秋玲②

第一，抓住关键，从教师教学入手，在课堂教学中创设诱人的情境。"兴趣是最好的老师"。采用学生感兴趣的、熟悉的形式巧妙的引入课堂。可以有效地激发学习兴趣，激活课堂气氛。比如，讲解诗歌鉴赏课时，我先从分析《东风破》《菊花台》这些流行歌曲的美妙之处开始，引起学生的向往，再讲解诗歌鉴赏知识，学生学习的效果便很好。这种以俗解雅的方法，在教学中显得轻松风趣，极大地调动了学生复习语文的兴趣。"教育的艺术是使学生喜欢你教的东西"，语文老师在课堂教学中真的能化"压力"为"魅力"，让"学生喜欢你教的东西"，学生学习语文的消极心理就可逐渐消除，而走向积极。

第二，必须充分发挥学生主体作用，变被动为主动。挖掘学生的潜力，激发和培养他们的学习兴趣，让他们在课堂上有自主的学习与思考的时间与空间，主动参与课堂教学活动，比如每节课在课堂上我都让一两个学生上台发言演讲，然后再请一两个学生上台针对同学演讲发言，发表评价。还有在自读课文的教学中，尽量以问题形式让学生充分讨论，共同解决。这样就把学习的主动权交给学生，让学生有主体参与的感觉，能充分调动学生的积极性，使课堂充满着活跃的气氛，个个踊跃讨论，积极发言。但在培养学生主动参与教学过程中，要注重举一反三，触类旁通，让学生掌握分析解决问题的方法，掌握阅读分析的方法要领，改变旧的学习状态，不是被动地接受老师传授的知识，而是主动地

---

① 资料来源：http://blog.163.com/jmdbpql5713@126/blog/static/13339279632010396534 1782/

② 东宝中学教师。

掌握和运用知识。

第三，培养学生的几个小习惯。

其一，记的习惯。掌握科学的记忆习惯。科学的记忆方式，无论是联想法，还是其他方法，记住一条，适合自己的就是最好的。把记忆和时间联系起来，考试要在一定的时间内，其实生命的基本单位不就是时间吗？一定把学习任务和时间联系起来，而且要及时复习，语文不是短时间能出成绩的。

其二，爱读书的习惯。读中外名著或伟人传记，伟人传记，则体现了语文的人文性特点，旧时的说法文以载道是之。培养健全的人格，而且学生所在的年龄可塑性大，伟人的感染力、教育力，学生与大师为伍、与伟人为伍的时候，很多教育尽在不言中，一旦形成习惯，学生会终身受益。从应试来说，也有其现实意义。

其三，动手的习惯，就是写的习惯。很多的学生背诵了不少，口中的话滔滔不绝如绵绵的江水，可是写的时候却如挤牙膏一般，那么平常就写写日记，有话则长，无话则短，通过日记可以看出一个学生很多方面的问题。大作家也是写出来的。

其四，向别人学习的习惯。善于向别人学，甚至要会"偷"学。三人行，必有我师。终身学习的好习惯也要有。现今的竞争，让我们不再有"铁饭碗"了，而从实际来说也是学如逆水行舟，不进则退。

其五，怀疑，好问的习惯。改编一个笑话，为什么嘴在耳朵前面？就是让嘴问，让耳朵在后面好好听的。

第四，注重语文的渐进性，通过设置阶段目标，带给学生成功的喜悦。信心是人们完成任何一项工作的重要心理因素。信心对于高中学生更为重要。高中考试频繁，情绪波动大，一旦哪门学科有两次考试"滑坡"，马上就自暴自弃，这时，帮助他们树立信心、改善学生作为学习者的自我概念是非常有必要的。从简单问题开始，如注音、改错别字、找反义成语、名句默写等，容易得分，甚至容易得满分，使学生的自信心得到极大的增强。再逐步过渡到现代文阅读、诗歌鉴赏、作文等难点上。使大部分学生排除了畏惧心理，从而提高成绩。这样学生在阶段学习中有了收获感、成就感，尝到了学习的甜头，他们学习语文的兴趣就会增加。

正如陶行知先生所说的"我认为好的先生不是教书，不是教学生，乃是教学生学"。学生只要掌握了科学的有效的学习方法，才能融会贯通，终身受益。充分发挥学生主体作用，变被动为主动的学习方式，是提高学生语文素质的基础。

讲解：

彭老师的教学反思主要体现了其对培养学生学习语文习惯的反思，是典型的以学生发展为指向的反思类型。她从教学设计入手，分析如何从教学目标、教学步骤、教学策略、教学评价等多个角度，培养学生学习语文的习惯。彭老师的教学反思体现了以学生为中心的教学思想，在教学中发展学生的学习兴趣与习惯。她还结合了自身的教学实践与学生的学习效果进行反思，分析得细致、全面。略显不足的是，她的教学反思较少体现理论知识的运用，自身的经验也较少上升到更高的理论层面。

本章知识结构

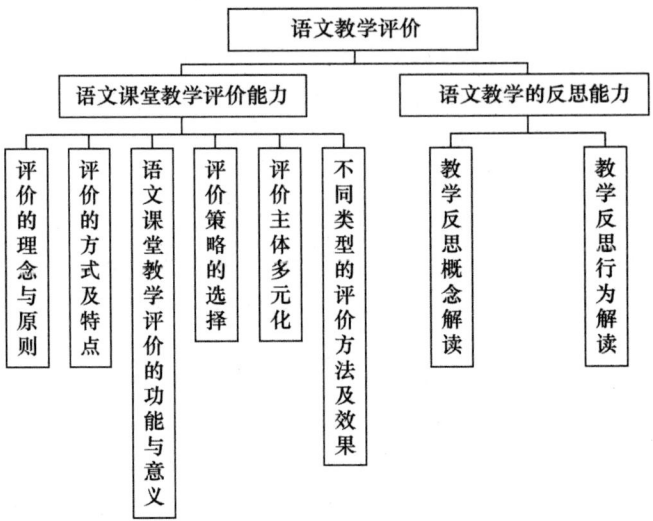

本章小结

(一) 本章主要内容

本章主要讲解语文教学评价与语文教学的反思能力。

语文课堂教学评价能力包含理解"课标"的理念与原则，了解语文教学评价的基本方式，能够发挥教学评价的诊断、反馈、激励、甄别等功能，能够依据不同的课型选择不同的评价策略，能够实施评价主体的多元化以及质性与量化等不同类型的评价方式。同时，语文教学的反思能力体现在能够积极自觉地开展教学反思，分析诊断自身教学中的问题，从而改进教学，促进学生的学习。

(1) 明确语文教学评价的最根本目的在于促进学生的语文学习，还能够帮助教师改进教学。

(2) 语文教学评价要从语文课程的知识与能力、过程与方法、情感态度与价值观全面考查学生的语文学习，同时还依据不同的语文教学内容，选择不同的评价策略。

(3) 语文教学评价还要开展学校评价、教师评价、学生自评、学生互评、家长评价等多元化评价主体。

(4) 语文教学评价主要需要发挥检查、诊断、反馈、激励等功能，以发现学生语文学习的困难，提出教学建议，促进学生语文学习的发展。

(5) 综合运用形成性与终结性评价方式，全面评价学生学习语文的过程与结果。

(6) 从教师的教学过程与学生的学习过程的角度，进行教学反思，分析与评价教学，针对出现的问题，改进教学。

（二）本章重点、难点

1. 重点

（1）理解"课标"评价的理念和原则。

（2）掌握语文教学评价的基本方式及特点。

（3）能够在教学实施中发挥评价检查、诊断、反馈、激励、甄别等多种功能，促进学生的发展。

（4）选择和使用恰当的评价策略。

（5）能够综合运用不同类型的评价方式，评价学生的语文学习过程和结果。

（6）能够通过教学反思，改进教学，提升教学能力。

2. 难点

（1）通过不同的教学评价方式诊断学生语文学习的困难。

（2）针对不同的教学内容选择不同的评价策略。

（3）反思教学中存在的问题，提出改进语文教学的建议。

（三）学习时要注意的问题

（1）理解"课标"评价的理念和原则，尤其是语文教学评价的目的、基本方式及特点、评价的功能。

（2）掌握评价的基本方式，依据不同的课型与教学内容，选择恰当的评价方式与评价策略。

（3）灵活运用教师评价、学生自评与互评等多元化评价主体，评价学生的学习成果与过程，促进学生的学习。

（4）依据语文教学内容设计多样化的评价方案。

（5）按照不同的标准评价语文教学过程，提出改进的建议。

（6）进行教学反思时要全面分析教师的教学过程与学生的学习情况。

考试指南

本章涉及语文教学评价与语文教学的反思能力两个方面。其中语文教学评价的理念与原则是理解，语文教学的评价与反思能力是运用。

备考时，首先要全面理解语文评价的原则、理念与关键概念的内涵。在此基础上，能够将这些评价原则与具体的教学案例结合起来，分析教学案例中教学评价的特征、优劣，提出改进意见。其次，应试者还需要理解语文评价的功能，辨析教学案例中教学评价体现的功能。再次，应试者还应了解高中语文不同课型、不同文体的特征，在此基础上采取适合的评价策略。最后，应试者应熟悉不同的评价方式及其效果，在语文教学评价设计时，依据教学内容与学生特点，兼顾考虑质性与量化两种评价方式。关于教学反思，应试者应了解教学反思的概念与标准，在此基础上，进行自我的教学反思与评价他人的教学反思。

参 考 文 献

[1] 蔡伟.语文课堂教学技能训练[M].上海：华东师范大学出版社,2009.
[2] 曹明海,潘庆玉.语文教育思想论[M].青岛：青岛海洋大学出版社.2002.
[3] 巢宗祺.语文教学研究与案例[M].北京：高等教育出版社,2008.
[4] 陈建伟,周小蓬.语文教学与学业评价[M].广州：广东教育出版社,2005.
[5] 陈建伟.中学语文课程与教学论[M].广州：暨南大学出版社,2003.
[6] 陈菁菁.高中语文选修课《新闻阅读与实践》教材与教法研究[D].内蒙古师范大学,2013.
[7] 陈秀玲.语文教学技能训练[M].武汉：华中师范大学出版社,2010.
[8] 陈元燊.高中语文新课程教学设计与评析[M].北京：高等教育出版社,2008.
[9] 褚树荣.高中阅读教例剖析与教案研制[M].南宁：广西教育出版社,2005.
[10] 崔其升.走进杜郎口自主学习教学模式[M].北京：中国林业出版社,2009.
[11] 方青稚.教学的革命：语文研究性学习的探索与实践[M].杭州：浙江教育出版社,2004.
[12] 冯旭洋.语文学科性质观、语文教学目的观的发展百年[D].广西师范大学,2003.
[13] 高凌飚.普通高中新课程模块学业评价[M].北京：高等教育出版社,2005.
[14] 顾黄初.中学语文课外活动[M].江苏：江苏教育出版社,1995.
[15] 何更生,吴红耘,等.语文学习与教学设计[M].上海：上海教育出版社,2004.
[16] 何更生.语文教学论[M].安徽：安徽人民出版社,2007.
[17] 胡晓风.陶行知教育文集[M].成都：四川教育出版社,2008.
[18] 黄甫全.现代课程与教学论[M].北京：人民教育出版社.2011.
[19] 黄淑琴,桑志军.语文课程与教学论[M].广州：广东高等教育出版社,2013.
[20] 蒋成瑀.中学语文经典课文特级教师教学案例精编[M].北京：语文出版社,2003.
[21] 蒋仲仁.语文教育与语文发展——《语文教育学》序[J].湖南师范大学社会科学学报,1987(3).
[22] 雷玲.中学语文名师教学艺术[M].上海：华东师范大学出版社,2014.
[23] 李浩,王林发.中学阅读教学设计方案40例[M].北京：中国轻工业出版社,2012.
[24] 李慧涛.新课标下人教版高中语文教材选文分析[D].山东师范大学,2011.
[25] 李亚平."教育反思"的反思[M].上海：上海教育科研社,2008.
[26] 李迎春.高中文言文教学方法创新研究[D].湖南：湖南师范大学,2012.
[27] 李镇西.听李镇西老师讲课[M].上海：华东师范大学出版社,2005.
[28] 阿兰兹.学会教学[M].丛立新,等译.上海：华东师范大学出版社,2014.
[29] 林艳.新课标下的高中语文教材分析[J].泰安教育学院学报岱宗学刊,2006(3).
[30] 刘旭东,张宁娟,马丽.校本课程与课程资源开发[M].北京：中国人事出版社,2002.

[31] 刘永康.语文教育学[M].北京：高等教育出版社,2005.

[32] 马云鹏.课程与教学论[M].2版.北京：中央广播电视大学出版社,2005.

[33] 彭江.新课改下中学语文课堂教学评价研究[D].陕西师范大学出版社,2012.

[34] 彭小明.语文研究性学习[M].杭州：浙江大学出版社,2012.

[35] 乔桂英.语文教学论[M].北京：高等教育出版社,2014.

[36] 全国十二所大学重点师范大学联合编写.教育学基础[M].北京：教育科学出版社,2002.

[37] 荣建奎.浅谈课前预习在语文教学中的运用[J].延边教育学院学报,2007(21).

[38] 沈玉顺.课堂评价[M].北京:北京师范大学出版社,2006.

[39] 生素巧.于漪语文教育思想探析[D].南京师范大学,2006.

[40] 史建筑.走进名师课堂——高中语文[M].济南：山东人民出版社,2008.

[41] 宋远康.培养学生课后复习习惯之管见[J].雅安教育学院学报,1999(1).

[42] 孙春成.语文研究性学习：学与教的融合策略[M].南京：南京师范大学出版社,2003.

[43] 覃兵．课堂评价策略[M].北京：北京师范大学出版社，2010.

[44] 谭海鹏.新课程语文课堂教学评价探索[D].山东师范大学出版社,2007.

[45] 王调过.语文课堂教学评价[D].陕西师范大学出版社,2013.

[46] 王建稳.《春夜宴从弟桃花园序》教学设计[J].中学语文教学,2012(10).

[47] 王景华,厉复东.新课程高中语文优秀教学设计和教学实录选编(必修部分)[M].济南：山东人民出版社,2008.

[48] 王利明,等.高等职业教育教学评价理论、评价体系与评价技术[M].北京：中国轻工业出版社,2011.

[49] 王木春.整合教材资源,提高议论文写作能力——以人教版《语文》必修3为例[J].江西教育：综合版(C),2014(10).

[50] 王荣生,宋东荣.语文学科知识与教学能力[M].北京：高等教育出版社,2011.

[51] 王荣生.高中语文新课程课例评析[M].北京：高等教育出版社,2006.

[52] 王荣生.语文科课程论基础[M].上海：上海教育出版社,2003.

[53] 王荣生,等.语文教学内容重构[M].上海：上海教育出版社,2007.

[54] 王思童.例谈高中语文选修课"诗歌与散文"系列的教学策略[J].教育导刊月刊,2013(6).

[55] 王松泉,韩雪屏,王相文.语文课程教学概论[M].北京：高等教育出版社,2007.

[56] 王文彦,蔡明.语文课程与教学论[M].北京：高等教育出版社,2002.

[57] 王相文,王松泉,韩雪屏.语文课程教学技能[M].北京：高等教育出版社,2007.

[58] 王玉强.新课程有效教学疑难问题操作性解读·高中语文[M].北京：教育科学出版社,2008.

[59] 魏本亚,步进.语文课堂教学反思[M].上海:华东师范大学出版社,2015.

[60] 吴冰沁,张志刚,孟祥英.走进高中语文教学现场[M].北京：首都师范大学出版社,2008.

[61] 吴奇昊.语文课堂探究性阅读学习指导的研究[D].杭州：杭州师范大学,2013.

[62] 吴唯粤,王上荣.普通高中语文选修课优秀教学实例选评[M].广州:广东教育出版社,2010.
[63] 武玉鹏.语文教师专业技能训练与教育实习[M].北京:高等教育出版社,2007.
[64] 邢诗薇.戏剧校本选修课程的基本形式[EB/OL].http://www.ywjd.cn/News/Aritcle.aspex?Menud=49&Articleld=229
[65] 熊川武.反思性教学[M].上海:华东师范大学出版社,1999.
[66] 严育洪.新课程评价操作与案例[M].北京:首都师范大学出版社,2010.
[67] 杨军.语文教学撷论[M].北京:中央编译出版社,2014.
[68] 杨向东,崔允漷.课堂评价:促进学生的学习和发展[M].上海:华东师范大学出版社,2010.
[69] 余家友.观课议课问题诊断与解决[M].长春:东北师范大学出版社,2010.
[70] 余文森.有效备课、上课、听课、评课[M].福州:福建教育出版社,2011.
[71] 余文森.有效教学十讲[M].上海:华东师范大学出版社,2012.
[72] 语文备课大师:http://www.xiexingcun.com/
[73] 语文课程标注研制组.普通高中语文课程标准(实验)解读[M].武汉:湖北教育出版社,2004.
[74] 翟启明.新课标语文教学论研究[M].成都:四川大学出版社,2005.
[75] 詹楚刁.话题作文开头的方法[DB/OL].http://www.pep.com.cn/gzyw/jsxz/jxyj/xzjx/201404/t20140416_1203564.htm
[76] 张广才.语文课堂教学对学生评价的研究[D].江西师范大学出版社,2005.
[77] 张红顺,张惠鲜.从工具性、思想性统一到工具性、人文性并重——于漪语文学科性质观述评[J].南宁师范高等专科学校学报,2002(3).
[78] 张世栋.语文学科名称之百年流变[J].中国矿业大学学报:社会科学版,2004(4).
[79] 张文军,李云淑,王俊.高中课程资源开发和利用的实践智慧[M].北京:高等教育出版社,2004.
[80] 赵跟喜.新课程语文教学论[M].兰州:甘肃文化出版社,2004.
[81] 赵明仁.教学反思与教师专业发展——新课程改革中的案例研究[M].北京:北京师范大学出版社,2009.
[82] 郑桂华.语文有效教学观念·策略·设计[M].上海:华东师范大学出版社,2009.
[83] 郑金洲.教师如何做研究[M].上海:华东师范大学出版社.2012.
[84] 中华人民共和国教育部.普通高中语文课程标准(实验)[S].北京:人民教育出版社,2003.
[85] 中华人民共和国教育部.普通高中"研究性学习"实施指南(试行)[S].北京:人民教育出版社,2001.
[86] 中华人民共和国教育部制定.全日制义务教育语文课程标准(实验稿)[S].北京:人民教育出版社,2001.
[87] 中学语文教学资源网:http://www.ruiwen.com/
[88] 钟启泉.为了中华民族的复兴,为了每位学生的发展——《基础教育课程改革纲要(试

行）》解读[M].上海：华东师范大学出版社,2002.
[89] 钟启泉.新课程师资培训精要[M].北京：北京大学出版社,2002.
[90] 周庆元.语文教学设计论[M].桂林：广西教育出版社,1996.
[91] 周卫勇,等.走向发展性课程评价[M].北京：北京大学出版社,2002.
[92] 周小蓬,陈建伟.语文学习心理论[M].北京：语文出版社,2013.
[93] 周小蓬.《普通高中语文课程标准》实践导读[M].北京：北京大学出版社,2011.
[94] 周小蓬.语文课堂教学技能[M].北京：北京大学出版社,2010.
[95] 周小蓬.语文课堂教学技能训练教程[M].2版.北京：北京大学出版社,2013.
[96] 朱绍禹.中学语文课程与教学论[M].北京：高等教育出版社,2005.

后 记

受北京大学出版社委托,本书由现广东外语外贸大学南国商学院中文学院特聘教授、院长,原华南师范大学文学院教授、博士生导师柯汉琳和华南师范大学文学院周小蓬任主编并组织部分高校教师和高中语文教师共同完成了本书的编写工作。本书的组织工作分工如下:柯汉琳担任总策划和负责第一章,林晖(广州大学)负责第二章,邹寿元(华南师范大学附中)负责第三章,周小蓬负责第四章。参加编写的其他教师有华南师范大学刘宇翔、苏思莹、李婕、陈楚敏,广州大学温小军,广东外语外贸大学南国商学院谢志平、周文、谭红云、刘琴勇、冯薇、周欣茵、徐琼,广东第二师范学院左岚,华南农业大学吴琪,广州大学附中教师郭春曦、周媚山及其他地方中学教师黄文秉(汕头)、王伟鹏(汕头)、粟顺阳(肇庆)、江海燕(湛江)、马琳(佛山)等。

本书能顺利完成,是编委会全体参编人员精诚合作的结果,借此表示感谢。同时感谢北京大学出版社领导和编辑的大力支持。

编者

2017 年 4 月